U0529371

蒋真 等 著

西亚北非地区政治发展的困境与危机研究

The Dilemma and Crisis of Political Development in
West Asia and North Africa

中国社会科学出版社

图书在版编目（CIP）数据

西亚北非地区政治发展的困境与危机研究／蒋真等著.—北京：中国社会科学出版社，2021.5
 ISBN 978-7-5203-8364-6

Ⅰ.①西… Ⅱ.①蒋… Ⅲ.①政治—研究—西亚②政治—研究—北非 Ⅳ.①D737②D741

中国版本图书馆 CIP 数据核字（2021）第 073101 号

出 版 人	赵剑英
责任编辑	耿晓明
责任校对	夏慧萍
责任印制	李寡寡

出　　版	中国社会科学出版社
社　　址	北京鼓楼西大街甲 158 号
邮　　编	100720
网　　址	http://www.csspw.cn
发 行 部	010-84083685
门 市 部	010-84029450
经　　销	新华书店及其他书店
印　　刷	北京明恒达印务有限公司
装　　订	廊坊市广阳区广增装订厂
版　　次	2021 年 5 月第 1 版
印　　次	2021 年 5 月第 1 次印刷
开　　本	710×1000 1/16
印　　张	25.5
插　　页	2
字　　数	418 千字
定　　价	136.00 元

凡购买中国社会科学出版社图书，如有质量问题请与本社营销中心联系调换
电话：010-84083683
版权所有　侵权必究

目 录

绪 论 …………………………………………………………… (1)

第一章 世俗主义与伊斯兰主义的博弈：土耳其政治发展的危机 …………………………………………… (13)
  第一节 土耳其民族国家建构中国家对宗教的控制 ………… (13)
    一 奥斯曼帝国教俗合一政治体制的解体 ……………… (14)
    二 凯末尔革命与现代民族国家的建立 ………………… (16)
    三 凯末尔世俗化改革与政治秩序的重构 ……………… (19)
  第二节 多党制探索中世俗主义与伊斯兰主义的角逐 ……… (23)
    一 诸多政党对宗教的政治利用 ………………………… (23)
    二 左右翼意识形态的政治斗争 ………………………… (28)
    三 伊斯兰政党参与国家政权 …………………………… (30)
  第三节 全球化背景下世俗主义与伊斯兰主义的调适 ……… (34)
    一 土耳其—伊斯兰一体化实践 ………………………… (34)
    二 超越意识形态的联合政府实践 ……………………… (38)
    三 正义与发展党整合宗教与世俗的尝试 ……………… (42)
  第四节 关于土耳其政治发展危机的几点思考 ……………… (46)
    一 世俗主义与伊斯兰主义的博弈 ……………………… (46)
    二 文官政治与军人政治的斗争 ………………………… (50)
    三 宪法更新与宪法修订的矛盾 ………………………… (54)
    四 土耳其未来发展的不确定性 ………………………… (57)

第二章 改革与稳定：沙特政治发展的困局 ……………… (63)
  第一节 王室矛盾与王位继承制度的初创 …………………… (63)

2　西亚北非地区政治发展的困境与危机研究

　　　　一　政治分立与大臣会议制度的创立 ……………………（64）
　　　　二　王位继承制度的初创 …………………………………（71）
　　　　三　政治势力的博弈与政治吸纳的肇始 …………………（74）
　　第二节　改革与稳定：国家制度化与王室矛盾的扩大 ………（79）
　　　　一　国王继承制度的改进 …………………………………（80）
　　　　二　国家制度化与大臣会议制度的完善 …………………（83）
　　　　三　宗教国家化：沙特政教关系的演变 …………………（90）
　　　　四　政治改革与王室反对派的分化 ………………………（95）
　　　　五　政治吸纳的扩展 ………………………………………（100）
　　第三节　萨勒曼政府改革与家族政治危机 ……………………（104）
　　　　一　"萨勒曼王朝"的建立与王室危机 ……………………（104）
　　　　二　大臣会议制度的新改革与危机 ………………………（107）
　　　　三　家族政治在沙特的发展前景 …………………………（111）

第三章　宪政民主与威权政治：突尼斯政治发展的循环演进 …（114）
　　第一节　民主与集权：布尔吉巴政治改革的左右摇摆 ………（114）
　　　　一　法国殖民统治的结束与现代化改革的启动 …………（115）
　　　　二　布尔吉巴宪政社会主义试验及其危机 ………………（118）
　　　　三　总统终身制与自由主义反对派的挑战 ………………（122）
　　第二节　回归自由主义：本·阿里的"虚假民主" ……………（127）
　　　　一　宪法政变与本·阿里上台 ……………………………（127）
　　　　二　新自由主义发展模式的确立 …………………………（130）
　　　　三　宪法修订与合法性危机 ………………………………（134）
　　第三节　"阿拉伯之春"后的突尼斯政治整合 ………………（136）
　　　　一　布瓦吉吉之死：阿拉伯之春的起源 …………………（137）
　　　　二　对话与对抗：世俗与宗教之争 ………………………（140）
　　　　三　"半总统制"的运行及其挑战 …………………………（143）

第四章　埃及政治发展模式的悖论：威权政治下的民主化
　　　　　进程 ………………………………………………………（149）
　　第一节　君主立宪制的终结与共和政体的确立 ………………（149）
　　　　一　君主立宪制的衰落与七月革命 ………………………（149）

二 纳赛尔主义与共和政体下的"威权主义" …………（151）
三 纳赛尔威权政体的多元困局 ………………………（158）
第二节 萨达特威权统治下的民主化初试 ……………………（161）
一 "矫正革命"与萨布里集团的失败 …………………（161）
二 多党制的出现与民族民主党的建立 …………………（163）
三 十月战争与萨达特统治危机的衍生 …………………（167）
第三节 继承与微调：穆巴拉克民主化改革与威权统治的危机 ………………………………………………（172）
一 穆巴拉克威权统治的建立及党内民主化改革 ………（172）
二 宪政民主化与反对力量的壮大 ………………………（177）
三 "一·二五革命"与穆巴拉克威权统治的终结 ……（181）
第四节 后穆巴拉克时代的埃及政治发展 ………………………（185）
一 过渡时期：民主政治的启动 …………………………（185）
二 穆尔西民选政府：民主政治的试运行 ………………（187）
三 塞西时代：民主体制下的威权政治 …………………（192）

第五章 建构与解构：利比亚政治发展的困境与危机 …………（198）
第一节 伊德里斯王朝从联邦制向单一制的转变 ………………（198）
一 "脆弱"王权下的地缘分裂 …………………………（199）
二 统一王权：从联邦制到单一制的转变 ………………（205）
三 伊德里斯王朝后期的统治危机 ………………………（208）
第二节 卡扎菲的政治理念与统治悖论 …………………………（212）
一 "自由军官组织"政变与卡扎菲的上台 ……………（213）
二 卡扎菲伊斯兰社会主义的实践 ………………………（216）
三 西方制裁下利比亚的政治转型 ………………………（221）
四 "阿拉伯之春"与卡扎菲政权的倒台 ………………（230）
第三节 后卡扎菲时期：革命合法性向统治合法性的转型 ………………………………………………………（233）
一 战后利比亚的政治重建 ………………………………（233）
二 重建之路困难重重 ……………………………………（235）
三 战后利比亚的道路之争 ………………………………（238）
第四节 利比亚独立以来政治发展的反思 ………………………（241）

一　独立以来利比亚政治发展的阶段性特征…………………（241）
　　二　利比亚政治构建的困境………………………………（244）
　　三　利比亚政治转型的出路………………………………（245）

第六章　转型与动荡：叙利亚政治民主化与威权化的并行………（248）
　第一节　叙利亚议会民主制与军人政治…………………………（249）
　　一　议会民主制与军人政治现象的出现………………………（250）
　　二　议会民主制的短暂恢复与其挑战…………………………（254）
　　三　"阿联"的兴衰与议会民主制的终结……………………（258）
　　四　叙利亚军政关系演变的动因………………………………（260）
　第二节　叙利亚政治发展的威权化转型与确立……………………（264）
　　一　阿萨德威权政治体制的产生………………………………（265）
　　二　阿萨德威权政治的构建……………………………………（267）
　　三　穆斯林兄弟会对阿萨德威权政治的挑战…………………（272）
　第三节　巴沙尔时代的弱威权统治：转型与挑战…………………（278）
　　一　阿萨德政治遗产与巴沙尔的政治继承……………………（278）
　　二　巴沙尔政府改革与社会运动的政治化……………………（280）
　　三　巴沙尔威权政治的挑战：社会和宗教的双重
　　　　威胁………………………………………………………（286）
　　四　叙利亚危机与巴沙尔威权政治：挑战与重建……………（290）

第七章　统一与分裂：也门政治发展之殇………………………（297）
　第一节　奥斯曼帝国解体与南北也门的分立………………………（298）
　　一　奥斯曼帝国的解体…………………………………………（298）
　　二　北也门：阿拉伯也门共和国的建立………………………（300）
　　三　南也门：也门民主人民共和国的建立……………………（302）
　第二节　也门的统一及其政治整合…………………………………（304）
　　一　阿拉伯世界统一思潮的流行及实践………………………（304）
　　二　南北也门的统一……………………………………………（305）
　　三　政治整合的失败与南北矛盾的激化………………………（312）
　第三节　统一与分裂力量的持续较量………………………………（320）
　　一　"阿拉伯之春"与萨利赫和平交权…………………………（320）

二　也门政治力量的多元性 …………………………………… (321)
　　三　"阿拉伯之春"以来也门统一与分裂势力的
　　　　博弈 ……………………………………………………… (324)
第四节　也门政治发展的重要因素 ………………………………… (328)
　　一　西方文明与伊斯兰文明的融合 ……………………………… (329)
　　二　经济发展与政治发展的互动 ………………………………… (331)
　　三　也门政治发展中的部落因素 ………………………………… (332)
　　四　分离主义与极端组织的挑战 ………………………………… (335)
　　五　外部势力的介入 …………………………………………… (336)

第八章　宗教与政治之间：伊朗政治发展的困惑 ……………………… (339)
第一节　立宪革命：宗教与伊朗现代政治的启蒙 ……………………… (339)
　　一　恺加王朝的统治危机与西方文明的引进 …………………… (340)
　　二　宗教乌莱玛与立宪革命 …………………………………… (342)
　　三　伊朗政治发展的二元性 …………………………………… (346)
第二节　巴列维王朝：世俗化的政治改革 ………………………… (348)
　　一　君主专制的巩固及其挑战 ………………………………… (348)
　　二　现代化改革与亲西方政策 ………………………………… (351)
　　三　霍梅尼对什叶派思想的发展 ……………………………… (356)
　　四　巴列维王朝统治的二律背反 ……………………………… (358)
第三节　伊斯兰革命：法基赫体制的确立与实践 …………………… (359)
　　一　伊斯兰革命与伊朗政治的转轨 …………………………… (360)
　　二　全面伊斯兰化政策的实施 ………………………………… (362)
　　三　法基赫体制的挑战 ………………………………………… (372)
第四节　对伊朗政治发展的几点思考 ……………………………… (378)
　　一　伊朗国内宗教与政治因素的平衡危机 …………………… (378)
　　二　伊斯兰民主政治实践的限制因素 ………………………… (380)
　　三　美国制裁与伊朗政治发展的困境 ………………………… (384)

参考文献 ……………………………………………………………… (389)

后　记 ………………………………………………………………… (401)

绪　　论

　　西亚北非地区的政治变迁关乎国际政治经济的安全与稳定，是当前世界历史与政治研究中的一个重要命题。自第一次世界大战以来，西方殖民主义体系开始土崩瓦解，西亚北非地区民族主义不断兴起。该地区国家在寻求独立发展道路的同时，也一直在试图通过改革来实现民族复兴。伊斯兰教作为西亚北非地区的重要区域性特征，随着世界现代化和民主化浪潮的不断推进，伊斯兰文明与外来文明的融合与冲撞成为该地区政治发展的重要因素，为当前政治体制与政治模式打下了不同文明交往的历史烙印。与此同时，伊斯兰传统文明的自然演进也成为解读中东社会政治变迁的一个重要内容，其中包含宗教与政治之间的张力对政治发展带来的困扰、传统与现代的冲突带来的不稳定因素、国家治理手段的缺失和社会经济问题层出不穷对政治秩序的冲击等。尤其是近年来席卷西亚北非地区的大范围政治动荡，虽然有西方干预的因素，但内部问题仍是地区政治变革的关键。事实上，自中东地区民族国家独立体系形成以来，该地区在政治发展的过程中不断地面临困境，并最终通过政治变革或革命的方式渡过危机。这种困境与危机，在一定程度上体现了发展中国家寻求国家发展道路的困惑，也是当前地区与国际冲突的重要源点之一。以困境与危机为线索来诠释中东地区政治发展的历程，力求"研究现实"与"反思历史"的一致性，探索这种困境与危机在演变趋势上表现出的个性与共性，是解读当前中东地区政治变革的另一条思路。

　　自古以来，西亚北非地区是兵家必争之地，多种文明在这里交会，对地区政治发展产生深刻影响。该地区国家既受到西方宪政思想的影响，也受到社会主义制度的影响；既有世俗化政治模式，也有政教合一的模式；既有君主制国家，也有共和制国家，表现出一定的多样性特征。然而西亚北非地区是一个以信仰伊斯兰教为整体性特征的区域，伊斯兰政治文化成为其政治发展的重要内涵。伴随着外来文明的冲撞和本土文明的进化，其政治发展进程不断地出现困境与危机，这种困境和危机表现在神权与人民主权之间的理论争论、民众与宗教名义下实施的权威统治进行分权的尝试、世界全球化和民主化浪潮对统治当局带来的政治压力、伊斯兰激进势力和反政府势力对各国政治发展进程的冲击、美国大中东民主计划对西亚北非地区政治发展进程的干预，还有该地区各国长期以来存在的社会经济问题等。

这种困境与危机既伴随着政教关系的斗争、政权模式的突变和政治骚乱的蔓延，还带来了国家认同的危机和政治秩序的失衡。其主要原因在于：第一，伊斯兰教作为一种宗教，在中东地区根深蒂固，它不仅有一套完整的信仰体系，更在政治上表现出强烈的入世性，政教关系复杂而深远，从而使得任何外来制度文明的引进都不可能很彻底，因而在中东地区宗教性与世俗性的较量随处可见，也因此时常会出现政治危机。第二，西亚北非地区长期作为西方的殖民地，经济结构单一、基础薄弱，民生问题有时会成为政治动荡的诱因，影响到政治制度的稳定性。任何政治发展都无法回避马克思主义的一个基本命题："人们首先必须吃、喝、住、穿，然后才能从事政治、科学、艺术、宗教等。"[①] 第三，外国势力的干预也是其政治发展时常出现危机的重要诱因。中东地区由于独特的政治文化传统，一直以来被美国称为"民主例外"的边缘地区。随着外部干预，外来制度文明的引进在该地区带来传统与现代的争论，尤其是强行移植西方文明导致地区政治动荡，成为影响地区政治稳定的重要因素。第四，该地区宗教矛盾由来已久、地区冲突严重、民族积怨极深，各种激进势力不断出现、分化组合，并表现出一定的反复性，从而成为影响地区政治发展与稳定的重要变量。第五，随着世界全球化浪潮的推进，各种文明间的交往越来越多，科技发展和技术进步以及互联网的普及将世界连在一起，各国民众在对外界了解的同时也带来了选择的迷茫。

事实上，无论对哪一个西亚北非地区国家政治进行研究，如果忽视

---

① 恩格斯：《在马克思墓前的讲话》，《马克思恩格斯选集》第3卷，人民出版社1995年版，第776页。

了该地区的伊斯兰政治文化背景,都不可能理解当前中东地区的现状与危机,更谈不上解决问题。无论是不同文明之间的磨合,还是传统与现代的衔接,或是民主政治的实践,伊斯兰政治文化已经成为研究中东地区政治发展不可回避的问题。伊斯兰教作为中东伊斯兰国家的主要宗教,是宗教革命和社会革命相结合的产物。自其产生之日起,伊斯兰教在中东政治生活中一直担负着重要作用。伊斯兰政治文化起源于伊斯兰教的产生以及形成的政教关系,是一种伊斯兰社会—政治观念,它从传统的神学领域向政治学领域转变,从而形成了一种独特的政治价值观,成为伊斯兰政府和政党的指导原则,也是一种为统治阶级服务的意识形态。中东地区政治变革既有现代化改革的压力,也与伊斯兰政治文化的内涵密不可分。伊斯兰政治文化是伊斯兰制度文明的重要思想基础,在一定程度上支配着人们的思维方式、行为规范和价值取向,影响着穆斯林社会的群体政治活动,并体现在政治思想和政治制度中。[①] 其强烈的政治理念和政治追求使伊斯兰教不仅仅是一种宗教信仰,也是一种政治文化,深刻地影响着中东伊斯兰国家的政治变革和发展进程。

对中东地区政治发展困境与危机研究,国外研究相对较多,主要表现在以下几个方面。第一,对中东政治发展困境与危机的总体理论与实践研究。西蒙·布罗姆利(Simon Bromley)的《反思中东政治》(*Rethinking Middle East Politics*)[②] 是较早对西亚北非地区民族国家形成和社会发展进行深入分析的著作,并对土耳其、埃及、伊拉克、沙特、伊朗等国的不同发展模式及面临的问题进行了比较研究。约翰·查尔克拉夫特(John Chalcraft)的《现代中东形成中的大众政治》(*Popular Politics in the Making of the Modern Middle East*)[③] 对近现代以来中东政治发展中的大众参与进行了详细梳理,认为普通大众在历史上主动或被动参与了许多政治活动,如立宪运动、武装起义、民族独立运动等,在中东政治发展进程中扮演了重要角色,对现代中东的形成产生了重要影响。迈赫兰·卡姆拉瓦(Mehran Kamrava)在《易碎的政治:大中东地区的脆弱

---

① 刘月琴:《论伊斯兰政治文化功能(上)》,《西亚非洲》2008年第4期。
② Simon Bromley, *Rethinking Middle East Politics*, Austin: University of Texas Press, 1994.
③ John Chalcraft, *Popular Politics in the Making of the Modern Middle East*, Cambridge: Cambridge University Press, 2016.

国家》（*Fragile Politics：Weak States in the Greater Middle East*）①中指出，中东地区的脆弱国家通常缺乏民主，人们效忠于部落、地方权贵、宗教领袖或政治领导人，国家和政府的治理能力和合法性经常有所缺乏，从而导致政治制度的脆弱性。沙卜纳姆·霍利迪（Shabnam J. Holliday）等的《中东的政治认同与民众起义》（*Political Identities and Popular Uprisings in the Middle East*）②，以及伊娃·普福斯托（Eva Pfostl）和威尔·基姆利卡（Will Kymlicka）的《中东和北非的少数政治：变革的前景》（*Minority Politics in the Middle East and North Africa：the Prospects for Transformative Change*）③，探究了西亚北非地区民族认同和大众政治参与对地区政治发展的影响。约瑟夫·W. 罗伯茨（Joseph W. Roberts）的《互联网如何改变中东的政治实践：政治抗议、新社会运动和电子地下出版物》（*How the Internet is Changing the Practice of Politics in the Middle East：Political Protest，New Social Movements，and Electronic Samizdat*）④，探究了互联网对民众参与中东的政治实践产生了巨大影响。

第二，对中东地区政治发展困境与危机进行的国别研究。关于国别的相关研究相对较多，如埃伯哈德·金勒（Eberhard Kienle）的《大骗局：埃及民主与经济改革》（*A Grade Delusion：Democracy and Economic Reform in Egypt*）⑤，将穆巴拉克时代埃及的政治经济改革视为一场大骗局，认为威权主义政府与伊斯兰主义反对派间深刻的矛盾和冲突，贯穿埃及的整个政治进程。迈赫迪·穆斯利姆（Mehdi Moslem）的《后霍梅尼时代伊朗的派系政治》（*Factional Politics in Post-Khomeini Iran*），详细分析了后霍梅尼时代伊朗的派系，以及派系间的相互作用，认为在伊斯兰共和国统治下，伊朗政治最持久的特征之一就是各种派系之间的竞

---

① Mehran Kamrava，*Fragile Politics：Weak States in the Greater Middle East*，Oxford University Press，2016.
② Shabnam J. Holliday and Philip Leech，*Political Identities and Popular Uprisings in the Middle East*，London：Rowman & Littlefield International，Ltd.，2016.
③ Eva Pfostl and Will Kymlicka，*Minority Politics in the Middle East and North Africa：the Prospects for Transformative Change*，London：Routledge，2016.
④ Joseph W. Roberts，*How the Internet is Changing the Practice of Politics in the Middle East：Political Protest，New Social Movements，and Electronic Samizdat*，Lewiston：Edwin Mellen Press，2009.
⑤ Eberhard Kienle，*A Grade Delusion：Democracy and Economic Reform in Egypt*，I. B. Tauris，2001.

争。海伦·拉克纳（Helen Lackner）的《危机中的也门：独裁、新自由主义与国家解体》（*Yemen in Crisis: Autocracy, Neo-Liberalism and the Disintegration of a State*）①认为，在阿拉伯国家和西方干预的推动下，也门内战迅速升级，在这个阿拉伯世界最贫穷但具有战略重要性的国家，权力之争对该地区产生严重影响，也门腐败的独裁政权未能解决国家贫困问题，也未能为也门不断增长的人口规划一个公平的经济。施蒂格·斯坦斯利（Stig Stenslie）的《沙特阿拉伯的政权稳定：继承的挑战》（*Regime Stability in Saudi Arabia: the Challenge of Succession*）②，对沙特的政治权力结构和继承问题进行了深入分析，认为沙特的政权稳定依赖于皇家政治精英团结的能力和解决继承问题。还有塔里克·伊斯梅尔（Tareq Y. Ismael）和杰奎琳·伊斯梅尔（Jacqueline S. Ismael）的《伊拉克困境：权力政治泥潭中的人们》（*The Iraqi Predicament: People in the Quagmire of Power Politics*）③等著作。

第三，对中东国家政治发展进程中重要领导人的研究。如曼苏尔·基希亚（Mansour O. El-Kikhia）的《利比亚的卡扎菲：自相矛盾的政治》（*Libya's Qaddafi: The Politics of Contradiction*）④，分析了卡扎菲政府在政治发展、经济增长、财富分配、外交政策方面自相矛盾，从而带来一系列社会政治问题。德克·范德维尔（Dirk Vandewalle）主编的《1969年以来的利比亚：卡扎菲革命的再探讨》（*Libya since 1969: Qaddafi's Revolution Revisited*）⑤，就1969年卡扎菲政变以来对利比亚的权力结构、政治精英、经济改革进行了深入分析，探讨了利比亚军队的崛起，以及革命对利比亚政治、经济和社会产生的影响，强调应关注利比亚部族传统文化语境中的伊斯兰社会主义，分析了转型时期利比亚威

---

① Helen Lackner, *Yemen in Crisis: Autocracy, Neo-Liberalism and the Disintegration of a State*, London: Saqi Books, 2017.

② Stig Stenslie, *Regime Stability in Saudi Arabia: the Challenge of Succession*, Routledge, 2011.

③ Tareq Y. Ismael and Jacqueline S. Ismael, *The Iraqi Predicament: People in the Quagmire of Power Politics*, London: Pluto Press, 2004.

④ Mansour O. El-Kikhia, *Libya's Qaddafi: The Politics of Contradiction*, University Press of Florida, 1997.

⑤ Dirk Vandewalle, *Libya since 1969: Qaddafi's Revolution Revisited*, New York: Palgrave Macmilan, 2008.

权政治与经济结构的关系。戴维·莱西（Dacid W. Lesch）的《大马士革的新雄狮：巴沙尔·阿萨德以及现代叙利亚》（*The New Lion of Damascus: Bashar al-Asad and Modern Syria*）①，以访谈的形式、从巴沙尔及其政府官员的角度，详细介绍了巴沙尔执政后的变化，分析了巴沙尔政府的统治及其政策所面临的困境、局限、成就和失误。约瑟夫·萨松（Joseph Sassoon）的《萨达姆·侯赛因的复兴党：威权政体内幕》（*Saddam Hussein's Ba'th Party: Inside an Authoritarian Regime*）②，对萨达姆执政时期伊拉克的政治权力结构进行了分析，尤其是对复兴党的组织形式及其分支机构等进行了深入分析，作者认为，复兴党自由、民主、社会主义的信条并没有很好地执行，伊拉克政治受到对萨达姆的个人崇拜的影响。作者认为即便没有伊拉克战争，萨达姆政权也会因内部的政治经济问题而崩塌。

第四，对中东国家政治发展困境与危机进行相关热点问题研究。对阿拉伯之春的研究，如英马克拉达·斯莫尔卡（Inmaculada Szmolka）的《中东和北非的政治变革：阿拉伯之春之后》（*Political Change in the Middle East and North Africa: After the Arab Spring*）③，采用比较研究的方法，对中东国家的政治发展进行分类探究，作者将西亚北非地区的政治发展分为民主化国家、失败的民主转型国家和威权主义自由化国家等类型，并对不同类型国家对阿拉伯之春的反应进行了比较。里卡多·雷内·拉雷蒙特（Ricardo Rene Laremont）的《北非的革命、起义和改革：阿拉伯之春及其后》（*Revolution, Revolt and Reform in North Africa: The Arab Spring and Beyond*）④ 认为，北非的革命、起义和改革构成了"阿拉伯之春"的重要部分，作者以突尼斯、埃及、利比亚、摩洛哥和阿尔及利亚为例，认为北非动乱不可避免地将对欧洲产生影响。哈康·亚伍兹（M. Hakan Yavuz）和约翰·埃斯波西托（John Esposito）主编的

---

① Dacid W. Lesch, *The New Lion of Damascus: Bashar al-Asad and Modern Syria*, Yale University Press, 2007.

② Joseph Sassoon, *Saddam Hussein's Ba'th Party: Inside an Authoritarian Regime*, Cambridge University Press, 2011.

③ Inmaculada Szmolka, *Political Change in the Middle East and North Africa: After the Arab Spring*, Edinburgh: Edinburgh University Press, 2017.

④ Ricardo Rene Laremont, *Revolution, Revolt and Reform in North Africa: The Arab Spring and Beyond*, Routledge, 2013.

《土耳其伊斯兰与世俗国家：葛兰运动》(Turkish Islam and the Secular State: The Gülen Movement)[①]认为，葛兰运动是一场伊斯兰现代主义运动，是对土耳其的伊斯兰教和文化的改造，过去20年在土耳其有大量的追随者，自1991年以来通过建立学校对中亚地区产生了巨大影响。玛里克·勃兰特（Marieke Brandt）《也门部落与政治：胡塞冲突的历史》(Tribes and Politics in Yemen: A History of the Houthi Conflict)[②]，从部落与政治关系的角度讲述了也门萨达省胡塞武装的崛起，认为胡塞武装的出现在萨达省的近代史上有迹可循，需要从20世纪60年代内战以来的政治、经济、社会和宗派变革，及其对当地社会的影响中寻找其根源，并强调也门国内冲突具有高度的地方性特征。

国内相关研究主要包括：第一，对中东政治发展进程主要的社会政治意识形态进行理论性研究。如王铁铮主编的《全球化与当代中东社会思潮》[③]和王京烈的《当代中东政治思潮》[④]，从政治社会思潮的角度对西亚北非地区的政治发展进行了理论性的分析，指出该地区各种思潮的出现是政治变化和社会变迁的产物，也对地区政治产生了深远影响。还有韩志斌等著的《利比亚伊斯兰社会主义研究》[⑤]，该书通过对利比亚伊斯兰社会主义的历史发展及其实践，以及其中的政治、经济因素进行了分析，探索了利比亚社会主义的流变轨迹，剖析了利比亚和美国关系的嬗变和卡扎菲政权垮台的原因。刘中民的《民族与宗教的互动：阿拉伯民族主义与伊斯兰教关系研究》[⑥]，深入探讨了伊斯兰复兴运动的各种政治思想，及其对中东政治现代化进程和中东国际关系的复杂影响，并对阿拉伯民族主义、土耳其民族主义、伊朗民族主义与伊斯兰教的复杂关系进行了深入的理论解剖与案例分析。曲洪的《当代中东政治伊斯

[①] M. Hakan Yavuz and John Esposito, *Turkish Islam and the Secular State: The Gülen Movement*, Syracuse University Press, 2003.
[②] Marieke Brandt, *Tribes and Politics in Yemen: a History of the Houthi Conflict*, London: Hurst & Company, 2017.
[③] 王铁铮：《全球化与当代中东社会思潮》，人民出版社2013年版。
[④] 王京烈：《当代中东政治思潮》，当代世界出版社2003年版。
[⑤] 韩志斌等：《利比亚伊斯兰社会主义研究》，浙江人民出版社2014年版。
[⑥] 刘中民：《民族与宗教的互动：阿拉伯民族主义与伊斯兰教关系研究》，时事出版社2010年版。

兰：观察与思考》① 对传统的伊斯兰政治和近现代以来的伊斯兰政治思潮进行了深入研究。

第二，对中东政治现代化和民主化问题进行研究。陈德成主编的《中东政治现代化——理论与历史经验的探索》②，基于对中东政治现代化理论与历史经验的分析，探寻中东政治的可持续发展之路。哈全安的《中东现代化进程中的世俗政治与宗教政治：以埃及、伊朗和土耳其为例》③，以中东主要国家埃及、伊朗和土耳其作为个案，阐释了世俗政治与宗教政治在不同时代背景下的特定历史内涵，进而考察中东政治现代化进程的演变轨迹和发展方向。毕健康的专著《埃及现代化与政治稳定》④、冀开运的《伊朗现代化历程》⑤、刘云的《土耳其政治现代化思考》⑥、吴彦的《沙特阿拉伯政治现代化进程研究》⑦，分别对埃及、伊朗、土耳其和沙特等国家在政治现代化进程中出现的问题进行反思，对影响政治发展的关键因素进行了剖析。王林聪的《中东国家民主化问题研究》⑧，从中东历史发展的广度和深度上探寻中东国家民主化迟缓的原因，分析了中东国家民主化道路的独特性，认为威权政治主导下的有限民主化在一定时期内是中东国家的必然选择。《追寻政治可持续发展之路：中东现代威权政治与民主化问题研究》和《埃及的政治发展与民主化进程研究（1952—2014）》，⑨ 则从政治交往及其互动规律的视角，对中东地区的民主化进程及其带来的问题进行了深入分析。哈全安、周术情的《土耳其共和国政治民主化进程研究》⑩，从历史发展的视角，分析了土耳其主权国家的建立，及其政治民主制度的创立、发展及演变。

---

① 曲洪：《当代中东政治伊斯兰：观察与思考》，中国社会科学出版社2001年版。
② 陈德成主编：《中东政治现代化——理论与历史经验的探索》，社会科学文献出版社2000年版。
③ 哈全安：《中东现代化进程中的世俗政治与宗教政治：以埃及、伊朗和土耳其为例》，中国社会科学出版社2017年版。
④ 毕健康：《埃及现代化与政治稳定》，社会科学文献出版社2005年版。
⑤ 冀开运：《伊朗现代化历程》，人民出版社2015年版。
⑥ 刘云：《土耳其政治现代化思考》，甘肃人民出版社2002年版。
⑦ 吴彦：《沙特阿拉伯政治现代化进程研究》，浙江大学出版社2011年版。
⑧ 王林聪：《中东国家民主化问题研究》，中国社会科学出版社2007年版。
⑨ 王泰、陈小迁：《追寻政治可持续发展之路：中东现代威权政治与民主化问题研究》，社会科学文献出版社2016年版；王泰：《埃及的政治发展与民主化进程研究（1952—2014）》，人民出版社2014年版。
⑩ 哈全安、周术情：《土耳其共和国政治民主化进程研究》，上海三联书店2010年版。

第三，对中东政治制度和政党问题的研究。王铁铮的《沙特阿拉伯的国家与政治》①，是国内首部比较全面、系统研究沙特阿拉伯王国历史与现状的学术论著，对沙特国家政治制度的形成与发展、社会变革和现代化进程进行了详尽研究。王彤主编的《当代中东政治制度》②，通过对中东社会各种矛盾的综合分析，考察了中东国家政治制度的演变及其走向，探讨了不同政治体制和制度的确立及其变化。王联的《中东政治与社会》③分析了二战以来中东各国政治与社会的发展变迁，探讨了中东地区的民族与国家、宗教与社会、政府与政治、经济与发展等问题。李艳枝的《中东政党政治的演变》④，对中东地区的政治制度、政党发展进行了深入分析，认为现代政党政治的建构离不开现代政治秩序的确立，中东近代以来的宪政运动为现代政党政治的出现提供了历史基础。王振容的《伊朗伊斯兰共和国政治制度研究（1979—2012）》⑤，对伊朗伊斯兰革命以后建立的具有伊朗特色的伊斯兰共和制度进行了全面的研究，从"政治制度理论"和"政治制度框架"两个角度对伊朗政治制度的建立、巩固和变革进行了梳理和研究。岳非平的《埃及威权政治转型研究：1952—2014》⑥对纳赛尔、萨达特、穆巴拉克启动政治转型的动因、转型的策略、转型的本质及转型的成效和后果进行了详细的描述，指出埃及由传统向现代转换的政治发展历程充满了不确定性。

第四，对中东地区变局的研究。余建华的《中东变局研究》⑦，从政治、经济、社会等领域全面阐述了中东变局的根源，认为中东变局的爆发存在一系列不可忽视的国际背景和外部世界因素的推动，其根本动因还是源于阿拉伯国家现代化建设进程中的内在结构性冲突。刘中民的

---

① 王铁铮：《沙特阿拉伯的国家与政治》，三秦出版社1997年版。
② 王彤主编：《当代中东政治制度》，中国社会科学出版社2005年版。
③ 王联：《中东政治与社会》，北京大学出版社2009年版。
④ 李艳枝：《中东政党政治的演变》，中国社会科学出版社2015年版。
⑤ 王振容：《伊朗伊斯兰共和国政治制度研究（1979—2012）》，世界知识出版社2015年版。
⑥ 岳非平：《埃及威权政治转型研究：1952—2014》，世界图书出版公司2016年版。
⑦ 余建华主编：《中东变局研究》，社会科学文献出版社2018年版。

《一位中国学者眼中的中东变局（2011—2017）》[1]认为，由中东国家自主选择发展道路是转型国家走向长治久安的必由之路，中东国家内部妥善处理改革、发展、稳定的关系是中东地区实现稳定与繁荣的重要前提。田文林的《困顿与突围：变化世界中的中东政治》[2]，探讨了中东政治的困顿及其应对，认为中东政治的乱局与西方霸权干涉有关，但并不能将中东困局一味归咎于"阴谋论"。李意的《当代中东国家政治合法性中的宗教因素》[3]认为，中东国家如何确立世俗政权的合法性是困扰其政治发展的难题。曾向红等的《社会运动理论视角下的中东变局研究》[4]，从社会运动理论的视角出发，对"阿拉伯之春"发生的动机、过程、动力、机制、所引发的外部干预、其产生的国际影响等问题进行理论分析，讨论基于西方社会经验发展而来的社会运动理论在理解中东地区社会发展进程中的适用性。慈志刚的《阿尔及利亚政治危机研究》[5]，以阿尔及利亚社会经济发展为背景，探讨了阿尔及利亚国家、社会以及二者的互动关系对其政治危机发生、发展的影响，进而分析了政治危机发生的基本原理及其实质。

  从方法论上来看，政治发展理论是西方比较政治学的一个分支，其产生有着深厚的历史背景。二战后，世界殖民体系瓦解，美苏两极格局的对立将许多新独立的亚非拉国家纳入了竞争体系。为扩张阵营范围，美国的援助开始向发展中国家倾斜。相应地，美国学者为配合国家政策开始将比较政治的研究范围从欧美国家扩大到发展中国家。他们试图把发达国家与发展中国家的社会政治经济状况做比较分析，从中总结出政治发展的一般规律、发展模式和发展战略等。而西方政治发展理论诞生于西方政治学，并服务于其对外政策，因而该理论也很自然带上了"西方中心论"的色彩。当西方学者们把发展中国家的政治现状与西方发达国家的政治制度相比较时，发现两者之间的差异很大，他们很快提出了两大问题：非西方社会的政治体制是否有可能演变成同西方政治体制相

---

[1] 刘中民：《一位中国学者眼中的中东变局（2011—2017）》，世界知识出版社2017年版。
[2] 田文林：《困顿与突围：变化世界中的中东政治》，社会科学文献出版社2016年版。
[3] 李意：《当代中东国家政治合法性中的宗教因素》，世界知识出版社2017年版。
[4] 曾向红等：《社会运动理论视角下的中东变局研究》，中国社会科学出版社2018年版。
[5] 慈志刚：《阿尔及利亚政治危机研究》，黑龙江教育出版社2015年版。

似的形式？这两种体制之间在逐渐发展的过程中彼此是否有什么联系？而且他们把探讨政治发展的标准或尺度视为首要理论问题。"如何衡量政治发展的程度"和"什么是构成现代政治体系的主要因素"等问题，成为政治发展理论的中心议题。有些西方学者甚至在没有研究之前就预设了研究前提，如他们认为一个真正民主的国家必须是政教分离的，一个国家改革的真正方向应当是政教分离和三权分立。

然而，西亚北非地区政治发展的困境与危机并不简单是民主化问题，民主问题也不是其当前最紧迫的问题。自近现代以来，西亚北非地区的政治发展体现出政治发展模式的多样性、政治秩序的多变性以及政治文化的多元性。政治发展模式的多样性表现在该地区国家自独立以来在东西方文明的夹缝中不断学习、模仿，甚至被强行移植外来制度文明。中东国家摸索适合自身发展的政治模式本身是一个调适的过程，这个过程自然会面临各种不适与调整。政治秩序的多变性根植于历史上的民族宗教纷争，还有西方殖民时代留下的种族冲突、边界争端、经济落后、治理混乱，以及地缘政治引起的大国干预等，从而导致该地区多数国家时常处于政治失序状态，并相互影响。政治混乱状态不断蔓延到周边国家，导致地区失序，给单个国家的政治发展带来消极影响，而单个国家的政治失序又会成为地区整体失序的导火索。政治失序又会带来政治体系的崩塌，以及对国家认同和政治合法性的质疑。政治文化的多元性是西亚北非地区政治发展的重要特征，尤其是西亚北非地区宗教色彩浓厚，政治文化中既有传统文明的因素，也在文明交往中融入了现代政治的元素，有的试图将二者融为一体，但成功者甚少。因此，对西亚北非地区的政治发展的关注既要对其政治制度、政治机构、政治文化等静态的因素进行分析，也需要对民意、选举、利益等动态的问题进行研究。

历史唯物主义政治发展观认为，政治发展是有规律的，是分阶段的，各国的特殊情况决定着多样的政治发展模式。历史唯物主义政治发展观主张，政治发展应当具有多元性，需要具体问题具体分析。从历史和现实的角度梳理当前中东政治发展困境与危机的种种表现，追溯和解析造成当前困境与危机的诸多因素，并对这种困境和危机的产生与演进进行规律性总结，探索不同文明激烈交锋的中东地区建立具有地区特色的民主政治前景非常有必要。

本书选择了几个比较有代表性的国家，如土耳其、沙特阿拉伯、突尼斯、埃及、利比亚、叙利亚、也门、伊朗等。这些国家中既有世俗化国家，也有政治与宗教高度结合的国家；既有共和制国家，也有君主制国家；既有长期处于分裂边缘的国家，也有在威权政治与民主化进程中来回徘徊的国家。它们在不同的历史阶段不断地出现危机、克服危机，在困境中摸索适合自身的发展道路，从而展现出一幅绚烂多彩的历史画卷。

第一章　世俗主义与伊斯兰主义的博弈：土耳其政治发展的危机

土耳其共和国作为中东地区民主化程度最高的伊斯兰国家，曾是该地区诸多国家探索现代化模式的范本。建立在奥斯曼帝国废墟上的土耳其共和国，继承了奥斯曼帝国晚期探索现代政治模式的发展路径，又经历了凯末尔政权的激进世俗主义改革，也承袭了根植于奥斯曼帝国的伊斯兰主义传统。尽管伊斯兰主义在凯末尔时期处于蛰伏状态，但土耳其伊斯兰主义势力不断地被执政党利用，并在国际伊斯兰复兴运动的影响下逐渐壮大，从政治、社会、文化等多个层面影响着土耳其的政治发展。进入21世纪，正义与发展党一党独大政治模式的确立，对土耳其现存世俗体制形成严峻挑战，调和伊斯兰主义与世俗主义的关系也成为执政党追求的目标。2018年7月9日，土耳其大选实现了议会制向总统制的转变，形成了"一党独大，多党并存"的新威权主义政治模式，世俗主义与伊斯兰主义之争愈演愈烈，这为土耳其未来政治发展增添了诸多变数。

第一节　土耳其民族国家建构中国家对宗教的控制

奥斯曼帝国是传统东方文明的代表和伊斯兰文明演进序列中的重要一环，上承古典伊斯兰世界的阿拉伯帝国，下启现代中东民族国家。在奥斯曼帝国漫长的历史演进中教权与世俗王权互为倚重、相互制约，世俗权力与宗教权力的博弈共同推动了奥斯曼帝国的历史进程。奥斯曼帝国晚期，在西方殖民主义坚船利炮的冲击下，奥斯曼帝国传统教俗合一的政治体制开始解体。以苏丹为首的传统政治力量开启了旨在加强王权的现代化改革；以乌莱玛为首的宗教人士捍卫传统宗教政治力量的势力日渐衰微；而以现代化改革精英为代表的新型政治力量作为世俗政治的倡导者开始登上历史的舞台，甚至开始主宰奥斯曼帝国未来的历史走向。而凯末尔革命后，通过世俗化改革迅速完成了民族国家的建构，改变了社会意识和社会精英阶层的政治认同，"从根本上改变了国家的性质和发展方向。从此土耳其从政教合一的伊斯兰国家转变为世俗的现代民族国家，从传统的伊斯兰文化转向现代欧洲文明。这些巨大的变化深深影响着伊斯兰教在国家和社会生活中的地位和作用，为宗教和民族主义确立了新的关系，产生了深远的影响"①。

一 奥斯曼帝国教俗合一政治体制的解体

奥斯曼帝国的缔造者奥斯曼人系西突厥人，属于乌古斯部落联盟的凯伊部落，与伊斯兰教有着极深的历史渊源。公元7世纪以后，居于安纳托利亚地区的突厥人逐渐接受伊斯兰教，成为穆斯林。9世纪后，大批突厥人进入阿拔斯帝国并被编入帝国的正规军——禁卫军（Haras），突厥人逐渐进入政治中心，甚至一度左右朝纲，建立一系列诸如塞尔柱突厥王朝、鲁姆苏丹国等地方割据势力。

1299年，埃尔托格鲁尔之子奥斯曼于安纳托利亚西北部地区正式建国，开启了奥斯曼帝国开疆扩土的时代。13—16世纪，奥斯曼人在几代统治者的武力征伐中，通过伊斯兰教为其扩张提供宗教合法性②，逐步建立起教权依附王权的教俗合一政治体制，实现了奥斯曼帝国横跨欧亚非三大洲的历史建构。

奥斯曼国家建构源自穆斯林对基督徒的圣战，以及悠久的加齐传统，武力扩张构成奥斯曼帝国历史演进的突出特征。正是在此独特的国家建构背景下，浓厚的军事色彩和伊斯兰宗教传统，成为帝国教俗合一政治体制的重要组成部分。奥斯曼帝国早期建立了一个被称作"迪万"的政务会议，苏丹通过任命最高军事行政长官大维齐尔，以及亲自主持每周四次的政务会议来行使世俗权力。奥斯曼人作为皈依伊斯兰教的蛮

---

① 吴云贵、周燮藩：《近现代伊斯兰思潮和运动》，社会科学文献出版社2007年版，第231页。
② 奥斯曼与苏非教团谢赫艾德巴里的女儿马勒哈通婚，庄严地向其女婿赠送"胜利之剑"，并授予他伊斯兰"圣战者"的光荣桂冠。后来，授予"胜利之剑"成为奥斯曼苏丹继位的传统仪式之一。

族，其政治权力脱胎于部族权威和武力征服，所以奥斯曼苏丹对宗教的倚重远逊于古典哈里发时代，教俗合一的程度也远低于以往。[1] 自奥斯曼帝国建国起，伊斯兰教在很大程度上充当的仅仅是工具性角色，为苏丹的战争及其对民众的统治赋予神圣的光环。在奥斯曼帝国独特的教俗合一政治体制下，教权对世俗王权的依附成为该政治体制的显著特征。宗教机构的体系化和宗教学者的官方化，是奥斯曼帝国教界权力体系的突出现象。苏丹在中央设立伊斯兰委员会来管理全国宗教事务，该委员会由大穆夫提、各级各类法官、教法学家等组成，大穆夫提是最高领导人。伊斯兰委员会之下还设有一系列的附属机构，如"学者会议"和"教律裁判委员会"等，主要从事司法和教律裁决、清真寺管理、履行宗教仪式、管理福利事业和宗教基金、开展教育等。奥斯曼帝国遵奉正统伊斯兰教作为官方的意识形态，而沙里亚法则作为帝国法律的根本依据，成为帝国神权政治特征的重要体现。乌莱玛阶层对司法领域的控制，主要通过对宗教教育的垄断和司法解释权的控制，主管帝国司法事务的大法官最初由大维齐尔管辖，后来则由大穆夫提掌控。所以说，奥斯曼帝国的教俗合一政治体制从来都不是浑然一体的，宗教政治对世俗政治的依附贯穿于奥斯曼帝国始终。[2]

近代以来，为维护奥斯曼帝国的统治，以苏丹为首的传统政治精英和现代改革主义者为代表的新型政治力量，逐渐影响甚至主宰了奥斯曼帝国的未来历史走向。奥斯曼帝国晚期，统治阶层腐化，对外征服失利，地方分离主义和民族主义运动高涨，苏丹统治权力的式微，使以苏丹为首的开明之士意识到，在保持传统本体地位的同时应"师夷长技以制夷"，由此开启了奥斯曼帝国晚期诸如"谢里姆三世改革""麦哈迈德二世改革"以及"坦齐马特改革"等一系列现代化改革。奥斯曼帝国的现代化改革实质上是一个强化中央集权、世俗化和变革传统生产范式的过程，其间伴随着世俗主义政治与传统伊斯兰主义宗教政治的激烈对抗。谢里姆三世限制宗教阶层对政治的操控，恢复苏丹世俗政治权力，引起既得利益者的激烈反抗，谢里姆三世被废黜的法律依据就是大

---

[1] 李艳枝：《伊斯兰主义与现代化的博弈——基于土耳其伊斯兰复兴运动的个案研究》，中国社会科学出版社2017年版，第29页。

[2] 李艳枝：《晚期奥斯曼帝国世俗政治与宗教政治的博弈及其历史影响》，《世界宗教研究》2017年第4期。

穆夫提发布的法特瓦，这个法律文告宣布苏丹的改革与伊斯兰教法不相容。① 麦哈迈德二世开始的现代化改革，限制乌莱玛阶层参与政治，削弱其在法律和教育领域的主导地位。坦齐马特改革在政治、司法、② 教育③等领域的改革，进一步削弱了帝国晚期伊斯兰主义者在行政体系中的地位。宪政时代，青年奥斯曼党和青年土耳其党通过在制度层面植入宪政体系，成为世俗政治的代言人，尽管期间伴随着以哈米德二世为首的宗教政治捍卫者的反动涟漪，但随着宪政运动的深入和国际局势的变化，宗教政治的边缘化和教俗合一政治体制的解体，已成为当时历史发展的必然。

奥斯曼帝国的宪政运动和世俗化改革虽引起帝国内部官方与民间宗教势力的强烈反对和抵制，但宗教政治力量的衰落和中央集权政治框架的整合，成为近代以来中东诸国宪政政治发展的历史趋势。奥斯曼帝国时期的教俗关系，为凯末尔基于民族主义的世俗政治建构奠定了基础，而以苏非教团为代表的民间伊斯兰教的独立发展，则成为土耳其现代伊斯兰复兴的历史基础。

二 凯末尔革命与现代民族国家的建立

第一次世界大战失败后，在协约国的压迫和高涨的民族主义运动推动下，奥斯曼帝国"这个欧洲病夫看来终于变得奄奄一息了"④。在民族主义思潮的鼓舞下，以穆斯塔法·凯末尔为首的民族主义精英，在奥斯曼帝国的废墟上完成了现代民族国家的建构，建立了土耳其共和国。现代民族国家是作为最普遍的、独立自主的新型政治单位和共同的政治、文化认同的中心而出现的。⑤ 在民族国家建构中，如何处理教俗关

---

① Erik J. Zürcher, *Turkey: A Modern History*, London: I. B. Tauris, 2003, p. 27.
② 麦哈迈德二世时期，政府设立大穆夫提衙门和事务部，将乌莱玛纳入政府编制，大大削弱了他们反抗变革的能力。坦齐马特改革期间，苏丹坚持伊斯兰教法的根本法地位的同时，引入西方的世俗法——商业法、贸易法、土地法和刑法等，打破了伊斯兰教法主宰司法体系的局面。
③ 在坦齐马特改革中设立了相当于西方政府的各部之后，教师的任命、学校和学院的监督等事项都转给教育部，法官的任命拨归司法部。后来甚至把起草通令的事，也委托给大穆夫提衙门下的一个委员会，大穆夫提逐渐变成政府中的一名在职人员，仅拥有某些咨询职能，大大削弱了宗教人士在政治权力体系中的地位。
④ ［英］伯纳德·刘易斯：《现代土耳其的兴起》，范中廉译，商务印书馆1982年版，第250页。
⑤ 陈德成：《中东政治现代化——理论与历史经验的探索》，社会科学文献出版社2000年版，第24页。

第一章　世俗主义与伊斯兰主义的博弈：土耳其政治发展的危机

系成为土耳其权力重构的重要内容。

第一次世界大战后，作为德奥同盟一方的土耳其，本土遭到英国、意大利、法国、希腊等协约国的入侵，凯末尔呼吁土耳其人团结起来挽救国家危亡，得到广泛支持和响应，其中也包括部分伊斯兰宗教人士的支持和赞许，他们用伊斯兰教义来帮助凯末尔阐释民族独立运动的正义性。1919年5月，希腊军队在伊兹密尔登陆，进而向安纳托利亚高原腹地挺进，土耳其民族陷于生死存亡之际。1919年6月22日，凯末尔在阿马西亚向全国各省的军政首脑发出了《六月二十二日秘密通报》，指出"国家完整、民族独立正处于危难中"，"中央政府无力履行其所承担的责任，因此应该认为国家已不复存在"，"唯有民族的意志及决心，方能挽救民族的独立"[1]。随即各地代表先后召开了埃尔祖鲁姆代表大会和锡瓦斯代表大会，凯末尔两次当选代表大会的主席，并在该会议中起草了《国民公约》。1920年1月20日，奥斯曼苏丹被迫召开新奥斯曼议会，在该届议会中《国民公约》[2]获得通过。1920年4月11日，伊斯坦布尔的苏丹宣布解散帝国议会，议会成员旋即逃往安卡拉。新的土耳其大国民议会召开，并成立大国民议会政府，凯末尔当选为大国民议会政府主席。安卡拉政府成为土耳其民族解放运动的政治领导核心，大国民议会成为议会政府的最高权力机构。1920年4月23日，凯末尔主持召开第一届大国民议会，参会者有来自伊斯坦布尔帝国议会的106名议员和安纳托利亚地区选举产生的232名议员。该届议会议员中具有宗教背景的议员共计73名，教届人士占议会总数的1/5。1921年，大国民议会政府通过《国民税法令》，各地区根据《国民税法令》成立"国民税委员会"，负责征税工作，并为土耳其民族解放运动筹措各种物资，而这些委员会成员大多数是具有宗教背景的教职人员。总体而言，在土耳其民族解放运动初期（1918—1921），凯末尔对苏丹政权以

---

[1] ［英］伯纳德·刘易斯：《现代土耳其的兴起》，第258页。
[2] 《国民公约》又译《民族宣言》，共六条，其主要内容为：（1）1918年11月30日《蒙德罗斯停战协定》签署后，处于占领状态的阿拉伯地区由公民投票决定其归属，其余领土为祖国不可分割的部分；（2）东部边境三省（卡尔斯、阿尔达汉、阿尔特温）由公民投票决定其归属；（3）西色雷斯的法律地位由公民投票决定；（4）在保障伊斯坦布尔和马尔马拉海安全的前提下，履行与外国达成的海峡通航协定；（5）国内各少数民族享有与邻国境内土耳其族人所享有的平等权利；（6）反对任何危害土耳其安全的独立和自由的政治、司法、财政等方面的治外法权。

及宗教政治力量呈现妥协态度。凯末尔在革命初期除了亲自给许多苏非谢赫写信获取支持外，还在首届安卡拉政府设立相当于奥斯曼苏丹政府伊斯兰委员会的教法部。1921年2月，凯末尔政权在锡瓦斯成功召开一次泛伊斯兰大会，以期争取教职人员结成民族解放运动统一战线，培植服务于政治需要的教界势力，为其政治活动提供合法性。

1921年9月，大国民议会通过"基本组织法"，共23条，该法具有临时宪法性质。主要规定包括：1. 确立国家主权原则。国家主权属于人民，宣称该法是"国家主权唯一的真正代表"[①]。2. 立法权、司法权和行政权归属议会。总统由议会议员选举产生，政府对议会负责；议会可以任免部长并对其发出指示，而部长委员会则没有权力解散议会；议会议长担任政府总理。3. 确定伊斯兰教为国教。4. 确定公民的基本权利等。1921年"基本组织法"的颁布，为安卡拉政府赋予新生民族国家的活动组织原则和合法性。随着民族解放运动的胜利、协约国集团内部的利益分化和苏俄对凯末尔的支持，伊斯坦布尔苏丹政府与协约国签订的不平等条约——《色佛尔条约》被废弃，协约国在瑞士洛桑召开会议，商讨奥斯曼帝国问题，并同时向安卡拉和伊斯坦布尔两个政府发出邀请。协约国承认安卡拉政府合法，促使凯末尔下决心废除苏丹制，将其与哈里发制分离开来。1922年11月1日，大国民议会通过废除苏丹制度的决议，并宣布土耳其苏丹政府"从1920年3月16日（指英国军队占领伊斯坦布尔，苏丹政府与它沆瀣一气之日起）已不复存在，至此已经永远成为历史"[②]。土耳其从法律上将世俗权力与宗教权力分离，实行政教分离制度。哈里发只能依靠土耳其国家而存在，并应由大国民议会遴选新的哈里发。1923年10月13日，土耳其共和国正式成立，定都安卡拉。10月29日，大国民议会选举穆斯塔法·凯末尔为总统，伊斯梅特·伊诺努担任总理。

在凯末尔领导民族解放战争期间，土耳其的伊斯兰政治力量同世俗民族主义者结成了政治联盟，建立了密切的合作关系。他们对民族解放运动中的各项政策和法令持支持和容忍的态度，为土耳其民族解放战争

---

① Ergun Özbudun, *The Constitutional System of Turkey: 1876 to the Present*, New York: Palgrave Macmillan, 2011, p. 5.
② 转引自张世均《土耳其伊斯兰教职人员对凯末尔革命的贡献》，《世界历史》2003年第4期。

的最后胜利做出了重大贡献。但当宗教政治力量成为新生共和国强化中央集权的障碍时，凯末尔主义者将教界势力整合进国家体制内，就成为国家权力重构和机构重组的必然举措。

三 凯末尔世俗化改革与政治秩序的重构

土耳其民族解放运动胜利后，凯末尔领导的人民党在西方自由民族主义、民主主义、立宪主义以及世俗主义的影响下建立了土耳其共和国，着力把土耳其缔造成一个融入西方文明的世俗民族独立国家。"阿塔图尔克的基本理想是建设一个伟大的、被解放的土耳其，它甚至比当代文明更发达，它要成为一个按照西方标准生活的国家，是西方不可分割的一部分……阿塔图尔克懂得这一理想只有通过各个领域的世俗化才能实现。他对历史的理解和他自己的言论都清楚地表明，西方只是在所有的秩序全部世俗化后才达到这样高的生活水准。"[①] 自土耳其共和国建立，凯末尔政权的世俗化改革运动，实质上是摒弃奥斯曼帝国以来的多元文化认同，而趋于社会单一认同的均质化过程，试图建立单一的民族建构与认同，形成一种服务于共和国的集体认同。以凯末尔为首的民族精英通过世俗化改革使土耳其共和国从国家制度、象征领域、功能范畴以及司法体系等维度，实现了传统伊斯兰社会向现代社会的历史性过渡。

共和国建立之初，土耳其传统权力格局对凯末尔政权的威胁，成为凯末尔世俗化改革的现实动因。首先，苏丹—哈里发作为奥斯曼帝国的合法领袖和伊斯兰世界的精神领袖，已得到民众的广泛认同，甚至在与凯末尔很亲近的人中间也有极深的影响力。[②] 其次，凯末尔政权对土耳其乡村地区政治控制力的缺失，成为威胁新生政权的"阿喀琉斯之踵"。以宗教形式发动反叛，是地方势力反对新生政权、与政府争夺权力的外在形式，如谢赫·赛义德以圣战的名义号召乡民发动的反叛活动。[③] 土耳其共和国成立后，新生国家政治秩序的重构，成为凯末尔世

[①] Kemal H. Karpat, *Political and Social Thought in the Contemporary Middle East*, New York: Praeger Publishers, 1982, p. 326.

[②] P. M. Holt, Ann K. S. Lambton and Bernard Lewis (eds.), *The Cambridge History of Islam*, Cambridge: Cambridge University Press, 1970, p. 528.

[③] Farhad Kazemi and John Waterbury (eds.), *Peasants and Politics in the Modern Middle East*, Miami: Florida International University Press, 1991, p. 109.

俗化改革的内在要求。土耳其世俗化改革作为建构民族国家现代化的重要步骤,从根本上改变了国家的性质和发展方向,使土耳其从教俗合一的伊斯兰国家转变为世俗的现代民族国家,而新生现代民族国家权力结构的整合与重组、公民权利与义务的重构,以及传统文化与新生西式文化的调适等问题,成为世俗化改革的题中之义。

共和国成立后,土耳其虽然废除了苏丹制,新任哈里发阿卜杜拉·麦吉德二世仅仅保留了精神领袖的地位,但"一个拥有独立国库、华服和世俗权威的哈里发"[1] 仍不能为一个世俗共和国所容忍。1924 年 3 月 3 日,大国民议会通过关于废除哈里发的第 431 号法令[2],使土耳其彻底结束传统奥斯曼帝国二元的统治模式,揭开了民族国家现代化的新篇章。1924 年 4 月 20 日,受到凯末尔主义者控制的大国民议会通过了土耳其共和国的第一部正式宪法,即 1924 年《宪法》。1924 年《宪法》规定,土耳其实行共和制,建立共和国;土耳其语为官方语言,伊斯兰教为国教;大国民议会是国家最高权力机关,拥有立法、行政和司法权,从而保障顶层设计与社会整体世俗化的方向。

随着世俗化进程的推进,1928 年大国民议会通过宪法修正案,将宪法中"伊斯兰教作为土耳其共和国国教"的条款删除,确立了官方世俗主义的意识形态。[3] 1938 年,土耳其大国民议会通过宪法修正案,又将凯末尔的六项政治原则正式加入宪法中[4],从国家根本大法的角度确立了人民主权、自由平等、世俗主义等原则,为摆脱伊斯兰传统束缚奠定了基础。

1924 年 4 月,在废除哈里发神权制度后,凯末尔着手关闭宗教事务部、宗教基金部和大穆夫提办公室,并宣布废除沙里亚法庭。同年,土耳其通过第 429 号法令,废除了大穆夫提,新成立的宗教事务局取代了伊斯兰委员会的部分功能,规定宗教事务局局长由总统任命,其职责

---

[1] Mehmét Yaşar Geyikdaği, *Political Parties in Turkey: The Role of Islam*, New York: Praeger, 1984, p. 42.

[2] Niyazi Berkes, *The Development of Secularism in Turkey*, Montreal: McGill University Press, 1964, pp. 459–460.

[3] Binnaz Toprak, *Islam and Political Development in Turkey*, Leiden: E. J. Brill, 1981, p. 48.

[4] Feroz Ahmad, *The Turkish Experiment in Democracy 1950–1975*, London: C. Hurst for the Royal Institute of International Affairs, 1977, p. 4.

包括管理清真寺和苏非道堂，聘任和管理宗教官员，如伊玛目、穆夫提和宣礼员。① 随即，政府成立教产基金管理总局，以接管瓦克夫，同时负责宗教建筑物和宗教设施的维修。1931年6月8日，大国民议会又通过第1827号法令，赋予该机构管理宗教职员的薪给等事务。自此，土耳其建立起与1924年《宪法》体系相适配的宗教体系，宗教机构成为国家的职能部门，乌莱玛也成为国家公职人员，凯末尔政权通过弱化宗教政治权力，实现了新生民族国家权力的重构。

1924年《宪法》体系下普通法的世俗化，成为土耳其市民社会世俗化的内在要求，也是摆脱伊斯兰教法干预民众生活的重要步骤。1926年，大国民议会通过根据意大利法典起草的民法典、德国法典起草的商业法典，以及以意大利刑法为蓝本的刑法典。1926年颁布的土耳其刑法典明确规定，禁止滥用宗教、宗教情绪，或在宗教上被认为系神圣之物，禁止借此在人民中间通过任何形式的煽动，以致发生危害国家安全之行动……不得组织以宗教或宗教情绪为基础的政治社团。② 凯末尔时期颁布的一系列法律，对传统伊斯兰教法关于妇女和婚姻问题进行了新的规定，如实行一夫一妻制；世俗化结婚仪式和合法的婚姻必须由民事部门登记并双方在场，宗教仪式的婚姻不具有法律效力；废除穆斯林与非穆斯林的通婚限制。世俗法律的颁布，削弱了乌莱玛曾经掌握的司法权力，使其丧失对法律解释的传统特权，从法律层面去除了传统伊斯兰教法的影响。正如土耳其学者亚萨尔·纳比·纳伊尔所言："从逻辑上说，关闭宗教法庭证明一个国家不可能有两种不同的法律制度……这是第一次改革的必然结果，把国家事务从神权政治的压力下完全地、绝对地解放出来。有关服饰改革的法律，除了改变了我国人民传统生活方式的外观，还结束了那些以传统头饰为象征、对无知百姓滥施权力的人的统治。关闭女修道院和陵墓的法律取消了落后和懈怠的最后温床。民法典废除了来自伊斯兰教、不适合现代法律的条文。这是按照西方规则调整生活方式而采取的决定性步骤之一。"③

民族主义是中东地区国家完成民族国家建构的初始动力，因此土耳

---

① 李艳枝：《伊斯兰主义与现代化的博弈——基于土耳其伊斯兰复兴运动的个案研究》，第60页。
② [英]伯纳德·刘易斯：《现代土耳其的兴起》，第435页。
③ Kemal H. Karpat, *Political and Social Thought in the Contemporary Middle East*, p. 323.

其世俗化民族主义的塑造与培养，是土耳其整合国家认同和政治认同的关键步骤。社会文化和教育领域的世俗化，是培养土耳其世俗化民族主义的重要领域。社会文化领域的世俗化，主要体现在语言、文字、历史叙事以及生活方式和风俗等领域。土耳其人认为，与伊斯兰教联系密切的阿拉伯字母是世俗化发展的障碍。1928 年 11 月 3 日，禁止在公共场合使用阿拉伯字母的文件获得通过，自此采用拉丁字母拼写土耳其语获得广泛接受。[1] 哈立德·艾迪普（Halide Edip）指出，字母变化是"向最终的心理上统一于西方迈出关键性的一步"[2]。1932 年，凯末尔政府相继建立土耳其语言协会和土耳其历史协会，为世俗主义寻找合法性基础和民族文化源头。尽管土耳其历史协会编纂的《土耳其历史纲要》有歪曲历史的嫌疑，但"凯末尔关心的并不是历史的准确性，而是为了给土耳其民族主义找到一个可以依托的早于奥斯曼和伊斯兰过去的支撑"[3]。凯末尔主义者还通过改变传统生活方式和社会习俗，以培养世俗化的现代西方生活方式，如 1925 年颁布帽子法，除教职人员外禁止普通穆斯林戴费兹帽。1934 年，土耳其引入姓氏、西方的音乐和雕塑，举办足球赛和选美比赛等。教育领域的世俗化是贯彻民族主义的重要途径，通过教育改革使教育摆脱神权的束缚，"创造一个具有同样精神状态、赞成同样思想的人组成的国家"[4]。1924 年，土耳其通过教育统一法，废除麦德莱斯和其他宗教学校，通过教育制度的集中化和世俗化将教育置于国家的控制之下。通过该法令，教育部设立伊玛目—哈提普（Imam-Hatip）学校来培养低级教职人员；[5] 在伊斯坦布尔大学设神学院以培养高级教职人员；[6] 宗教课被纳入小学和初中的课程计划。

凯末尔通过世俗化改革的方式，迅速建立起以共和人民党为执政党的权威，将宗教置于国家的严格控制之下，实现了土耳其共和国的民族

---

[1] Frederick W. Frey, "*Education: Turkey*", in Robert E. Ward and D. A. Rustow eds., *Political Modernization in Japan and Turkey*, Princeton: Princeton University Press, 1964, p. 218.

[2] Zana Çitak, *Nationalism and Religion, a Comparative Study of the Development of Secularism in France and Turkey*, p. 243.

[3] John L. Esposito, *Islam and Politics*, New York: Syracuse University Press, 1998, the 4th edition, p. 97.

[4] 彭树智：《现代民族主义运动史》，西北大学出版社 1987 年版，第 99 页。

[5] 20 世纪 30 年代由于学生数量下降，伊玛目—哈提普学校停办。

[6] 1933 年，由于生源短缺，伊斯坦布尔神学院降格为伊斯兰研究所。

建构，使土耳其民间伊斯兰主义与官方世俗主义呈现出排斥与利用伊斯兰教并存的悖论式发展趋势。凯末尔主义统治下的土耳其，世俗主义虽取得最后的胜利，但世俗化的影响并没有深深扎根于安纳托利亚地区的广大人民群众心中。城乡世俗化进程的脱节使得农村地区仍然虔诚地笃信先知教导，各具地方特色的、以清真寺为中心的传统"公共领域"仍充斥整个安纳托利亚地区。这就造成以凯末尔世俗主义者为"中心"的传统国家精英和以保守落后的伊斯兰主义者为"边缘"群体之间的潜在冲突，且二者之间的潜在冲突将贯穿共和国历史始终。

第二节 多党制探索中世俗主义与伊斯兰主义的角逐

土耳其凯末尔政权的世俗化过程，是摒弃传统多元文化认同，建立一种单一均质化社会集体认同的过程。对此，科尔文·罗宾斯（Kevin Robins）曾指出，"民主生活必需的多样性和多元主义从一开始就被抑制了"[1]。20世纪40年代开始，伊斯兰复兴运动则成为反对土耳其威权政治体制和多元主义的主要载体。

一 诸多政党对宗教的政治利用

1938年，土耳其国父凯末尔去世后，伊斯梅特·伊诺努当选共和人民党主席和土耳其共和国总统。伊诺努总统时期基本沿袭凯末尔时期的威权政治模式，但严格的世俗化政策呈现松动的迹象。第二次世界大战后，由于共和人民党不当的土地改革政策和商业改革，致使工业化形成的劳工阶层、农民和富裕工商业者对政府产生不满，造成严重的执政危机。这种危机主要表现在党内的分裂，该党内部出现四个持不同政见者——杰拉尔·拜亚尔、阿德南·曼德列斯、福阿德·科普吕吕和雷菲克·考拉尔坦，他们于1945年6月7日联名向大国民议会提出《关于修改党章若干细则的建议》，要求建立反对党、取消经济限制。[2] 1945

---

[1] Kevin Robins, "Interrupting Identities: Turkey/Europe", in S. Hall and P. du Gay eds., *Questions of Cultural Identity*, London: Sage, 1996, p. 70.

[2] Ali Yaşar Sarıbay, "The Democratic Party, 1946 – 1960", in Metin Heper and Jacob M. Landau eds., *Political Parties and Democracy in Turkey*, London: I. B. Tauris, 1991, p. 120.

年到1950年间，先后有27个政党成立①。1946年，民主党的成立标志着土耳其从一党制向多党制度的转变。争取选民的支持，成为政党执政的必要条件。1946年土耳其大选，共和人民党虽通过对世俗主义的坚持赢得了当年的选举，但也透露出民众对严格世俗化纲领的不满。对凯末尔和伊诺努时代严格世俗化政策的反对之声，最初出现在共和人民党内部。1947年12月2日，共和人民党第七次代表大会召开，代表们批评共和人民党忽略对教职人员的培养以及为年轻人提供宗教教育，进而导致社会公共道德的缺失。对此，代表们向此次大会提出如下提案：1. 重新开放历史上圣人和圣徒的陵墓；2. 如果父母提出书面请求，小学生应该每周接受一次宗教选修课；3. 政党纲领中应写入将宗教课列入小学选修课的内容；4. 教育部的计划中应说明宗教选修课是小学课程的组成部分；5. 高中也应开设宗教课；6. 重新开放培养宗教领导人和宣道师的宗教学校。② 事实上，1950年之前，作为反对党的民主党即已开始操纵宗教组织，利用民众的宗教感情为选举服务，最终赢得1950年的选举。③

  1950年大选后，杰拉尔·拜亚尔当选土耳其第三任总统，阿德南·曼德列斯担任政府总理，同时也标志着凯末尔所谓的"真正的自下而上结构"政治的开始。④ 伊斯兰主义者公开和秘密地与"中右"执政党——民主党的结盟，进一步软化了凯末尔的世俗主义政策，为伊斯兰主义者和宗教社团提供了相对宽松的活动空间。亨廷顿曾说，只有在一党制下，现代主义精英可以沿着现代化的方案前进而不必考虑农村的利益，在选举政治中，政党不仅吸引农村力量来赢得选举，这在农村人口占多数的发展中国家是事实，深入农村意味着现代主义目标和原则的妥协。为了赢得选举，政党不得不关注乡村的经济利益和传统价值。⑤ 民

---

 ① 主要包括社会公正党、工农党、一切为祖国党、纯洁与保卫党、捍卫伊斯兰党、理想主义党、纯民主党、自由民主分子党、土地财产自由企业党及由苦力和工人、社会主义者和自由主义者组成的形形色色党派。

 ② Şerif Mardin, "Tukey Islam and Westernization", pp. 186–187.

 ③ 哈全安、周术情：《土耳其共和国政治民主化进程研究》，第250页。

 ④ Dankwart A. Rustow, "Political Parties in Turkey: An Overview," in Metin Heper and Jacob M. Landau, *Political Parties and Democracy in Turkey*, London: I. B. Tauris, 1991, p. 16.

 ⑤ [美] 塞缪尔·亨廷顿：《变化社会中的政治秩序》，王冠华等译，生活·读书·新知三联书店1989年版，第433页。

第一章 世俗主义与伊斯兰主义的博弈：土耳其政治发展的危机　25

主党执政时期，政府给予农村更多的关注与扶持，农民生活环境改善以及政权的更迭，为教界人士和普通民众提供了全新的机遇。同时，民主党政府在加快经济建设时进一步放松了对意识形态领域的限制，使宗教进一步自由化。1950 年 6 月 16 日，土耳其大国民议会通过第 5665 号法令，恢复阿拉伯语宣礼。[1] 7 月 7 日，安卡拉电台开始先后用阿拉伯语和土耳其语诵读《古兰经》，早晚各 10 分钟。1951 年，政府在 7 个城市设立宗教高级中学，并在 1954—1955 年间将建立这种学校的城市扩大到 16 个，增加宗教事务部门的预算。[2] 根据 1956 年 9 月 19 日通过的第 4286 号法令，宗教课也被引入初中一、二年级课程，第 7344 号法令允许在伊斯坦布尔重开伊斯兰研究机构。[3] 在曼德列斯时期，去麦加朝觐的穆斯林还得到了民主党政府大规模的财政支持。[4] 由国家投资捐建的清真寺[5]，以及个人或集体捐助成立的宗教教育机构的数量和规模大大增加，宗教出版物急剧增加，宗教协会数量急剧增长[6]，苏非教团日趋活跃，宗教气氛日趋浓烈，甚至一些宗教极端分子攻击和破坏凯末尔的塑像。

不过，民主党政府在 20 世纪 50 年代的宗教自由化政策，总体上还是在国家政治框架的范围内进行的，并未真正突破凯末尔世俗化政策的框架，但政党对宗教的政治性利用，却进一步刺激了民众层面的伊斯兰复兴运动。50 年代后期，土耳其经济形势开始恶化，市场价格机制崩溃，政府对经济控制失效，导致社会各阶层公开表达对民主党政府的不满与抗议。面对困境，民主党政府再次利用宗教以达到其稳定政局的目的，民主党政府把加入"祖国阵线"视为一种宗教责任和国民义务。[7] 同时，民主党政府接受努尔库运动的支持，引起凯末尔世俗主义者的强烈不满。1960 年 2 月 13 日，安塔利亚的民众欢迎曼德列斯时甚至打出

---

[1] 实际上允许用阿拉伯语宣礼最早开始于 1947 年共和人民党执政时期。参见 Mehmét Yaşar Geyikdaği, *Political Parties in Turkey: the Role of Islam*, p. 77。
[2] Binnaz Toprak, *Islam and Political Development in Turkey*, Leiden: T. J. Brill, 1981, pp. 79 – 80.
[3] Mehmét Yaşar Geyikdaği, *Political Parties in Turkey: the Role of Islam*, p. 77.
[4] Mehmét Yaşar Geyikdaği, *Political Parties in Turkey: the Role of Islam*, p. 8.
[5] 据统计，1950—1960 年期间新建的清真寺达 1500 座之多。
[6] 据统计，1955 年土耳其有宗教协会 1088 个，1968 年增至 10730 个。
[7] Feroz Ahmad, *The Turkish Experiment in Democracy, 1950 – 1975*, pp. 367 – 372.

"我们信任真主和你，曼德列斯！"字样的横幅①。加之，共和人民党与民主党政府之间的矛盾进一步激化，民主党政府利用手中政治权力极力强化其统治，并打压共和人民党，最终引发了1960年的军事政变，民主党政府的统治被推翻。鉴于民主党对伊斯兰教的政治利用，国内学界多将民主党的上台作为土耳其伊斯兰复兴的起点。但就本质而言，民主党对伊斯兰教的利用，是工具性和机会性的，而不是真正地沿着自由民主的轨迹来改变凯末尔世俗主义的发展轨迹。②

1960年5月26—27日夜间，土耳其军队接管了政权，阿尔帕斯兰·突尔克斯上校在广播中宣布："伟大的公民们！由于危机导致民主衰落和最近发生的悲惨事件，为了阻止阋墙之争，军方已接管了政府……这次行动并不针对任何个人或组织。"③ 随后军方解散大国民议会，逮捕总理、政府成员和所有民主党议员。以古尔塞勒将军为首的军方成立民族团结委员会（Milli Birlik Komitesi）作为新的立法和行政机构，宣称"民族团结委员会的伟大目的是捍卫我们神圣的宗教，避免宗教成为反对派和政治运动的工具"④。1961年1月，民族团结委员会解除政党禁令，并授权共和人民党成员涂尔汗·费伊兹鲁（Turhan Feyzioğlu）起草新的选举法，召开由292人组成的立宪会议。5月27日，新宪法颁布，7月9日经全民公投后宣布执行。1961年《宪法》增加了1924年《宪法》未规定的权利和自由，保护思想言论、协会和出版自由，明确禁止利用宗教、压制公正和思想自由。1961年《宪法》体现了军方在伊斯兰复兴运动中矛盾的立场，一方面，军方坚持凯末尔的世俗主义，奉行政教分离的原则；另一方面，宪法中的民主因素又为伊斯兰复兴提供了重要的法理基础。尽管土耳其宪法规定不得为了达到政治目的而利用和滥用宗教，但许多政党为了迎合民众的伊斯兰情绪都不同程度地利用了宗教。

20世纪60年代，土耳其的政坛除了共和人民党之外，还包括共和

---

① Mehmét Yaşar Geyikdaği, *Political Parties in Turkey: the Role of Islam*, p. 79.
② 李艳枝：《中东政党政治的演变》，第258页。
③ Walter F. Weiker, *The Turkish Revolution 1960 – 1961: Aspects of Military Politics*, Washington D. C: Brookings Institution, 1963, p. 20.
④ Feroz Ahmad, *The Turkish Experiment in Democracy, 1950 – 1975*, p. 374.

农民民族党①、正义党②以及新土耳其党③，政坛表现出坚持世俗主义和拥护伊斯兰道德的分野。1961 年 10 月 15 日，土耳其举行大选。1961 年大选后，共和人民党和正义党组成第一届联合政府，其施政纲领宣称："政府的任务是将土耳其在自由的条件下保证最快地发达兴旺起来，并在不远的将来赶上先进国家。"④ 该届政府由于两党间的矛盾和政变后的复杂社会问题，最终于 1962 年 5 月 31 日宣告垮台。1962 年 6 月，共和人民党、新土耳其党、共和农民民族党组建第二届联合政府，并执行与上届联合政府相似的施政纲领。1963 年 10 月，由于联合政府不顾各界反对赦免部分曼德列斯政府成员的法案，导致该届政府流产。1963 年 11 月至 1965 年 2 月 12 日，由伊诺努和独立派组织的第三届联合政府，也因其沿袭前任政府的纲领而垮台。2 月 20 日，以过渡政府著称的第四届联合政府成立，无党派参议员苏阿特·于尔古普吕任总理，该届政府一直维持到 1965 年大选。

1965 年大选前夕，正义党由于对宗教的政治性利用而出现右倾倾向。该党党魁德米雷尔声称，正义党将与极端意识形态做斗争；赞同宗教和思想自由的基本原则，并对该党纲领进行调整。调整后的第 17 条规定，"除了经济发展，我们也相信道德发展……我们所理解的世俗主义并非亵渎神灵或对宗教持怀疑态度"。除了正义党对宗教的政治性利用外，以世俗主义捍卫者著称的共和人民党，也开始表现出对凯末尔世俗主义模式的怀疑和修订。共和人民党在埃杰维特上台后，主张土地改革、社会正义、社会安全和政治发展，提出"中间偏左"的口号以赢得更多支持，首次将意识形态因素引入国家政治生活，成为土耳其政坛意识形态分野的开端。在 1965 年大选前夕，共和人民党的尼哈特·艾

---

① 1954 年，奥斯曼·伯吕克巴舍重建共和民族党，后与农民党合并组建共和农民民族党。该党在 1961 年的选举会议上宣称忠于世俗主义原则，高度赞扬伊斯兰国家和伊斯兰政治原则。

② 正义党于 1961 年由拉伊普·居米什帕拉将军创立，是民主党的继承者，主张通过自由经济加强资本主义化，强调宗教信仰自由是人类的自然权利，在世俗原则的框架内实行公平的宗教教育。

③ 新土耳其党于 1961 年 1 月由经济学家埃克罗姆·阿里加恩组建，强调经济发展必须通过尽可能少的干预和自由的方法来实现，主张最大限度地利用外资和消除自由贸易障碍，在纲领中坚决拥护世俗化。

④ 杨兆钧：《土耳其现代史》，云南大学出版社 1990 年版，第 284 页。

瑞姆（Nihat Erim）宣称："土耳其当前面临的主要问题是发展，这是由于虽然土耳其已于19世纪启动现代化，但现代化的过程仍未完成，这部分是由于缺乏对教育问题的解决方法，因此存在威胁革命的危险。出现接受阿拉伯字母的新一代将来就会产生问题……教界人士认为既然国家是世俗的，就不应该干预宗教事务，并且宗教事务局应该有自治权，政府的职责之一便是维护公共秩序，因而国家不一定必须干预宗教事务。"[①] 60年代后半期，正义党与共和人民党之间互相攻讦。由于正义党后期并没有兑现对农民的承诺，与军方关系也并未保持良好互动，且经济发展没有达到预期效果，国内左右翼极端组织日益泛滥严重。1971年3月12日，军方再次以整饬国家秩序为由发动备忘录政变，推翻德米雷尔领导的联合政府。

20世纪五六十年代，土耳其开启多党民主制度，为民众通过民主程序参与政治提供了可能，而诸多政党为争取宗教群体的选票，逐渐放宽了国家对宗教生活的压制，为具有宗教色彩的政党以及伊斯兰政党的出现提供了制度可能。然而，无论是持"中左"立场的共和人民党，还是"中东地区唯一的一个真正的平民政党"的正义党，都无法真正代表土耳其民众的切实利益与需求。1969年成立的第一个伊斯兰政党——民族秩序党，并未在60年代产生太大的影响力，但它提出用伊斯兰教的观点和纲领来取代世俗的现代化纲领，得到边缘人群的广泛支持，为土耳其政坛注入全新力量，从而使伊斯兰主义与世俗主义的博弈进入全新阶段。尽管如此，世俗主义仍然是土耳其的主流意识形态，是带有宗教色彩的政党抑或是伊斯兰政党无法逾越的"雷池"。

二 左右翼意识形态的政治斗争

第二次世界大战后，随着东西方两极格局的出现，土耳其国内出现了社会主义与资本主义思想的分野。意识形态的分化造成土耳其政坛的斗争异常激烈，主要政党纷纷从意识形态的角度来重新界定自己。左翼势力坚持凯末尔主义，而右翼势力则视其为宗教自由和穆斯林信仰的捍卫者。20世纪60年代的土耳其政党都对伊斯兰教进行了政治性的利用，用伊斯兰教为自己谋求政治合法性，而左右翼意识形态的分化又为

---

① Mehmét Yaşar Geyikdaği, *Political Parties in Turkey: the Role of Islam*, p.100.

第一章 世俗主义与伊斯兰主义的博弈：土耳其政治发展的危机

伊斯兰政治思潮的出现奠定了基础。

1964年，塞浦路斯危机爆发后，土耳其政局首次分化为中左和中右两个相对独立的政治阵营，其中包括持中右立场的正义党和中左立场的共和人民党。成立于1961年的正义党本身即为包含诸多不同立场的政党，党内意识形态多元化，其中包括以哈米·泰兹坎（Hami Tezkan）和格汗·埃维利奥鲁（Gokhan Eviliyaoglu）为代表的泛突厥主义青年组织极端右派；以塔赫辛·代雷梅伊为代表的自由主义集团[①]。随着意识形态斗争的加剧，正义党内部发生分化，部分右翼势力出现离心倾向，一部分追随突尔克斯走向极端民族主义，另一部分则追随埃尔巴坎步入伊斯兰主义。1968年，突尔克斯成立准军事突击队组织"灰狼"，通过秘密武装和训练来反对可疑的左翼主义者。[②] 土耳其左翼力量也迅速崛起，左翼团体主张用暴力推翻土耳其国家，但土耳其共产党的影响却极为有限。土耳其左翼力量最早出现于知识分子中，随后在劳工和城市中下阶层扩散。尽管土耳其左派势力强劲，但由于其没能通过合法途径参与国家政治生活，而且逐渐与对现实不满的青年学生中的激进力量和恐怖主义形成合流，使得社会矛盾更加尖锐，国家政局更加动荡。60年代末期，现存政党无论是左翼政党还是右翼政党都无法兑现政治诺言，扭转土耳其政治、经济困境，因而拥有新的意识形态的政党的出现成为社会发展的迫切需要，民族行动党和民族秩序党应运而生。尽管这两个具有不同意识形态倾向的政党代表了极端民族主义和伊斯兰主义者的利益，但在成立之初的政治选举中并未获得大多数民众的认同。

20世纪70年代初期，土耳其陷入经济危机、社会混乱和左右翼极端势力肆虐的状态。1971年3月12日，土耳其军方再次发动"备忘录"政变，正义党政府下台，大国民议会随后投票产生技术专家政府。3月19日，尼哈特·埃里姆受命组建所谓的"智囊团"政府。由于政府受军方控制，埃里姆的一些社会经济改革遭到了中右翼势力的激烈反对，被迫于1972年4月17日下台。5月15日，总统授权费立特·梅林组织新政府，正义党、信任党和共和人民党组成三党联合政府，实行无党派政策，承诺维护世俗化原则。1973年10月14日，在土耳其大国

---

① 该派为自由主义者，主张实行自由的经济政策和政治统治。
② Douglas A. Howard, *The History of Turkey*, London: Greenwood Press, 2001, p.144.

民议会选举中,由于正义党拒绝与其他右翼政党组建联合政府,共和人民党的埃杰维特不得不与伊斯兰政党——民族拯救党组建联合政府。1974年5月20日,由于两党政治分歧严重,埃杰维特随即辞去总理,共和人民党退出联合政府。11月13日,总统授权议员沙迪·艾尔马克(Sadi Irmak)组建新政府,但由于其执政纲领未得到议会批准而流产。1975年4月1日,德米雷尔向总统提交的新内阁名单获批,组建第一届祖国阵线①政府,该政府一直持续至1977年大选。1977年大选后,由于共和人民党并未达到单独组织政府的合法议席数,因而以德米雷尔为首的第二届右翼祖国阵线联盟政府再次组建,但这个政府由于国内严重的政治、经济危机,仅仅维持数月即告结束。1978年1月,埃杰维特与独立人士组建的联合政府也因无力稳定国内政局,于1979年10月16日宣告解散。1980年9月12日,德米雷尔政府被埃夫伦将军领导的军事政变推翻。至此,持续土耳其政坛二十年之久的左右翼政党两极对垒的局面结束。

在国际冷战格局的影响下,土耳其政党政治在20世纪六七十年代经历了激烈碰撞的意识形态分化。在埃杰维特"中左"思想领导下的共和人民党倾向于采取一种吸引工人和农民的政治动员策略,继而致力于打击右翼势力和政党特别是民族行动党。正义党"中右"的政治立场成为左翼意识形态的主要反对者。在1974—1977年右翼势力主宰土耳其政坛后,加之国内严重的政治、经济危机,致使左翼极端势力与极端民族主义和恐怖主义出现合流,对土耳其政党制度和民主政治产生严重威胁。左翼和右翼之间冲突的逐渐升级,导致土耳其的政治、经济危机演化为无政府主义的暴力冲突,频繁更迭的孱弱联合政府根本无力整合国内政治、经济秩序,严重偏离了政治民主制的历史发展轨道。土耳其政坛意识形态的分化对政治发展进程和伊斯兰政党的出现产生了重大的影响。

三 伊斯兰政党参与国家政权

1946年,多党民主制开启后,土耳其政府逐渐放松对伊斯兰教的控制和对成立新政党的限制。1945—1950年,土耳其的新政党如雨后春笋般不

---

① 1974年12月18日,四个右翼政党正义党、民族拯救党、共和信任党以及民族行动党组建祖国阵线联盟,以期获得组建新政府的权力。

断冒出，其中包括民族复兴党（National Resurgence Party）、社会正义党（The Social Justice Party）、农民党（The Farmer's and Peasant's Party）、净化和保护党（The Purification and Protection Party）以及伊斯兰保护党（Islam Protection Party）等在内的 8 个政党，其纲领涉及伊斯兰主题。这些政党以宗教为口号提高民众号召力，但并没有在国家政治生活中发挥重要作用。即使民族党①拥有杰出领导人并得到新闻界的支持，但在 1950 年大选中也仅得到 240209 张选票和一个大国民议会席位，② 这说明宗教并不是决定选民选举意向的首要因素，选民也不愿意将选票投给那些只承诺给予宽松宗教环境而方针政策并不明确的政党。③ 第二次世界大战后，在国际格局变动的大环境下，除了民主党和正义党对伊斯兰教的政治性利用，土耳其经济模式的转型和非政府组织的发展使社会阶层重新分化，也为伊斯兰政党的出现提供了经济和社会基础。

20 世纪 60 年代末，在土耳其左右翼意识形态激烈斗争的政治环境中，以内季梅廷·埃尔巴坎（Necmettin Erbakan）为首的右翼伊斯兰政党，开始在土耳其政坛崭露头角。1969 年大选后，几位颇具影响力的伊斯兰主义者在正义党参议员艾哈迈特·陶斐克·帕克苏（Ahmet Tevfik Paksu）家中会晤，密谋成立土耳其第一个伊斯兰政党。随后筹划成立民族秩序党，党徽为一只指向天园的手。④ 1970 年 2 月 8 日（另一说是 1 月 26 日⑤），民族秩序党正式成立，该党主要代表安那托利亚地区的民众利益，由宗教保守派和小商人控制领导权；与各地宗教领导人建立联系，并设立分支机构，成立招募委员会来吸引各地宗教界颇有名望的人物，吸收伊玛目、穆安津和穆夫提等宗教人士加入招募委员会。⑥ 民

---

① 民族党是由民主党分裂而来的部分成员组成，20 世纪 60 年代成为农民民族党的来源之一。

② Binnaz Toprak, "Islam and Democracy in Turkey", in Ali Çarkoğlu and Barry Rubin eds., *Religion and Politics in Turkey*, London and New York: Routledge, 2006, p. 29.

③ Binnaz Toprak, *Islam and Political Development in Turkey*, p. 75.

④ Birol A. Yesilada, "The Virtue Party", in Barry Rubin and Metin Haper eds., *Political Parties in Turkey*, London, Portland: Frank Cass, 2002, p. 65.

⑤ Ihsan Yilmaz, "State, Law, Civil Society and Islam in Contemporary Turkey", The Muslim World, Vol. 95, No. 3, 2005, p. 401.

⑥ Aysekudat, "Patron-client Relations: the State of the Art and Research in Eastern Turkey", in Engine D. Akarli and G. Ben-Dor eds., *Political Participation in Turkey: Historical Background and Present Problems*, Istanbul: Bogazici university publixations, 1975, pp. 61 – 87.

族秩序党主张恢复伊斯兰教作为官方意识形态的神圣地位，实施伊斯兰教法，重振伊斯兰道德；主张限制土耳其的大商业资产阶级，抵制西方资本主义。① 民族秩序党对伊斯兰教肆无忌惮的倡导，以建立伊斯兰国家为目标的呼吁，引起了以凯末尔世俗主义捍卫者自居的军方和官僚阶层的警惕。1971 年 1 月 14 日，宪法法院援引土耳其宪法第 2 条、19 条、57 条，以及土耳其政党法第 92 条、93 条、94 条之规定，认为民族秩序党企图"寻求恢复神权政治秩序"②，将其判定为非法政党。不久后，民族秩序党被取缔。1972 年，埃尔巴坎的亲密战友苏莱曼·阿瑞夫·艾默瑞（Suleyman Arif Emre）创建民族拯救党，该党继承民族秩序党的衣钵，吸收了大量宗教保守派、小城镇的工匠和企业家，以及一些受过良好教育并要求改变土耳其文化和外交政策的知识分子。该政党很快在 67 个行政区中的 42 个和近 300 个乡村建立分支机构。③ 民族拯救党的出现成为伊斯兰政党参与政治的标志，同时也是土耳其政治伊斯兰运动兴起的标志。

20 世纪 70 年代初期，土耳其陷入经济危机、社会动荡和政坛意识形态分化的不稳定状态。1973 年 10 月 14 日，土耳其大国民议会选举的结果并不能让共和人民党和正义党达到单独组阁的法定议席数，联合政府成为各政党政治妥协后的必然选择。由于正义党拒绝与其他右翼政党组成联合政府，法赫里·科鲁蒂尔克（Fahri Koruturk）总统授权共和人民党的埃杰维特组建联合政府。相似的社会基础、道德价值和经济诉求，以及相对温和的政治立场，使共和人民党和民族拯救党得以组建联合政府。④ 尽管大部分民族拯救党议员和政党内部高层反对与共和人民党组建联合政府，但埃尔巴坎则认为，参与联合政府将有助于提高政党

---

① Binnaz Toprak, *Islam and Political Development in Turkey*, pp. 98 – 99.
② Nilufer Narli, "The Rise of the Islamist Movement in Turkey", *Middle East Review of International Affairs*, Vol. 3, No. 3, 1999, p. 39.
③ Binnaz Toprak, *Islam and Political Development in Turkey*, p. 99.
④ 共和人民党和民族拯救党都主张保障公民的基本自由，坚持混合经济和基于社会正义的经济、社会发展，致力于保护商人、小手工业者、小企业的利益；寻求工作条件的人性化和民主化，主张社会安全，反对大资本对民众的剥削；两党还协商双方共同遵守的原则和立场，包括成立一个协作部以保证小农场主的自给自足和较少受到大地主、高利贷者和大资本家的盘剥；废除对信仰和思想自由的限制，给予新闻媒体必要的安全保证，废除禁止前民主党成员参选议员的规定；废除那些损害民族利益的石油法条款；在学校中引入道德教育的必修课。

第一章 世俗主义与伊斯兰主义的博弈：土耳其政治发展的危机

的政治合法性。

1974年1月26日，共和人民党和民族拯救党联合政府成立，埃尔巴坎担任副总理，民族拯救党成员分别担任正义部、内务部、商业部、农业部和工业部部长以及宗教事务局和原子研究部的副职，而外交部、国防部、教育部和财政部由共和人民党控制。民族拯救党首次入主联合政府后，其政治诉求在施政实践中得以实现。民族拯救党并未直接提出建立伊斯兰国家，而是在现行政治框架内通过分享政治权力而实现政治意愿的表达，如以法律形式确认了伊玛目—哈提普学校与普通高级中学同等地位；矗立在伊斯坦布尔广场的裸体塑像被命令拆除；商业部长以外来游客腐化民众道德为名拒绝批准建造旅游度假胜地的申请；内务部长宣称国家不应该生产酒类；规定只有毕业于高等伊斯兰教育机构或者伊玛目—哈提普学校的学生，才有资格在世俗学校教授宗教课程。此间，埃尔巴坎还先后拜访沙特等伊斯兰国家，主张与阿拉伯国家加强联系，促进国家间高级别交流。这些带有鲜明伊斯兰色彩的政策均遭到共和人民党的反对，这也是该届联合政府步履维艰且短命的重要原因之一。1974年5月20日，共和人民党退出联合政府，联合政府随即解体。1974年12月18日，民族拯救党与正义党、共和信任党以及民族行动党三个右翼政党组建祖国阵线联盟，以获取选举优势。在参与1975—1977年德米雷尔领导的祖国阵线联合政府过程中，民族拯救党继续实践其政治诉求，但其微弱的影响力只能沦为联合政府的配角，其政治纲领大都成为纸上谈兵。1979年11月，民族拯救党虽参与支持德米雷尔组织的少数派政府，但该政府很快就被1980年的军事政变推翻。

纵观20世纪70年代以来民族拯救党的参政过程，虽可明确将民族拯救党界定为伊斯兰政党，但显然此时的伊斯兰政党也仅仅是利用宗教来实现其政治目的。在吸取民族秩序党因激进的政治纲领而被取缔的教训后，民族拯救党并不公开反对国家的世俗主义，而是将宗教与"自由""民主"相结合，对公共主权、议会民主、政治多元主义、人权和个人自由等观念持赞赏态度，并未突破土耳其宪法和政党制度框架。从1973—1978年民族拯救党三次参与联合政府的经历来看，该政党得以参政是民众政治参与扩大的必然结果，同时也是土耳其实行多党制以来政治民主发展的逻辑结果。但在政治伊斯兰复兴的初级阶段，伊斯兰政党仍处于边缘地位，仅仅是在多党民主政治中发挥政治平衡的砝码作用。尽管土耳其政治伊斯兰复兴运动在 70 年代出现前所未有的发展，但是要突破现有局面仍然需要国内外因素的综合激发，而 1980 年军事政变后的社会秩序重构，以及国外伊斯兰复兴运动的兴起，则将促使土耳其政治伊斯兰主义更加高涨与成熟。

第三节　全球化背景下世俗主义与伊斯兰主义的调适

20 世纪以来，土耳其不同政党在调和西方政治理念与传统政治文化的过程中，推进着土耳其的民主化进程，世俗政党与伊斯兰政党权力的角逐共同构成土耳其政党政治的生动画卷。1980 年军事政变后，随着全球化进程的加快，土耳其国内政治、社会、经济秩序得以重塑，土耳其相对温和的政治伊斯兰势力在全球化背景下，经过十余年的韬光养晦成为影响土耳其政治变革的重要政治力量。

一　土耳其—伊斯兰一体化实践

1980 年军事政变后，土耳其国内政治、经济和社会秩序在军方的监护下得以重塑，相对民主的政治程序得以恢复。尽管土耳其军方仍坚持世俗主义国家的发展趋向，但也无法忽视土耳其长达十余年的伊斯兰复兴运动对国家政治、经济、社会和意识形态领域的影响。因此，1980 年军事政变后上台的军方，表现出一种矛盾的政治立场。军方新颁布的 1982 年《宪法》明确规定："根据政教分离的原则，绝对不许以神圣的宗教信条干预国家事务和政治。"[①] 但政变后上台的将军们却并没有排斥伊斯兰教，反而强化伊斯兰教在国家中的地位。尽管如此，土耳其的伊斯兰政治势力仍需在宪法允准的范围内活动，而触动军方敏感神经的伊斯兰举措势必会使其难逃被取缔的命运。

1980 年 9 月 11—12 日夜，在总参谋长凯南·埃夫伦（Kennan Evren Ren）将军的指挥下，土耳其军方依法[②]发动政变，接手政府。随后，

---

① Michael M. Gunter, "Turkey: The Politics of a New Democratic Constitution", *Middle East Policy*, Vol. XIX, No. 1, 2012, p. 120.
② 《土耳其武装力量内部服务法》（Turkish Armed Forces Internal Service Law）明确规定："保卫领土和共和国是武装力量的职责，必要时可以武装反对内外的威胁。"参见李艳枝《试析土耳其文官政治与军人政治的博弈》，《西亚非洲》2012 年第 2 期。

第一章　世俗主义与伊斯兰主义的博弈：土耳其政治发展的危机　35

军方成立了以凯南·埃夫伦将军任主席的国家安全委员会（The National Security Council）①，作为过渡时期的国家最高权力机构。国家安全委员会宣布废除1961年《宪法》，解散议会和德米雷尔总理领导的少数派政府。1980年9月21日，军方组建新政府，由埃夫伦将军出任国家元首，前海军司令布伦特·乌鲁苏（Bülend Ulusu）将军出任内阁总理，技术专家、教授和退休军官出任政府部长，②形成典型的"专家治国"模式。在军方的监管下，该政府相继出台《宪法》、《政党法》以及《议会选举法》，依据相关法律对政变后的土耳其国家秩序进行整饬与重塑。1983年5月，国家安全委员会废除政党禁令，在军方严格审查下，15个政党被允许参加1983年11月的大选。1983年11月6日，大选如期举行，平民党（Populist Party）、祖国党（Motherland Party）和民族民主党（Nationalist Democracy Party）得以参与议会选举，祖国党最终以45%的高支持率"意外"胜出，并获得单独组阁的权利。祖国党领袖图尔古特·厄扎尔（Turgut Özal）逐渐控制了国家政权，军人政治逐步让位于文官政治，土耳其得以重新回到多党政治的轨道上来。

1980年，军事政变后上台的军方非但没有排斥伊斯兰教，反而采取几项措施强化伊斯兰教在国家的地位。理查德·塔普指出，在1980年军事干预之后，政府的态度发生变化……但对严格世俗主义的偏离，得到重新活跃的苏非教团和来自国外的伊斯兰资金的支持，促进了宗教教育基础设施的投入，增加对宗教事务局的财政预算。③ 刚刚稳定国家秩序的军方仍将左翼共产主义思想列为首要威胁，努力将伊斯兰教纳入治国方略中。在土耳其知识分子协会（Asssociation of Intellectual's Heart）的帮助下，军方起草了"土耳其—伊斯兰一体化"的报告，指出家庭、清真寺和兵营是土耳其的支柱，这三个支柱将会创造一个强大的、统一的、和谐的国家。此时，军方仍将伊斯兰教和传统视为社会稳定和民族统一的纽带，以"土耳其—伊斯兰一体化"思想来强化土耳其的认同

---

① 国家安全委员会（The National Security Council）由陆军司令、海军司令、空军司令、宪兵司令以及一名秘书等组成，是土耳其过渡时期最高行政和立法机构。国家安全委员会在此期间颁布了268部法律，其中51部是全新的。
② E. J. Zurcher, *Turkey: A Modern History*, London: I. B. Tauris, 1993, pp. 292–293.
③ Richard Tapper, "Introduction", in Richard Tapper ed., *Islam in Modern Turkey: Religion, Politics and Literature in a Secular State*, London & New York: I. B. Tauris, 1991, pp. 10–11.

和统一,通过一种将奥斯曼、伊斯兰和土耳其文化有机结合的意识形态,为其执政提供合法理论基础。理查德·塔普认为,"这种一体化的目的是集权而不是建立伊斯兰国家,在这里宗教仅被视为文化和控制社会的核心,在教育系统而非政治系统内扶植宗教"[1]。祖国党内部的伊斯兰力量主张将穆斯林文化、道德和经济发展相结合,其内部的自由派和亲伊斯兰势力组成"神圣同盟",要求将"土耳其—伊斯兰一体化"思想作为国家新的主导意识形态,强调宗教在国家控制的教育领域内作为社会黏合剂。针对"土耳其—伊斯兰一体化"思想对伊斯兰复兴运动的影响,有学者指出,该一体化思想认为由于模仿西方导致土耳其民族弱化,所以宗教是恢复社会活力的基本来源。[2] 总体而言,尽管军方旨在重塑凯末尔民族主义的主导权,但却最终强化了公众对伊斯兰主义者的支持。

1983年大选后,祖国党单独执掌土耳其政坛权柄长达十余年。虽然祖国党不是伊斯兰政党,但该党将伊斯兰教和自由化思想较好地结合起来,不仅实现了经济自由主义、民族主义和伊斯兰因素的整合,还促进国内伊斯兰情感的上升,从而为后来的伊斯兰政党繁荣党廓清发展方向。由于厄扎尔承诺要建立一个基于个人创新的、竞争性的、强调收益的自由市场经济体制,[3] 因此获得土耳其民众的广泛支持。祖国党政府的核心成员不仅包括前民族拯救党的领导人、纳格什班底教团成员,而且还包括自由的、市场化的世俗主义政治家,他们都推崇军方"土耳其—伊斯兰一体化"的思想,并鼓励和支持民众自由表达宗教思想,成立由国家控制的宗教机构。同时,祖国党"中右"的政治立场也是其获得执政地位的重要因素。祖国党不是1980年之前任何政党的后继者,但却与过去几乎所有的政治力量都有联系,其政治立场呈现出某种以往政治思想杂糅的特征,更为符合土耳其的国情,同时也容易获得选民的支持。厄扎尔认为,土耳其的经济发展计划应以伊斯兰道德文化为基

---

[1] Richard Tapper ed., *Islam in Modern Turkey: Religion, Politics and Literature in a Secular State*, p. 16.

[2] Binnaz Toprak, "Religion as State Ideology in a Secular Setting: The Turkish-Islamic Synthesis", in M. Wagstaff ed., *Aspects of Religion in Secular Turkey*, Durham: University of Durham, 1990, pp. 10 – 12.

[3] Kemal H. Karpat, "Domestic Politics", in Kemal H. Karpat, ed., *Studies on Turkish Politics and Society: Selected Articles and Essays*, Leiden: E. J. Brill, 2004, p. 144.

础；鼓励成立伊斯兰银行。在得到政府批准后，将厄扎尔的母亲埋葬到伊斯坦布尔的纳格什班底教团的公墓里。①

随着祖国党所推崇的"土耳其—伊斯兰一体化"意识形态的推广，国内伊斯兰意识也渐趋繁盛，如伊斯兰服饰在大学生中开始流行，以伊斯兰名义的集会也日趋增多，宗教主题也越来越多地出现在电台、电视台的节目中；苏非教团活动相对高涨，其成员渗透至政治生活的各个领域，包括政党、政府和公共服务领域、商业和银行业等；苏莱曼尼和纳格什班底教团获得私立的古兰经学校的管理权，并被允许成立青年旅馆，以便为来自省外和乡村地区的贫困学生提供教育和住宿。20世纪80年代后期，土耳其经济渐趋疲软，通货膨胀率从1983年的30%左右增加到1988年和1989年的80%。② 随之而来的一系列政治困境，成为祖国党衰落的重要原因，如政府官员的腐败引发民众对祖国党政府的信任危机；头巾运动影响下伊斯兰极端分子对世俗专家的恐怖、暗杀行为增加；祖国党内部自由主义、伊斯兰主义、民族主义和社会民主主义四种意识形态出现分化。伊斯坦布尔市长贝德雷丁·达兰（Bedrettin Dalan）拒绝以祖国党的名义参加选举，成为祖国党内部问题的集中体现。1989年3月后，严峻的政治形势，使厄扎尔已无力阻止党内成员寻求新的政治认同。祖国党内部反对厄扎尔本人的政治活动，使祖国党的统治难以为继，媒体上常常提及大国民议会中的"四十五人集团"公开反对厄扎尔的统治，成为祖国党内部分化的高潮。1991年大选后，祖国党获得24%的支持率和115个议席，彻底结束了一党独大的政治格局，土耳其政党政治开始进入新的联合政府更迭时期。

纵观祖国党十余年的政治实践，该党对土耳其政治民主化的贡献是毋庸置疑的。祖国党执政期间，土耳其政治发展总体趋于平稳，公民的政治权利依据宪法和法律都得到相应的保障，其温和而稳健的政治发展进程在保证土耳其社会进步方面起到了重要作用。尽管祖国党努力提升伊斯兰传统文化价值的地位，但祖国党和政府成员参与宗教礼拜和宗教庆祝活动，都是在政府允准的范围内进行的。在祖国党执政期间，伊斯

---

① David Shankland, *Islam and Society in Turkey*, Huntingdon, Cambridge: The Eothen Press, 1999, p. 41.
② Üstün Ergüder, "The Motherland Party, 1983 – 1989", in Metin Heper and Jacob M. Landau eds., *Political Parties and Democracy in Turkey*, London: I. B. Tauris, 1991, p. 155.

兰复兴运动的兴盛以及伊斯兰意识的深化,一方面得益于祖国党温和的执政理念,以及温和宽容的宗教政策,另一方面则得益于祖国党时期的民主化潮流和日益完善的选举政治。在这一时期,土耳其民主制度的发展与完善,为伊斯兰势力通过民主选举途径上台执政提供了制度前提。而20世纪80年代末,祖国党社会基础的分化,使温和的伊斯兰主义者纷纷投向新兴的伊斯兰政党——繁荣党,并为其提供了足够的执政基础。

二 超越意识形态的联合政府实践

20世纪90年代,祖国党衰落后土耳其政坛出现一系列联合政府,政党政治的活跃和选举制度的完善,成为这一时期土耳其政党政治发展的显著特征,意识形态迥异的政党组建了超越意识形态的联合政府,成为此间政党政治的突出现象。在这一时期,没有一个政党能够获得单独组阁的机会,而旗鼓相当的得票率只能组成羸弱而相对稳定的联合政府,于是意识形态迥异的不同政党只能相互妥协,导致政党政治的多元化和意识形态的趋同化。包括祖国党和正确道路党在内的中右政党的相对衰落,与日趋活跃的伊斯兰政党、库尔德政党以及极端民族主义政党的参政,成为政治多元化的必然结果。

1991年大选后,随着祖国党一党独大政治格局的改变,正确道路党与社会民主平民党组建了1980年军事政变后的第一届联合政府。该届由两个意识形态迥异的政党组建的联合政府,一直持续到1995年大选,而此间各政党之间的妥协在一定程度上背离了其所属意识形态领域的初衷,同时也造成同一意识形态政党内部的分化,使土耳其政党制度呈碎片化趋势。联合政府的纲领一方面强调土耳其社会经济的恢复,另一方面着眼于对土耳其民主的批评,实现多元主义、政治参与和民主政权成为联合政府合作的基础。1993年4月17日,厄扎尔总统去世后,德米雷尔继任新一任总统,奇莱尔随之继任正确道路党领导人和联合政府总理,正确道路党与社会民主平民党的政治矛盾渐趋激化。此间,联合政府内对于私有化与民主政策的分歧,成为两党产生嫌隙的导火索。正确道路党坚持将国企出售给私人,社会民主平民党认为这将造成相当高的失业率。1994年,当数名社会民主平民党成员宣称,他们对私有化的支持取决于正确道路党对民主化的支持时,正确道路党无视盟友的

第一章 世俗主义与伊斯兰主义的博弈：土耳其政治发展的危机　39

立场通过私有化法，导致两党合作基础破裂。与此同时，由于社会民主平民党内部的分化，致使该党在1994年地方选举中失利，从而弱化了其在联合政府中的影响力。在1995年大选中，成立于1983年的伊斯兰政党繁荣党填补了社会民主平民党的权力真空，获得21.38%的支持率，一跃成为议会中的最大政党。[1]

　　从1995年大选到1999年大选之间，联合政府频繁更迭，成为土耳其政党政治的显著特征。此间，土耳其政坛经历了四届联合政府：第一届联合政府由耶尔玛兹领导的祖国党和奇莱尔领导的正确道路党联合组阁；第二届联合政府由埃尔巴坎领导的繁荣党与奇莱尔领导的正确道路党联合组阁；第三届联合政府由耶尔玛兹领导的祖国党在埃杰维特领导的民主左翼党等小党派支持下组建；第四届则是埃杰维特领导的少数派政府，由于政府和反对派之间的冲突和政党领导人之间的矛盾，该届政府很快就宣告解体。1995年大选后，繁荣党因其伊斯兰背景而遭到军方的反对，随即祖国党与正确道路党组建第一届联合政府。该届联合政府因奇莱尔身陷腐败丑闻和受到军方的怀疑，维持11周后宣告解体。1996年6月29日，繁荣党与力求改变正确道路党困境的奇莱尔组成新一届的联合政府，开启了土耳其历史上第一次由伊斯兰政党主导联合政府的新局面，成为伊斯兰政党参与政治的重要表现。该届政府尽管宣称坚守凯末尔主义和国家既定方针政策，但由于埃尔巴坎的伊斯兰身份，及其复兴伊斯兰文化的举措，遭到军方的质疑和反对，最终军方于1997年发动军事政变，迫使埃尔巴坎政府垮台。埃尔巴坎辞职后，耶尔玛兹随即受命与埃杰维特领导的政党组建第三届联合政府。1998年11月，耶尔玛兹的贸易公司深陷违法操作的案件中，耶尔玛兹被迫辞职，该届政府宣告解体。繁荣党的继承者美德党遂成为此时议会中第一大政党，但由于其伊斯兰背景而遭到军方的质疑，随后埃杰维特组建少数派联合政府，该政府即为实现1999年大选平稳过渡的看守政府。

　　1999年4月18日，土耳其大选提前举行，民主左翼党和民族行动党分别获得24%和22.5%的选票，组成包括祖国党在内的新一届联合政府，总理由民主左翼党领导人埃杰维特担任。新政府从一开始就存在

---

[1] Sabri Sayan and Yilmaz Esmer, *Politics, Parties and Elections in Turkey*, London: Lynne Rienner Publishers, 2002, p.191.

诸多分歧，各政党在经济政策和政府工作分配问题、加入欧盟的民主化进程问题、妇女是否戴穆斯林头巾等方面存在分歧。加之，新政府成立之初，土耳其深陷经济危机之中，而新政府采取国际货币基金组织的稳定战略，未取得公众的支持，导致其社会支持率暴跌。当民主左翼党领导人埃杰维特因身体健康状况辞职后，身处经济危机旋涡中的民主左翼党——民族行动党联合政府难以为继之际，土耳其当局最终决定提前举行大选，开启土耳其政党政治的全新阶段。

20世纪80年代以来，政坛的分化以及祖国党亲伊斯兰的政治实践为繁荣党的崛起提供了绝佳的机会。20世纪90年代，联合政府的更迭，以及多数派政府让位于联合政府甚至是少数派政府，成为此时土耳其政党政治的显著特征。1983年7月19日，阿里·图克曼（Ali Turkmen）在整合前民族拯救党的领导层与社会基础的情况下组建新的伊斯兰政党——繁荣党。繁荣党将处于边缘化的商业阶层和工人阶层团结于共同的伊斯兰意识周围，使基于伊斯兰意义上的社会公平、正义在意识形态领域得到明确的表达，同时还弥补了国家在福利功能层面的缺失，因而该党也称"福利党"，获得广泛的支持。繁荣党强调民族独立、民族意识和民族利益，倡导"解放、民主意识和民族跃进"等基本纲领；[1] 强调自由民主的政治原则，主张建立多元法律，保证个人自由。由于军方的压制与反对，繁荣党并未获得参加1983年大选的资格。

1987年，祖国党通过修宪废除1980年政变前诸政党领导人的政治禁令后，埃尔巴坎接任繁荣党领导人，并参加1987年大选。1987年大选中，繁荣党并未获得超过10%的选票门槛限制，因而未能在议会中获得任何席位。1991年大选中，繁荣党与民族工人党和改革民主党组成选举联盟，获得议会中40个议席，但由于意识形态迥异而使联盟解体。在1995年的大选中，繁荣党最终以21.38%的支持率获得议会中158个议席，一跃成为土耳其第一大政党。[2] 由于没有世俗政党愿意与繁荣党组建联合政府，在商业界、传媒界和军方的强大压力下，为将伊斯兰主义者排斥在政权之外，奇莱尔的正确道路党和耶尔玛兹的祖国党捐弃前嫌组成联合政府。繁荣党对此表示激烈的抗议，并指控奇莱尔涉

---

[1] 哈全安：《中东国家的现代化历程》，人民出版社2006年版，第141页。
[2] Sabri Sayarı and Yılmaz Esmer, *Politics, Parties and Elections in Turkey*, p. 191.

嫌腐败，击垮刚刚成立11周的联合政府，获得组阁权。1996年6月29日，繁荣党与正确道路党组成联合政府，规定实行总理轮换制：前两年由埃尔巴坎担任总理，奇莱尔担任副总理和外交部部长；后两年则由奇莱尔担任总理。繁荣党上台后，延续前任政府的基本政策和纲领，并抛弃原先的伊斯兰主义而趋向于多元主义。繁荣党在内政外交方面都极力表现出温和倾向，其伊斯兰主张主要体现在外交实践方面。埃尔巴坎政府致力于改变土耳其与阿拉伯世界的关系，改变土耳其总理上台后首访美国等西方国家的惯例。1996年8月10日至18日，他对伊朗、巴基斯坦、新加坡、马来西亚和印度尼西亚等国进行了上台后的首次访问。1996年10月22日，在伊斯坦布尔举行的伊斯兰国家会议上，埃尔巴坎又提出组建穆斯林八国集团的设想，以强化土耳其、伊朗、巴基斯坦、孟加拉国、马来西亚、印度尼西亚、埃及和尼日利亚之间的经济协作。

1997年2月2日辛詹事件[①]爆发，这一事件成为土耳其军方发动"2·28"政变的导火索。1997年5月20日，首席检察官向宪法法院提起要求取缔繁荣党的公诉。6月初，宪法法院以埃尔巴坎违反宪法第24条不准利用和滥用宗教感情，迫使埃尔巴坎辞职。1998年1月16日，土耳其宪法法院以繁荣党破坏世俗主义原则为由，依法取缔繁荣党，同时取消埃尔巴坎等6人的议员资格。繁荣党的取缔是对土耳其政治伊斯兰复兴运动的沉重打击，而随后对繁荣党其他成员的审判也深深地影响到未来伊斯兰主义的走势。1998年4月，国家安全法院停止了埃尔多安的伊斯坦布尔市长职务，判处10个月监禁并剥夺其参政权力。纵观繁荣党短暂的执政历程，可以看出以伊斯兰政党为代表的政治伊斯兰势力未能有效实践伊斯兰纲领，反而使随后的伊斯兰政党意识形态逐渐异化，趋于温和化和多元化。

1997年6月，埃尔巴坎政府垮台后，授权其亲密战友伊斯米尔·阿尔帕特金（Ismail Alptekin）创建美德党。1998年1月18日，繁荣党

---

① 1997年，辛詹市市长耶尔德兹在1月举行纪念"耶路撒冷之夜"的集会，伊朗大使号召在土耳其实行沙里亚法统治，称"我们等不及了，真主已经准许了胜利"。聚会者高唱赞歌反对以色列与阿拉法特，鼓励反对以色列的暴力斗争，赞扬哈马斯和真主党的圣战。几天后军方针对这种宗教狂热发出警告，并派遣坦克和武装车辆驶过辛詹大街，辛詹市长被捕入狱，两周后伊朗大使和两名其他外交人员被驱逐出境。

被取缔后其主要成员加入美德党，另有部分祖国党议员因不满耶尔玛兹转投美德党，拥有 144 个议席的美德党随即成为议会第一大政党。1998 年 5 月 14 日，雷杰·库坦（Recai Kutan）代替阿尔帕特金担任美德党主席，宣称尊奉真正的民主、人权和自由，强调人民意愿至上。① 该党认为，基本权利和自由是个人不可分割的权利，宣称实现这些权利需要贯彻联合国人权宣言、欧洲人权公约、欧洲安全协作委员会协定、新欧洲巴黎协定和其他国家立法。尽管美德党成为繁荣党的继承者，但其政治纲领已摒弃繁荣党的公正秩序和民族观话语，而代之以道德、市场经济等时代要求，体现出伊斯兰政党已放弃伊斯兰主义而趋向多元主义和民主开放的尝试。作为反对党，美德党主要从土耳其民主的不完善而非国家的世俗主义角度来挑战当局的统治，但其伊斯兰政党的身份仍被军方和司法机构视为威胁共和国世俗秩序的重要政治力量。1999 年大选后，美德党被排除在以民主左翼党为首的联合政府之外，美德党开始衰落并分化。美德党内部由埃尔巴坎及其亲信组成的保守派，与以埃尔多安和居尔为首的改革派之间的分裂日趋明显，最终美德党被宪法法院取缔后分裂为幸福党和正义与发展党。进入 21 世纪，土耳其的伊斯兰政党进入一个深度调整阶段，美德党分裂后，幸福党和正义与发展党之间的博弈成为伊斯兰政党意识形态转化的缩影。

三　正义与发展党整合宗教与世俗的尝试

在经历现代伊斯兰主义的历史转型后，正义与发展党成为"伊斯兰 + 民主"现代化模式探寻的领路者。2002 年 8 月 14 日，以埃尔多安为首的改革派正式宣布成立正义与发展党，并宣称该党"不是任何政党的前身、后世或延续"②，将坚持全新的政治与社会定位，忠于共和国的宪政主义原则，认为世俗主义是指导国家而非个人的原则，反对利用宗教和道德来谋取政治利益，承诺实现民族道德以及与世界的平衡，谴责个人统治，强调集思广益、群策群力，将联合国人权宪章和欧洲宪章

---

① Saban Taniyici, "Transformation of Political Islam in Turkey: Islamist Welfare Party's Pro-EU Turn", *Party Politics*, Vol. 9, No. 4, 2003, p. 474.

② Ahmet Yilmaz, "Problematizing the Intellectual and Political Vestiges: From 'Welfare' to 'Justice and Development'", in Ümit Cizre ed., *Secular and Islamic Politics in Turkey: the Making of the Justice and Development Party*, New York: Routledge, 2008, p. 43.

第一章　世俗主义与伊斯兰主义的博弈：土耳其政治发展的危机

作为保护人权和基本自由的准则。① 2002 年 11 月 3 日，土耳其提前举行议会大选，在埃尔多安的领导下，正义与发展党一举夺得 34.28% 的支持率和 363 个议席，成为议会第一大党，获得单独组阁的机会。② 正义与发展党在大选中获胜，被《伊斯坦布尔日报》称为"安那托利亚革命"③，代表了亲伊斯兰的、保守的、潜在的、反现行体制的选举基础正在安纳托利亚中部地区兴起。④ 由于埃尔多安的参政禁令并未解除，因此正义与发展党副主席阿卜杜拉·居尔获得塞泽尔总统的授权，并组织第 58 届政府，1/4 的居尔政府成员都是前祖国党成员，其他的是前繁荣党成员。⑤ 尽管正义与发展党在成立之初就与前伊斯兰政党划清界限，但新政府的伊斯兰背景仍引起世俗主义者的惊恐，总参谋长希勒米·厄兹柯克宣称，武装力量将时刻保护国家以反对宗教激进主义。前总理埃杰维特也警告说："由于正义与发展党的选举胜利使得土耳其面临严重的问题"，指的是埃尔多安幕后操控政府，"土耳其将被一个影子总理和政府管理"⑥。不过这些反对与警告并未阻止正义与发展党政府推动议会修改宪法，以解除埃尔多安的参政禁令。2002 年 12 月 27 日，关于解除埃尔多安参政禁令的宪法修正案正式通过。在 2003 年 3 月 9 日的补缺选举中，埃尔多安顺利进入议会，并接替居尔组建第 59 届政府。

正义与发展党上台后，通过务实开放的政治定位、刚柔并济的施政纲领、富有成效的经济改革和纵横捭阖的外交实践，促进了土耳其民主政治的深入发展。2007 年，塞泽尔总统和大国民议会届满，总统和议

---

① Metin Heper and Şale Toktaş, "Islam, Modernity and Democracy in Contemporary Turkey: The Case of Recep Tayyip Erdogan", *The Muslim World*, Vol. 93, April 2003, p. 176.

② Huri Türsan, *Democratisation in Turkey: The Role of Political Parties*, Bruxelles: PIE-Peter Lang, 2004, p. 193.

③ Feroz Ahmad, *Turkey: The Quest for Identity*, Oxford: One world Publications, 2003, p. 181.

④ Ali Çarkoğlu, "The Rise of New Generation Pro-Islamist in Turkey: the Justice and Development Party Phenomenon in the November 2002 Election in Turkey", in M. Hakan Yavuz ed., *The Emergence of a New Turkey: Democracy and the Ak Parti*, Salt Lake City: University of Utah Press, 2006, p. 136.

⑤ Muammer Kaylan, *The Kemalist: Islamic Revival and the Fate of Secular Turkey*, New York: Prometheus Books, 2005, pp. 414–415.

⑥ Muammer Kaylan, *The Kemalist: Islamic Revival and the Fate of Secular Turkey*, p. 414.

会选举成为国家政治的主题。按照惯例,埃尔多安总理将在塞泽尔总统卸任后参与总统的角逐,但是埃尔多安因其伊斯兰身份而遭到世俗主义者的质疑和反对,结果迫使埃尔多安推出相对温和的居尔来参与总统选举,这就是土耳其现代政治史上著名的"宪法危机"。2007年4月28日和5月6日的总统选举中,居尔遭到共和人民党、军方、宪法教授等世俗主义者的抵制,最终迫于军方的压力退出选举。① 埃尔多安认为,2007年5月1日土耳其宪法法院的判决,使司法系统已失去中立性,变得政治化,是"射向民主心脏的子弹"②。尽管正义与发展党通过修宪③的方式暂时渡过此次危机,但这也折射出世俗主义者对伊斯兰主义者的警惕和压制。2007年7月22日,土耳其大选提前举行,14个政党和700余名独立候选人参加了选举。④ 正义与发展党最终以46.66%的高支持率,再次单独组阁。蝉联执政的正义与发展党尽管遭到军方"大锤计划"⑤和军方高层辞职的挑战,但正义与发展党近半数的支持率再次证明了其合法性和强大的社会基础,而随后的一系列修宪举措也为其争取到了良好的政治社会环境。

2011年以来,中东地区的"阿拉伯之春"震动了正在民主化道路上稳步前进的土耳其,正义与发展党于2月21日向议会提交提前举行大选的提案,以期缓解其经济政治改革迟滞、库尔德倡议推行不力,以及共和人民党虎视眈眈的政治僵局。2011年的大选中,正义与发展党再次以近半数的高支持率单独执政,延续了其一党独大的政治格局和执政党地位。2013年以来,土耳其受中东局势动荡的影响,正义与发展

---

① 2007年4月28日,土耳其大国民议会举行了第一轮总统选举投票,居尔因参与议员投票未过2/3而未能获得法定多数票,被共和人民党起诉至宪法法院,于5月1日被判定投票违宪。

② Rabia Karakaya Polat, "The 2007 Parliamentary Elections in Turkey: Between Securitisation and Desecuritisation", *Parliamentary Affairs*, Vol. 62, No. 1, 2009, p. 138.

③ 2007年5月11日,正义与发展党主导的大国民议会通过了宪法修正案,规定总统由议会选举改为全民直选,任期由7年缩短为5年,可以连任一届。2007年8月24日,居尔最终通过全民直选当选土耳其第11任总统。

④ CananBalkır, "The July 2007 Elections in Turkey: A Test for Democracy", *Mediterranean Politics*, Vol. 12, No. 3, November 2007, p. 421.

⑤ 2010年1月20日,土耳其日报《塔拉夫》(*Taraf*)披露了军方一项企图实施政变的"大锤计划"。随后,土耳其警方逮捕23名涉嫌参与的高级军官。在正义与发展党政府的授意下,民事法庭对军官提起刑事诉讼,引发军方支持下的游行示威活动,甚至军方一度派出坦克支持。

党在加强自身对国家政权控制的过程中，一度导致政府与民众之间矛盾的升级，加之反对党对正义与发展党腐败门、窃听门等指控，使其遭遇一系列的政治危机。但在 2014 年 3 月地方选举和 8 月的总统选举中，正义与发展党再次成功。2016 年 7 月 15 日晚，由于世俗主义精英害怕集权的总统制将加速社会分化、剥夺部分民众的民主权利、剥离世俗国家特质，最终发动军事政变。虽然这是一次未成功的军事政变，但正义与发展党仍凭借"紧急状态"赋予的强大政治权力，清洗了大量政治反对派，进一步加强了对国家政权的控制。2017 年 4 月，正义与发展党主导的关于"议会制向总统制转型"的宪法修正案，在全民公投中以微弱的优势得以通过，使正义与发展党成为土耳其政坛的掌舵者，同时也进一步加剧了土耳其社会世俗主义者和伊斯兰主义者的分化，成为土耳其当前政治发展的危机根源。

土耳其经过正义与发展党前三个任期的政治实践，在经济发展、政治稳定与外交关系方面取得的成绩斐然，形成一种某些学者口中所谓的"土耳其模式"①。正义与发展党积极实践其成立之初提出的"保守民主"思想的政治改革，奉行消极的世俗主义，坚持市场经济和政治民主化，积极融入全球化，强调尊重宗教传统价值观，奉行独立自主的外交实践。首先，正义与发展党通过一系列的宪法修改和法律改革来实现其巩固政治合法性的目的。正义与发展党上台以来，先后出台十余项宪法修正案，其中包括 2004 年废除死刑和国家安全法院、强化性别平等、限制军人权力以符合入盟标准的"一揽子"宪法修正案；关于缩短议会选举周期和实施总统直选的 2007 年宪法修正案；废除头巾禁令的 2008 年宪法修正案；关于司法机构改革、限制军人政治影响力的 2010 年宪法修正案，以及改革立法机构、实施总统制的 2017 年宪法修正案等。土耳其的宪法修订伴随着激烈的宪法对抗和政治冲突，折射出世俗主义精英和伊斯兰政治精英激烈的意识形态碰撞。2018 年 6 月 24 日，尽管埃尔多安以 52.59% 的选票连任总统，但"集权"的总统制加剧了土耳其政治和社会的分化，对正义

---

① 参见王林聪《"土耳其模式"的新变化及其影响》，《西亚非洲》2012 年第 2 期；昝涛《"土耳其模式"：历史与现实》，《新疆师范大学学报》（哲学社会科学版）2012 年第 2 期。

与发展党的执政形成严峻的挑战。

其次,正义与发展党积极寻求整合伊斯兰教和市场经济的经济政策,虽然近年来经济增长有所下滑,但也促进了土耳其经济的稳定增长。2002年以来,土耳其经济持续增长。财政预算赤字也从2001年占GDP的17.1%下降到2007年的1.4%。高通货膨胀率也得以控制。出口增长迅速,从2002年的360亿美元增加到2008年的1320亿美元。[1] 尽管目前土耳其经济保持了较快的增长率,但由于与美国、俄罗斯龃龉不断,致使里拉贬值、失业率居高不下,威胁到正义与发展党的执政基础。

最后,正义与发展党灵活的外交政策,成为实现东西方之间平衡、发挥东西交通枢纽的杠杆。自2002年正义与发展党上台以来,积极奉行达武特奥卢基于战略纵深的平衡东西方国家以及睦邻友好的外交方针,该外交战略取得明显成效。2011年以来中东地区形势剧变带来了地区政治秩序的重塑,土耳其通过积极介入中东危机凸显其地区大国地位。此后,随着"伊斯兰国"组织的兴起及其对土耳其安全构成威胁的逐渐上升,2015年以来,土耳其外交政策的属性和原则呈现出道德现实主义色彩,体现了硬实力为基础的军事扩张和人道主义原则的结合。[2] 尽管正义与发展党政府积极推行多元务实的外交,但"欧盟疲乏症",以及在叙利亚和库尔德问题上所引发土俄、土美关系预警的冲击下,必将对正义与发展党的执政实践产生一定的影响。

第四节　关于土耳其政治发展危机的几点思考

一　世俗主义与伊斯兰主义的博弈

伊斯兰主义作为一种思潮和运动长期存在于伊斯兰世界,并作为一种主导意识形态和政治实践,贯穿传统伊斯兰帝国的始终。世俗政治与宗教政治长期并存,成为土耳其传统社会的突出现象。世俗政治和宗教政治的激烈博弈成为土耳其现代化进程的重要特征。奥斯曼帝国晚期,

---

[1] Mustafa Acar, "Towards a Synthesis of Islam and the Market Economy? The Justice and Development Party's Economic Reforms in Turkey", *Economic Affairs*, June 2009, p. 19.

[2] E. Fuat Keyman, "A New Turkish Foreign Policy: Towards Proactive 'Moral Realism'", *Insight Turkey*, Vol. 19, No. 1, 2017, p. 56.

青年土耳其党的宪政运动无疑是土耳其现代化进程中世俗政治的典型代表,而宪政运动遭遇抵制甚至是失败,则构成宗教政治反抗世俗政治的明证。20 世纪以来,随着奥斯曼帝国的衰落,以凯末尔为首的世俗主义精英,以源自西方的民族主义和世俗主义作为新生国家的指导思想,建立现代世俗性质的民族国家。二战后,随着多党民主制的开启,伊斯兰复兴运动的兴起和对凯末尔威权政治的反思,构成新时期世俗主义与伊斯兰主义博弈的根源。进入 21 世纪以来,随着全球化浪潮和多元主义思潮的兴起,正义与发展党开始进入调和世俗主义和伊斯兰主义的新时期。尽管正义与发展党的执政理念体现了伊斯兰主义的回归和世俗主义范式的转移,但随着正义与发展党"集权"倾向的加强,土耳其社会中世俗主义和伊斯兰主义分化的加剧,成为制约未来土耳其政治发展的绊脚石,而世俗主义与伊斯兰主义的斗争、调和以及整合,则是贯穿土耳其现代化进程的政治文化发展主线。

第一,现代民族国家的政治建构及其独特历史遗产,决定了土耳其独特的世俗主义模式。土耳其世俗主义的核心内容是国家体制的世俗化和官方意识形态的非宗教化,强调宗教信仰的个人化和非政治化,公共生活的非宗教化和国家对于宗教机构的绝对控制。[①] 凯末尔虽然在民族解放运动期间得到教界力量的积极支持,但随着新兴民族国家建构的完成,在国家权力重组的过程中,凯末尔通过一系列的世俗化改革将宗教隔离于国家体制外,并且凭借自身"卡里斯玛式"人物的个人魅力将世俗主义渗透到政治、法律、文化、社会生活等领域。"凯末尔实现了从奥斯曼主义到土耳其民族主义的意识形态转变。伊斯兰教、民族国家及世俗主义构成了理解现代土耳其的三角结构。"[②] 凯末尔的世俗化过程,实质是限制、剥夺传统教界权威,加强自身政治权力,继而建立威权政治基础的过程。以凯末尔为首的世俗主义者继承奥斯曼帝国晚期的现代化理论,认为伊斯兰教是土耳其衰落的根本原因,通过引进西方世俗法律、兴办西式世俗教育、剥夺宗教地产、教界官僚化和官方化等措施,来实现早期的国家现代化。凯末尔党人试图用世俗的民族主义,填

[①] 哈全安:《中东国家的现代化历程》,人民出版社 2006 年版,第 83 页。
[②] 刘义:《伊斯兰教、民族国家及世俗主义——土耳其的意识形态与政治文化》,《世界宗教文化》2015 年第 1 期。

补去除伊斯兰教的官方意识形态后留下的意识形态空白,土耳其民族主义则理所当然就有了"公民宗教"的意义。"民族主义者日益变得狂热与宗教信仰的下降有着因果关系。民族主义已经变成一种宗教替代物。在民族主义者看来,民族是一个**替代**的神灵。"① 尽管凯末尔自上而下的世俗化改革取得一定的成就,宗教力量被排除在国家政权外,但却造成城市与乡村地区的二元分化,正如卡尔帕特所言,"乡村和城镇……继续保持他们基本的伊斯兰传统和习俗,世俗主义的文化目标只在部分意义上得以完成"。② 这种绝对的激进世俗化改革,也为伊斯兰主义的兴起埋下伏笔。

第二,多党民主制开启后,伊斯兰主义的复兴和对凯末尔主义的反思,导致严格世俗主义开始转轨,"土耳其—伊斯兰一体化"的治国理念开始盛行。在多党民主制开启的背景下,民主党等政党对宗教的政治性利用,导致以宗教为内核的传统文化逐渐复苏。20世纪70年代,左、右翼意识形态激烈的斗争,致使越来越多的土耳其人担心左翼思潮的无神论会造成世俗民族主义的消解,以及社会道德的沦丧,强烈要求民族主义回归传统伊斯兰文化,这进一步促进了伊斯兰教与土耳其民族意识相结合。1973年,由土耳其保守的民族主义者组成的"启蒙之家",正式提出"土耳其—伊斯兰合一论"的意识形态体系,标志保守民族主义终于完成了思想理论的建构工作。③ 1980年政变后,军方正式接受"土耳其—伊斯兰一体化",以宗教和传统的纽带功能来整合社会、维护国家统一。1983年,祖国党上台后,进一步强化了"土耳其—伊斯兰一体化"思想,完成了从政治思潮到执政理念的转变,使土耳其形成了政治上严守世俗化、文化上回归传统的二元"对立"格局。

第三,全球化浪潮和多元主义思潮,促使伊斯兰政党意识形态和执政理念的转型,正义与发展党的政治理念体现了伊斯兰主义和世俗主义

---

① [英]休·希顿·沃森:《民族与国家——对民族起源与民族主义政治的探讨》,吴洪英、黄群译,中央民族大学出版社2009年版,第610页。
② Kemal H. Karpat, *Turkey's Politics: The Transition to a Multi-party System*, Princeton: Princeton University Press, 1959, p.271.
③ 敏敬:《转型时期的政治与宗教:土耳其—伊斯兰合一论及其影响》,《北方民族大学学报》(哲学社会科学版)2014年第1期。

之间的调适。20世纪90年代以来,随着全球化浪潮和多元主义思潮的兴起,土耳其伊斯兰主义者在吸取繁荣党激进的伊斯兰化教训后,开始根据民主、人权、自由和法治等概念来重新界定其思想意识,无论是美德党所坚持的社会保守主义、文化民族主义、文化多元主义,还是继承其衣钵的正义与发展党所主张的"保守的民主",都说明伊斯兰政党已经突破狭隘的宗教、民族观界限而趋于务实开放。正义与发展党将"保守的民主"作为政党纲领,并宣称"正义与发展党正在试图用一种健康的方式,塑造宗教与民主、传统与现代、国家和社会之间的关系"①,力图寻求一种基于伊斯兰教和世俗化民主政治相容的新话语,实现伊斯兰主义与世俗主义的和解。

2002年12月,正义与发展党正式出版发行《发展和民主化纲领》,指出:"我们政党认为宗教是人类最重要的制度之一,世俗主义是民主、宗教与意识自由的前提。"② 该纲领认为,世俗主义与宗教并不发生冲突,将世俗主义界定为一种自由并可以使宗教与社会和平相处的原则。"我们的政党认为,阿塔图尔克的原则和改革是提升土耳其达到当代文明高度的工具,是社会和平的一部分。"③ 尽管不排除此举是正义与发展党执政初期巩固选举成果的韬光养晦之计,但也表达出该党在凯末尔世俗主义原则下,调和伊斯兰主义与世俗主义的政治诉求。尽管正义与发展党为巩固执政地位,提出复兴传统文化的诉求,并通过出台复兴伊斯兰文化的举措和相关宪法修正案以及法律来完成其政治实践。但坚定的世俗主义者包括军方、世俗政党、宪法法院以及国家安全委员会,都是其政治实践过程中无法回避的拦路虎。正义与发展党通过取消对伊玛目—哈提普学校毕业生进入大学的限制;禁止妇女在学校、政府部门佩戴头巾;限制酒类销售;禁止公立大学限制男女混合住宿舍等措施,并拟议出台一部新宪法来突破凯末尔世俗主义对国家的控制。对此,一些

---

① Kenan Cayir, "The Emergence of Turkey's Contemporary 'Muslim Democrats'", in Ümit Cizre ed., *Secular and Islamic Politics in Turkey: the Making of the Justice and Development Party*, New York: Routledge, 2008, p. 76.

② Gareth Jenkins, "Symbols and Shadow Play: Military-JDP Relations, 2002 – 2004", in M. Hakan Yavuz ed., *The Emergence of a New Turkey: Democracy and the Ak Parti*, Salt Lake City: The University of Utah Press, 2006, p. 188.

③ Gareth Jenkins, "Symbols and Shadow Play: Military-JDP Relations, 2002 – 2004", p. 189.

学者认为，"土耳其政府最近推行的修宪改革，实际上是世俗主义框架内的一次理念上的变革，其核心在于将传统的军人威权体制下的国家强制式的世俗主义，转化为现代条件下尤其是土耳其彻底民主化后的'自由世俗主义'"①。尽管正义与发展党通过修宪形成一党独大的优势，并促成土耳其从议会制国家向总统制的转变，但权力整合的过程并未完全实现伊斯兰主义与世俗主义的整合，反而激化了世俗主义与伊斯兰主义之间的矛盾，加剧了社会的分裂与对立。

纵观土耳其现代化过程中意识形态的演进，世俗主义和伊斯兰主义的博弈、整合、调和与融合的过程，我们可以清楚地看到土耳其"中心—边缘"的二元分化。土耳其学者谢里夫·马尔丁（Şerif Mardin）教授提出的土耳其"中心—边缘"②二元结构的视角，为我们理解土耳其政治现代化进程中伊斯兰主义与世俗主义之间的博弈，提供了一个独特的视角。马尔丁认为，从奥斯曼帝国开始土耳其就存在"中心—边缘"的二元分化，尽管共和国成立后维度和内容有所变化，但中心与边缘的分化一直存在。共和国成立后，以凯末尔世俗主义者为"中心"的传统国家精英和以保守落后的伊斯兰主义者为"边缘"群体的现代政治精英之间的政治互动，贯穿共和国历史始终。无论是采取世俗主义，还是采取"土耳其—伊斯兰一体化"，都体现出执政党对意识形态主导权、话语权掌控的追求，而世俗主义和伊斯兰主义都成为服务于土耳其政治发展的需要，两者之间的沟壑成为土耳其政治发展过程中的潜在危机。

二 文官政治与军人政治的斗争

发展中国家政治转型中的军人政治问题，长期以来是学界研究的重点问题。在拉美、南亚、非洲和中东地区很多国家，军事政变和军人干政等现象都非常普遍。美国学者亨廷顿在《变化社会中的政治秩序》中指出，"军队干预政治的最重要原因不是来自军事方面，而是来自政治方面，它反映的不是军队体制在社会和组织方面的特点，而是社会在

---

① 周少青：《土耳其修宪中的世俗主义观念之争》，《中国民族报》2016年5月10日。
② Şerif Mardin, "Center-Periphery Relations: A Key to Turkish Politics?", *Daedalus*, Vol. 102, No. 1, 1973, pp. 169–190.

政治上和制度上的结构问题……这些原因并不存在于这些团体的性质上,而寓于国家有效政治制度的缺乏或软弱中"①。土耳其军方曾成功发动四次军事政变干预政治,并曾多次密谋或发动未遂军事政变。土耳其军人政治的深层原因在于,历史赋予土耳其军队作为宪法和共和国保护神的历史使命,而民主政治却要求军队远离政治,二者之间难以兼容的矛盾成为土耳其民主进程中文军之争的滥觞。

尽管在 1922—1937 年,凯末尔推行的世俗化改革,效仿西方国家排斥军队在政治中的主导地位,并明确规定军人在进入政界后必须放弃军职,但统治阶层的军人背景使凯末尔政权带有显著的威权政治痕迹。军人虽退居幕后不再直接参与政治,但土耳其军队为维护世俗化的成果也做出一系列的努力,如协助凯末尔政府镇压民众、伊斯兰势力和库尔德人的反叛;制止行将失控的多党制实验;确立和维护共和人民党的一党统治;将凯末尔主义纳入宪法等。在共和人民党统治时期,军队不仅是凯末尔主义的坚定践行者,同时也是一党制国家的重要组成部分。1946 年,多党制开启后,民主党政府对军人影响力的削弱,促使军方于 1960 年通过军事政变直接干涉国家事务。在向文官政府移交权力之前,军方授权民族团结委员会颁布 1961 年《宪法》,并建立国家安全委员会,使军方在决策过程中的作用制度化,从而形成了土耳其学者萨卡利奥卢(Sakallioğlu)所谓的"双头政治"②。1961 年《宪法》第 35 条,赋予军方"在民主和宪法受到威胁的情况下"可以插手并执掌政权。③

20 世纪 60 年代末,土耳其政坛左右翼意识形态的尖锐对立,致使左派和极端民族主义泛滥,国家政局动荡、经济衰退、社会陷入混乱。1971 年 3 月 12 日,土耳其军方向苏奈总统、参议院议长和众议院议长提交了一份备忘录,迫使德米雷尔政府下台,以维护国家安全和稳定。1973 年,土耳其军方再次恢复文官政府的统治,土耳其民主化进程在

---

① [美]塞缪尔·亨廷顿:《变化社会中的政治秩序》,王冠华等译,上海人民出版社 2008 年版,第 162—163 页。

② Ümit Cizre Sakallioğlu, "The Anatomy of the Turkish Military's Autonomy", *Comparative Politics*, Vol. 29, No. 2, 1997, pp. 157 – 158.

③ Muammar Faisal Khouli, "Internal Reform in Turkey", *Arab Center for Research & Policy Studies*, Research Papers, 2011, p. 14.

军方的护卫下得以延续。20世纪70年代末，尽管"备忘录"政变暂时结束了土耳其的混乱，但政变后政坛动荡频繁、极端民族主义势力上升，激进伊斯兰主义对国家政权觊觎的情况并未改变，也未能从根本上完全消除社会内部的不稳定因素。1980年9月11日夜，在总参谋长埃夫伦将军的领导下，土耳其军方再次以"整饬国家秩序"为由发动军事政变。随即，土耳其成立由陆海空最高司令和警察部队最高领导人组成的国家安全委员会，暂时接管土耳其政权，并承诺会尽快把政权移交给自由的、民主的、世俗的文官政府。1983年，当土耳其社会秩序和国家恢复稳定时，军方还政于文官政府，但军方还可继续通过国家安全委员会来监督民选政府，形成独具特色的"监管"式民主政治模式。

20世纪80年代以来，土耳其民主政治与政治伊斯兰、库尔德等问题时常纠缠不清，土耳其军方多次以维护世俗主义、领土完整和国家安全等名义，通过军方控制下的国家安全委员会、军事法院等平行机构，充分参与日常政治事务。1992年，土耳其总参谋长多根·古雷斯（Doğan Güreş）曾自信地宣称，"土耳其是一个军事国家"。90年代中期，伊斯兰政党繁荣党成为议会第一大政党，并组建第一届由伊斯兰政党主导的联合政府时，军方就曾对繁荣党的崛起表现出高度警觉。曾任海军司令的阿迪米尔·埃尔卡亚将军表示，伊斯兰化是土耳其安全的主要威胁，甚至比库尔德工人党更严重。1997年2月28日，土耳其军方明确要求埃尔巴坎接受国家安全委员会提出的"18点建议"，即"2·28决议"。虽然埃尔巴坎政府接受并签署了该协议，但军方后续发动的"倒埃尔巴坎"运动最终迫使埃尔巴坎辞职，联合政府垮台，这就是所谓的1997年"后现代政变"或"软政变"。20世纪90年代后期，伊斯兰政党务实开放政策的转型和库尔德工人党的衰落，使军方以反对伊斯兰主义和民族分裂的名义干预政治失去根据。在土耳其"入盟"的民主化改革浪潮下，世纪之交上台的正义与发展党力主加入欧盟，土耳其的军人政治与文官政治的博弈开始进入一个崭新的阶段。

2002年正义与发展党上台后，"伊斯兰+民主"的现代化模式，成为该党政治发展路径选择的理论来源。正义与发展党认为，如果土耳其想成为欧盟的成员国，就必须以欧盟为标准对土耳其的文军关系进行结构性的改革。调整文军关系，成为正义与发展党政治改革的一个重要内容，而修改宪法则成为削弱土耳其军人政治影响力的主要手段。首先，在民主政治框架下互相干预对方领导权的更迭成为土耳其文官政治与军人政治博弈的外在表现形式。从2002年11月正义与发展党上台到2006年8月厄兹柯克总参谋长退休，正义与发展党与军方四年的"蜜月期"结束。在总参谋长选举之际，正义与发展党政府发起了抵制立场强硬的亚希尔·比于克阿纳特担任总参谋长的运动，但未能成功。2007年，在塞泽尔总统任期届满之际，军方强烈抵制有伊斯兰背景的居尔担任总统候选人，军方在其网站上语气强硬地表示要坚决捍卫世俗主义原则，要与共和国的敌人战斗到底，甚至威胁将使用"法律力量"保护世俗共和国，这就是所谓的"E政变"。在军方强大的压力下，居尔被迫退出总统选举，就像正义与发展党通过提前选举和修宪的方式，迫使军方接受居尔当选总统的现实一样，双方的斗争更趋白热化。2010年1月，军方部分军官策划的"大锤计划"被公开。2月22日，埃尔多安总理指使警方以策划军事政变为由，逮捕包括原空军司令、海军司令在内的23名退役或在职的军方高层。2011年，土耳其检察机关以密谋推翻政府的名义，对军方多名军官进行调查，引发总参谋长厄舍克·科沙内尔及海陆空三军统帅在内的集体辞呈，以抗议正义与发展党政府。而此次的辞职风波，也暴露了军人政治在此次事件之后影响力的下降的问题。

宪法修订成为土耳其文官政府削弱军人政治影响力的主要手段。正义与发展党政府在加入"欧盟"的民主化改革进程下，通过不断修宪来压缩军方的政治空间，如2003年8月议会通过一项宪法修正案，限制了军事法院对平民的管辖权；审计人员可以审计军方的开支和财产；废除国家安全委员会秘书长的行政权力；2004年宪法修正案取消军事参谋总长任命高等教育委员会一名成员的权力；废除国家安全法院；废除税务法庭审计武装部队时的宪法障碍；2010年宪法修正案废除国家安全委员会、最高军事委员会、内阁成员及高级官员的司法豁免权；[①]将宪法法院的审查范围扩展到总参谋长和陆海空三军以及武装警察部队司令的犯罪行为；废除军事法庭在和平时期的审判功能。2010年宪法

---

① 废除1982年宪法临时15条赋予立法和行政部门（如国家安全委员会、内阁成员及高级官员）成员法律面前享有的豁免权。该条的实质是废除军事政变实施者和军人政府时期成员所犯反人权罪的法律庇护。

修正案后，军方的权力已大不如前，大部分的军方高级军官被清洗。2011年，军方面对正义与发展党政府的司法审查，只能以被动的军方领导层集体辞职来抗拒民选政府。2016年军事未遂政变发生后，埃尔多安总统仅仅通过推特发起的号召，用不到24小时的时间就平息了军方这次军事政变，显示了文官政府对军方控制力的加强。经过未遂军事政变后的政治清洗和改革，土耳其的文军关系逆转，监护式民主瓦解。

军方和正义与发展党政府之间的博弈，不仅体现了政治变革中军人政治与文官政治较量的延续，还体现了世俗主义者和伊斯兰主义者对国家政权的争夺。[①] 正义与发展党政府通过一系列的宪法修正案，将土耳其军人力量逐渐排除出国家政治机构，巩固了文官政府的执政地位，实现了土耳其的民主化改革，但同时也引起了文官政府在排除军人政治影响后，权力缺位引起的文官政府威权化，形成了民主与威权的悖论。尽管军人政治在未来不会采取赤裸裸的军事政变方式干预国家政治，毕竟军人政治因其不民主倾向而饱受诟病，但随着埃尔多安政府的威权化和社会生活的两极化，军人坚定的世俗主义身份仍然是土耳其未来政治发展走向的不确定因素。

三 宪法更新与宪法修订的矛盾

以宪法为理论框架，以民主政治为核心，以法治为基石，以保障公民人权为根本目的而组成的立宪政府，是由近代西方民主国家创立的一种旨在实现民主、法治、公平的法治国家模式。宪法是民主事实的法律化，与民主政治相适应的宪法，则成为世界诸多国家在现代化过程中追寻的目标。宪法更新，则成为近代以来民主国家追寻民主政治现代化进程中最常见的手段。宪法更新是土耳其现代化进程中的突出现象，土耳其共和国先后颁布了1924年《宪法》、1961年《宪法》和1982年《宪法》，且每部宪法都经历多次修订与扬弃，为推动土耳其民主化进程的深入发展提供了重要法律保障。近年来，土耳其国内各政治力量围绕是否颁布新宪法而展开激烈斗争，正义与发展党政府也对1982年《宪法》进行了多次修订，使1982年《宪法》大多数条款都发生了改变，

---

① 李艳枝：《试析土耳其文官政治与军人政治的博弈——基于正义与发展党的执政实践》，《西亚非洲》2012年第2期。

第一章 世俗主义与伊斯兰主义的博弈：土耳其政治发展的危机　　55

形成名副其实的"补丁宪法"。2018年，埃尔多安就任新总统制下第一任总统后再次承诺，将尽快出台一部反映土耳其当前政治发展走向的新宪法，而宪法作为政治利益博弈和力量关系对比的产物，宪法更新与修订伴随着激烈的政治力量博弈，凸显了土耳其民主进程中政治发展的艰难与复杂性。

　　德国学者卡尔·施密特将宪法的发展过程分为："宪法的废弃""宪法的废止""宪法的修改""宪法的打破"以及"宪法的临时中止"①。宪法更新与修改是时代发展的需求，宪法只有不断适应新形势、确认新发展成果，才能发挥其为国家政治发展保驾护航的作用。1924年，凯末尔为首的共和人民党精英通过土耳其大国民议会，正式颁布土耳其共和国的第一部宪法——1924年《宪法》，以完成现代民族国家政治建构的重要任务。1924年《宪法》在36年中修订了7次，其中最重要的是1928年、1934年和1937年的几次修改。②凯末尔去世后，威权政治体制逐渐弱化，1946年宪法修正案将大国民议会议员由间接选举改为直接选举，正式引入多党民主制，为凯末尔的威权政治终结埋下伏笔。1950年上台的民主党延续1924年《宪法》的政治框架，加之民主党对伊斯兰的政治利用，执政后期的独裁倾向和对军人权利的剥夺，最终酿成1960年的军事政变。1961年，军人通过民族团结委员会出台新的宪法，即1961年《宪法》，以重塑政治秩序。1961年《宪法》规定土耳其实行两院制，议员由直接选举产生，试图引入西式三权分立的政治理论，以求平衡脱胎于凯末尔政治精英阶层的权力角逐，保护土耳其民众的自由权利，结果造成国家权力的分散以及政治动荡。尽管1971年军人政变后，军人废除正义党政府，建立了一种半军事、半议会制的军人政府，并通过1973年宪法修正案加强行政机关权力，弱化和限制某些公民自由。但土耳其政坛左、右翼政治力量的激烈对碰，使得1961年《宪法》所捍卫的民主政治模式在联合政府的频繁更迭和暴力活动下显得黯然失色。"面对迅速动员起来的下层民众，当政者由于害怕革命暴力或在选举中被推翻，所以压制社会动员的扩展，由此掀起一

---

①　[德] 卡尔·施密特：《宪法学说》，刘小枫编，刘锋译，上海人民出版社2016年版，第147—149页。
②　李艳枝：《试论土耳其的宪法更新与民主化进程》，《国际研究参考》2013年第8期。

波右翼军人的夺权浪潮，导致很多新兴国家刚刚发展起来的民主政治被打压下去，取而代之的是寡头和威权统治。"[1]

1980年，军方再次以捍卫民主、整饬国家秩序为由发动军事政变，以维护土耳其民主政治发展成果。尽管土耳其军方并未建立起寡头和威权统治，而于1983年将国家政权移交民选文官政府，但军方通过颁布新宪法——1982年《宪法》，建立起带有"监护"色彩的民主政治秩序。1982年《宪法》表现出强化中央集权的倾向，通过强化总统权力，限制公民权利，加强军方对国家机构的控制，建立起总统与内阁二元对立的行政体制，体现出军方对民选政府的不信任，以及对土耳其民主政治的"监护"特征。尽管1982年《宪法》是土耳其政治精英对60年代以来政治混乱的总结和反思，但对民众权利、政党活动等方面的限制，未能实现民主政治对维护公民权利和国家权力良性运行相协调的要求，其中多数条款与民主政治要求相悖，因而需要不断进行修订以期完善土耳其的民主法制。

尽管1982年《宪法》旨在加强中央政府权力，结束60年代以来因意识形态对立而造成联合政府频繁更迭的政治混乱局面，但随着90年代以来全球化进程的推进和伊斯兰复兴运动的兴盛，土耳其政坛再次面临联合政府频繁更迭、库尔德分裂运动升级的政治危机，于是寻求适度宽松的民主宪政环境，成为各社会力量推动宪法修订的现实动因。正义与发展党上台以来，乘着"入盟"的民主政治改革东风，先后推动出台十余项宪法修正案，截至2017年修宪公投为止，1982年《宪法》的大多数条款已修改完成，并且早在2007年开始，正义与发展党就开启了制订新宪法的进程，但宪法更新与宪法修订的矛盾并未解决。每次宪法更新和宪法修订都伴随着新兴政治精英与传统政治精英的激烈斗争，凸显出土耳其民主政治发展过程中民众政治与精英政治之间的矛盾。在正义与发展党推动的宪法修正案中，对政治发展道路影响最大的是，推行总统直选的2007年宪法修正案和实施总统制的2017年宪法修正案。2007年，由于正义与发展党推出具有伊斯兰背景的居尔参与总统选举，遭到军方和反对党的激烈抵制，引起土耳其的"宪法危机"，因而2007

---

[1] [美]霍华德·威亚尔达：《非西方发展理论——地区模式与全球趋势》，董正华等译，北京大学出版社2006年版，第46页。

年被土耳其宪法学家厄兹布敦称为"宪法战争之年"①。为化解此次政治危机，正义与发展党提出全民直选总统的宪法修正案，将议会选举的立法年从 5 年缩短为 4 年，总统任期由 7 年改为 5 年，可以连任两届，并最终依靠全民公投获得通过。2017 年，受中东变局的影响，正义与发展党遭遇执政以来最严重的执政危机。2017 年宪法修正案规定：总统由全民直选产生，且可保留其政党身份；取消总理的职位代之以一名或数名副总统；赋予总统任免副总统、部长和高级公职人员的权力。2017 年宪法修正案由于总统权力的集中和缺乏必要的权力制衡，遭到反对党和各社会力量的抵制，但该宪法修正案最终在全民公投中以 51.4% 的微弱胜率获得通过。围绕 2017 年宪法修正案公投形成的"是"与"否"两大阵营，成为土耳其政坛前所未有的断层线，极化了土耳其的社会分裂。

因而，与土耳其宪法更新和宪法修订伴随而来的政治力量分化，其实质是以埃尔多安为首的伊斯兰主义政治精英和传统凯末尔世俗主义政治精英之间的博弈，而宪法更新则是土耳其民主政治发展转型的逻辑结果，正如土耳其学者卡拉西奥卢（Kalaycıoğlu）所言，土耳其的政治是"世俗主义者和伊斯兰复兴者之间的长期文化交流"②。因而，土耳其未来政治发展与宪法更新和修订密切相关。

四 土耳其未来发展的不确定性

自 2002 年正义与发展党上台以来，该党务实开放的政治纲领和"伊斯兰+民主"的现代化模式，使土耳其成为现代中东政治舞台的一匹黑马。土耳其在正义与发展党的执政下，实现了从基于凯末尔主义的"土耳其模式"向基于埃尔多安主义的"土耳其新模式"的转变，成为中东国家政治体制转型和民主化改革竞相模仿的典型案例。近年来，土耳其的政治、经济和外交都经历着一些急剧的变化。议会制共和国到总统制共和国的急变，经济发展无法跨越的"中等收入陷阱"，外交转型

---

① 转引自 Vahap Coşkun, "Constitutional Amendments Under the Justice and Development Party Rule", *Insight Turkey*, Vol. 15, No. 4, 2013, p. 104.

② 转引自 Berk Esen and Şebnem Gümüşçü, "A Small Yes for Presidentialism: The Turkish Constitutional Referendum of April 20", *South European Society and Politics*, Vol. 22, No. 3, 2017, p. 310。

所引发的外交困境，使得土耳其未来的发展在波诡云谲的世界形势里充满了不确定性。经济发展是埃尔多安政权的安全阀，世俗化道路和伊斯兰主义的调适是土耳其国内政治对立的根本原因，库尔德问题的合理管控是土耳其摆脱外交困境的平衡木，这些因素的不确定将共同决定土耳其未来的发展前景。

首先，土耳其从议会制到总统制的急变，确立了正义与发展党"一党独大，多党并存"的威权主义政治模式，政体的转变致使民主政治权力制约失衡，为土耳其未来政治发展蒙上一层神秘的面纱。2018年6月24日大选，埃尔多安作为议会第一大党的主席实现了权力高度集中，且有望连选连任至2028年，成为土耳其历史上最具实权的总统。尽管集权总统制的转变体现了后发现代国家的民众对秩序和稳定的选择，但民主政治中权力监督的失衡，却导致土耳其未来政治经济形势与外交政策中不确定性的大幅增加。议会制时代的总统，是名义上的国家权力象征，独立于议会之外，成为某种意义上平衡行政权力的平衡木。加之土耳其独特的政治"监督"制度，虽然军方干政破坏了民主政治的原则，但从某种意义上军人干政又在一定程度上修正了土耳其民主政治的发展轨迹，保障了国内政治秩序的平稳和顺畅。总统制时代的埃尔多安通过宪法修正将权力系于己身，文官政府与军方的平衡制约关系已然改变，2016年的军事未遂政变就是最好的说明。

随着总统制在土耳其的建立，土耳其呈现威权政治的回潮，正义与发展党一党独大的执政优势，也体现了新威权主义在土耳其的政治实践。"威权国家需要通过建立与完善政治制度，来应对两个重要威胁，即来自统治集团内部的背叛，以及来自社会外部的压力。"[1] 所以，土耳其日益偏离民主化、世俗化和自由化的政治动态，也将给未来的政治治理危机埋下伏笔。目前，随着埃尔多安去凯末尔主义政策的推进，埃尔多安与军方的权力斗争，仍将持续甚至有激化的可能，并不排除未来军方会再次干预政治，而且军方与共和人民党意识形态等方面的天然联系，将使反对派与军方联盟，共同挑战埃尔多安的统治。2019年3月以来，正义与发展党在伊斯坦布尔市政选举中的失败，再一次验证了反

---

[1] Milan W. Svolik, *The Politics of Authoritarian Rule*, Cambridge University Press, 2012, pp. 3 – 5.

第一章　世俗主义与伊斯兰主义的博弈：土耳其政治发展的危机　59

对派联盟的强大。

2016年未遂军事政变发生以来，正义与发展党与葛兰运动从结盟到分裂带来的潜在威胁，将成为埃尔多安和正义与发展党统治的严重威胁。尽管葛兰运动遭到镇压和清洗，但葛兰运动作为一个世界性的宗教社会运动，仍具有相当强的社会基础和国际影响力，势必成为土耳其未来政治发展道路上的痼疾。同时，埃尔多安大量任用亲信、排除异己，也加剧了执政党内部的危机。2014年8月，埃尔多安当选总统后，将居尔排挤出正义与发展党领导核心，并将外交部部长达武特奥卢推上总理的宝座。2016年5月，由于达武特奥卢与埃尔多安在政治改革、库尔德问题和推行总统制方面的分歧，致使其退出正义与发展党领导核心，随即埃尔多安任命其亲信耶尔德勒姆组建新"过渡"政府。2018年大选后，埃尔多安组建新政府，任命其女婿贝拉特·阿尔巴伊拉克为财政部长，任命挫败军事未遂政变和对政治清洗有功的总参谋长胡卢西·阿卡尔为国防部长，使新内阁处于埃尔多安的控制之下。尽管目前尚未形成撼动埃尔多安执政地位的政治力量，但埃尔多安排斥异己的做法，再加上脆弱的经济形势，成为反对派联盟的攻击口实，也有加剧执政党内部分化的风险。

其次，经济发展是正义与发展党政府的安全阀，总统制推行过程中伴随的严峻经济危机，使土耳其很难跨越"中等收入陷阱"。与诸多后发现代化国家相似，土耳其在20世纪80年代推行新自由主义市场经济政策，用出口导向战略取代进口替代战略，加速经济私有化和自由化发展，这在提升土耳其经济活力、融入全球市场的同时，造成对外部市场的严重依赖，酿成世纪之交的经济危机。2002年正义与发展党上台以来，打破贸易壁垒，大力发展对外贸易，使土耳其经济进入高速发展时期，长期保持年均8%的高增长率。2012年之后，由于严重依赖外来资本，经济增长放缓，土耳其经济的脆弱性不断加剧，加之受周边局势动荡、欧洲债务危机外溢效应等因素影响，土耳其深陷通货膨胀、失业增加、赤字上升、出口下降、货币贬值的"中等收入陷阱"。土耳其在结束高速增长期后，正义与发展党政府本应顺势推动产业链升级，进行结构性改革，提高劳动生产率，但由于埃尔多安要维持经济高速发展，以推行总统制和争取选票，因此采取不计代价刺激经济的政策，造成通货膨胀严重，生产成本飙升，货币贬值严重，偿债能力堪忧的问题。2018

年，埃尔多安总统继续坚持低利率的强硬政策，宣称"我是利率的敌人"，并将被普遍认为可以解决经济困境的前内阁成员——副总理穆罕默德·希姆谢克和财政部长纳茨·阿格巴尔排除在新内阁外，反而任用其女婿贝拉特·阿尔巴伊拉克为财政部长，造成土耳其里拉再度暴跌，而土美的政治摩擦在一定程度也加剧了里拉危机。

目前，埃尔多安尽管采取各种化解危机的措施，如向欧洲、俄罗斯和中国等大国寻求政治支持；与卡塔尔等国签署货币互换协议，建立双向货币交易机制等，但囿于土美双边关系并无突破性进展，受美国经济制裁而造成的里拉危机，仍是新总统制下对埃尔多安执政和治理能力的严峻考验。即使埃尔多安最终迫于压力缓和与美国关系，仍需应对金融状况恶化、投资者信心不足和经济管理不善等多重问题。正所谓"成也萧何，败也萧何"，经济治理能否有效，破解"中等收入陷阱"是否得力，将成为未来正义与发展党执政与治理能力的安全阀。

最后，总统制确立过程中伴随着外交政策的转向，其外交走向仍然面临诸多变数。美国学者亨廷顿曾经把土耳其称作"无所适从的国家"，这同样也体现在土耳其的外交战略选择上。正义与发展党上台初期，奉行基于达武特奥卢主义的战略纵深和软实力外交原则，坚持东西方平衡的外交定位，并提出与邻国"零问题"外交的睦邻外交政策。近年来，随着自身实力的日趋增强、西方国家的相对衰弱、中东局势和地缘政治格局的剧烈变动，以及"零问题"外交的碰壁，土耳其开始从基于软实力的理想主义向运用硬实力的道德现实主义过渡。[①]"谨慎、理性的'新奥斯曼主义'逐渐演变为狂热、冒进的'新奥斯曼主义'，如果说帝国视野和文化多元是'新奥斯曼主义'的两根支柱，随着正义与发展党执政地位的日益稳固，无论是在国内政治还是在对外政策中，'新奥斯曼主义'强调'文化多元和共存'的一面黯然褪色，而'帝国视野和大国野心'和强调'伊斯兰世界的团结'的一面则日益突出。"[②] 这凸显出新奥斯曼主义视阈下埃尔多安政府的政治野心，

---

① E. Fuat Keyman, "A New Turkish Foreign Policy: Towards Proactive 'Moral Realism'", *Insight Turkey*, Vol. 19, No. 1, 2017, p. 64.

② 张向荣：《"新奥斯曼主义"：历史嬗变与影响》，《新疆社会科学》2018年第2期。

也说明外交服务于国内政治的倾向，这与国内政治高度集权呈现出同步发展的态势。近年来，随着土耳其在中东地区"零问题"外交的破产而采取积极干预的行动主义，积极介入阿以冲突并与以色列交恶，积极推广政治伊斯兰的"土耳其模式"，支持叙利亚反对派颠覆巴沙尔政权，强势出兵阿夫林地区争夺叙利亚战后重建的主导权，积极介入卡塔尔断交调解，从而与埃及、沙特、叙利亚等地区大国矛盾不断加剧。

在与西方国家关系上，埃尔多安与美国因库尔德问题和"引渡葛兰"问题①而龃龉不断，与欧盟因反恐和难民问题上的分歧而致使入盟进程停滞不前。西方国家对土耳其政治体制的转型表示质疑，这与以往正义与发展党参与历次大选后的态度形成鲜明对比。与俄罗斯双边关系起伏不定，也进一步体现了土耳其的外交被动。2015年，埃尔多安政府为凸显地区大国地位，击落俄罗斯战机，致使双边关系触底，在面对西方国家在叙利亚库尔德问题上的压力和能源外交的红利时，土耳其又不得不与俄罗斯修好，使能源利益与政治利益捆绑形成的土俄双边关系面临诸多隐患。2017年以来，随着埃尔多安成为土耳其历史上最具实权的领导人，土耳其在中东越来越强调其共同的历史记忆和伊斯兰认同，努力推行务实多元外交，与东南亚、拉美、东亚、非洲等国家建立紧密联系，进一步凸显埃尔多安政权谋求地区大国的政治抱负，但这实际上却远远超出土耳其的国家实力和国家承受能力。近年来，土耳其与周边大国多边关系频频预警，体现出埃尔多安政权外交政策转型过程中的频频失误，其"无所适从国家"的形象更为突出。

总之，在新总统制下，随着埃尔多安政治权力的集中、社会分化的加剧以及政治经济危机的爆发，埃尔多安政府能否在塑造"新土耳其"过程中坚持世俗主义原则，抑或是实行伊斯兰主义改革，都将是未来土耳其政治发展过程中的不确定因素。埃尔多安政府若不能应对这些挑战，不排除土耳其有陷入社会分裂和政治混乱的可能。作为土耳其多数民众的历史选择，埃尔多安政府只有调和好世俗主义与伊斯兰主义的关

---

① 葛兰自1998年到美国治病以来，一直居住在宾夕法尼亚州的乡村，埃尔多安指控葛兰为"未遂政变"的幕后主使，要求美国将葛兰引渡回土耳其。

系，制定切实可行的政治经济发展战略，使土耳其走出一条适合本国国情、适应民众诉求和顺应国际情势的政治发展道路，才能使土耳其实现长足发展。

第二章　改革与稳定：沙特政治发展的困局

沙特是中东地区典型的保守国家，它在阿拉伯世界、中东地区乃至东方世界"独树一帜"，成为鲜有的"绝对君主制国家"①。第二次世界大战后，大多数中东国家在民族民主运动大潮的冲击下，通过不同形式的革命或改革陆续走上了共和之路，但是沙特却始终维系着传统政教合一的君主制政体。同时，"沙特在精神生活方面恪守教规和祖训，对任何外来思想和价值观筑起高高的防护堤，而在经济建设和物质方面则紧跟世界潮流，使两者并行不悖"②。但是，与沙特保守形象形成鲜明对比的是，沙特是中东地区仅有的几个能够在政治发展中长期保持政治稳定的国家之一，因而被称为"中东稳定之锚"③。然而，作为家族统治的沙特，长期以来面临制度化改革与王权之间的矛盾，尤其是近年来王位继承制度的改革，在沙特国内引起轩然大波，也引起国内外学者对沙特政治发展的关注。总体来看，沙特在政治发展过程中努力寻求改革与保守之间的平衡，通过制度改革试图突破家族政治的困境，实现其政治发展平稳有序的前进。

第一节　王室矛盾与王位继承制度的初创

1932年9月，沙特阿拉伯王国正式建立，标志着沙特进入了构建现代民族国家的新阶段。就国家形态而言，新诞生的沙特实际上是一个

---

① 王京烈：《面向二十一世纪的中东》，社会科学文献出版社1999年版，第38页。
② 吴思科：《序：严守传统和开放发展神奇结合的王国》，载钱学文《当代沙特阿拉伯王国社会与文化》，上海外语教育出版社2003年版。
③ 王海峰等：《沙特：动荡中东的稳定之锚》，《共产党员》2011年第9期。

传统的酋长国,犹如庞大的部落联盟①。在中东现代化洪流的裹挟下,沙特不由自主地由传统国家向现代民族国家转变,开启了沙特建国初期②的政治发展新征程。在转变过程中,传统部落制度与现代民族国家的冲突,构成沙特建国初期政治发展的主要矛盾。为了消解传统部落制度与现代民族国家的冲突,沙特在大臣会议制度、王室继承制度和政治吸纳等方面展开探索,这构成了沙特建国初期政治发展的主要内容。

一 政治分立与大臣会议制度的创立

1932年9月,阿卜杜勒·阿齐兹建立了"沙特阿拉伯王国",形式上实现了阿拉伯半岛大体上的统一,但是沙特在政治权力分配和政治体制上被称为"胶囊式"国家体制。③ 沙特"胶囊式"国家体制首先体现在希贾兹和纳季德在法律上各自独立。1926年8月31日,阿卜杜勒·阿齐兹颁布《希贾兹王国约法》(*Basic Instruction of the Hijaz*),规定"希贾兹王国应当被视为具有明确边界线的政体,不可以任何方式予以分割。希贾兹应当是设有咨议机构的君主国和伊斯兰国家,自主处理其内外事务……麦加是希贾兹王国的首都……希贾兹王国的最高权力属于阿卜杜勒·阿齐兹国王陛下"④。《希贾兹王国约法》是沙特的第一部基本法,它以法律形式确定了希贾兹与纳季德的分治政策。⑤ 沙特建国后,第2716号王室法令第5款再次确认了沙特政府机构不统一的现状:"目前希贾兹、纳季德及其归属地区的政府结构维持原状,直至王国新的统一政府机构形成。"⑥ 故有学者指出,"希贾兹和纳季德只是共享共

---

① 哈全安:《中东国家史(610—2000):阿拉伯伊斯兰国家的起源》,天津人民出版社2010年版,第766页;[以色列]约瑟夫·康斯蒂尔:《双重转变:沙特部落与国家的形成》,尹婧译,《中东问题研究》2016年第2期。

② 多数学者认为,现代沙特建国至费萨尔国王登基是沙特建设现代国家的初期阶段。

③ 在沙特建国初期,国家体制犹如一粒胶囊,表皮是一个整体,但内部的药粒是各自独立的、分散的。沙特的统一只是基于阿卜杜勒·阿齐兹的强大武力和个人威望,内部缺乏必要的联系,原有各自独立的地区划分仍然保持。参见[以色列]约瑟夫·康斯蒂尔《双重转变:沙特部落与国家的形成》,尹婧译,《中东问题研究》2016年第2期。

④ Alexei Vassiliev, *The History of Saudi Arabia*, New York: New York University Press, 2000, p. 295.

⑤ 哈全安:《中东国家史(610—2000):阿拉伯伊斯兰国家的起源》,第177页。

⑥ Summer Scott Huyette, *Political Adaptation in Saudi Arabia: a Study of the Council of Ministers*, Boulder: Westview Press, 1985, p. 57.

同的国王……是两个完全不同的独立国家"①。

沙特"胶囊式"国家体制还表现在，沙特两种政治制度长期并行。在阿卜杜勒·阿齐兹征服希贾兹后，希贾兹沿袭了原有的奥斯曼帝国政治体制的核心咨询会议。1924 年，阿卜杜勒·阿齐兹重组咨询会议，宣称"由乌莱玛、显要人物和商人组成的委员会，是国民和国王之间沟通的媒介"②。咨询会议由国王任命的乌莱玛、权贵和商人代表组成③，其主要职责是向总督提出有关立法、预算、特许权和公共事务等方面的建议④。费萨尔代表国王阿卜杜勒·阿齐兹统治，主持麦加咨询会议。

在纳季德，政治体制保留了浓厚的传统因素，尤其是部落和家族传统仍然盛行；行政管理体制杂乱无序，缺乏体制化和法制化，政府机构的设置、官员的任期、职责和权限基本上由国王决定，具有很大的随意性。⑤ 阿卜杜勒·阿齐兹国王集国家元首、政府首脑、最高法官、伊玛目和军事领导人于一身，因此沙特被称为"家长统治的沙漠国家"⑥。纳季德唯一比较重要的领导机构是沙特王室会议（又称枢密院）。沙特王室会议既是沙特王国的中央政府，也是纳季德的地方政府。沙特王室会议主要包括沙特家族重要成员、部落谢赫、瓦哈比派乌莱玛和国王亲信等⑦，是集体讨论和决定财富分配、部落争端、宗教信仰和对外"圣战"等议题的场所。在王室会议上，阿卜杜勒·阿齐兹先广泛征求相关议题的意见和建议，再与部落和宗教领导人达成公议，以此决定纳季德的各项重要事务。

沙特"胶囊式"国家体制同时体现在，传统部落制度在政治事务中发挥着不容忽视的作用。长期以来，阿拉伯半岛的社会基本单位是部

---

① Alexei Vassiliev, *The History of Saudi Arabia*, p. 293.
② James Buchan, Secular and Religious Opposition in Saudi Arabia, in Tim Niblock (ed.), *State, Society and Economy in Saudi Arabia*, London: Routledge, 1982/2015, p. 108.
③ Willard A. Beling, *King Faisal and the Modernization of Saudi Arabia*, London: Croom Helm, 1980, p. 28.
④ Joseph Kostiner, *The Making of Saudi Arabia (1916 – 1936): From Chieftaincy to Monarchical State*, New York: Oxford University Press, 1993, p. 101.
⑤ 陈沫主编：《列国志·沙特阿拉伯》，社会科学文献出版社 2011 年版，第 87—88 页。
⑥ Frank Tachau, *Political Elites and Political Development in the Middle East*, Cambridge: Schenkman Publishing Company Inc., 1975, p. 166.
⑦ Leslie McLoughlin, *Ibn Saudi: Founder of a Kingdom*, New York: St. Martin's Press, 1935, pp. 116 – 117.

落，沙特社会分裂为数量众多、规模和势力悬殊的部落。在建国初期，阿卜杜勒·阿齐兹凭借其"卡里斯玛式"的人格魅力，具有最高权威，在众多事务中具有最终决定权。但是沙特中央政府机构不完善，国家力量难以触及基层，部落仍然是沙特社会基本组织单位，在地方发挥了国家政权基层组织的作用。部落不仅作为政权基层组织向部落成员提供各种社会服务，而且作为中央政府在地方的代表行使国家权力，诸如维护社会秩序、解决部落成员纠纷和矛盾。部落首领成为国家在基层的代表，拥有较为强大的社会号召力和影响力。故沙特独立时，沙特从部族社会摇身一变成了所谓的"民族国家"（Nation-State），但实际上它只有"民族国家"外壳，没有"民族国家"的内涵。

阿卜杜勒·阿齐兹为了改变"胶囊式"国家体制，围绕大臣会议制度进行了长期的探索，致力于建立统一的政府管理体系[1]。大臣会议制度的草创始于希贾兹。1927年7月，阿卜杜勒·阿齐兹建立"调查和改革委员会"（Commission on Inspection and Reform），负责审查政府组织结构，评估王国的行政管理体制，提出政府改革意见[2]。随后"调查和改革委员会"建议整合原有的政府机构，组建新的协商会议。"新的协商会议章程赋予协商会议更大的权力和更多的职责"[3]，讨论诸如财政预算、新的经济项目、征收用于公共事业的税收、颁布法律法规、雇用外国人员等议题。

1931年12月30日，代表委员会（又称希贾兹地区代表会议或者汉志大臣会议，Council of Deputies）正式建立，取代了协商会议。代表委员会直接隶属于国王，直接对国王负责。代表委员会将重要政府部门集中到一起，并就国家行政问题向国王提供建议。代表委员会下设6个部，分管宗教、内政、外交、财政、国民教育和军事事务。[4] 代表委员

---

[1] Harry St. John Philby, *Sa'udi Arabia*, London: Eenest Benn, 1955, p. 325, in Summer Scott Huyette, *Political Adaptation in Saudi Arabia: a Study of the Council of Ministers*, Boulder: Westview Press, 1985, pp. 58–59.

[2] Summer Scott Huyette, *Political Adaptation in Saudi Arabia: a Study of the Council of Ministers*, p. 55.

[3] Soliman Solaim, Constitutional and Judicial Organization in Saudi Arabia, Ph. D. Dissertation, The Johns Hopkins University, 1970, p. 30.

[4] 北京大学亚非研究所西亚研究室编：《石油王国沙特阿拉伯》，北京大学出版社1985年版，第26页。

会是沙特通过整合各个政府部门于一体，管理全国事务的第一次尝试①。代表委员会虽然并不是全国性机构，仅仅负责希贾兹政务，但是代表了希贾兹新的政府管理方式，为沙特政府未来发展提供了框架。代表委员会的管理模式随后开始从希贾兹向沙特全国推广。

与此同时，自20世纪30年代开始，阿卜杜勒·阿齐兹开始致力于加强中央集权，将希贾兹政府机构扩展到纳季德，建立了一批统一的政府机构。1931年，阿卜杜勒·阿齐兹正式成立外交部。1932年，沙特财政总局被改组为财政部（Minister of Finance），②当时财政部不仅统一掌管全国的财政税收，而且管理除外交事务之外的所有事务。1944年12月，阿卜杜勒·阿齐兹国王将其子曼苏尔亲王领导的国防局升格为部，这使沙特政府的组成部门由两个增加至三个。

二战后，伴随政府管理需求不断增加，财政部的附属机构不断独立，发展为众多的政府部门。1951年6月，卫生部和内政部从财政部分离出来；1952年，沙特政府建立航空部和沙特阿拉伯货币局；1953年9月，交通部成立；1953年底，教育部和农业部又分别从内政部和财政部中分离出来。1953年10月9日，阿卜杜勒·阿齐兹国王在临终前颁布了1388号王室法令，规定了大臣会议的人员组成、权力范围、运行程序和组织机构。该敕令迈出了沙特将各部大臣组织成一个现代中央政权机构的第一步，大臣会议的序幕由此拉开。③

1953年11月9日，阿卜杜勒·阿齐兹国王逝世，标志着沙特个人统治形式的终结。④沙特国王和费萨尔亲王因没有其父亲阿卜杜勒·阿齐兹的权威，不能像阿卜杜勒·阿齐兹国王一样自由行动。⑤阿卜杜勒·阿齐兹的后继者需要强化大臣会议制度，以加强自己的权威，巩固

---

① Summer Scott Huyette, *Political Adaptation in Saudi Arabia: a Study of the Council of Ministers*, p. 56.

② Summer Scott Huyette, *Political Adaptation in Saudi Arabia: a Study of the Council of Ministers*, p. 56.

③ 李绍先：《沙特阿拉伯王国政府——"大臣会议"》，《西亚非洲》1992年第4期；参见 Summer Scott Huyette, *Political Adaptation in Saudi Arabia: a Study of the Council of Ministers*, p. 60。

④ Summer Scott Huyette, *Political Adaptation in Saudi Arabia: a Study of the Council of Ministers*, p. 60.

⑤ Harry St. John Philby, *Sa'udi Arabia*, p. 57.

自身权力。

1954年3月26日，沙特公布了沙特王国第1508号官方公报，即《大臣会议条例》（Regulations of the Council of Ministers）和《大臣会议组成部门条例》（Regulations of the Divisions of the Council of Ministers），明确规定了大臣会议的成员、规章制度、运转程序、管理权限和组成部门。根据《大臣会议条例》，大臣会议"对沙特政府管理事务具有监督、决定和建议等权力"[①]，是国王的"左膀右臂"，协助国王处理日益复杂的经济社会事务。同年8月，沙特颁布1527号王室法令，任命费萨尔亲王为大臣会议主席。随后，1528号王室法令第18条赋予大臣会议主席如下权力：第一，监督大臣会议、大臣会议大臣和大臣会议各部门；第二，监督王室法令、大臣会议颁布的法律和决定的执行；第三，监督国家财政预算的实施；第四，为了执行王室法令，大臣会议主席可以根据现实需要颁布管理条例和规章，但是这些管理条例和规章必须得到大臣会议的批准以及国王的认可和同意。因此，大臣会议成为执行国王决定与命令的行政机构。

1527号和1528号王室法令为费萨尔亲王扩大大臣会议权力提供了法律支持。此后费萨尔作为大臣会议主席，极力维护大臣会议的地位和权力，扩大大臣会议的管理权限。在大臣会议结构上，大臣会议组成部门增加至9个。[②] 同时各部的下属部门不断增加。在官员组成方面，费萨尔通过高薪吸引技术人员、工程师、教师和经济学家进入政府各部门。经过费萨尔亲王的努力，大臣会议成为沙特政治活动的焦点，成为讨论、评估和应对社会变化的平台。[③]

1958年3月，费萨尔亲王接管沙特最高权力后，采取多项重要改革措施，努力促使大臣会议摆脱国王的直接干预和介入，强化大臣会议的独立性。其中最重要的举措是，费萨尔亲王于1958年和1964年对《大臣会议条例》进行了修改，《大臣会议条例》得以完善和成型。[④]

---

① Summer Scott Huyette, *Political Adaptation in Saudi Arabia: a Study of the Council of Ministers*, p. 66.
② 陈沫主编：《列国志·沙特阿拉伯》，第88页；参见 Summer Scott Huyette, *Political Adaptation in Saudi Arabia: a Study of the Council of Ministers*, p. 65。
③ Summer Scott Huyette, *Political Adaptation in Saudi Arabia: a Study of the Council of Ministers*, pp. 68–69.
④ 王铁铮、林松业：《中东国家通史·沙特阿拉伯卷》，商务印书馆2004年版，第193页。

1958 年 5 月 11 日，费萨尔亲王颁布 39 号王室法令，首次修改了《大臣会议条例》，这是大臣会议发展史上的一个重要转折点。① 新的《大臣会议条例》扩大了大臣会议的权限：大臣会议负责制定国家重要事务，如财政、经济、教育、国防和外交等公共事务的政策，并负责监督执行；大臣会议拥有规划权、执行权和管理权；大臣会议是财政事务和其他所有国家政府事务的最高负责机构；国际条约和协议的批准需要大臣会议许可；大臣会议制订政府预算和财政计划，统辖地方政府。同时新的《大臣会议条例》规定，王储兼任大臣会议主席，主持大臣会议，并扩大了大臣会议主席的权力：指导国家总体政策；保证大臣会议各部事务的协调与合作，保证大臣会议活动的统一性和持续性；接受国王的指示，并根据指示活动；签署大臣会议的决议，并将决议交予相关部门执行；负责监督大臣会议、各部大臣和各部事务；监督大臣会议所做的决定和规章的执行。② 此外，新的《大臣会议条例》明确规定了各部的权限和责任，大臣是各部事务的直接领导和最高权威。各部大臣就本部工作向大臣会议主席负责，大臣会议主席就本人的工作和大臣会议的工作向国王负责。新的《大臣会议条例》规定，大臣会议可以根据实际需要扩大自己的行动。新的《大臣会议条例》通过扩大大臣会议和大臣会议主席的权力，一方面赋予费萨尔亲王管理整个国家的权力，另一方面使沙特国王的权力仅限于象征性职责。

尽管沙特国王和费萨尔亲王在 1960—1962 年围绕最高权力展开激烈斗争，但是大臣会议的组成部门进一步增加。1962 年 10 月，费萨尔亲王改组大臣会议，大臣会议下设 12 部。

大臣会议制度的初创使沙特摆脱了希贾兹与纳季德两种政治制度并存的困境，逐步控制了中央和地方的立法、行政、司法和军事等各级各类国家权力③。"国王和大臣会议成为沙特最高决策机构，没有任何公

---

① Summer Scott Huyette, *Political Adaptation in Saudi Arabia: a Study of the Council of Ministers*, p. 69.

② Summer Scott Huyette, *Political Adaptation in Saudi Arabia: a Study of the Council of Ministers*, pp. 166–171.

③ 吴彦：《沙特阿拉伯政治现代化进程研究》，浙江大学出版社 2011 年版，第 178 页。

共或者私人机构可以与之竞争。"①

然而，不容忽视的是，沙特大臣会议制度尽管已经建立，但是仍然处于草创阶段，存在诸多缺憾。首先，大臣会议并没有充分获得《大臣会议条例》所赋予的权力。在沙特国王统治时期，沙特国王"随心所欲地管理着他的国家，没有人分享他的权力"②。同时，沙特国王试图延续传统的家长式的、非正式的和个人式的统治方式，更喜欢凭借自己的喜好，依靠其信任的智囊管理国家事务，因而既对新组建的大臣会议及其活动不感兴趣，经常有意绕开大臣会议自行其是，也没有授予大臣会议实权，尤其是决策权。在实际运作过程中，大臣会议仅仅是国王的咨询机构和国王决定与命令的执行机构。其次，大臣会议沦为沙特国王和费萨尔亲王进行权力斗争的场所。由于所有各部大臣同时对国王和大臣会议主席负责，国王和大臣会议主席之间形成权力二元结构③。为了争夺最高权力，沙特国王与大臣会议主席之间的权力斗争不可避免。沙特国王倾向于以独断专行为特征的家长式传统，经常无视大臣会议的存在和职责；费萨尔亲王作为大臣会议主席，则极力维护大臣会议的地位和权力，将大臣会议作为与沙特国王争夺权力的工具，这致使大臣会议难以正常运转。再次，大臣会议的运转缺乏稳定的政治环境和充足的资金支持。沙特国王因缺少其父亲阿卜杜勒·阿齐兹的能力和智慧，造成沙特政府在处理国内外事务时"进退失据"，国家面临严重的内忧外患，国家财政更是面临崩溃的困境。故大臣会议运行缺乏必要的政治环境和资金支持。最后，大臣会议职能不能满足社会发展需要。在大臣会议建立初期，大臣会议及其附属部门雇用了不到4700名员工，其中多数员工没有固定收入。各个部门运行混乱，对自身的活动也没有正式的记录。④ 沙特政府不能向沙特国民提供最基本的教育和医疗卫生服务，这些职能长期由沙特阿美石油公司承担。⑤ 至20世纪60年代中期，一

---

① S. Malki, *International Inconsistency: A New Perspective on the Role of the State in Development: A Case of Study of Saudi Arabia*, Ph. D. Dissertation, Washington University, 1991, pp. 23–24.
② [叙利亚]莫尼尔·阿吉列尼：《费萨尔传》，何义译，商务印书馆1977年版，第327页。
③ 吴彦：《沙特阿拉伯政治现代化进程研究》，第167页。
④ [美]詹姆斯·温布兰特：《沙特阿拉伯史》，韩志斌等译，东方出版中心2009年版，第230页。
⑤ Stig Stenslie, *Regime Stability in Saudi Arabia: The Challenge of Succession*, London & New York: Routledge, 2012, p. 63.

个有能力管理现代国家的大臣会议仍然没有建立起来。

二 王位继承制度的初创

沙特王室是沙特的统治家族。沙特王室自身的团结稳定对维护和实现沙特政治稳定具有关键作用。但是沙特王室内部矛盾纷繁复杂，首先体现在沙特王室家族庞大，王室成员众多。不同学者对家族成员数量有不同估计，较少的估计为数千人，较多的估计约为2.5万人。根据沙特人口学家阿卜杜·拉赫曼·卢伟希德计算，沙特第一王国建立者穆罕默德·伊本·沙特的后裔超过4500人。①

沙特王室内部矛盾纷繁复杂其次体现在，沙特王室成员内部派系林立。沙特王室由数个族裔分支组成，其中最重要的分支是阿卜杜勒·阿齐兹分支——现代沙特阿拉伯王国建立者阿卜杜勒·阿齐兹的子孙。然而阿卜杜勒·阿齐兹分支内部形成数个派系。作为阿卜杜勒·阿齐兹分支的创立者，阿卜杜勒·阿齐兹国王先后娶妻38位，长大成人的王子有36人，而王子又各自"开枝散叶"，使整个阿卜杜勒·阿齐兹分支关系异常复杂。其他分支包括阿卜杜·拉赫曼分支、沙特·伊本·费萨尔分支、吉鲁维分支、图尔基分支、苏奈因分支、米沙里分支和法赫兰分支。

沙特王室内部矛盾纷繁复杂同时还体现在，各个派系为了争夺王位进行激烈斗争。沙特政治的典型特征是国王"亲朝理政"。以沙特国王为核心的沙特王室始终掌握着国家最高权力，是沙特政治、经济和宗教的中枢神经。② 作为沙特王室的族长，沙特国王掌握着广泛的政治权力，集国家元首、武装部队总司令、政府首脑、最高宗教领袖"伊玛目"和所有部落的酋长领袖于一身，既行使最高行政权，又行使最高司法权，同时拥有沙里亚法以外的立法权，被称为"国家权力的总揽者"③。故王位成为各个派系争夺的目标，围绕王位继承的争夺成为沙特王室内部矛盾的集中体现。

---

① Abd a-Rahman S. al-Ruwaishid, *The Genealogiacal Charts of the Royal Saudi Family*, Riladh: al-Shibil Press, 2001, p. 19.
② 郑达庸、李中:《中国驻中东大使话中东:沙特》，世界知识出版社2014年版，第30—31页。
③ 陈建民编:《当代中东》，北京大学出版社2002年版，第29—30页。

现代沙特建国初期面临严峻的国王继承问题。第一次继承危机发生于沙特建国前后。在完成沙特统一大业后，阿卜杜勒·阿齐兹开始寻求自身血统的延续性，欲将沙特王位传给自己的儿子们。然而，阿卜杜勒·阿齐兹国王面临来自沙特王室内部其他支系要求其退位的威胁。1922—1934年，阿卜杜勒·阿齐兹国王的兄弟穆罕默德·伊本·阿卜杜·拉希德试图挑战其权力，并欲将其儿子哈立德立为沙特国王。1927年，哈立德企图谋杀沙特亲王。1933年，阿卜杜勒·阿齐兹国王欲立长子沙特亲王为王储，穆罕默德和哈立德父子则坚决反对立沙特亲王为王储，并拒绝向国王效忠，这使新生的沙特政权面临严重危机。

第二次继承危机发生于20世纪五六十年代。1953年11月，阿卜杜勒·阿齐兹去世，沙特王室立即召开王室会议，宣布沙特亲王为新任沙特国王，并向沙特国王宣誓效忠，这是现代沙特首次国王更替。但是随之而来的是，沙特王室内部再次出现国王继承危机，具体体现在沙特国王与费萨尔亲王围绕王位展开长达数年的激烈争夺。一方面，沙特国王政治上的无能致使沙特遭遇多重危机，沙特国王的治国理政能力遭到各个阶层的质疑。另一方面，费萨尔亲王凭借自身的能力和与瓦哈卜家族的政治联姻，成为沙特国王强有力的挑战者。自1956年7月起，沙特国王与王储费萨尔亲王之间的争斗日趋白热化，导致王室内部支持费萨尔亲王的派别与支持沙特国王的派别展开激烈的斗争。

鉴于阿卜杜勒·阿齐兹的王权曾遭到王室其他成员挑战，阿卜杜勒·阿齐兹国王尝试建立王位继承制度。1933年5月，阿卜杜勒·阿齐兹召集沙特王室会议、协商会议和咨询会议，会议通过了推举沙特亲王为阿卜杜勒·阿齐兹国王的继承人的决议，并确立了"穆斯林哈里发和国王们奉行的关于确立符合法律条件的王储的制度"[①]。同时阿卜杜勒·阿齐兹国王宣布，沙特王位继承只能由其儿子和直系子孙继承，并且规定了"兄终弟及"原则。阿卜杜勒·阿齐兹国王指定沙特亲王为王储，成为一个宪法性质的先例，即现任国王在世时，而且在执政的初期，就必须挑选他的王储，这后来成为沙特王位继承制度的重要原则。[②]

指定沙特亲王为继承人和确立"兄终弟及"原则，遭到部分统治者

---

① [叙利亚]莫尼尔·阿吉列尼：《费萨尔传》，第317页。
② 吴彦：《沙特阿拉伯政治现代化进程研究》，第62页。

的抵制。迪肯（Dickon）认为，"阿卜杜勒·阿齐兹的兄弟穆罕默德·伊本·阿卜杜·拉希德拒绝向沙特亲王宣誓效忠，部分沙特王室成员只是出于尊重阿卜杜勒·阿齐兹的威望，才承认沙特亲王为王储"。① 因为部分沙特统治者认为，沙特亲王缺乏担任国王所需要的能力，同时指定沙特亲王为王储不仅违背了国际政治潮流，而且与纳季德固有的继承传统并不一致。但是"兄终弟及"原则和指定原则，在此后数十年成为沙特国王继承的重要原则和鲜明特征。

此后数年，阿卜杜勒·阿齐兹国王采取一系列措施将自己的兄弟、侄子和外甥贬黜到权力的边缘地带，以有利于自己的儿子培养势力。② 这为阿卜杜勒·阿齐兹的儿子顺利继承王位奠定了基础。1938 年，哈立德王子因车祸去世；1943 年，穆罕默德亲王因病逝世，这使阿卜杜勒·阿齐兹国王在同辈人中再无竞争对手，建立了无可争辩的权威。③ 阿卜杜勒·阿齐兹国王凭借其个人威望，不断争取沙特王室多数支系成员、部落首领和商人阶层的支持，最终巩固了沙特亲王的王储地位。因此，沙特王位继承只能依据阿卜杜勒·阿齐兹分支原则和"兄终弟及"原则，并得到沙特多数精英阶层的认可。然而，确立"兄终弟及"原则没有阻止沙特国王与费萨尔亲王围绕王位的争夺。

自 1956 年 7 月起，沙特国王与王储费萨尔亲王之间的争斗日趋白热化。为了妥善解决空前的矛盾冲突，12 名王室成员其中包括阿卜杜勒·阿齐兹的兄弟阿卜杜拉·本·阿卜杜勒·拉赫曼、穆罕默德·伊本·阿卜杜·阿齐兹、法赫德·伊本·阿卜杜·阿齐兹等，要求沙特国王将全部权力移交给费萨尔亲王。1958 年 3 月 23 日，阿卜杜拉·本·阿卜杜勒·拉赫曼召集沙特王室众多亲王召开王室会议，最后形成公议：要求沙特国王将所有权力以委托形式移交给王储费萨尔亲王，任命费萨尔亲王为大臣会议主席④。此次会议标志着沙特王室内部非正式的

---

① H. R. P. Dickson, *The Arab of the Desert: A Glimpse into Badawin Life in Kuwait and Sa'udi Arabia*, London: George Allen & Unwin Ltd., 1949, p. 52, in Summer Scott Huyette, *Political Adaptation in Saudi Arabia: a Study of the Council of Ministers*, Boulder: Westview Press, 1985, p. 58.

② ［美］詹姆斯·温布兰特：《沙特阿拉伯史》，第 219 页。

③ Stig Stenslie, *Regime Stability in Saudi Arabia: The Challenge of Succession*, London & New York: Routledge, 2012, p. 108.

④ Alexander Bligh, *From Prince to King: Royal Succession in the House of Saud in the Twentieth Century*, New York: New York University Press, 1984, p. 64.

协商机构"王室长老会议"(the ahl al-hall wa al-aqd)的诞生。[①]

1960—1962 年,沙特国王与费萨尔亲王之间的矛盾再次激化,"王室长老会议"再次发挥了缓和王室内部矛盾、维护王室团结的作用。1963 年年中,由沙特王室的高级亲王组成的"王室长老会议"和宗教领袖共同召开联席会议,并发布法特瓦(伊斯兰宗教教令),授予费萨尔亲王所有的国王权力。1964 年 12 月,"王室长老会议"再次召开会议,宣布正式废黜沙特国王。随后,乌莱玛再次发布法特瓦,支持"王室长老会议"的决定。至此,沙特王位继承斗争以费萨尔亲王的胜利而结束,沙特国王继承进入了一个相对平静期。

然而,沙特建国初期,虽然沙特确立了沙特王位继承只能由阿卜杜勒·阿齐兹支系继承和"兄终弟及"的原则,并建立"王室长老会议",为建立有序的王位继承制度和缓解王室内部矛盾设立了一系列原则,但是此时沙特王位继承制度仍然处于创始阶段。首先,王位继承制度落实缺乏必要的实施保障。沙特王位继承只能由阿卜杜勒·阿齐兹支系继承和"兄终弟及"原则仅仅是沙特王位继承过程中的原则,该原则的落实没有明确的制度、法律和程序保障。"王室长老会议"只是非正式的协商制度,会议的召开时间、周期、参加人员和内容均视实际需要而定。这使王位继承制度在执行过程中面临众多的不确定性。其次,王位继承制度没能阻止王室继承斗争。自费萨尔国王以来,虽然王位继承斗争没有公开发生,但是围绕王储的斗争持续发生。哈立德国王和法赫德国王时期,"苏德里集团"与非"苏德里集团"围绕阿卜杜拉亲王的王储之争持续数十年。在 1995 年至 1996 年,王储兼国民卫队司令阿卜杜拉亲王与副王储兼内政部部长苏尔坦亲王为争当王储展开公开对抗。阿卜杜拉国王时期,阿卜杜拉国王与苏德里集团的苏尔坦亲王和纳伊夫亲王围绕王储候选人展开数轮博弈。沙特王室内部王位继承权斗争不时出现,从侧面反映了沙特王室继承制度的缺失。

三 政治势力的博弈与政治吸纳的肇始

(一)沙特主要政治势力的博弈

沙特宗教精英集团成员众多,成分复杂。官方宗教包括多个宗教阶

[①] 吴彦:《沙特阿拉伯政治现代化进程研究》,第 157 页。

层：法理学家（穆夫提）、宗教法官、教法学家、伊玛目、古兰经诵读者、宗教学校教师、宣礼员和清真寺管理员。据保守估计，目前宗教精英集团估计达到7000—10000人，其中约一半的乌莱玛（伊斯兰宗教学者）聚居于利雅得。①

宗教集团是影响沙特政治进程的重要政治势力。首先，宗教集团在涉及伊斯兰教传统问题上展示了巨大影响力和权威。宗教集团的主要职责是塑造国家主流意识形态，巩固沙特王室权威。宗教集团控制宗教教育，向沙特年青一代灌输主流行为规范，维护统一的、规范的宗教仪式。宗教集团通过扬善惩恶委员会直接参与宗教教育、伊斯兰教法实施和社会教化等。其次，宗教精英能够直接参加国王主持的咨询会议，与国王和宗教领袖沟通意见和协调政策。② 同时，宗教集团成员通过宗教机构和个人社会关系，或在沙特多个部门任职，建立起纷繁复杂的关系网络，这使沙特宗教集团在沙特社会中发挥着重要影响力。

现代沙特建国初期，阿卜杜勒·阿齐兹邀请瓦哈卜家族成员穆罕默德·伊本·易卜拉欣·伊本·阿卜杜·拉蒂夫为沙特大穆夫提，领导沙特的宗教活动，同时任命利雅得乌莱玛管理国家的教育和司法事务。以大穆夫提为首的宗教集团成为仅次于沙特国王的政治权力中心。故宗教集团成为制约沙特政治权力集中和统一的政治势力。

尽管沙特王室与宗教集团确立了政治联盟关系，但是宗教集团作为保守势力的象征，在某些领域掣肘沙特现代化进程，甚至反对沙特王室的统治。20世纪30年代，阿卜杜勒·阿齐兹试图引进西方现代技术装备，如无线电报、电话和汽车等。但部分保守的乌莱玛认为，西方现代技术装备与瓦哈比教义相抵触，坚决反对阿卜杜勒·阿齐兹引进西方现代技术的计划。1950年，阿卜杜勒·阿齐兹计划庆祝利雅得解放50周年，但是乌莱玛发布法特瓦，反对此次纪念活动。在乌莱玛的压力下，此次纪念活动被取消。沙特王室为了巩固其与宗教精英集团的联盟关系，必须尽可能吸纳宗教精英集团。

长期以来，阿拉伯半岛的社会基本单位是部落。在沙特政治发展过

---

① Stig Stenslie, *Regime Stability in Saudi Arabia*: *The Challenge of Succession*, p. 43.
② Tim Niblock, Social Structure and the Development of the Saudi Arabian Political System, in Tim Niblock (ed.), *State*, *Society and Economy in Saudi Arabia*, London: Routledge, 1982/2015, p. 92.

程中，部落对建立现代沙特王国、维护沙特政治稳定具有不容忽视的作用。在建国过程中，部落为阿卜杜勒·阿齐兹实现统一提供了政治支持和军事武装力量。[①] 自1901年起，阿卜杜勒·阿齐兹将瓦哈比教义与部落结合起来，开创了伊赫万运动。[②] 在伊赫万运动力量支持下，阿卜杜勒·阿齐兹先后统一了纳季德、阿尔西、哈萨、希贾兹，最终统一了阿拉伯半岛大部。

因为中央政府机构不完善，国家力量难以触及基层，部落发挥了国家政权基层组织的作用。部分部落成为分裂国家、反对阿卜杜勒·阿齐兹的政治势力。尽管阿卜杜勒·阿齐兹在统一过程中以武力征服了众多部落，但是部分被征服部落没有真心臣服阿卜杜勒·阿齐兹，并伺机寻求独立。沙特建国前后，部分部落参加了"伊赫万"叛乱，反对阿卜杜勒·阿齐兹的内政外交政策，试图脱离阿卜杜勒·阿齐兹的统治。阿卜杜勒·阿齐兹被迫借助英国的援助镇压了"伊赫万"叛乱。此外，传统部落文化浓厚，部落认同超越国家认同，部落忠诚高于国家忠诚，部落利益高于国家利益，这使部落具有较强的独立倾向和不服从阿卜杜勒·阿齐兹统治的意识，进而引起阿卜杜勒·阿齐兹的猜忌和担心。

此外，商人集团尤其是希贾兹的商人集团，几乎垄断了阿拉伯半岛的商业网络，具有广泛的政治经济影响力。在沙特石油经济形成之前，商人集团制约着沙特的政治、经济和外交政策。首先，沙特王室依赖商人集团的资金支持和经济活动能力。当时沙特最重要的财政收入来源是朝觐供奉和商业税。即使沙特在1933年发现石油之后至1947年间，朝觐供奉和商业税仍是沙特政府重要的收入来源。商业精英利用其雄厚资金和丰富的管理经验，在服务朝觐和维持商业繁荣中发挥了不可替代的作用。同时，商业精英经常向政府提供资金支持，以维持政府正常运转和资助武装军队。这些收入为沙特实现政治目标提供了不容忽视的支持。其次，商人集团事关沙特王室在地方的统治。由于众多乡村和城镇的首领经常参与贸易活动，商业精英与乡村、城镇和部落首领有密切的关系。因此沙特王室与商业精英形成联盟，是沙特王室管理地方的重要

---

① Khalid Saud Alhumaidi, Regime Stability in Saudi Arabia: The Role of the Population Composition Represented by Tribes, Master Dissertation, University of South Dakota, 2016, p. 68.

② 伊赫万在建国过程中是支持沙特建国的，但在沙特建国后，伊赫万的部分成员反叛，反对阿卜杜勒·阿齐兹。

工具。再次，商人集团影响沙特政治的实施效果。在征服希贾兹后，阿卜杜勒·阿齐兹宣布查抄和封存所有烟草，但是吉达的商业领袖立即要求阿卜杜勒·阿齐兹赔偿损失，最后查抄和封存所有烟草的计划不了了之。1933年，为了偿还苏联的债务，沙特政府与苏联计划签署自由贸易协定，遭到沙特商人激烈反对，因此沙特与苏联间的贸易协定未能签署。观察家评论道："沙特国王最重要的收入来源是吉达的商业，他没有能力与商业精英对抗。"[1] 因此，沙特王室需要对商人集团展开政治吸纳，与商业精英集团形成联盟，以维护其统治。

(二) 沙特政治吸纳的肇始

第一，沙特政治吸纳首先表现在对宗教集团的吸纳，如沙特王室与谢赫家族多次政治联姻，礼遇宗教集团成员。政治联姻是沙特王室巩固与以谢赫家族为代表的沙特宗教集团关系的重要方式。沙特王室与谢赫家族联姻始于第一沙特王国的创立者伊本·沙特与瓦哈比派创始人瓦哈卜女儿的政治联姻。伊本·沙特的儿子阿卜杜勒·阿齐兹于1765年继任王位，并于1792年继承了瓦哈比派教长职位，从此沙特王室族长兼任瓦哈比派教长，推行瓦哈比教义。现代沙特第三任国王费萨尔便是沙特王室与谢赫家族政治联姻的典型代表。

沙特王室不仅与宗教集团政治联姻，而且礼遇宗教集团成员。沙特国王和高级亲王不论是召开重要会议，还是在沙特各地巡游和考察，均有乌莱玛参与或随行。国王和王室成员定期或者不定期地到高级乌莱玛家中拜访，以表示对乌莱玛的尊重。

在政治决策之前，沙特国王和高级亲王均会听取乌莱玛的意见。尤其是当沙特面临有争议的事务或者问题时，国王就相关问题向高级宗教学者最高委员会征求意见，随后高级宗教学者最高委员会发布法特瓦。在每周周一和特别节日，国王和王室重要成员都需在王宫与乌莱玛会面，就各种问题进行讨论并达成一致意见。[2] 高级乌莱玛则通过他们能够借助的各种渠道建言献策，直接或间接地影响政府决策。

在现代沙特建国过程中，阿卜杜勒·阿齐兹邀请谢赫家族成员裔伊

---

[1] Ibrahim Rashid, *Document on the History of Saudi Arabia*, Salisbury: Documentary Publication, 1976, p. 173.

[2] Alexander Bligh, "The Saudi Religious Elite (Ulama) as Participant in the Political System of the Kingdom", *International Journal of Middle East Studies*, Vol. 17, No. 1, 1985, p. 42.

本·阿卜杜·拉蒂夫领导国家的宗教活动，这"巩固了沙特国家宗教界权威与沙特王室的联盟，确认了沙特乌莱玛与阿卜杜勒·阿齐兹对穆斯林共同体的领导地位，确立了沙特国家统治者兼任国家最高宗教领袖的政教合一的政治制度"[①]。建国后，沙特王室通常将与伊斯兰教有关的重要职务交由乌莱玛担任。如谢赫家族成员伊本·阿卜杜·拉蒂夫终身担任大穆夫提职位，享有崇高的宗教权威。以谢赫家族成员为代表的宗教集团在政府部门担任各种职务，如法官、伊玛目、宣礼员、律师等。[②]

第二，沙特政治吸纳的对象还包括部落集团。首先，沙特王室与部落集团领袖进行政治联姻。阿卜杜勒·阿齐兹利用了瓦哈比派规定"可同时与四个女性结婚的权利"，与不同部落的女子频繁地离婚与再婚，以达到政治联姻的目的。伊本·沙特累计曾娶过300余个王妃。[③] 阿卜杜勒·阿齐兹通过政治联姻与众多部落建立了政治盟友关系。其中典型代表是苏德里家族。阿卜杜勒·阿齐兹与达瓦西尔（Dawasir）部落苏德里家族三位女性结婚。其中阿卜杜勒·阿齐兹与哈莎·苏德里两次结婚，生育7位王子（"苏德里七兄弟"）。阿卜杜勒·阿齐兹的另外两位苏德里家族王妃也生育了6位王子。同时，阿卜杜勒·阿齐兹还同哈立德家族、鲁洼拉（Ruwala）部落和沙马尔部落政治联姻。1920年，阿卜杜勒·阿齐兹与沙马尔家族的法赫达结婚，生育一位王子即后来的阿卜杜拉国王。其次，沙特统治者礼遇部落首领，并听取部落首领的意见。在建国初期，沙特部落首领，尤其是纳季德的部落首领，定期或不定期参加沙特王室会议，经常参加国王和高级亲王召开的会议，参与王国的政治决策和政策制定。部落首领也经常充当国王或者高级亲王的私人随从和顾问。再次，国民卫队吸纳部落成员。国民卫队源于伊赫万运动。在建立现代沙特阿拉伯王国过程中，阿卜杜勒·阿齐兹建立了军民合一的组织伊赫万。伊赫万组织以瓦哈比派教义为指导，以打破氏族壁垒，缓和各部落间的矛盾与冲突，将各部落结为一体，从而间接对国家

---

① 吴彦：《沙特阿拉伯宗教政治初探》，《西亚非洲》2008年第6期。
② Nawaf Obaid, "The Power of Saudi Arabia's Islamic Leaders", *The Middle East Quarterly*, Vol. 6, No. 3, Septemper 1999, pp. 51–58.
③ 钮松：《沙特王室：王位的恩恩怨怨》，《新民晚报》2016年1月28日。

予以支持。① 在打败伊赫万叛乱之后，沙特改变部落征兵方式，将伊赫万的余部整编为国民卫队。国民卫队的士兵主要来源于各个部落。

第三，对商人集团的政治吸纳是沙特政治吸纳的重要内容。在沙特，商人集团担任沙特国王的顾问和政府部门要职，其中最为著名的是纳季德商人阿卜杜拉·本·苏莱曼（Abdallah bin Al-Sulayman）。在阿卜杜勒·阿齐兹征服希贾兹后，苏莱曼负责将希贾兹的财政收入纳入宫廷国库（Court Treasury），成立了财政总局（Agency of Finance）。1932年，苏莱曼将财政总局改为财政部（Minister of Finance）。② 当时财政部不仅统一掌管全国的财政税收，而且管理除外交事务之外的所有事务，负责监督朝觐事务、医疗卫生、教育、社会公益、邮政、电报和无线电、农业生产、公共建设和交通运输以及包括石油和矿产在内的其他经济活动。又如阿里瑞泽家族，作为沙特著名商人集团家族，在 50 年代已经进入沙特大臣会议以及其他政府部门。穆罕默德·本·阿卜杜拉·宰伊纳尔·阿里瑞泽曾担任商业和工业部大臣，并出任沙特驻开罗和巴黎大使。

伴随沙特建国初期政治吸纳的不断拓展，以国王为首、以沙特王室为核心的沙特政治吸纳雏形已经出现，但是沙特政治吸纳的典型特征是非制度化的统治者之间的合作，沙特政治吸纳的范围、形式和效果主要取决于统治者的个人意志和倾向。③

第二节 改革与稳定：国家制度化与王室矛盾的扩大

纵观沙特政治发展的历程，改革与保守构成沙特政治发展的底色，在改革过程中体现保守性，在坚持保守的同时持续改革。沙特大臣会议的变革是沙特政治发展中最重要的内容。大臣会议的持续改革使沙特建立了中央集权的现代政府体制。随着改革的推进，反对势力不断出现。

---

① ［以色列］约瑟夫·康斯蒂尔：《双重转变：沙特部落与国家的形成》，尹婧译，《中东问题研究》2016 年第 2 期。
② Summer Scott Huyette, *Political Adaptation in Saudi Arabia*: *a Study of the Council of Ministers*, p. 56.
③ David Holden and Richard Johns, *The House of Saud*, London: Macmillan, 1982, pp. 23 – 38.

与此同时，沙特政治吸纳的对象不断扩大。

一 国王继承制度的改进

（一）费萨尔时期：沙特王位继承制度的改进

在费萨尔统治时期，苏德里集团势力日益强大。出于防范苏德里集团独霸政坛，维持王室内权力平衡的考虑，费萨尔国王主张构建一个负责王位继承的制度性框架。费萨尔明确赋予"王室长老委员会"在他去世后监督王位继承的权力。此后，"王室长老委员会"为维护王位继承制度，实现国王继位过程的平稳和顺利进行发挥了不可忽视的作用。1975年3月，在费萨尔遇刺身亡后，"王室长老委员会"宣布哈立德亲王为新任国王，法赫德亲王为王储，阿卜杜拉亲王为副王储；1982年6月，哈立德国王去世后，"王室长老委员会"立即任命王储法赫德亲王为新任国王和大臣会议主席，阿卜杜拉亲王为王储和大臣会议副主席，苏尔坦亲王为副王储和大臣会议第二副主席。

在实践过程中，"王室长老会议"逐步完善。具体而言，"王室长老会议"由阿卜杜勒·阿齐兹的儿子和在世的兄弟组成；"它采用协商的方式和公议的形式，对国王废立、王储遴选、王室主要矛盾调解，以及其他关系到王室、国家命运的重大决策起着关键性作用"[1]。但是"王室长老会议"具体人员不定，既没有常设机构，也没有固定会期。

费萨尔国王在规范王位继承制度化方面的另一个贡献，是由王储兼任大臣会议副主席，同时另设大臣会议第二副主席的职位。费萨尔国王的此种安排意味着，大臣会议第二副主席在王位继承序列中处于优先地位；王储兼任大臣会议副主席的职务，可以使其更多地参与王国重大内政外交政策的制定，并在政治上得到锻炼。因此，王储兼任副主席的政治实践也成为其继承王位的重要资本。此后，沙特国王继承权不仅依据亲王的长幼，而且依据亲王的个人能力和在政府中的具体作为。[2]

---

[1] 吴彦：《沙特阿拉伯政治现代化进程研究》，第161页。

[2] Summer Scott Huyette, *Political Adaptation in Saudi Arabia: a Study of the Council of Ministers*, p. 93.

第二章　改革与稳定：沙特政治发展的困局

（二）从哈立德到法赫德时期：沙特王位继承制度的正式成型

1992年3月1日，法赫德国王颁布了《政府基本法》，以国家法律的形式对继承制度做出了新的规定。《政府基本法》第6条规定："国家的统治者来自国家的缔造者阿卜杜勒·阿齐兹国王的儿子们及其子孙；他们中最正直的人将根据神圣的《古兰经》和使者的圣训接受效忠；国王通过王室法令选择王储和解除其职务；国王去世以后，由王储接管国王的权力，直到效忠宣誓完成。"①

同时《政府基本法》强调王位继承实行任人唯贤的原则，目的在于解决阿卜杜勒·阿齐兹诸子普遍年老体衰，难以胜任领导工作的难题，缓解外界对老人政治的担忧和顾虑，为年轻的王室成员继承王位敞开了大门。② 但是《政府基本法》将王位继承人的范围从阿卜杜勒·阿齐兹的儿子们扩大到阿卜杜勒·阿齐兹的孙子们，预示着将有约200名沙特王室第三代王子拥有继承王位的资格。由此可能造成的负面效应是，众多的第三代王子因夺取王位而彼此明争暗斗，从而加剧王室内的矛盾。

尽管《政府基本法》朝着王位制度化继承迈出了第一步，但是沙特国王继承制度仍然存在有待改进的地方。如"最正直的人"的标准是抽象和模糊的，难以具体衡量；如何选择王储也没有具体的制度性安排。

（三）阿卜杜拉时期：沙特王位继承制度的完善

为了应对沙特王室内部关于未来王位继承的争议和争论，增强沙特王室成员的凝聚力，沙特王室开始尝试"结构化的方法"。2000年6月，沙特王室在原有"王室长老委员会"的基础上，成立了沙特王室家族委员会。沙特王室家族委员会由18名成员组成，王储任主席，每个任期为4年。沙特王室家族委员会的职责是处理一切与王室有关的问题。这标志着沙特开始以制度化方式解决沙特王室内部问题。

2006年10月20日，阿卜杜拉国王颁布了《效忠委员会法》（Allegiance Council Law）。《效忠委员会法》第1条、12条、13条明确了"效忠委员会"成员的组成和王储的选择范围。其中第1条明确了"效忠委员会"组成人员的范围：阿卜杜勒·阿齐兹的儿子、阿卜杜勒·阿

---

① Joseph A. Kechichian, *Succession in Saudi Arabia*, New York：Palgrave, 2001, p.210.
② 陈沫主编：《列国志·沙特阿拉伯》，第81页。

齐兹的孙子（其父已经去世或失去行为能力）、国王钦定的自己的一个儿子和王储的一个儿子。第 12、13 条再次明确王储产生的范围依然为阿卜杜勒·阿齐兹的儿子及其后裔。

第 7 条规定了王储选择的程序。国王在继位后 30 天内必须任命王储，具体程序如下：一是国王在与"效忠委员会"成员协商以后，选择一名、两名或三名王储候选人，提交给"效忠委员会"，由后者任命其中之一为王储。假如"效忠委员会"拒绝了国王提交的所有候选人，"效忠委员会"可任命一名自认为合适的人选为王储。二是国王在任何时候都可以请"效忠委员会"任命一名合适的王储，假如国王也拒绝"效忠委员会"的候选人，"效忠委员会"须就国王的候选人和"效忠委员会"的候选人之间进行投票选举，获得多数选票者将被任命为王储。[1]

此外《效忠委员会法》规定，若国王因病不能履行国王职责，医师委员会将向"效忠委员会"提交一个关于国王健康问题的正式报告。若国王被诊断永无能力履行国王职责，王储将接替国王的职责。若"效忠委员会"认为国王和王储因健康问题不能履行国王职责，临时执政委员会（Transitory Ruling Council）将临时管理国家事务，监护国民利益。"效忠委员会"将在一周时间内通过投票在阿卜杜勒·阿齐兹的儿子和孙子中选择合适的继承人。[2]

2007 年 12 月，根据《效忠委员会法》，第一届"效忠委员会"（Allegiance Council）成立。第一届"效忠委员会"由 35 人构成，其中阿齐兹的儿子 16 人，孙子 19 人。[3] 阿卜杜拉国王任命米沙勒（Mish'al）亲王为"效忠委员会"主席，任命其个人助理哈立德·图瓦吉利（Khalid al-Tuwaijiri）为"效忠委员会"秘书。

2013 年 2 月 1 日，阿卜杜拉国王召开"效忠委员会"会议，最终穆克林亲王以 75% 的得票率当选副王储。2014 年 3 月 27 日，阿卜杜拉国王为了保证穆克林能够顺利继承王位，宣布"选举结果任何人不得以任何方式或形式进行修改或者改变"。"效忠委员会"会议推选穆克林

---

[1] Joseph A. Kechichian, *Legal and Political Reforms in Saudi Arabia*, p. 232.
[2] Stig Stenslie, *Regime Stability in Saudi Arabia: The Challenge of Succession*, pp. 128 – 129.
[3] Joseph A. Kechichian, *Legal and Political Reforms in Saudi Arabia*, p. 139.

亲王当选副王储,是"效忠委员会"维护沙特王位继承制度的具体体现。

《效忠委员会法》的颁布和"效忠委员会"的成立,明确了王储选择机制和程序,同时意味着王储的选择不再由国王一人专断决定,而由王室成员集体决定。此举有益于实现王位继承的法制化和正规化,有助于王室内部的团结,是对沙特传统继承机制的一次重大改变和发展,对确保权力的平稳移交,尤其是对实现王位从第二代王子向第三代王子的代际更替具有重要作用。但是,不容忽视的是,国王继承决策在本质上仍然取决于沙特王室内部各派系的力量对比。

二 国家制度化与大臣会议制度的完善

沙特国家制度化,不仅体现在创建各种制度以完善国家治理体系,而且体现在国家治理体系本身运作的制度化。其中,沙特国家制度化首先体现在大臣会议制度的完善。大臣会议改革是费萨尔国王进行全面改革的突破口。1964 年 12 月 18 日,费萨尔以沙特国王名义发布 14 号王室法令,再次修改《大臣会议条例》。修改后的《大臣会议条例》规定:大臣会议由主席、副主席和负责具体事务的大臣、国务大臣和国王任命的国王顾问组成,国王和王储分别兼任大臣会议主席和副主席;[①]"大臣会议成员的任命和离职需以王室敕令的形式宣布生效,所有大臣会议成员向国王负责;大臣会议是国王主持下的立法机构,在主席或者副主席的主持下召开,做出的决定经由国王同意后方可生效"[②];大臣会议拥有制定和修改除沙里亚法之外的所有法律制度的权力。

新的大臣会议巩固了大臣会议的地位,强化了大臣会议的权威。在阿卜杜勒·阿齐兹国王时期,阿卜杜勒·阿齐兹国王毫无疑问是沙特唯一权力中心和最高权威。在沙特国王时期,沙特国王与大臣会议主席费萨尔亲王围绕国家最高权力展开了激烈的斗争,致使大臣会议难以正常运转、国家动荡不安。自费萨尔继任国王后,国王兼任大臣会议主席,

---

[①] Fouad Al-Farsy, *Saudi Arabia*: *A Case Study in Development*, London: Kegan Paul International, 1982, pp. 97 - 98.

[②] [日] 田村秀治:《伊斯兰盟主:沙特阿拉伯》,陈生宝等译,上海译文出版社 1981 年版,第 150 页。

为消除国王和大臣会议主席之间可能出现的冲突起了重要作用。[1] 大臣会议成为隶属于国王的政治实体。伴随大臣会议成为国王领导的正式机构，并被授予广泛的政府权力，大臣会议开始真正参与王国的行政管理，很快成为国家的政治中心，逐渐成为领导沙特现代化的中枢机构。[2]

当费萨尔的权力得到巩固后，费萨尔根据"十点纲领"[3]的政治制度改革目标，在大臣会议的部门组成、职责权限和运行程序方面做出了众多制度性创新。

首先，扩大大臣会议的权限。1962年10月，费萨尔实施司法改革，成立了由现代和传统人士共同组成的最高司法会议。1970年，随着沙特最高宗教权威大穆夫提去世，费萨尔设立司法部，将与伊斯兰法律相关的重要事务纳入政府管理的框架。同时，强化大臣会议的经济管理职能。1968年，中央计划署署长希沙姆·纳泽尔在联合国和斯坦福研究所的帮助下，向费萨尔提交了1970—1975发展计划，这是沙特的第一个五年发展计划。此后中央计划署连续制订了数个五年发展计划。中央计划署的成立标志着沙特中央政府开始领导经济发展。

其次，充实大臣会议的组成部门。1965年1月，费萨尔国王将最高计划委员会改组为中央计划署（Central Planning Organization），并在1975年进一步将中央计划署改组为计划部。1967年10月1日，费萨尔设立大臣会议第二副主席职位，任命法赫德亲王担任这一职务；1970年，设立司法部；1971年7月，费萨尔国王将中央计划署、人事总局、控制和调查委员会以及纪律委员会4个部门的首脑提升为国务大臣。至费萨尔在位末期，大臣会议下属的部级机构达到20个，其他专业机构

---

[1] 李绍先：《沙特阿拉伯王国政府——"大臣会议"》，《西亚非洲》1992年第4期。

[2] 郑蓉：《浅析沙特阿拉伯的现代化历程及特点》，严庭国主编：《阿拉伯学研究》（第三辑），华东师范大学出版社2014年版，第12页。

[3] 1962年10月，费萨尔亲王就颁布了"十点纲领"，其主要内容涉及改革政治制度、实行司法独立、成立伊斯兰教法诠释委员会、保障公民言论自由、提高社会保障、发展经济、废除奴隶制等多方面。"十点纲领"是沙特阿拉伯王国的第一个全面而系统的治国方略。Mordechai Abir, *Saudi Arabia in the Oil Era: Regime and Elites, Conflicts and Collaboration*, London: Routledge, 1988, p.94.

达到 70 多个,① 初步具备了现代政府的基本规模,② 成为国王直接控制之下的较为完备的中央政府机构③。

再次,规范大臣会议的运转流程。最初,大臣会议每月召开例会,但是开会日期并不固定,且时断时续。自 1970 年起,大臣会议改为每周例会,由国王授权王储兼第一副主席主持。其中高级委员会(High Committee)和专家局(Bureau of Experts)的成立是大臣会议运行制度化的重要措施。

高级委员会源于《大臣会议条例》。在 20 世纪 50 年代,大臣会议下设三个分委员会——高级委员会、文官委员会和专家局(Bureau of Experts),负责行政、人事和立法事务,以协助和配合大臣会议的工作。但是在 60 年代初期,三个分委员会被整合为一个机构——总委员会(General Committee),并将总委员会作为大臣会议决策的中心,这使大臣会议成为一个无实权的空壳。当费萨尔恢复权力时,费萨尔再次将总委员会拆分为三个机构,并组建高级委员会,负责制定政策。高级委员会由王储哈立德担任主席,成员包括内政大臣法赫德亲王、财政大臣穆萨义德·伊本·阿卜杜·拉赫曼亲王、国防大臣苏尔坦亲王、国民卫队司令阿卜杜拉亲王、王室顾问纳瓦夫亲王以及委员会秘书长拉希德·法拉奥恩博士。高级委员会负责决策国内外所有事务,大臣会议负责日常具体的人事任命、立法和行政事务。大臣会议秘书长负责安排大臣会议具体工作。这是费萨尔国王为保证王室对大臣会议的绝对领导而采取的必要措施。④

专家局规范化也是规范大臣会议运行的重要举措。伴随大臣会议成立,专家局于 1954 年成立。在 50 年代,专家局的重要成员全是埃及人,没有沙特人。在 60 年代,随着赴海外留学的沙特人不断回国,专家局主要成员变为沙特人,而且专家局的职能不断完善,程序日益规

---

① David E. Long, *The kingdom of Saudi Arabia*, Gainesville: University Press of Florida, 1997, p. 48; Fouad Al-Farsy, *Saudi Arabia: A Case Study in Development*, London: Kegan Paul International, 1982, p. 99; Fouad Al-Farsy, *Modernity and Tradition: The Saudi Equation*, London: Kegan Paul International, 1991, p. 53; 陈沫主编:《列国志·沙特阿拉伯》,第 90 页;唐宝才:《略论沙特阿拉伯政治制度及政治民主化走势》,《西亚非洲》2007 年第 3 期。
② 陈沫主编:《列国志·沙特阿拉伯》,第 89 页。
③ 吴彦:《沙特阿拉伯政治现代化进程研究》,第 167 页。
④ 陈沫主编:《列国志·沙特阿拉伯》,第 89 页。

范，成为大臣会议附设的重要咨询机构。专家局主要负责讨论拟立法的议案，向立法提供建议。专家局讨论所有立法事务，包括法律、规章制度、管理条例、国际条约和大臣会议主席办公室提交给专家局的所有事务。大臣也将关于拟立法法案的建议提交至专家局。若大臣的意见与专家局的意见不一致，相关大臣与专家局组成联席会议消除分歧。若联席会议仍然存在分歧，专家局将双方的意见提交至大臣会议，由大臣会议裁决。因此专家局在将法案提交至大臣会议之前，承担了大量的准备性工作。

在费萨尔国王时期，大臣会议发展成为国王直接控制下的比较完备的中央政府机构。[1] 费萨尔国王通过行政体制改革，将大臣会议转变成为一个结构复杂、功能齐全、初步适应沙特经济建设和社会发展的现代化行政机构。[2]

1975年10月13日，哈立德国王颁布王室法令，宣布组建新一届大臣会议，并对大臣会议进行重大改组。根据经济与社会的发展需要，原来的工商部被拆分为商业部和工业与电力部，增设住房与公共工程部、市政与乡村事务部、高等教育部、工业与电力部、通信部、计划部6个部。除了各部之外，大臣会议还陆续设立了数量众多的办事机构和专业委员会，如调查局、最高行政改革委员会、沙特石油和矿产总公司。1982年6月，法赫德国王再次改组和完善大臣会议。此后，大臣会议的组成部门趋于稳定，大臣会议制度化改革集中于大臣会议运行程序方面。

在哈立德—法赫德时期，大臣会议相继成立了一批新的下属机构，改进工作方法，精简会务，从而使大臣会议运行更加趋于制度化、科学化、高效化。哈立德国王继承王位后，为了减缓现代化进程的沉重负担，沙特重新组建了总委员会，但是总委员会的权力相对有限。在80年代，法赫德国王为了使大臣会议的运行机制更加高效，改组了总委员会，并制定了总委员会章程。总委员会章程规定：总委员会由1名主席和11名大臣会议成员组成，所有委员均由国王亲自选定，负责处理大臣会议日常事务；[3] 在委员会讨论某议案时，必须有7名以上的大臣出

---

[1] 吴彦：《沙特阿拉伯政治现代化进程研究》，第167页。
[2] 陈沫主编：《列国志·沙特阿拉伯》，第65页。
[3] 钱学文：《当代沙特阿拉伯王国社会与文化》，上海外语教育出版社2003年版，第44—45页。

席；总委员会秘书必须向所有大臣通告总委员会的议程，任何大臣均有权参加总委员会的会议，并发表意见和评论；总委员会可以邀请其他部门的负责人和专家参加总委员会的讨论；如议案得到所有参会大臣一致同意，则递交大臣会议批准，若议案未获得一致同意，则提交大臣会议审议；如某部大臣缺席，总委员会就暂停讨论该部的事务，更不做决定。随着总委员会的权力不断扩大，总委员会实际上演变为大臣会议中的核心决策机构，成为"小大臣会议"。

重建总委员会后，法赫德国王为各部大臣松绑，逐步扩大了他们的管理权限，使他们有权直接聘任包括副大臣在内的下属干部。此外，许多原来由大臣会议主席管理的事务下放至各部自行处理，有助于大臣提高决策能力。

人事管理问题是政治制度管理中的重要议题。沙特公务员局（Civil Service Bureau）起源于财政部下设的人事和退休局（Bureau of Personnel and Retirement）。在20世纪50年代，人事和退休局主要负责沙特公务员人事档案的保存。但是由于沙特缺乏必要的专门技术人才，人事和退休局既没有规章制度，也没有保存人事档案和记录。1958年，大臣会议成立人事总局（General Personnel Bureau），但是人事总局没有人事任命决定权，仅负责人事档案的收集、记录和归档。

1977年6月，为减轻大臣会议的工作负荷，王储法赫德颁布了关于公务员局章程的2682号王室法令。2682号王室法令决定解散人事总局，成立公务员局及其决策机构公务员委员会；大臣会议授权公务员委员会负责公务员事务，包括职位等级、薪酬、职位要求、公务员培训、公务员晋升等，但不包括最高级公务员的任命。公务员委员会每周举行例会，就人事工作展开讨论并做出决定。

1982年10月，法赫德颁布了关于修改公务员委员会章程的2936号王室法令。王室法令规定：国王兼任公务员委员会主席，王储兼任公务员委员会副主席，其他成员还包括公务员委员会秘书、专家局主席和5名会议大臣；最高人事权归国王，日常事务由公务员委员会独立处理，国王不出席公务员委员会会议，仅负责审批会议决议。此后公务员局和公务员委员会成为沙特人事领域的"小大臣会议"。

公务员局开始规范公务员的选任、擢升、惩罚等方面的标准和程序。公务员晋升和薪水提高的主要依据，是公务员在工作中的表现、公共行政学院的课程成绩。公务员局权威的增加，标志着沙特政府高官任意决定公务员人选和擢升时代的结束。官员的选拔和擢升不以忠诚度和与沙特高官关系亲疏作为标准，而是依据能力和工作表现挑选，这在一定程度上确保了政治决策的科学化、规范化。经过法赫德时期的机构改革，大臣会议集立法、行政及国家内外政策"智库"等多种功能于一身，成为领导沙特现代化建设的中央部门[1]。

1992年2月29日，法赫德主持大臣会议，通过了《政府基本法》、《大臣会议法》和《地方行政法》等三项法案。上述法案在汇集、整理了已有法令法规的基础上，以法律形式规定了国体、政体、国王职权、国王继承制度、中央政府职权和地方省区制度。《政府基本法》再次明确了沙特王室的绝对领导地位，规定了国王与国民的关系。《政府基本法》第6条规定，根据《古兰经》和圣训，所有沙特国民必须服从沙特国王及其统治。《政府基本法》再次确认了沙特国王的权力，《政府基本法》第52条、57条、58条规定，国王通过颁布王室法令，任命大法官，委任大臣会议的大臣、副大臣、国务大臣以及其他高级官员[2]。虽然《政府基本法》只是原有政治制度的汇编，但是以法律形式再次确认了沙特政治制度，这是沙特政治制度化进程中的一个里程碑。

冷战结束后，大臣会议进一步改革。首先，进一步调整大臣会议组成部门。2005年10月，阿卜杜拉国王成立"国家安全委员会"，其职责是重点打击国内恐怖主义，清除国内的"基地"组织。2011年3月25日，阿卜杜拉国王为解决沙特国民住房问题，决定改组住房总局，成立住房部，并委任前住房总局局长舒维施担任该部首任大臣。新成立的住房部承担起原先住房总局所有与房建相关的职责，同时还直接负责处理与房建相关的土地事务。2011年11月6日，阿卜杜拉国王发布国王令，任命原利雅得省省长萨勒曼亲王为国防大臣；另一方面将民用航空管理权限从原国防部划归民用航空总局负责，任命法赫德·本·阿卜杜拉·本·穆罕默德亲王为民用航空总局局长（大臣衔），任命费萨尔·苏哈尔为民用航空总局副局长，并相应重组民用航空委员会，由民

---

[1] 刘竞、安维华：《现代海湾国家政治体制研究》，中国社会科学出版社1994年版，第171页。
[2] Stig Stenslie, *Regime Stability in Saudi Arabia: The Challenge of Succession*, London: Routledge, 2012, pp. 29 – 30.

用航空总局局长兼任主席。

其次，重点强化经济管理职能。1999 年 8 月，沙特成立了最高经济委员会（Supreme Economic Council，SEC）。沙特最高经济委员会成员包括：大臣会议总务委员会主席、水利部大臣、石油和矿产资源部大臣、财政部大臣、经济与计划部大臣、劳工和社会事务部大臣、沙特阿拉伯货币局局长和两位国务大臣。沙特最高经济委员会的主要职责，是评估和制定经济、工业、农业和劳动政策。最高经济委员会成为沙特大臣会议经济领域的"小内阁"①。2009 年 11 月，沙特国王阿卜杜拉宣布成立沙特最高经济委员会常务委员会，以更加有效地管理国家经济发展。

2000 年 1 月，沙特成立了石油和矿产事务最高委员会（Supreme Council for Petroleum and Minerals，SCPM），其主要职责是制定石油天然气开发政策。石油和矿产事务最高委员会的主要任务，是促进本国石油领域的私有化，吸引国际资本向沙特石油和天然气领域投资。

2000 年 4 月，沙特成立了旅游事务最高委员会（Supreme Council of Tourism，SCT），其主要职责是发展旅游业，吸引国际游客赴沙特各地旅游，鼓励国内外资本向旅游部门投资。同年 4 月，沙特还成立了沙特阿拉伯投资总局（Saudi Arabian General Investment Authority）。沙特阿拉伯投资总局作为投资管理机构，隶属于最高经济委员会。该局的职责包括：对改善沙特投资环境的执行计划提出建议；对外国投资申请做出是否同意的决定；监督和评估本国和外国投资政策的实施，定期提交报告；对禁止外国投资的领域提出建议清单。

2014 年 4 月，沙特大臣会议成立隶属于劳工部的"创造就业和应对失业管理局"（Authority to Create Jobs and Combat Unemployment），以专门应对失业问题和创造就业岗位。

再次，实施任期制，规范各部大臣的行为准则。《政府基本法》首次规定：大臣会议任期 4 年；大臣会议大臣不经国王特许任期不能超过 5 年，从而首次明确了政府官员的任期限制，使官员任期走向制度化。②

---

① Mohamed A. Ramady, *The Saudi Arabian Economy: Policies Achievement and Challenge*, New York: Springer, 2010, p. 23.

② 陈沫主编：《列国志·沙特阿拉伯》，第 91 页；钱学文：《当代沙特阿拉伯国王社会与文化》，第 46 页。

在地方，各省省长任期为4年，任期届满后，由国王再次任命。① 法赫德国王提高了对各部大臣的行为准则的要求。为了确保大臣会议大臣忠于国王，杜绝以权谋私，法令禁止各部大臣公开或私下表明任何个人立场，禁止大臣购买、出售或租借政府财产。法令再次重申，非经国王批准，各部大臣的任期不得延长。②

伴随沙特大臣会议制度的完善，沙特不仅形成了结构合理、功能齐全的现代政府，而且形成了科学、有效的政治决策体系。因而沙特管理国家经济的能力、社会服务能力和应对政治危机的能力明显增强。

三 宗教国家化：沙特政教关系的演变

在政教关系方面，沙特政治发展集中体现在宗教国家化，具体体现在对伊斯兰教（瓦哈比派）的管理经历了制度化和官僚化的过程。

沙特建立官方宗教机构始于费萨尔国王时代。1962年，"十点纲领"提出，要建立一个由22名乌莱玛和法理学家组成的委员会，其职责是对时事性问题发表宗教法律意见。1969年，沙特大穆夫提穆罕默德·伊本·易卜拉欣·伊本·阿卜杜·拉蒂夫去世，费萨尔不再任命新的大穆夫提。次年，费萨尔国王组建司法部，任命司法部长取代大穆夫提，成为掌握沙特司法权力的最高长官。司法部的权限广泛，包括发布法特瓦，委任宗教教师、礼拜引领者以及清真寺乌莱玛。司法部的建立是沙特宗教权力国家化的开始③。此后众多宗教权力被纳入国家控制范围之内，沙特伊斯兰教管理日益制度化和官僚化。

在司法领域，国家逐步掌控了整个司法体系。20世纪50年代，大穆夫提穆罕默德仿效希贾兹的法院机构和程序，建立了一套统一的司法体制。1962年，费萨尔国王颁布的"十点纲领"宣布筹建司法部，将其作为大臣会议的组成部分。但是，由于当时费萨尔国王的权力尚未巩固，司法部未能建立。1970年，费萨尔国王组建了司法部，任命司法部长取代宗教集团的最高领袖大穆夫提，成为掌握司法权力的最高长官。司法部对大臣会议负责，这意味着原本属于大穆夫提的教法解释权

---

① Stig Stenslie, *Regime Stability in Saudi Arabia: The Challenge of Succession*, p. 33.
② Anthony H. Cordesman, *Sadui Arabia Enters the Twenty-First Century: The Political, Foreign, Economic and Energy Dimensions*, London: Praeger, 2003, p. 146.
③ 王倩茹：《沙特阿拉伯政治结构研究》，硕士学位论文，北京大学，2012年。

被转移出宗教体系,而实际上由大臣会议掌握。司法部的成立,标志着沙特王室的统治权力在瓦哈比派乌莱玛的传统领域得到了广泛的延伸①。

随后,费萨尔国王又宣布建立最高司法委员会(又称高级迪卡委员会,Supreme Judicial Council 或 Higher Council of the Judiciary)。最高司法委员会由 11 名沙特国内最具影响力的法官和法理学家组成,其主要职责有二:第一,阐述和解释与沙里亚法有关的重大法学理论疑难问题;第二,就某些重大法律案件提供咨询或者指导性意见。虽然最高司法委员会具有最高的法律仲裁权,但是其颁布的法特瓦、对法学理论的注释和对法律事件的指导意见,均听命于国王和政府。

2007 年 10 月,阿卜杜拉国王启动司法改革,以试图建立新的司法体系。改革的标志性法律文件是《司法制度及执行办法》和《申诉制度及执行办法》,其主要内容包括:第一,由司法部授权设立的最高法庭接管最高司法委员会的所有职责;第二,建立由最高法院、上诉法院、普通法院等组成的三级法院体系,同时建立不受沙里亚法约束的商业法庭和劳工法庭。这使沙特建立了体系化的司法体系,伊斯兰教司法体系进一步被纳入国家控制轨道。

在沙特最高宗教权威问题上,国家逐步控制法特瓦的发布权限。1963 年,沙特根据"十点纲领",决定建立发布法特瓦的特别办事处,其基本职责是审查在建立沙特政府之前就出现的法律问题。② 但是沙特没有按计划实施。1971 年,费萨尔国王颁布国王敕令,宣布建立"乌莱玛长老委员会"(又称"高级宗教学者最高委员会"),由 17 名沙特最杰出的宗教学者和神学家组成,由谢赫阿布杜勒·阿齐兹·本·阿布杜勒·阿拉·本·巴兹担任领导。同时,费萨尔国王又从"乌莱玛长老委员会"的成员中选择 4 名成员组成"宗教声明常务委员会",具体负责颁布包括法特瓦在内的沙特伊斯兰事务教令,仍由谢赫阿布杜勒·阿齐兹·本·阿布杜勒·阿拉·本·巴兹担任主席。"乌莱玛长老委员会"行使沙特最高宗教权力,是官方伊斯兰教的最高宗教机构,是沙特伊斯兰教法的最高权威。"乌莱玛长老委员会"的主要职责是研究沙里

---

① 哈全安:《中东史:610—2000》,天津人民出版社 2010 年版,第 791 页。
② Mordechai Abir, *Saudi Arabia: Government, Society, and the Gulf Crisis*, London & New York: Routledge, 1993, pp. 46 – 47.

亚法，负责批准王位的继承，制定国家宗教政策，发布宗教法令，决定国家具体宗教事务，监督沙特政府施政。① 这两个机构的建立将颁布法特瓦的权力制度化和机构化，促使传统上由穆夫提相对独立掌握的法特瓦颁布权力逐渐纳入了沙特政府的控制之下，大穆夫提失去了曾经享有的独立自主地位和个人权威。

实际上，"乌莱玛长老委员会"成为沙特国王和政府的专职顾问，其主要职责是在国王需要宗教权威的授权和赞同时，就某些有争议的涉及伊斯兰教义的重大问题，为国王的政策颁布法特瓦，给予国王和沙特王室政治合法性的支持。因此，"乌莱玛长老委员会"，是"第一个为国王将来需要的宗教认可和宗教支持服务的讨论会"②。

2010年8月，阿卜杜拉国王下令，只有隶属于"高级乌莱玛委员会"的宗教学者在获得官方批准后才可以颁布法特瓦，并要求大穆夫提确定人选。作为"乌莱玛长老委员会"的附属机构，"学术研究和法特瓦常务委员会"（the Standing Committee for Scholarly Research and Fatwa）成立新的法特瓦委员会，旨在监督法特瓦的颁布，阻止没有得到官方授权的乌莱玛颁布法特瓦，谢赫·萨勒赫·本·穆罕默德·卢海丹（Shaikh Saleh bin Mohammed al-Luhaydan）领导该机构。③ 这是国家试图进一步控制沙特宗教权威的重要步骤。

在宣教领域，政府成立了专门负责指导宣教的官方宗教机构。清真寺作为宣教场所，不仅能够系统传授伊斯兰教教义，而且能针对社会现实问题做出解答。同时，沙特禁止成立包括政党在内的各种政治组织，议会政治和政党政治无从谈起，民间政治运动大多以宗教运动的形式出现，清真寺是沙特民众发泄对现实生活不满和表达个人思想观点的主要场所。控制清真寺的宣教活动，有助于遏制民间非法思潮传播。于是，沙特采取多种措施控制清真寺的宣教活动，以达到控制主流意识形态的目的。

1971年，沙特颁布王室法令，决定成立"宗教研究、教法宣传和指导委员会"。该委员会的成员是15名由国王任命的高级乌莱玛，其职

---

① 吴彦：《沙特阿拉伯政治现代化进程研究》，第172页。
② Peter W. Wilson & Douglas F. Graham, *Saudi Arabia: The Coming Storm*, New York: M. E. Sharpe Inc., 1994, p. 25.
③ Christopher Boucek, "Saudi Fatawa Restrictions and the State-Clerical Relationship", *Carngie Endownment*, 23 October, 2010, http://carnegieendownment.org/sada/41824.

第二章　改革与稳定：沙特政治发展的困局　93

责主要是：第一，根据沙里亚法颁布法特瓦，对国王提出的问题和委托的事务表达观点，就国家的宗教政策提出建议；第二，颁布法特瓦，强化穆斯林的宗教信仰，规范穆斯林的礼拜和交往行为；第三，发行各种宗教书籍和资料，负责规划设计有关伊斯兰教和瓦哈比教义的研究课题，组织和举办培训教职人员的研讨会和培训班；第四，向国外派遣乌莱玛，宣传瓦哈比教义。实际上，该委员会由国王直接领导，并直接向国王负责。

1994年10月，法赫德国王宣布建立"最高伊斯兰事务委员会"（Supreme Council of Islamic Affairs）。"最高伊斯兰事务委员会"成员包括国防部大臣、内政部大臣、高等教育部大臣、财政部大臣、司法部大臣、外交部大臣和伊斯兰世界联盟秘书长，其中由国防部部长苏尔坦亲王担任主席。沙特王室由此控制了沙特的最高宗教政治权力，削弱了官方乌莱玛的权力和地位。[1] "最高伊斯兰事务委员会"的主要职责是向世界各地宣教，监督清真寺的道德和行为，向清真寺提供宣教材料，管理国内清真寺活动。[2]

作为"最高伊斯兰事务委员会"的下属机构，"伊斯兰传教和指导委员会"（Council for Islamic Mission and Guidance）由14名成员组成，其职责是具体负责管理王国的星期五布道和审查礼拜的领导人。"伊斯兰传教和指导委员会"根据清真寺教职人员的个人品质、掌握瓦哈比教义的水平、在穆斯林中的影响力、对沙特王室的忠诚程度，选择清真寺布道人员。不满足"伊斯兰传教和指导委员会"遴选条件的清真寺布道人员，则不能进行宣教布道，否则将面临逮捕和监禁。同时，清真寺的教职人员成为国家公务员，由国家统一支付薪水。清真寺教职人员对沙特政府的经济依赖性，决定了中下层宗教集团不得不依附于沙特政权，听命于官方乌莱玛，忠实地执行沙特官方的宗教教义。沙特通过这些措施较为严格地控制了清真寺布道的人员和内容。

"伊斯兰传教和指导委员会"具体负责管理王国的星期五布道内容。清真寺的宣教活动主要通过主麻日的宣教活动展开。伊斯兰教规

---

[1] 吴彦：《沙特阿拉伯政治现代化进程研究》，第268页。
[2] Joseph A. Kechichian, *Succession in Saudi Arabia*, New York：Palgrave, 2001, p.137；Stig Stenslie, *Regime Stability in Saudi Arabia：The Challenge of Succession*, London & New York：Routledge, 2012, p.46.

定，每周星期五晌礼（正午后祷）时间，凡成年、健康的男性穆斯林均须在当地较大的清真寺举行集体礼拜。"伊斯兰传教和指导委员会"每周向王国各清真寺传真一个星期五布道的范本，规定布道主要内容。星期五布道的范本内容庞杂，主要涉及伊斯兰教义、指导功修的仪式、宣传政府的政策，就社会现实问题答疑解惑。这实质上控制了王国各地清真寺布道的主要内容，有助于统一穆斯林的宗教政治思想。同时宗教机构和内政部的相关机构，密切监督主麻日演讲和宗教学者的活动。① "9·11"事件后，沙特改组"最高伊斯兰事务委员会"和"伊斯兰传教和指导委员会"，以强化对清真寺和宗教集团的管控。

沙特政府还掌控着清真寺日常事务和朝觐。1962年，沙特建立朝觐事务和宗教基金部，负责管理朝觐事务和宗教财产。同年，沙里亚法庭规定，朝觐事务和宗教基金部负责收缴、分配朝觐和宗教地产的收入。虽然朝觐事务和宗教基金部大臣仍由乌莱玛担任，但是作为大臣会议的下属单位，朝觐事务和宗教基金部由国王领导，并向国王负责，因而其最高权力由国王掌握。此种体制意味着沙特政府掌握了朝觐事务和宗教基金的最高控制权，在一定程度上削弱了宗教集团对宗教基金的控制权。同时沙特成立朝觐部负责所有朝觐事务，其职责是起草朝觐的总体计划，制定满足朝觐需求的管理方案。

此外，沙特建立了整合非官方伊斯兰主义的机制。2003年6月4日，时任王储阿卜杜拉成立阿卜杜勒·阿齐兹国王国家对话中心，召开由沙特穆斯林参加的国民对话会议。参加国民对话会议的代表包括瓦哈比派代表、什叶派代表、苏非派代表、伊斯玛仪派代表、马利克派代表等，其中觉醒主义运动成员占代表总数的1/3。截至目前，沙特已经召开了10次国民对话会议。在国民会议的推动下，沙特伊斯兰自由主义者虽然仍然坚持原有的政治主张，但是明确反对各种极端主义和暴力活动，并多次表达了对沙特政权的忠诚。尤其是在2003年至2005年发生一系列恐怖袭击事件后，沙特温和的民间伊斯兰主义者纷纷发表反对极端主义、支持王室政权合法地位的言论。② 2010年2月，阿卜杜拉国王

---

① F. Gregory Gause Ⅲ, *Oil Monarchies*, New York: Council on Foreign Relations Press, 1994, p.15.

② 韩小婷：《沙特王国社会转型中的精英集团研究》，博士学位论文，西北大学，2013年。

改组"乌莱玛长老委员会",将其成员增加至21名,首次将逊尼派四大教法学派的代表纳入"乌莱玛长老委员会",打破了罕百里学派的垄断地位。① 这将更多的非官方伊斯兰学派纳入了官方宗教的控制范围内。

总之,伴随伊斯兰教(瓦哈比派)管理制度化和官僚化过程不断推进,沙特建立了沙特王室控制下的官方宗教。但是官方瓦哈比派的宗教权威大打折扣,感召力不足,主导性地位面临威胁,这为非官方伊斯兰主义发展提供了空间。民间伊斯兰主义成为脱离官方宗教控制的社会思潮,各种民间伊斯兰主义思潮竞相发展,给沙特普通民众对沙特政府和社会转型的认知、政治发展方向的选择带来了极大的困惑,为各种敌对势力动员普通民众反对王室统治奠定了思想基础,进而威胁沙特王室统治。

四 政治改革与王室反对派的分化

(一)王室内部反对派的出现

沙特政治改革虽然有益于政治发展,但是不可避免地导致主要政治势力分化重组,其中王室内部率先出现分化,并出现反对王室改革的政治势力。

"自由亲王运动"即沙特王室内部反对沙特政治改革的政治派系。"自由亲王"以亲王塔拉勒·本·阿卜杜勒·阿齐兹为首,主要成员包括纳瓦夫、白德尔、法瓦兹、阿卜杜勒·穆赫辛和马吉德等亲王。在沙特国王与费萨尔王储争夺最高权力的过程中,"自由亲王"针对当时的政治改革,提出了自己的政治改革主张。在1958年,"自由亲王"率先主张在维持沙特王权和伊斯兰国体特征的前提下,召开由选举产生的国民议会并制定宪法,建立最高法院和最高计划委员会,使沙特王国逐步成为一个立宪君主制国家。② 在1960—1961年,"自由亲王"明确提出君主立宪制宪法草案,规定沙特阿拉伯是阿拉伯民族范围内的一个领土不可分割的伊斯兰教主权国家,伊斯兰教是沙特阿拉伯的国教,沙里亚法是国家立法的基本源泉;国家实行立宪君主制,限制国王的权力,

---

① Christopher Boucek, "Saudi Fatawa Restrictions and the State-Clerical Relationship", *Carngie Endowment*, 23 October, 2010.

② Alexei Vassiliev, *The History of Saudi Arabia*, p.401.

扩大大臣会议的权限；沙特王位继承人应从先王阿卜杜勒·阿齐兹的家族成员中遴选；国家保护私人财产所有权，实行社会平等，赋予民众言论自由和结社自由。此后，"自由亲王"流亡黎巴嫩、埃及，相继建立"阿拉伯解放阵线"和"阿拉伯民族解放阵线"，继续倡导议会君主制框架下的民主政治和社会改革。"阿拉伯民族解放阵线"还通过境外的广播电台，号召沙特人推翻其"腐败"和"反动"的政权。[①] 1964年2月，塔拉勒承认其主张和对沙特政府的指责是错误的，并回归沙特，这标志着"自由亲王运动"结束。

沙特王室内部反对国王改革的标志性事件是费萨尔国王被刺身亡事件。1975年3月25日，费萨尔国王在王宫接见科威特石油大臣卡则米，费萨尔国王被其侄子费萨尔·穆萨耶德王子枪击身亡。刺杀事件发生后，穆萨耶德王子被移交给沙特内务部进行严密审讯，盘问其幕后关系。尽管沙特官方公布的原因是，穆萨耶德王子患有严重的精神疾病，其动机主要是为了报私仇，其胞兄哈立德·穆萨耶德王子在反对设立电视台的示威冲突中被费萨尔国王派去的警察射杀，但是关于谋杀的流言蜚语持续不断。这也反映出两个层面的意义：首先，当时费萨尔国王力推的政治改革遭到沙特王室内部保守成员的反对；其次，沙特王室内部部分成员对费萨尔国王大权独揽表示不满，王室内部围绕国家最高权力的斗争暗流涌动。

此外，沙特王室成员分化严重，部分亲王富可敌国。例如，瓦利德·塔拉勒王子被称为"中东巴菲特"，其个人财富达到320亿美元（约合1984亿元人民币）[②]。但是部分王室成员负债累累，甚至身陷囹圄。处于边缘的或深陷囹圄的沙特王室成员对沙特王室日益不满，成为威胁沙特王室团结的潜在力量。

（二）宗教精英集团成员的分化

在政治改革进程中，沙特宗教集团成员因对沙特王室统治的态度不同而发生明显分化。部分宗教精英集团始终支持沙特王室，与沙特王室形成相互支持和相互依赖的共生关系。然而，部分宗教精英集团反对沙

---

① Mordechai Abir, *Saudi Arabia: Government, Society, and the Gulf Crisis*, New York: Routledge, 1993, p. 44.
② 《沙特王子豪捐320亿美元做慈善》，新华网，2015年7月2日，http://news.xinhuanet.com/gongyi/2015-07/02/c_127976684.htm.

特王室的统治,甚至与沙特王室发生直接冲突。

20世纪70年代以来,伴随石油经济繁荣,沙特的生活方式、国家治理方式和社会习俗经历了急剧的变革。瓦哈比派的禁欲主义主张与统治集团上层的奢侈腐化生活、道德沦丧形成鲜明对比;治国专家和技术官僚逐渐取代甚至凌驾于宗教势力之上,宗教精英集团日益被边缘化,这使宗教精英集团深感危机。于是部分宗教精英集团成员开始批判沙特王室统治。

沙特民间伊斯兰主义和宗教反对派的兴起和壮大,也是沙特宗教精英集团反对沙特王室统治的标志之一。沙特民间伊斯兰主义和宗教反对派兴起于20世纪五六十年代,发展壮大于八九十年代,并且不断衍化。在20世纪60年代,沙特开始出现民间宗教运动,如新"圣训派"运动、政治萨拉菲主义、"伊斯兰复兴运动"等。1979年,朱海曼·本·穆罕默德·萨伊夫·欧泰比(简称朱海曼·欧泰比)及其追随者占领麦加圣寺克尔白清真寺。欧泰比"斥责沙特政权是'异教徒的权力',指责沙特家族的腐败和同西方异教徒的亲密关系,抗议沙特社会宗教和道德的松弛,否定受沙特政权掌控的官方宗教,谴责官方乌莱玛屈从于沙特家族"[1],提出"建立起一个伊斯兰政府"[2]。占领圣寺事件显示了宗教的"巨大的历史回弹力"[3],掀开了沙特现代伊斯兰主义民众运动的序幕[4]。

20世纪80年代,民间伊斯兰主义运动和组织,如真主党、穆斯林兄弟会、新伊赫万运动、伊斯兰革命组织等,在沙特秘密活动。冷战结束后,沙特民间伊斯兰主义运动进一步发展,并呈现出多元化趋势。民间伊斯兰主义运动的支持力量扩展至中产阶级、知识分子、商人集团、部分官方乌莱玛。民间伊斯兰主义运动纷纷向政府提交请愿书,成立政治宣传组织,举行示威游行。1991年5月的《请愿书》和1992年9月的《建议备忘录》,作为伊斯兰自由主义运动的政治主张,表达了对沙

---

[1] Madawi Al-Rasheed, *A History of Saudi Arabia*, New York: Cambridge University Press, 2002, p. 144, 转引自吴彦《沙特阿拉伯宗教政治初探》,《西亚非洲》2008年第6期。

[2] Daryl Champlon, *The Paradoxical Kingdom: Saudi Arabia and the Momentum of Reform*, London: C. Hurst & Co. Ltd., 2003, p. 132.

[3] 转引自刘靖华《伊斯兰教、君主专制与发展——沙特阿拉伯宗教与政治发展的相关分析》,《西亚非洲》1990年第2期。

[4] 哈全安:《中东史:610—2000》,第795页。

特现存政治体制的不满，要求在伊斯兰框架下，推进政治改革，限制政府权力，推行民主化改革，保护公民合法权利。沙特政府对民间伊斯兰主义的镇压政策，致使圣战主义运动兴起。

圣战主义运动是民间伊斯兰主义思潮中的激进派，强调恪守伊斯兰原旨教义和早期瓦哈比派宗教理念，否认沙特王室统治权力的合法性，抨击沙特王室实行独裁专制和背离伊斯兰教的信仰，呼吁将所有异教徒逐出阿拉伯半岛和发动对沙特王室及西方世界的全面圣战。[1] 圣战主义运动倡导用暴力反对所有与其观点不一致的人和组织。其中乌萨玛·本·拉登是圣战主义运动的典型代表。

乌萨玛·本·拉登参与的"建议和改革委员会"在20世纪90年代开始公开活动，其目标是"根除所有形式的前伊斯兰和非伊斯兰的统治，将安拉的教义应用到生活的所有方面；达到真正的伊斯兰，根除所有的不公正；改革沙特的政治体制，清除腐败和不公正；建立'赫兹巴'（Hertzba）体制，即所有公民有权控告国家官员有罪，这个体制应当由乌莱玛长老的学说来引导"[2]。"建议和改革委员会"多次发布否认沙特政府合法性、号召推翻沙特王室的言论和资料，严重削弱了沙特王室统治的合法性。

圣战主义运动积极发动暴力事件和恐怖主义袭击。1995年和1996年，圣战主义者在利雅得和胡拜尔发动炸弹袭击事件，这"标志着圣战主义运动登上沙特的政治舞台"[3]。2002—2003年，本·拉登的追随者尤福苏·欧里耶在沙特建立了阿拉伯半岛"基地"组织。2000年至2005年，阿拉伯半岛"基地"组织在沙特发动了众多针对政府和外国人士的暴力活动。此后，阿拉伯半岛"基地"组织虽然受到重创，但是仍不时向沙特发动攻击。这些暴力袭击和恐怖主义活动严重威胁了沙特政权安全。

（三）部落成员的分化

20世纪70年代以来，部落经历了翻天覆地的变化。沙特部落组织

---

[1] Daryl Champion, *The Paradoxical Kingdom: Saudi Arabia and the Momentum of Reform*, London: Hurst & Co., 2003, p.229.
[2] 吴彦：《沙特阿拉伯政治现代化进程研究》，第260页。
[3] 吴彦：《宗教政治运动多元化与伊斯兰社会的政治现代化——以沙特阿拉伯为个案》，《浙江学刊》2012年第2期。

趋于解体，部落民众日渐分化，部分部落成员进入商人集团或者新兴阶层，部分成员沦为社会最底层成员。随之而来的是，社会经济政治地位提升的部落成员成为沙特王室的支持者，社会处境恶化的部落成员成为威胁沙特政治稳定的潜在力量，秘密或者公开反对沙特王室统治。

尽管沙特正在经历快速现代化，但是部落主义没有彻底湮灭，反而在一定时期和范围内呈加强趋势。尤其是20世纪80年代至90年代，部分受过高等教育的部落成员遭遇失业和生活贫困，深感自己被社会抛弃，于是开始寻求部落身份。部落再次成为发泄社会不满、反抗沙特王室的工具。旧有的贝都因人方言通过电影、电台和互联网平台飞速传播，赢得了部落成员出身的沙特民众的广泛关注和支持；电视节目重视贝都因人的历史和传统生活，但是扭曲了部分沙特部落关系。[1] 部分重要部落建立了自身的网站，宣传自己的悠久历史、显赫事迹和优秀文化。这些活动在一定程度上强化了部落认同，削弱了国家认同，进而威胁到沙特王室统治的合法性。

部分部落成员参加反对沙特王室统治的伊斯兰复兴运动。20世纪70年代末，由于新一代部落成员开始追求社会公平和政治正义，接受推翻沙特政权的极端主义思想，[2] 因此投身伊斯兰复兴运动的沙特人大都来自游牧部落[3]。如新伊赫万运动[4]的主要支持者来自沙马尔、哈恰尔和阿太白部落的民众。1979年，伊赫万成员朱海曼·欧泰比及其追随者占领麦加圣寺克尔白清真寺。这在一定程度上反映了沙特王室面临的部落挑战。90年代，部分持激进主义倾向的部落成员开始从事恐怖主义活动。例如，1996年，在沙特东部胡拜尔，持激进主义倾向的什叶派部落成员发动了汽车炸弹袭击，导致19名美国士兵死亡，近500人受伤。部落成员积极参与民间宗教政治运动，部落主义与现代伊斯兰复兴主义合流，不仅削弱了官方伊斯兰教的权威地位，而且部分瓦解了沙特王室统治的社会基础。

---

[1] Laila Prager, "Bedouinity on Stage: The Rise of the Bedouin Soap Opera in Television", *Nomadic People*, Vol. 18, No. 2, 2014, p. 53.

[2] Sebastian Maisel, "The Resurgent Tribal Agenda in Saudi Arabia", *The Arab Gulf States Institute in Washington*, 2015, p. 8, http://www.agsiw.org/wp-content/uploads/2015/07/Maisel_Resurgent-Tribal-Agenda.pdf.

[3] 王铁铮、林松业：《中东国家通史·沙特阿拉伯卷》，第275页。

[4] 吴彦：《沙特阿拉伯政治现代化进程研究》，第186—196页。

(四) 商人集团成员对沙特王室态度的分化

长期以来,商人集团具有明显的家族式特点,垄断某一商业部门,故在沙特占据重要的地位。在中央政府体系形成之前,沙特各级政府均无力干预国家经济发展,沙特王室在政治上和经济上依赖商人精英集团,同时大多数商业家族凭借与沙特家族的特殊关系获取了丰厚的商业利润。因此沙特王室与商业精英集团形成联盟。自 1973 年开始,沙特政府利用国家力量在部分领域建立了国家垄断公司,削弱了传统商人集团的传统势力范围。然而,新建立的国家垄断公司绝大多数落入王室成员囊中。同时众多二代和三代沙特王室成员既凭借其特殊的社会背景和人脉关系,又利用自身雄厚的资金,或直接从事商业活动,或充当外国公司与政府的中间人,收取佣金或回扣。故沙特王室成员快速积累了巨额社会财富,建立了庞大的商业帝国,沙特王室成为沙特最重要的商人集团,部分商人集团利益受损。因此沙特王室与商业精英集团的关系由联盟关系向竞合关系转变。部分商人开始抱怨或者谴责沙特政府的政治改革和王室成员的膨胀,"亲王们的收入并不是来自于勤勉,而是来自于他们的名字和影响,这形成了一种不公平的竞争"[①]。

此外,"沙特商人集团向资产阶级转变,阶级意识不断增强,开始试图在政治中发挥作用"[②]。1990 年 11 月,部分商人集团成员联合沙特新兴阶层上书法赫德国王,提出了十点改革建议[③]。

五 政治吸纳的扩展

(一) 对王室成员的政治吸纳

第一,对王室成员的政治吸纳表现在建立和维护"费萨尔秩序"。为了缓解沙特王室成员围绕沙特王位的竞争,沙特王室努力维护"费萨

---

① 《沙特王室暴富生意经》,人民网,2015 年 2 月 9 日,http://intl.ce.cn/sjjj/qy/201502/09/t20150209_4544683.shtml。

② Giacomo Luciani, "From Private Sector to National Bourgeoisie: Saudi Arabian Business", in Paul Aarts & Gerd Nonneman, *Saudi Arabia in the Balance: Political Economy, Society, Foreign Affairs*, New York: New York University Press, 2006, pp. 144–148.

③ 十点改革建议:成立协商会议;重启市政会议;改革司法体系;赋予媒体更大的自由;在沙里亚法框架内准予妇女更多地参与公共生活;"在宗教和行政裁决之间明确划线",对宗教警察实行彻底改革等。Madawi Al-Rasheed, *A History of Saudi Arabia*, New York: Cambridge University Press, 2010, p. 163.

尔秩序"①。"费萨尔秩序"源于费萨尔国王,其主要体现在建立和完善沙特王位继承制度;平衡"苏德里七兄弟"(法赫德、苏尔坦、纳伊夫、图尔基等)与其他兄弟(最重要的是哈立德和阿卜杜拉)间的平衡;缓和沙特王室内部各亲王之间的紧张关系。

第二,成立沙特王室家族委员会,处理王室内部矛盾。2000年6月,沙特王室为了应对关于未来王位继承的争议和争论,增强沙特王室成员的凝聚力,成立了沙特王室家族委员会。沙特王室家族委员会由18名成员组成,王储任主席,每个任期为4年。沙特王室家族委员会旨在在沙特王室内部解决王室争端,避免王室内部冲突公开化,其职责是处理一切与王室有关的问题,如王室成员婚姻、福利津贴分配等。

第三,众多沙特王室成员担任沙特政府要职。作为沙特的统治家族,沙特王室主宰沙特政治系统,众多沙特王室成员在中央和地方各级政府担任要职,其中约200名沙特王室成员包揽了大臣会议中"主权部门"大臣,以及全国13个省的省长和副省长。在1953—1975年,费萨尔为了获得王室成员的支持,给高级亲王委以重任,支持他们参与国家大政方针的决策过程。费萨尔的后继者均继承了这一政策。

第四,给予沙特王室成员巨额津贴和补助。沙特王室财富总值可达1.4万亿美元。沙特王室专门有一套供养王室的"福利体系",每年王室成员的津贴支出就高达20亿美元。在20世纪90年代中期,沙特王室第二代成员的月俸是20万美元—27万美元,第三代的月俸是2.7万美元,第四代则每月领取1.3万美元。②

(二)对宗教集团的政治吸纳

自费萨尔国王登基以后,对宗教集团的政治吸纳不仅延续了与宗教集团频繁政治联姻的传统,礼遇宗教集团成员,通过正式或者非正式方式听取宗教精英的意见,而且通过一系列制度化举措强化对宗教集团的政治吸纳。

---

① Joseph Kostiner & Joshua Teitebaum, State-Formation and the Saudi Monarchy, in Joseph Kostiner (ed.), The Middle East Monarchies: The Challenge of Modernity, Boulder, CO. & London: Lynne Rienner Publishers, 2000, p.136.
② 《沙特王室宫斗:5000多继承者堪比九子夺嫡》,腾讯网,2015年10月13日, http://new.qq.com/cmsn/20151013/20151013047787。

首先，沙特王室邀请和任命宗教精英在政府部门担任要职。自 20 世纪 70 年代开始，伴随沙特政治机构体系不断完善，部分乌莱玛进入政府机构，在沙特政治、经济、社会生活中发挥着顾问作用。[1] 以谢赫家族成员为例，谢赫家族成员在政府部门担任各种职务，如法官、伊玛目、宣礼员、律师等。[2] 随着大臣会议制度的完善，宗教精英长期担任大臣会议部门大臣。例如教育部大臣长期由谢赫家族担任。1960—1975 年，教育部大臣先后由谢赫·阿卜杜·阿齐兹·伊本·阿卜杜拉·本·哈桑·谢赫和谢赫·哈桑·伊本·伊本·阿卜杜拉·本·哈桑·谢赫担任；自 1999 年起，萨利赫·伊本·阿卜杜·阿齐兹·谢赫长期担任伊斯兰事务、宗教基金、祈祷和指导部大臣，阿卜杜拉·本·穆罕默德担任司法部大臣。在第一届协商会议，5 名高级乌莱玛成为协商会议委员。

其次，沙特建立庞大的宗教集团成员网络。虽然沙特政府积极吸纳宗教精英集团，但毕竟只是少数，沙特王室也很重视中下层宗教集团成员，如清真寺工作人员和宗教警察。"扬善惩恶委员会"是沙特重要的宗教组织，其成员被称为宗教警察或者穆陶威（又称穆塔维因，Mutawiyin）。2010 年，据官方公布的数字，"扬善惩恶委员会"在全国有 13 个分支机构和 66 个中心；目前宗教警察约 2 万人[3]。这些中下层宗教成员的生活收入主要依赖政府的财政补助和津贴。

最后，沙特吸纳民间宗教运动中的温和派。自 20 世纪 60 年代开始，民间伊斯兰主义运动兴起，部分激进的民间宗教运动成为反对沙特王室统治的重要力量，威胁沙特政治稳定，于是沙特政府开始吸纳民间宗教运动。1999 年，沙特政府安排一些著名民间宗教学者在官方机构中担任正式职务，释放觉醒主义运动领袖谢赫萨法尔·哈瓦里和萨勒曼·阿乌达，觉醒主义运动由此获得了合法地位。

（三）对部落集团的政治吸纳

沙特王室为强化与部落的联系，仍然鼓励沙特王室成员和政府官员

---

[1] Metin Heper & Raphael Israeli (eds.), *Islam and Politics in the Modern Middle East*, Hoboken: Taylor & Francis, 2014, pp. 31 - 32.

[2] Nawaf Obaid, The Power of Saudi Arabia's Islamic Leaders, *The Middle East Quarterly*, Vol. 6, No. 3, Septemper 1999, pp. 51 - 58.

[3] Baron Reinhold, Omnibalancing and the House of Saud, Master Dissertation, Naval Postgraduate School, 2001, p. 23.

与沙特部落成员展开政治联姻。① 但是随着沙特政治制度的不断完善，沙特进一步丰富吸纳部落成员的方式。

沙特政治体系完善后，在中央，国王办公室设置专门负责部落问题的办事机构；在地方，省长和市长均设有处理部落事务的办公室。这使沙特政府与部落首领建立了制度化的协商和沟通机制。部落首领可以直接赴部落事务办公室，向国王、省长和市长寻求帮助，要求国王、省长和市长调解争端；沙特王室成员和地方官员定期就与部落有关的问题咨询部落领袖。部落首领成为沙特政府处理部落事务和地方事务的智囊，成为政府与部落民众联系的纽带。

沙特还扩大国民卫队，吸纳部落成员。1967年，国民卫队扩编至3.1万人；截至2015年，国民卫队现役总兵力为12.5万人，另有2.5万预备役部队，共15万人②。最初，国民卫队成员主要来自纳季德和哈萨地区支持沙特王室的部落，后来国民卫队的成员来源范围不断扩大，国民卫队将部落成员纳入43个团。沙特王室提拔重要部落的部落成员在国民卫队中担任重要职位，从而拉拢部落领袖。因此，国民卫队成员中很多是训练有素和忠于王室的部落成员。此外，一旦部落成员成为国民卫队成员，整个家庭将得到国民卫队社会服务体系的优待。

（四）对商人集团的政治吸纳

伴随时代变迁，沙特出现了新的商人集团，它产生于20世纪40年代至50年代，与沙特王室关系密切的商人集团，其中典型代表是本·拉登家族和拉吉布家族；在哈萨地区因沙特石油经济发展而崛起的商人集团中，奥拉扬家族是其典型；沙特国王或者高级亲王的顾问崛起为沙特重要的商人集团，阿德南·哈肖吉家族最为著名。③ 以大臣会议为代表的政府体系是吸纳商人集团的载体。许多富商家族成员在大臣会议中担任高级职位。以阿里瑞泽家族为例，穆罕默德·本·阿卜杜拉·宰伊纳尔·阿里瑞泽的同胞兄弟阿里·本·阿卜杜拉·宰伊纳尔·阿里瑞泽

---

① Daryl Champion, *The Paradoxical Kingdom: Saudi Arabia and the Momentum of Reform*, p. 68.
② 《沙特国民卫队：王权支柱+皇家心腹》，参考消息网，2016年4月8日，http://www.cankaoxiaoxi.com/photo/20160408/1121948_2.shtml。
③ Tim Nilock & Monica Malik, *The Political Economy of Saudi Arabia*, London & New York: Routledge, 2007, pp. 49-50.

在 70 年代担任沙特驻美国大使。在 2008 年阿卜杜拉改组大臣会议时，阿卜杜拉·本·艾哈迈德·宰伊纳尔·阿里瑞泽担任商业和工业部大臣。

沙特的咨询机构协商会议同样吸纳了部分商人精英。阿里瑞泽家族的穆罕穆德·本·艾哈迈德·宰伊纳尔·阿里瑞泽曾被任命为协商会议成员。沙特著名富豪阿卜杜·拉赫曼·查米丽同样担任协商会议成员。在第二届协商会议（1997—2001）中，著名商人成员为 7 人，占比为 7.8%；具有商人背景的技术官僚阶层为 7 人。[①]

总体而言，沙特政治体系对各个政治集团的吸纳主要采取两种方式：制度化吸纳和非制度化吸纳。就两种吸纳方式而言，当前制度化政治吸纳日益占据主导性地位，非制度化政治吸纳是制度化政治吸纳的有益补充。政治吸纳推动了沙特精英有序的政治参与，初步满足了国民政治参与诉求；强化了国家对国民，尤其是政治精英的调控能力；孤立和削弱了威胁政治稳定的潜在势力。目前，沙特政治体系通过政治吸纳，巩固了支持力量、扩大了中立力量，削弱了反对力量，从而改变了支持力量和反对力量间的力量结构关系，形成了以沙特王室为核心的政治联盟格局，进而为沙特政治稳定奠定了坚实的社会政治基础。

第三节 萨勒曼政府改革与家族政治危机

一 "萨勒曼王朝"的建立与王室危机

阿卜杜拉国王去世后，新任国王萨勒曼继位，国王继承制度出现显著变化，集中体现在"萨勒曼王朝"的建立。建立"萨勒曼王朝"经历了两次重要转变。

第一次转变是由"沙特家族王朝"向"苏德里集团王朝"转变。这次转变始于阿卜杜拉国王时期，成型于新任国王萨勒曼继位。此次转变源于沙特多个继承人在登基前离世，王位继承开始出现不稳定态势。2005 年，阿卜杜拉即位时，苏尔坦亲王以 77 岁高龄成为王储，但是苏尔坦亲王在 2011 年先于阿卜杜拉国王去世。苏尔坦亲王去世后，纳伊

---

① R. Hrair Dekmejian, Saudi Arabia's Consultive Council, *Middle East Journal*, Vol. 52, No. 2, Spring 1998, p. 209.

夫亲王以 78 岁高龄继任王储，但是不到 8 个月便于 2012 年突发疾病身亡。此后萨勒曼亲王又以 78 岁高龄出任王储，并于 2015 年 1 月 23 日登基，并指定副王储穆克林（Muqrin）亲王成为王储，但是萨勒曼国王于 2015 年 4 月 29 日即废除穆克林的王储和副首相职务，指定穆罕默德·本·纳伊夫为王储，穆罕默德·本·萨勒曼以下简称"小萨勒曼"为副王储。穆罕默德·本·纳伊夫担任王储，标志着沙特国王继承权转移至"苏德里集团"，"苏德里集团王朝"由此建立。

第二次转变是由"苏德里集团王朝"向"萨勒曼王朝"转变。2017 年 6 月 21 日，沙特国王萨勒曼发布命令，解除穆罕默德·本·纳伊夫的所有职务，任命自己儿子、原副王储"小萨勒曼"为新王储、第一副首相。同时，关于萨勒曼国王提前逊位于小萨勒曼的传闻不绝于耳。故建立"萨勒曼王朝"的趋势日益明显。

在小萨勒曼成为王储后，萨勒曼父子持续强化自己的权力。小萨勒曼兼任国防部长、皇家法院院长、经济与发展事务委员会主席，这使小萨勒曼执掌了沙特的权力中枢。小萨勒曼为了积累政治功绩，对内颁布"2030 年愿景"，赋予女性开车权利，重启沙特电影等娱乐行业，重回"温和伊斯兰"；对外主导也门战争，封锁卡塔尔，积极遏制伊朗。众多举措为小萨勒曼顺利继承王位奠定了坚实的基础。

萨勒曼父子打击并不断边缘化沙特王室其他支系成员。针对纳伊夫支系，2017 年 6 月 21 日，萨勒曼国王废黜了侄子穆罕默德·本·纳伊夫亲王的王储、副首相和内政大臣职务。针对阿卜杜拉支系，2015 年 1 月 29 日，萨勒曼罢免了前国王阿卜杜拉两个儿子图尔基·本·阿卜杜拉亲王和米沙勒·本·阿卜杜拉亲王分别担任的利雅得省省长和麦加省省长的职务；2017 年 11 月 5 日，新成立的"最高反腐委员会"逮捕已故国王阿卜杜拉的儿子、国民卫队大臣米特阿布·本·阿卜杜拉和已故国王阿卜杜拉的儿子、前利雅得省省长图尔基·本·阿卜杜拉。针对费萨尔支系，2015 年 4 月 29 日，萨勒曼国王任命阿德尔·本·艾哈迈德·朱拜尔（Adel bin Ahmed Al-Jubeir）担任沙特外交大臣，这是沙特建国以来唯一一个担任此职的非皇室人员。针对法赫德支系，2017 年 11 月 6 日，沙特"最高反腐委员会"欲逮捕已故国王法赫德的小儿子阿齐兹·本·法赫德王子，但是阿齐兹·本·法赫德在拒捕中中枪身亡。针对塔拉勒支系，新成立的"最高反腐委员会"逮捕沙特首富、塔拉勒亲王的儿子瓦利德王子。沙特王室其他支系重要成员因身陷囹圄而被各个击破，为小萨勒曼集中权力创造了良好的政治契机。萨勒曼父子不断集中权力，打击王室其他支系，一定程度上强化了建立"萨勒曼王朝"的权力。

值得注意的是，"效忠委员会"制度，为小萨勒曼顺利成为王储发挥了不可忽视的作用。2017年6月21日，沙特王室召开的"效忠委员会"会议，以31票（共34票）赞成票的结果，决定废除王储穆罕穆德·本·纳伊夫，另立小萨勒曼为王储。虽然小萨勒曼任王储违背了尊重资历（兄终弟及）和权力分享（国王和王储不能为同一支系）的政治原则，但是"效忠委员会"会议投票结果，赋予了小萨勒曼继任王储的政治合法性，表明小萨勒曼出任王储获得了大多数王室成员的认可。

建立"萨勒曼王朝"反映了沙特国王继承制度的转变：一方面，沙特王室继承由王室二代向王室三代转变成为现实，开启了第三代继承人（即阿卜杜勒·阿齐兹孙辈）执掌王位的时代；另一方面，沙特王室继承加速了从"兄终弟及"向"子承父业"转变。以上两大转变致使沙特王位继承问题进入了矛盾高发期。

首先，沙特原有的王位继承制度能否继续发挥作用面临考验。建立"萨勒曼王朝"打破了沙特原有的"兄终弟及"的继承原则。自现代沙特建国以来，历代沙特国王奉行"兄终弟及"原则，为沙特维系王室团结和政治稳定发挥了不容忽视的作用。但是如果小萨勒曼能够顺利继承王位，沙特王室将首次出现"子承父业"的局面。"子承父业"将明显区别于数十年的"兄终弟及"原则，小萨勒曼能否得到沙特王室成员的普遍认可和支持，将面临考验。

其次，建立"萨勒曼王朝"破坏了沙特王室内部的权力分享机制。长期以来，沙特王室内部主要支系以沙特政府职能部门为依托，长期掌握沙特政府的某一领域，从而形成各自的权力领域和权力集团，如阿卜杜拉支系执掌国民卫队，纳伊夫支系掌握内政部系统，苏尔坦支系在国防系统担任要职，费萨尔支系在外交系统具有重要影响力。但是，为了使小萨勒曼顺利继承王位，萨勒曼父子通过人事任免和反腐运动将沙特王室内部其他支系边缘化，打破了沙特王室各支系原有的政治权力平衡。尽管萨勒曼父子牢牢掌控沙特政治、经济、军事和外交等权力，但是这种削弱王室其他支系权力和地位的做法，容易引起其他潜在权力竞争者的不满。其中二代亲王艾哈迈德亲王和塔拉勒亲王是典型代表。艾哈迈德曾被认为是接替国王萨勒曼的潜在候选人。作为辅助王位权力转移的效忠委员会成员之一，艾哈迈德亲王曾反对立小萨勒曼为王储，在穆罕默德被正式立为王储后，他也没有向他的侄子宣誓效忠。在自我流放伦敦期间，艾哈迈德亲王就曾多次公开反对小萨勒曼。塔拉勒亲王也表示，萨勒曼的继承人任命不符合伊斯兰教法和"国家体制"。

最后，王储小萨勒曼的执政能力和影响力将面临考验。尚贤是沙特王位继承的重要原则，但是小萨勒曼不仅年纪轻，而且缺乏政治经验和历练。1985 年出生的小萨勒曼是沙特政坛迅速崛起的政治新星。大学毕业后，小萨勒曼最初在私营部门工作。2009 年 12 月，小萨勒曼开始担任其父亲萨勒曼亲王的特别政治顾问，开始了其政治生涯。在萨勒曼国王的授意和支持下，小萨勒曼不仅先后出任国防大臣、副王储和王储，而且开始执掌沙特内政外交大权，主导一系列改革举措。虽然部分改革举措值得肯定和期待，但是多领域并进的改革，面临"改革与集权之间的矛盾张力，保守、温和、自由主义等多种意识形态的矛盾，外交理性和激进之间的矛盾"[①]，限制了其回旋余地。就实际效果而言，小萨勒曼的社会经济改革效果需要时间验证，沙特在也门战争和叙利亚战争中深陷泥潭，面临进退两难的困境。上述窘境考验着小萨勒曼的应对能力和平衡能力。如果改革取得显著成果，小萨勒曼则可以获得政治声望；如果改革遭遇挫折，小萨勒曼将遭遇沙特王室其他竞争者的挑战。若萨勒曼父子与沙特王室其他成员之间的矛盾激化，沙特王室内部的团结和沙特政权的稳定将不可避免地遭遇危机。

总之，沙特王位继承正式进入了代际更替，沙特王室内部的权力平衡被打破，王储小萨勒曼的执政能力和影响力面临考验，沙特未来国王继承问题不仅事关沙特政治发展与政治稳定，而且将考验沙特王室的执政能力和智慧。

二 大臣会议制度的新改革与危机

沙特大臣会议构成部门和成员长期保持稳定，前国王阿卜杜拉仅在

---

① 刘中民：《沙特或处在历史的十字路口》，《文汇报》2017 年 11 月 8 日。

2009 年和 2014 年对大臣会议进行微调。然而，新任国王萨勒曼则对大臣会议进行了数次改革。

第一，进一步调整大臣会议的组成部门。2015 年 1 月 29 日，萨勒曼国王下令将阿卜杜拉国王时期设立的 12 个委员会全部废除，并重组为两个：一个是政治和安全事务委员会，由副王储纳伊夫亲王担任主席，成员包括外交大臣、国民卫队大臣、国防大臣、伊斯兰事务大臣、文化与信息大臣、情报总局局长等 9 人。另一个为经济和发展委员会，由其儿子小萨勒曼领导，成员包括司法大臣、石油和矿业大臣、财政大臣、住房大臣、商业与工业大臣、交通大臣、通信与信息技术大臣、社会事务大臣、市政与农村事务大臣、卫生大臣、公务员大臣、文化与信息大臣、教育大臣、农业大臣等。同时，萨勒曼国王宣布，废除传统上作为沙特石油政策决策机构的石油和矿产事务最高委员会，将其职能并入新成立的经济和发展事务委员会；下令将教育部和高等教育部合并为教育部。[①] 萨勒曼的措施精简了沙特政府机构，有助于集中国家权力。

2016 年 5 月 8 日，沙特国王萨勒曼颁布敕令，实施大臣会议数年来规模最大的改组，主要内容包括：取消"水电部"；"商工部"更名为"商业投资部"；"石油和矿产资源部"更名为"能源、工业和矿产资源部"；"农业部"更名为"环境水利和农业部"；"劳工部"和"社会事务部"合并为"劳动和社会发展部"；"正朝部"更名为"正朝和副朝部"，管理沙特的朝觐事务；"伊斯兰事务、捐赠、联络和指导部"更名为"伊斯兰事务、联络和指导部"；"气象和环境保护领导办公室"更名为"气象和环境保护总局"；"青年关爱领导办公室"更名为"体育总局"；"公共教育评估委员会"更名为"教育评估委员会"；"宗教和所得税部"更名为"宗教和所得税总局"；新设立了"娱乐总局"和"文化总局"[②]。同时，萨勒曼国王将国民卫队降级，归国防部辖制，要求其任何调度请求必须通过宫廷大臣向小萨勒曼请示。

第二，强化大臣会议的经济改革职能。2015 年 3 月，新任国王萨勒曼颁布其内政和外交施政纲领，其中将建设多元化经济作为五大施政

---

① 唐志超：《沙特阿拉伯王位继承及前景》，杨光主编：《中东发展报告 No. 17（2014—2015）：低油价及其对中东的影响》，社会科学文献出版社 2015 年版，第 173 页。
② 《国王颁布皇令，沙特内阁大规模重组》，中国驻吉达总领馆经商室，2016 年 5 月 8 日，http://jedda.mofcom.gov.cn/article/jmxw/201605/20160501313448.shtml。

重点之一。2016年4月26日，沙特大臣会议通过了"沙特阿拉伯2030愿景"，这是沙特近年来最具影响力的经济转型计划。2016年6月6日，沙特大臣会议以经济和发展委员会为中心，制定了"2030年愿景"的实施构架，其中包括设立行政办公室和数个委员会，以监管和确保愿景计划的执行。按照大臣会议的要求，经济和发展委员会新设财政委员会，负责对各部门中期收入和支出情况进行监管；新设战略委员会，每三个月召开一次会议，负责向经济和发展委员会汇报各大项目最新的实施进展情况，以及项目延期和出现问题的原因。在该框架下，包括能源、工业和矿产资源部，财政部，房建部，商业投资部，劳动和社会发展部，交通部，城乡事务部，教育部，司法部和卫生部在内的16个政府部门，将定期向经济计划部提交报告，完善政府的工作机制，确保财政收支的透明度，提高各部门预算执行的效率。能源、工业和矿产资源部，财政部，经济计划部，商业投资部将负责提高非石油经济的收入，采取措施以实现国家经济多元化的目标。[①]

第三，积极采取反腐败举措。腐败是沙特政治、社会和经济领域长期存在的顽疾。2013年，阿卜杜拉国王计划成立专门的反腐败部门，惩治腐败，但是最终无果而终。2015年3月，新任国王萨勒曼颁布其内政和外交施政计划，其中将审视反腐败法规作为五大施政重点之一。2017年11月4日，沙特国王萨勒曼颁布王室命令，成立了由王储小萨勒曼领导的反腐败高级别委员会。反腐败高级别委员会的成立标志着沙特进入了加大腐败打击力度、净化投资环境、提高公共财政管理透明度的新时代，从而保护国民利益，实现社会公正，加强政府诚信，为经济改革扫清障碍。[②] 2018年3月11日，萨勒曼国王下令建立专门的反腐部门，该部门将直接隶属于总检察官办公室，专门处理各种形式的腐败案件，这标志着沙特反腐在制度化道路上迈出了坚实一步。

但是不容忽视的是，大臣会议制度的某些弊端日益显现。沙特国家机构臃肿，政治机构数量众多。沙特大臣会议规模庞大，下设部门数量众多。目前，大臣会议下设部门将近30个，其他各类专门机构超过

---

① 《沙特政府确定"2030年愿景"的实施构架》，中国驻吉达总领馆经商室，2016年6月6日，http://jedda.mofcom.gov.cn/article/jmxw/201606/20160601333438.shtml。

② 《沙特开启反腐斗争新时代》，中国驻吉达总领馆经商室，2017年11月7日，http://jedda.mofcom.gov.cn/article/jmxw/201711/20171102666904.shtml。

100个。如处理宗教事务的部门就有伊斯兰事务、联络和指导部，正朝和副朝部，宗教和所得税总局，乌莱玛长老委员会，最高伊斯兰事务委员会，伊斯兰传教和指导委员会，学术研究和法特瓦常务委员会等部门。在阿卜杜拉国王时期，虽然大臣会议已经形成了职能明确的政府组成部门，但是阿卜杜拉国王又设立多个处理经济、国防、朝觐等事务的高级委员会，此类高级委员会多达12个。同时，沙特国家机构的雇员数量众多。沙特中央银行2011年的数据显示，沙特就业公民近9成在政府相关部门任职。[①] 2014年12月，沙特劳工大臣哈克巴尼透露，沙特籍就业人口中有340万人在政府部门就业，占沙特就业人口的65%。[②] 国家机构臃肿增加了沙特财政支出。伴随政府机构数量和工作人员数量的持续增加，沙特用于维护政府运转的财政支出快速增加。

为了牢固控制沙特政权，沙特王室成员长期在政府各级部门担任要职，政府官员更新率低。如已故王储苏尔坦亲王担任国防部大臣长达50年，现任国王萨勒曼曾担任利雅得省长达38年，已故国王阿卜杜拉担任国民卫队大臣长达37年，已故王储纳伊夫亲王担任内政大臣达37年，巴德尔亲王担任国民卫队副大臣长达32年，沙特·本·费萨尔亲王担任外交部大臣长达40年，班达尔·本·苏尔坦亲王担任驻美大使长达22年。其他政府官员同样如此，前沙特石油部长纳伊米在1995—2016年担任沙特石油部长，谢赫·阿卜杜勒·阿齐兹·本·阿卜杜拉自1999年开始长期担任沙特大穆夫提。沙特政府官员更新缓慢，虽然有益于政策的延续，但是导致政府官员平均年龄居高不下，思想僵化。

国家机构因受到众多政治势力的制约而效率偏低。首先，大臣会议的效率受到王室成员斗争的制约。沙特王室成员长期掌控某一政府部门，并依此部门形成自己的政治势力范围。王室成员之间的权力斗争延伸至政府部门。例如，根据大臣会议的会议章程，当讨论某一部门的问题时，该部门大臣必须出席。但是某些部门大臣，尤其是二代亲王故意

---

① 《沙特阿拉伯：改革阵痛中的骆驼》，深圳市政府发展研究中心，2017年9月1日，http://www.sz.gov.cn/szsfzyjzx/ylyd/201709/t20170901_8357772.htm。

② 沙特籍就业人口中有340万人在政府部门就业，170万人在私营部门就业，占沙特就业人口的65%和34.5%。参见《沙特公布就业市场最新统计数据》，中国商务部驻沙特阿拉伯使馆经商处，2015年12月21日，http://www.mofcom.gov.cn/article/i/jshz/rlzykf/201512/20151201215443.shtml。

不出席大臣会议，这导致大臣会议不能及时处理该部门的问题，致使大臣会议效率下降。

其次，国家机构因政府各部门缺乏配合而效率偏低。2016年4月下旬，小萨勒曼正式对外发布沙特"2030愿景"，宣布沙特阿美石油公司将公开上市计划，计划出售该公司5%的股份，拟筹集资金1000亿美元。但是沙特阿美石油公司公开上市计划一波三折。这与沙特国王和王储之间的矛盾有直接关系。尽管王储小萨勒曼致力于推动沙特阿美石油公司公开上市，但是沙特国王萨勒曼于2018年6月介入沙特阿美上市事宜，决定搁置沙特阿美石油公司的上市计划。在反恐过程中，政府部门效率偏低，是沙特反恐效果低下的重要原因。沙特陆军、海军、空军和特种部队分属不同王室成员领导，但是各方领导人协作意识不强，彼此缺乏沟通，致使沙特反恐配合不力，反恐行动迟缓。

三 家族政治在沙特的发展前景

总体而言，沙特政治发展尤其是沙特国家制度化，实现了沙特国家权力高度集中与统一，而且使沙特家族掌控了沙特最高权力和核心权力，使国王成为"国家权力的总揽者"[1]。正如易卜拉欣·阿拉维说：沙特"所有权威——立法权和行政权——来源于国王，并以国王的名义执行"[2]。故以沙特国王为核心的沙特王室始终掌握着国家最高权力，是沙特政治、经济和宗教的中枢神经。[3] 鉴于此，沙特王室在很大程度上决定了沙特政治发展的方向。同时，沙特王室与沙特各政治势力的力量对比总体稳定。建国以来，尽管沙特主要政治势力力量对比缓慢变化，但是沙特通过政治吸纳形成了以沙特王室为核心的政治联盟。现代沙特建国至今，沙特政治发展取得多方面的成绩，对政治稳定发挥了显著作用，这不仅反映出沙特政治发展总体适应沙特发展需求，而且显示出沙特政治体系的有效性。

与此同时，沙特政治发展因其面临诸多困境而前景难以确定。除了前述的国王继承制度危机和大臣会议制度弊端外，沙特政治发展困境突

---

[1] 陈建民编：《当代中东》，第29—30页。
[2] Ibrahim Al-Awaji, Bureaucracy and Society in Saudi Arabia, Ph. D. Dissertation, University of Virginia, 1971, p. 109.
[3] 郑达庸、李中：《中国驻中东大使话中东：沙特》，第30—31页。

出体现在，沙特政治制度不能满足国民的政治参与诉求。近年来的中东变局表明，中东政治的发展趋势是由精英政治向平民政治转变。但是沙特政治的显著特点是精英政治。国王、大臣会议的核心部门大臣和地方省长均由沙特王室成员担任；进入政府高层的非王室人员绝大多数是沙特宗教精英、部落首领、商人精英和新兴阶层中的精英分子。随之而来的是，沙特政治参与程度明显偏低，沙特主要政府官员均由上级任命，选举范围有限。在地方，市政委员会的权责和运转类似于协商会议。一半市政委员会成员由政府任命，另一半市政委员会成员由选举产生。但是妇女参与市政委员会选举的权利受到严格限制，直到 2015 年，沙特女性才获得参与市政委员会委员的选举权和被选举权。

  沙特政治发展困境同时表现在，沙特极端主义思潮和社会运动呈扩张趋势。尽管沙特努力推进伊斯兰教（瓦哈比派）管理制度化和官僚化，试图建立沙特王室控制下的官方伊斯兰教体系。但是沙特政府没有妥善处理现代化与瓦哈比教义的关系，致使民间伊斯兰主义思潮和社会运动日益活跃，尤其是极端主义思潮和社会运动。在意识形态层面，极端主义思潮向沙特发起重大挑战：第一，利用宗教极端思想在沙特蛊惑民众特别是青年，招募成员，在沙特扩散包括恐怖主义在内的极端思想，侵蚀沙特的社会根基；第二，以极端宗教思维直接攻击沙特政权，批评沙特政府的政策，挑战沙特政权的合法性；第三，以"反西方文化"和"维护伊斯兰教义"的名义在沙特进行蛊惑，实施针对美国等西方国家的恐怖袭击，破坏沙特与美国的关系，企图赢得伊斯兰民众的支持。[①]

  在恐怖主义袭击活动层面，沙特面临的极端主义发动的恐怖袭击活动日益增加。沙特恐怖主义袭击活动主要来源于"伊斯兰国"、"基地"组织阿拉伯半岛分支、胡塞武装及其亲胡塞武装的军事组织等。2015年至2016年，沙特至少遭遇 21 起恐怖主义袭击，其中"伊斯兰国"宣布对其中的 8 起恐怖主义袭击负责。沙特政府尽管采取多种措施来根除恐怖主义袭击活动，但依然未能阻止袭击事件的接连发生和不断升级。2017 年 10 月 8 日，位于吉达的沙特王宫遭到恐怖主义袭击，2 名王宫守卫死亡，3 名卫士受伤，1 名恐怖主义袭击者被击毙。沙特将长期遭

---

① 张金平：《沙特"去极端化"反恐策略评析》，《山东警察学院学报》2015 年第 2 期。

第二章　改革与稳定：沙特政治发展的困局　　113

受极端主义思想和恐怖主义活动困扰，如何应对极端主义思想和恐怖主义活动，将是沙特长期面临的难题，并将考验沙特政府的应对能力。

　　总而言之，自萨勒曼国王登基以来，沙特进入政治矛盾凸显期和政治转型期。当前，沙特不仅面临国内经济发展低迷、财政赤字快速增加和王位继承不稳定的困境，而且遭遇中东民主化浪潮再次来袭、伊斯兰极端主义运动高涨和中东地缘政治博弈加剧的挑战。沙特为了应对国内外新形势，展开了新一轮的政治改革，但是系列改革举措的成效有待观察。总之，在政治发展过程中，沙特一直努力实现保守与改革的平衡，改革过程体现出相当的保守性，坚持保守的同时又持续改革，改革与保守并行是理解沙特政治发展脉络的主线。

第三章 宪政民主与威权政治：突尼斯政治发展的循环演进

20世纪初，突尼斯民族意识觉醒后，开始走上民族解放的道路。与其他国家不同，突尼斯以渐进方式获得了独立，没有出现大规模的流血斗争。1957年7月25日，突尼斯议会正式决定废黜贝伊①，实行共和制。统治突尼斯300多年的侯赛因王朝宣告灭亡。此后，突尼斯确立了威权主义政治体制，开启了在"最高斗士"哈比卜·布尔吉巴和新宪政党领导下的政治发展探索。然而，随着布尔吉巴宪政社会主义试验的推进，突尼斯的政党制度和党政关系都发生了深刻变化，突尼斯逐渐形成一党制政党体制。宪政社会主义试验中的权力斗争使布尔吉巴的领导能力受到自由派的质疑。最终本·阿里发动"医学政变"，推翻了布尔吉巴的统治，在其上台后从政治、经济、社会等领域对突尼斯社会进行全面改造，取得引人瞩目的成效。但民主化政治只是停留在形式上和口头上，缺乏实质性的内容和变化。而政治体制本身固有的弊端和本·阿里的专权与独裁，也在突尼斯社会的转型中被不断放大，突尼斯面临新的政治危机。最终"阿拉伯之春"的爆发成为突尼斯政治发展的一大转折。总体来看，对突尼斯的转型而言，告别贫困比告别威权更重要。但从长远看，寻找适合自己发展的道路，实现民主政治的本土化才是真正目标。

第一节 民主与集权：布尔吉巴政治改革的左右摇摆

1956年3月20日，突尼斯摆脱法国殖民统治获得独立。一年以后，

---

① 贝伊是奥斯曼帝国时对贵族或旁系王子的尊称，次于汗或帕夏，同时也是对县一级行政长官的尊称，一般置于名前，后泛指各省区执政者。1705年突尼斯王朝的统治者侯赛因被称贝伊，其后代沿用这一称号作为自己的名号。

突尼斯废除君主制，建立了共和国。1959年6月，突尼斯共和国通过第一部宪法。在当年11月举行的总统大选中，哈比卜·布尔吉巴当选为总统，突尼斯宪政体制下的总统制正式建立。在布尔吉巴当权的30年中，突尼斯进行了大刀阔斧的改革，社会发展取得长足进步。但是在政治发展方面，突尼斯的改革并非一帆风顺。在布尔吉巴统治后期，突尼斯滑向了集权政治。

一 法国殖民统治的结束与现代化改革的启动

自1881年突尼斯沦为法国殖民地以来，殖民统治对突尼斯产生了深远影响。在此期间，殖民者大量涌入突尼斯，到1956年突尼斯独立时，突尼斯的外国人占总人口的7%。[①] 殖民统治对突尼斯的政治、经济、社会、教育、司法等方面都产生了重大影响。事实上，在19世纪初殖民者向突尼斯渗透时，突尼斯只是一个传统国度，作为政府首脑的贝伊是名义上的领袖，其权威在很大程度上仅限于首都突尼斯城一隅。地方长官卡伊德（Caid）享有很大的权力，他们集行政、司法和经济权力于一身，协助贝伊管理地方。法国占领突尼斯后，出于统治的需要保留了贝伊，但对突尼斯进行了大范围的改革。经过数年努力，殖民政府已经粗具现代国家的规模。内政、国防、外交、司法、公共事业、农业、工业等各个部门都开始建立起来。卡伊德的数目被大量削减，中央、省、地方三级管理体制基本上确立。殖民当局还初步建立了世俗司法体系。受沙里亚法管辖的领域逐渐缩小，法国世俗法庭的权力不断扩大。

突尼斯的教育制度也经历了深刻变革。突尼斯的儿童自幼在清真寺接受初级教育，少量毕业生被送到宰图纳清真寺大学接受教育。1875年，萨迪基中学建立后，一些贵族子弟开始接受双语教育。殖民统治建立后，现代教育迅速进入突尼斯，接受法语教育的学生越来越多。他们在法国或意大利中学毕业后，通常前往法国接受大学教育，这为突尼斯提供了新型人才。法式教育使得突尼斯的精英阶层发生了结构性改变。传统上，宰图纳大学的毕业生以往长期把持政府高位，思想较为保守。而从萨迪基中学走出来的学生，则形成了民族主义政党的骨干力量。民

[①] Clement Henry Moore, *Tunisia since Independence: The Dynamics of One-Party Government*, Berkeley & Los Angeles: University of California Press, 1965, p. 16.

族主义运动的兴起为突尼斯的独立提供了条件。

1956年3月,突尼斯通过长期斗争,结束了长达75年的殖民历史。突尼斯经历政权转移后,民族资产阶级开始登上政治舞台。在殖民时期,法国压制突尼斯民族独立的要求,引发了一波又一波突尼斯民众的政治抗争。贝伊由于和殖民者的合作,在民众中间逐渐丧失威望,遭到民族主义者的唾弃。因此,以新宪政党①和突尼斯总工会为代表的中下层政治精英,走上了突尼斯政坛中心,开始了宪政制度的建构。

1956年突尼斯独立后,布尔吉巴及其同僚开始推行他们在法国学习到的现代、进步的社会价值观,目的是使突尼斯人接受更好的教育,并从过时的信仰和实践中解脱出来。现代主义者认为,改革成功的关键在于普通突尼斯人认识到社会变革的必要性和好处。新宪政党在传统宗教领域推动变革,并为相关领域特别是教育、医疗和妇女地位平等方面的社会转型奠定基础。

在伊斯兰世界,妇女地位较为低下。妇女地位问题是中东国家重要的社会问题之一。女性通常被认为是男性的附属品。在家庭生活方面,女性缺乏自主权。传统上,妇女往往很早就被迫结婚。她们没有权利选择自己的丈夫,替她们选择丈夫的往往是她们的父亲或其他监护人。男子可以最多拥有四个妻子,但妻子没有权利离婚,男子则有单方面的休妻权,而且这种行为不受法律的约束。在继承方面,妇女无法享有和男性一样的继承权。她们只能继承相当于男子的一半财产。另外,妇女不能享有对子女的监护权。

随着突尼斯的独立,妇女权益问题被提上了日程。1956年8月,突尼斯独立四个月后,新的立法机构就颁布了《个人地位法》。新法律规定,夫妇双方的结合必须是自愿的,需要男女双方的一致同意。男女双方必须达到身心成熟的程度,女性法定的结婚年龄为15岁,男性为18岁。一夫多妻制由于在实际婚姻生活中难以保证各方的平等权被废除。而且法律不再禁止穆斯林妇女与非穆斯林男子的结合。新法律还规定了夫妻双方的义务,如男女双方都有承担家庭花销的义务。法律还规

---

① 1934年3月,哈比卜·布尔吉巴和穆罕默德·马德尼创建了新的民族主义政党——新宪政党,主张西化、世俗、进步和社会革命,他们关心民众疾苦,认为要改变殖民统治的命运只有诉诸群众运动。

定夫妻双方都有权利提出离婚，挑战了传统上只有男性拥有的休妻权。另外，法律规定女性在离婚或者寡居之后有权利再婚，待婚期被定为3个月。[1] 此外，1957年，突尼斯妇女第一次参加了总统大选投票，这在阿拉伯—伊斯兰世界具有划时代的意义。

新宪政党领导人非常重视教育，并投入很大精力推广和普及教育。他们认为，受过教育的公民可以更好地理解社会转型的必要性，接受过合理、良好教育的劳动者，对于党的发展计划的成功至关重要。独立以来，突尼斯政府一直将国家预算的25%—30%分配给教育事业，这对一个发展中国家而言是一个很高的比例，也表明教育在突尼斯国家发展中的重要地位。1956—1961年，教育预算更是占到了政府预算的40%。1956年，突尼斯的所有学校都被政府统一管理。1958年，政府通过立法将公共教育向所有突尼斯个人开放。公立小学学生的数量在短期内迅速增长，从1955—1956年的209000人增加到了1960—1961年的409000人，5年内几乎翻了一番；中学生的数量从31000人增加到了40300人。儿童入学率从1956年的29%，增加到了1961年的55%。[2]

在教育体系方面，突尼斯选择法国模式和使用法语作为教学语言的教育体系，新宪政党人在法语背景中接受训练的经历使他们产生了这种倾向，使用法语也与他们的世俗主义世界观合拍。他们深知不能完全忽略本国语言，但他们也认识到将阿拉伯语的地位提升到法语之上可能会阻碍突尼斯的发展，突尼斯的发展在很大程度上依赖对西方文化的接受和理解。因此，突尼斯政府采用了双语制，尤其大学和中学的教学语言都以法语为主。

在宗教改革上，新宪政党最先针对的目标是哈布斯，哈布斯管理机构曾与法国合作，为殖民活动提供了大量土地。1956年，国家控制了为清真寺和其他宗教机构提供资金支持的公共哈布斯，并开始资助原由哈布斯管理的清真寺和学校，将公共哈布斯土地纳入了政府管辖范围。公共哈布斯土地与无主的殖民者地产，成了为无地农民提供最初合作农场的基础。新宪政党政府通过废除伊斯兰沙里亚法庭和法国人法庭，迅

---

[1] J. N. Anderson, "The Tunisian Law of Personal Status", *The International and Comparative Law Quarterly*, Vol. 7, No. 2, 1958, p. 277.

[2] Abdeljalil Akkari, "the Tunisian Education Reform: From Quntity to Quality and the Need for Monitoring and Assessment", Prosepects, Vol. 35, No. 1, 2005, p. 60.

速创建了统一的司法体系。突尼斯在宗教法庭关闭后引入了《个人地位法》，随后西方商法和犯罪法的引入不断消解着沙里亚法的影响力。

在工业方面，突尼斯开始了渐进的去殖民化。1958 年 8 月，"突尼斯电力和运输公司""自来水煤气公司""突尼斯海港公司"以及"突尼斯铁道租让公司"，均被收归国有。① 1959 年 9 月之后，突尼斯政府陆续将铁路、港口、道路、航空等交通行业，以及煤气、水电和电讯等行业的法国公司国有化，从而掌握了突尼斯经济的基础行业。国家还与国内外资本合营，建立了炼油、制药、化工、建筑、机械工业工厂。② 1959 年，政府通过决议，决定脱离法郎区，以突尼斯货币第纳尔取代法郎。突尼斯还成立各种银行，其中包括工商银行、投资银行、农业银行等。

独立初期，突尼斯经过一系列改革，确立了世俗主义发展道路。世俗精英掌握了突尼斯政治权力，传统宗教势力随同旧官僚一道遭到了压制。布尔吉巴推动的社会改革，以世俗教育取代了宗教教育、废除宗教地产而代之以统一的国家土地制度、结束宗教法庭的权威代之以统一的司法制度等，从根本上打击了宗教残余势力。因此，突尼斯已经不再是一个传统力量主导的国家，而是新兴力量开始在各个领域占据统治地位的新国家。

二 布尔吉巴宪政社会主义试验及其危机

突尼斯独立后，对于国家发展战略的选择，民族主义政党新宪政党并没有统一计划。新宪政党的两位主要领导人哈比卜·布尔吉巴和本·优素福之间发生激烈竞争。前者受西方文化影响，倾向于"西化"发展战略。后者受传统文化影响，仰慕纳赛尔提出的泛阿拉伯主义，主张回归阿拉伯世界，与西方国家划清界限。但最终哈比卜·布尔吉巴获得绝大多数党员的支持，实力强大的突尼斯总工会也选择站在布尔吉巴的一边。本·优素福败北，被迫流亡开罗。因此，突尼斯的发展道路主要是由哈比卜·布尔吉巴为首的"西化"派主导。

---

① ［苏］维·卡·达什克维奇：《突尼斯人民民族解放斗争简史》，上海新闻出版系统"五·七"干校翻译组译，上海人民出版社 1972 年版，第 316 页。

② 杨鲁萍、林庆春编：《列国志·突尼斯》，社会科学文献出版社 2003 年版，第 116 页。

第三章　宪政民主与威权政治：突尼斯政治发展的循环演进

由于布尔吉巴在党内获得胜利，突尼斯独立之后逐渐进入"布尔吉巴时代"。"布尔吉巴主义"相应地成为党和国家的指导思想。"布尔吉巴主义"是布尔吉巴带领突尼斯人民走向独立过程的实践结果。在争取民族独立的漫长岁月里，他逐渐意识到由于实力弱小，突尼斯无法与法国殖民者直接对抗，只能以渐进主义方式，通过谈判获得民族独立。另外，"布尔吉巴主义"也意味着自由主义。布尔吉巴反对西方殖民主义，但不反对西方政治经济制度。优素福等人则认为突尼斯未来发展的道路是回到阿拉伯—伊斯兰阵营，复兴传统文化。布尔吉巴对西方现代化的成就非常推崇，认为突尼斯要以西方国家为模板，跻身西方世界阵营。"布尔吉巴主义"还表现为世俗主义的价值取向，认为突尼斯要获得发展就必须进行必要的社会改革，而不能让旧制度继续发挥作用。

在经济上，"宪政社会主义"主张以"社会主义"为招牌发展国家资本主义。具体内容主要包括：通过制订经济发展计划，改变之前自由放任的经济模式，经济决策大权收归国家；通过控制外贸，专营零售业，基本实现统购统销，由国家控制进出口；通过改革土地制度和推进农业合作化，夯实国有经济中的农业基础地位；通过建立国有企业和公私合营，建立国有经济的主导地位。宪政社会主义在很大程度上是以社会为目标的一种民族主义。[①] 宪政社会主义在实践过程中主要包括推动国有、私营与合作经济的发展；建立农业、商业、消费合作社。突尼斯政府为了加强国家对经济的控制，建立了国家专卖公司控制食盐、茶叶、烟草等贸易，成立了纺织、电力和天然气、矿业、粮食及食品、水果、油脂6个管理机构。

在政治上，新宪政党在探索国家建设道路的过程中逐渐形成了有关党政关系的理论。1963年3月2日至4日，新宪政党全国委员会召开会议，形成了以下决议。首先是在党内进行结构性改革，促进党员与党组织保持密切关系，坚信党的事业；为他们在党的各级组织履行其责任提供便利；在党和政府各部门加强党与工会的联系。其次，在实现"宪政社会主义"的旗帜下，加强党与国家机构的联系，动员党的所有积极分子和各类团体实践宪政社会主义。另外，新宪政党决定在全国委员会建

[①] E. A. Alport, "Socialism in Three Countries: The Record in the Maghreb", *International Affairs*, Vol. 43, No. 4, 1967, p. 691.

立由省长主持的"合作委员会"。1963年夏，新宪政党首次组建此类组织，并在全国范围内设立了"合作委员会"①。

1964年10月19日，新宪政党召开全国代表大会。为了体现社会主义事业的中心地位，新宪政党更名为"社会主义宪政党"，这个名称一直延续到1988年。大会报告认为，在新宪政党的领导下，突尼斯取得了伟大成就，表现在：第一，赶走了最后一批殖民者，收复了所有被殖民者占领的土地，取得了完整的国家主权。第二，颁布了宪法，建立了民主机构，实现了人民主权。第三，选择了社会主义和社会主义经济，带领突尼斯走向了繁荣、富裕的道路。②

新党章明确指出，"为了与不发达斗争和促进人民进步，社会主义宪政党选择了宪政社会主义。作为共和体制的中心和国家至关重要的发动机，社会主义宪政党将以群众作为基础，并以民主制作为组织原则"。此外还建立了党的中央委员会（The Central Committee），实行民主集中制领导。在新的机制中，党的中央委员会被寄予厚望。根据党章，政治局委员、在政府中担任重要领导职务的新宪政党高级领导人、身兼重要外交使命的驻外大使和省长们都被囊括进这一机构。党章还进一步将该委员会确定为党的全国代表大会的执行机构，与之前政治局的作用相同。此外，中央委员会还被赋予在布尔吉巴逝世之后监督权力交接的任务。根据布尔吉巴的建议，中央委员会有责任在总统去世后的24—48小时之内迅速选举出党的最高领导人，并负责维持政局稳定。

与此同时，突尼斯的政党制度和党政关系发生了深刻变化，突尼斯逐渐形成一党制政党体制。社会主义宪政党正式确立了其历史地位，承担起为摆脱不发达状态而实施"宪政社会主义"计划的组织任务。在新党章中，有关党的地位和领导作用更加明确。社会主义宪政党引入发展主义和现代化理论，并作为党的指导性意识形态，通过发展主义和现代化理论，党和国家的事业联系在了一起。党的组织与政府管理体制实现了相互融合。党的决议经议会和总统确认，变成国家的发展战略。党的政治局、中央委员会在与政府内阁和地方政府的联动中，执行国家政

---

① Lars Rudebeck, *Party and People: A Study of Political Change in Tunisia*, C. Hurst & Company, 1969, p. 79.

② Lars Rudebeck, *Party and People: A Study of Political Change in Tunisia*, p. 86.

第三章　宪政民主与威权政治：突尼斯政治发展的循环演进

策。社会主义宪政党形成了政府官员和精英的遴选机制。在社会主义宪政党统治下，不仅党的领导人同时担任国家领导人，还控制了许多社会团体。在社会主义宪政党一党制下，党的中央委员会委员充任中央政府领导、驻外大使、立法、司法机构负责人和省级领导人。因此，加入社会主义宪政党成为获得政治身份和晋升的前提条件。

然而，宪政社会主义的实践虽然取得了一些成就，但并非一帆风顺。1969年底，本·萨拉赫全面合作化的计划一经披露，在突尼斯民众中引发了强烈反响。突尼斯民众对合作化过程中出现的许多问题产生了排斥情绪。由于民众对"宪政社会主义"的期望并没有实现，因而质疑政府的新政策。出身萨勒赫地区的精英阶层强烈反对，认为这将进一步挤压他们的政治和经济利益。因此，在萨勒赫地区出现了反对本·萨拉赫的骚乱。民众开始怀疑发展道路的正确性，甚至质疑布尔吉巴总统的领导能力。罹患重病的布尔吉巴总统不得不当机立断，拿下本·萨拉赫，中止了宪政社会主义试验。

从经济发展战略而言，此次危机的产生标志着进口替代战略的失败。如前所述，突尼斯之所以采用"宪政社会主义"战略，即以国家资本主义的方式推动社会转型和经济发展，主要在于突尼斯仍处于从传统向现代转型的过渡阶段，经济实力相当弱小。加之执政党高层缺乏管理国家的经验，没有成熟的发展理念。因此，在"阿拉伯社会主义"盛行的20世纪60年代，他们决定实行突尼斯式的"社会主义"。

另外，在思想上，突尼斯领导层也不是坚定的社会主义者。著名中东问题专家纳兹赫·N. 艾尤比（Nazih N. Ayubi）曾指出，阿拉伯国家的领导人并不是坚定的自由主义者，同时也不是坚定的社会主义者。他们只是在反对旧式统治和旧资本主义方面持一致意见。[1] 突尼斯统治阶层提出的社会主义，实质上更接近于国家资本主义。

突尼斯"宪政社会主义"拥有经济、金融和政治三个方面的目标。实际上，突尼斯并没有实现前两个目标，仅在后面一个目标上取得了进展。[2] 突尼斯与"不发达"开战的目标实现了一部分，外债在缩减之后

---

[1] Nazih N. Ayubi, *Over-stating the Arab State: Politics and Society in the Middle East*, London & New York, I. B Taurus Publishers, 1995, p. 201.

[2] Nazih N. Ayubi, *Over-stating the Arab State: Politics and Society in the Middle East*, p. 331.

迅速增加，困扰突尼斯经济发展的难题并没有完全解决。只有在完善官僚机构、加强执政党的统治地位方面，突尼斯取得了一些进展。

三 总统终身制与自由主义反对派的挑战

"宪政社会主义"试验的失败，使布尔吉巴个人的领导能力受到自由派的质疑，加之他的任期已经超过两届，到20世纪70年代初布尔吉巴的去留成为突尼斯政治的焦点。另外，布尔吉巴总统的健康状况也出现了问题。在"超级部长"艾哈迈德·本·萨拉赫主政时期，他长期在国外治病。因此，接班人问题成为突尼斯政治中的一个关键问题。虽然艾哈迈德·本·萨拉赫深受布尔吉巴器重，但党内元老对其芥蒂很深，强烈反对本·萨拉赫的"合作社"计划，在一定程度上与权力斗争有密切关系。布尔吉巴叫停"宪政社会主义"试验后，有意转向自由派，向他们寻求支持。自由派则以加强集体领导，健全民主政治作为回应。

到了20世纪70年代初，突尼斯的政治改革趋势发生逆转。1974年，在新宪政党大会上，布尔吉巴挫败了自由派的挑战，当选为党的终身主席。次年，突尼斯通过宪法修正案，布尔吉巴成为终身总统。这标志着突尼斯威权主义统治的进一步强化。而在总统的继承问题上，布尔吉巴以避免国家可能出现短期动荡为由，建议由总理继任临时总统。1976年，突尼斯正式确立总理继承制。这一安排既体现了布尔吉巴对总理的信任，也表明行政部门的强势地位。此后上台的总理开始将大部分精力放在巩固并扩大其权力基础上，从而使突尼斯的国内政治斗争更加复杂。与此同时，迫切需要解决的经济和社会问题被束之高阁，导致社会矛盾不断积累，现代化发展失去了民意基础。

总统终身制的形成是突尼斯民主化的明显倒退。这标志着突尼斯政治现代化未能解决权力继承问题，政治制度化也陷入停滞状态。政治改革缺乏活力和长期的老人政治，进一步影响突尼斯国家治理的效果，导致频繁出现社会动乱。突尼斯的政治弊端，使其在政策制定和战略选择方面接连出现严重失误。1974年之后，民众开始以各种形式表达对现实的不满。左翼和右翼反对声音不断出现，而且越来越激烈，终于酿成了一系列政治事件。

在经历了20世纪70年代初迅速发展之后，突尼斯经济遭遇挫折。

首先,农业出现了逆转,粮食需要连年进口。1975 年之后,突尼斯的粮食进口超过了出口。其次,欧盟 1977 年关税壁垒严重影响了占突尼斯出口比重较大的纺织品、服装、农产品等。出口减少、进口激增、外债加重、物价飞涨,使得国民生活出现了严重困难。1977 年 10 月,突尼斯内陆城市卡萨·赫拉(Kasar Hellal)爆发了纺织工人大罢工。工人们自发组织起来对政府表达强烈不满。由于卡萨·赫拉是社会主义宪政党的诞生地,因而此次工人罢工更具象征意义。

卡萨·赫拉纺织工人罢工后,突尼斯经济仍然没有发生根本性改变。受地区工会组织的影响,突尼斯总工会被迫做出回应。1978 年 1 月 26 日,突尼斯总工会领导了独立以来的第一次全国大罢工。突尼斯政府决定镇压,酿成了"黑色星期四"事件。此次事件造成 200 多人死亡,1000 余人受伤。[①]"黑色星期四"之后,突尼斯的经济并没有发生根本性好转。

罢工事件之后的第二年,突尼斯最大的工业城市加夫萨地区又爆发了武装冲突。1980 年 1 月,一群自称是"突尼斯解放军"的武装人员,在利比亚的支持下发动了"加夫萨暴动"。1980 年 1 月 26 日,游击队攻占了加夫萨的军营和警察局,试图以此为基地发动武装起义。但是数小时之后,军队的增援赶到该市,迅速恢复了秩序。根据政府的估计,此次事件共造成 37 人死亡,108 人受伤。突尼斯政府认为,此次事件与利比亚的支持有关,因为参与武装暴动的突尼斯人大多曾在利比亚受训,并从突利边境入境。[②] 加夫萨事件之后,突尼斯与利比亚的关系降到了冰点。利比亚总统卡扎菲驱逐了大量的突尼斯劳工,使突尼斯经济雪上加霜。

1980 年努埃拉总理病逝之后,穆罕默德·姆扎里走马上任。作为社会主义宪政党的资深党员,姆扎里进行了各种改革。在经济领域,他试图协调社会主义经济和自由主义经济的优势,挽救持续低迷的经济。因为这两种经济模式虽然在特定时间起了作用,但总体效果并不理想。由于突尼斯缺乏相应的资源和国内市场,难以走进口替代性经济发展的

---

① Kenneth J. Perkins, *Historical Dictionary of Tunisia*, Lanham, Md., &London: The Scarecrow Press, Inc., 1997, p. 36.

② Kenneth J. Perkins, *Historical Dictionary of Tunisia*, p. 68.

道路。60 年代设立的许多国有企业由于开工不足和缺乏竞争力，没有起到经济支柱的作用。强行建立合作社的举措，伤害了农民的利益，还没有取得效果就被迫放弃。在姆扎里总理主导下，突尼斯制订了 1982—1986 年经济计划。其目标是发展农业，鼓励发展中小型企业，开发落后地区和缩小地区差别，限制消费和进口，实现工业一体化，发展机械制造业和其他重工业。由于突尼斯接连出现了干旱和歉收，其经济形势进一步恶化。突尼斯的一些行业通过大量补贴维持运转，使政府财政收支入不敷出。

1983 年秋天，国际货币基金组织的代表访问了突尼斯，再次提出改革方案，并在 12 月 29 日正式公布。根据方案设想，突尼斯的首要目标是削减财政赤字，保持经济平稳运行。为此，突尼斯政府必须削减大量政府补贴，其中包括面包价格。随后，面包价格的上涨，立刻引发了民众的抗议。1984 年 1 月 3 日开始，骚乱持续了数周，并从突尼斯中西部城市加夫萨很快蔓延开来，扩展到卡萨·赫拉、克夫、司法克斯、杰迈勒等地，全国大部分地区陷入了骚乱。布尔吉巴总统出面恢复了面包补贴制度，才平息了这次危机。由于突尼斯政府再次动用军队和警察，在罢工者和警察的冲突中有数百人伤亡，因此此次事件被称为"面包暴动"。

面对严峻的经济形势，突尼斯政府应对乏力。布尔吉巴总统为了推卸责任，开始频繁改组内阁。由于"面包暴动"，姆扎里的政治威望受到了严重影响，他作为继承人的身份受到各方的攻击。另外，姆扎里任期内推动的多党化政治改革，也遭到保守人士的全力反对。为了挽救社会主义宪政党不断下滑的支持率，姆扎里试图引进自由竞争机制恢复其政治活力。因此，他上台后释放了突尼斯总工会主席阿舒尔、伊斯兰运动领袖拉希德·格鲁希等人，营造了相对宽松的政治氛围。新的政党法规定，只要不以地域和宗教、种族为其政治诉求，所有政党都可以申请成为合法政党，反对党不能接受外国资助，不得诋毁领袖。反对党只要获得超过5%的选票即可获得合法地位。1981 年，突尼斯举行了第一次多党议会选举。社会主义宪政党和突尼斯总工会联手取得了胜利。由于未能获得5%的选票，反对党都没有获得合法地位。为了继续推动多党化，姆扎里政府给予突尼斯共产党、社会民主运动、人民团结党合法地位。但是，姆扎里的这种自由化并没有取得成功。一方面反对党在这种有名无实的竞争中难以获得议会席位,另一方面社会主义宪政党保守阵营则担心姆扎里的改革会使其丧失执政地位,因而反对其改革。

1986年7月,布尔吉巴总统解除姆扎里的总理职务,同时免去其社会主义宪政党秘书长职务。姆扎里的政治生涯戛然而止,秘密逃离了突尼斯。1986年底,他以抹黑领袖和滥用政府资金分别被缺席判处3年和15年有期徒刑。姆扎里去职之后,名不见经传的拉希德·斯法尔被任命为总理。但斯法尔面对不见起色的经济形势和激烈的权力角逐,同样无能为力。突尼斯在巨大的财政压力之下,被迫接受了世界银行和国际货币基金组织强加的结构调整计划,使得失业人数激增,突尼斯经济面临崩溃。

到了布尔吉巴统治后期,其构建的现代化政治体制遭到了全面质疑,反对布尔吉巴威权体制的政治力量渐成气候。20世纪70年代初期,反对派主要来自左翼和党内。布尔吉巴虽然在1969年禁止共产党活动,但以工会为代表的左翼力量仍具有一定的影响力。大学生团体中,也出现了反对布尔吉巴独裁的抗议示威。社会主义宪政党党内以穆罕默德·马斯梅迪(Muhammad Masmudi)、艾哈迈德·梅斯迪希(Ahamed Mestiri)为首的自由派,对本·萨拉赫下台后布尔吉巴的表现极为不满。他们呼吁增强集体领导,尽早确立布尔吉巴总统的继承人。1974年,布尔吉巴成为终身总统后,左翼力量基本上被镇压下去。

与此同时,突尼斯政府为了应对左翼力量,有意放宽了对宗教势力的控制,从而使得伊斯兰势力不断崛起,对突尼斯当局提出挑战。1969年,突尼斯成立了"保卫《古兰经》协会"。伊斯兰主义者以复兴宗教文化、匡正社会风俗为口号,对现代化过程中出现的对传统文化的偏离行为进行批评。艾哈迈德·恩奈菲尔等人成立了"进步伊斯兰主义组织",认为伊斯兰国家落后的根源在于思想停滞,在现实挑战面前缺乏创新思想,他们强调伊斯兰教完全有能力应对挑战,前提是思想的改变。[①] 另外,以拉希德·格鲁希和法塔赫·穆鲁为首的一部分伊斯兰主义者建立了"伊斯兰道路运动"(The Movement of Islamic Way)。他们

---

① Douglas K. Magnuson, "Islamic Reform in Contemporary Tunisia: Unity and Diversity", in I. William Zartman, *Tunisia: The Political Economy of Reform*, Boulder & London: Lynne Rienner Publishers, 1991, p. 180.

认为，伊斯兰国家的落后在于社会和国家本身出现了衰败，伊斯兰教在司法、政治、文化、经济、教育等领域的影响全面失守，伊斯兰教已经不再是包容一切的宗教，阿拉伯—伊斯兰国家更多地以西方国家作为模板。因此，突尼斯必须推动社会变革，重建伊斯兰社会，复兴伊斯兰文明，让伊斯兰教发挥作用，把伊斯兰作为一种重要的改革选项。[1]

"伊斯兰道路运动"出现后，越来越多的民众加入其中，对突尼斯政府的世俗主义政策造成了很大冲击。拉希德·格鲁希和法塔赫·穆鲁等人不仅支持挑战布尔吉巴的政治自由派，而且卷入工会活动。该组织在下层民众和学生团体中的影响力不断增加。1978年"黑色星期四"事件发生后，该组织明确表示支持工人运动。但这一组织一直处于秘密状态，直到1979年被政府发现之后，开始转向公开活动。

1979年，突尼斯政府在一次搜查中发现了"伊斯兰道路运动"的秘密文件。拉希德·格鲁希为了维持该组织的生存，乘机向政府申请合法化，要求成为合法政党。1981年突尼斯试行多党制后，新的政党命名为"伊斯兰倾向运动"（Movement de la Tendance Islamique），拉希德·格鲁希和法塔赫·穆鲁分别担任了党的主席和秘书长。"伊斯兰倾向运动"的主要纲领为恢复突尼斯的伊斯兰属性，进行广泛的政治、社会、经济改革。"伊斯兰倾向运动"承诺放弃武力，呼吁建立多党制，这体现了该党对突尼斯政治发展的积极作用。[2] 拉希德·格鲁希认为，突尼斯的发展战略依赖外部力量，是进口的意识形态，不适合突尼斯。他主张对突尼斯进行全面的改革，重新实现伊斯兰化，从而达到伊斯兰的复兴。"伊斯兰倾向运动"的支持者主要来自社会中下层，在知识分子阶层中也有较大影响。[3] "伊斯兰倾向运动"成立之后发展迅速，大量民众因为对政府不满加入这一组织，使该组织逐渐成为突尼斯最为重要的反对党。

然而，突尼斯政府虽然短暂开放了党禁，尝试以多党制平息党内外的不满情绪，但有名无实的多党制并未取得成功。布尔吉巴总统并不愿

---

[1] Douglas K. Magnuson, "Islamic Reform in Contemporary Tunisia: Unity and Diversity", p. 176.

[2] Mohmed Elhachmi Hamdi, *The Politicization of Islam: A Case Study of Tunisia*, Westview Press, 1998, pp. 102 – 109.

[3] Kenneth J. Perkins, *Historical Dictionary of Tunisia*, p. 116.

意其他政党过多地分享权力，尤其不能接受伊斯兰主义冲击其建立的世俗主义国家发展战略。1984年之后，突尼斯政府加强对社会的控制。1986年底，在莫纳斯提尔市，一群歹徒在社会主义宪政党支部大楼纵火，造成财产损失。突尼斯政府以此为由镇压"伊斯兰倾向运动"，查禁该党的出版物，拉希德·格鲁希和法塔赫·穆鲁等人被捕，他们的罪名是捏造新闻和诋毁领袖。

布尔吉巴总统对伊斯兰主义者的镇压不仅没有使其屈服，反而造成了严重的政治危机。伊斯兰主义者甚至筹划暗杀、政变等行动。作为布尔吉巴镇压政策的直接执行者，时任突尼斯内政部长的本·阿里由于无法完成指定的任务，最终选择以推翻布尔吉巴的统治作为实现突尼斯政治稳定的措施。

第二节 回归自由主义：本·阿里的"虚假民主"

受西方国家的影响，自由主义在突尼斯也获得了一定发展。留学西方的政治精英耳濡目染，学到最多的便是西方自由主义思想。虽然传统力量仍然很强大，但自由主义的号召力不容忽视。本·阿里上台后，在自由主义和集权政治之间选择了自由主义。不过，在本·阿里巩固统治之后，突尼斯又转向了威权主义政治。

一 宪法政变与本·阿里上台

1987年9月，突尼斯政府以阴谋推翻共和国的罪名逮捕了"伊斯兰倾向运动"的领导人，并在国家安全法庭进行审判。但审判过程表明，"伊斯兰倾向运动"领导人拉希德·格鲁希和法塔赫·穆鲁等人都无意"推翻"政府。他们希望在合法活动中宣传其政治纲领。相反，伊斯兰组织中的一部分激进分子在布尔吉巴总统的镇压政策下，开始转变为激进的极端主义者。布尔吉巴总统一直不愿意承认伊斯兰主义运动的内生性质，认为伊朗是幕后主使，向突尼斯输出了伊斯兰主义，对突尼斯的世俗政治造成致命威胁。[1] 1987年10月，伊斯兰主义者遭到空前的

---

[1] L. B. Ware, "Ben Ali's Constitutional Coup in Tunisia", *Middle East Journal*, Vol. 42, No. 4, Autumn, 1988, p. 588.

制裁和审判。"伊斯兰倾向运动"领导人拉希德·格鲁希和法塔赫·穆鲁被判处终身监禁，数以千计的伊斯兰主义者被关进监狱。

本·阿里意识到布尔吉巴总统已经失去了基本的判断力，没能掌握真实情况，治国基本上依靠臆测。布尔吉巴总统的侄女和文化部长组成的亲贵圈在影响着他的决策。本·阿里深感压力巨大，不得不对其政治生涯做出抉择，姆扎里总理就是前车之鉴。因此，1987年11月7日凌晨，本·阿里援引宪法第57条规定，并根据7位医生的意见，宣布哈比卜·布尔吉巴的身体条件已经不适合继续担任突尼斯总统。由于布尔吉巴总统职务被解除的依据援引了宪法条款，故而被称为"宪法政变"。同时布尔吉巴的罢免还有医学因素，又被称为"医学政变"①。

在解除布尔吉巴总统职务当天的广播里，本·阿里说，"我们的时代再也不能容忍终身总统和国家领导人的自动继承。我们的人民配得上更先进的、机制化的政治生活，以及一种真正的多党制和群众组织参与的多样化政治生活"②。由于本·阿里对多元主义和民主化的承诺，国内外舆论都开始憧憬即将在突尼斯呈现的"民主春天"。就连伊斯兰主义者在躲过一劫后，也开始对突尼斯的未来表示审慎的乐观。

本·阿里上台后，立即对布尔吉巴统治后期的混乱局面进行整顿，并很快争取到国内外舆论的支持。本·阿里首先面对的是巩固政权的问题，他下令对布尔吉巴政府的重要成员予以逮捕，把自己信得过的人推上高位。社会主义宪政党前秘书长穆罕默德·塞亚、总统府秘书长曼苏尔·斯克赫理、空军司令穆罕默德·努曼③、伽兹·伊斯坎德等悉数被捕。同时，任命政坛元老赫迪·巴库什为总理，穆罕默德·梅斯提里为外交部部长，前国民卫队总司令哈比卜·安玛尔为内政部长，内政部秘书阿布达拉·卡里勒为总统办公室秘书长。

---

① Kenneth J. Perkins, *Historical Dictionary of Tunisia*, p. 31.
② 本·阿里1987年政变宣言第一部分回顾了布尔吉巴总统的成就，并说明了发动政变的依据。第二部分号召全国人民团结起来，保持秩序。第三部分简要介绍了他的愿景，即废除总统终身制，修改宪法，共同拟定纲领，实现法治，以及保持阿拉伯世界的团结和突尼斯的伊斯兰、阿拉伯、非洲与地中海属性。原文可参见 Sadok Chaabane, *Ben Ali on the Road to Pluralism in Tunisia*, Washington D. C.：American Educational Trust, 1997, pp. 17–18.
③ 布尔吉巴总统夫人瓦希拉的侄子。

为表达实现民主政治的承诺，本·阿里以《11·7 宣言》①为号召，释放大量政治犯，并允许流亡者回国。其中包括突尼斯总工会领导人哈比卜·阿舒尔、社会民主运动领导人艾哈迈德·梅斯提里，以及前部长德里斯·古伊贾。1987 年 12 月，本·阿里宣布大赦，2487 人获得自由，其中包括 1984 年"面包暴动"中被逮捕的 600 多名"伊斯兰倾向运动"成员。② 1988 年，突尼斯人权联盟证实，突尼斯已经不存在政治犯。为了与"伊斯兰倾向运动"实现和解，本·阿里还减轻了已判死刑的该党领导人阿里·阿雅达的刑罚。此后，"伊斯兰倾向运动"的领导人和积极分子都被释放。因此，大量流亡者纷纷回国，包括前计划与经济部长艾哈迈德·本·萨拉赫和宪政党前秘书长本·优素福的遗孀。此外，本·阿里采取部分恢复传统习俗的措施。11 月 7 日政变后，突尼斯电台恢复每日五次的礼拜时间播报。1988 年 3 月，本·阿里完成了一次高调的朝觐，激发起民众的宗教热情。1989 年 1 月，突尼斯宣布成立"最高伊斯兰委员会"，以解决国家立法与伊斯兰教的兼容问题。

与此同时，本·阿里鼓吹多元主义，试图逐渐在突尼斯植入民主制度。因此，在他接任社会主义宪政党主席后，几乎立即着手对该党进行改组。在 1988 年 2 月 26—27 日举行的社会主义宪政党全国代表大会上，该党正式更名为"民主宪政联盟"。根据本·阿里的观点，执政党要代表政治的发展趋势。"民主"代表了世界局势的发展，这在包括北非在内的世界各个地区都有所体现。"宪政"则代表了该党的政治传承，以及突尼斯追求法制社会的目标。"联盟"则表明该党是全国各阶层人民的联合，并不仅仅反映某一个集团的特殊利益。大会确定党的指导思想是"法制、民主和开放"的政治路线。③ 同年 7 月 29—31 日，宪政民主联盟召开第一次全国代表大会，即"拯救的大会"。本·阿里在大会开幕式和闭幕式上提出"民主、多党制与和解"的政治原则。

---

① 1987 年 11 月 7 日，本·阿里政变成功后发表了简短的宣言。在宣言里，本·阿里强调人民主权、多元主义、民主政治是突尼斯人民应该享有的权利。同时，他呼吁民众支持新政府，并承诺修宪，废除总统终身制，保证法律实施。参见 Sadok Chaabane, *Ben Ali：on the Road to Pluralism in Tunisia*, American Educational Trust, 1997, pp. 17 - 18。

② I. William Zartman, *Tunisia：the Political Economy of Reform*, Boulder& London：Lynne Rieenner Publishers, 1991, p. 16.

③ I. William Zartman, *Tunisia：the Political Economy of Reform*, p. 17.

大会确认了本·阿里作为党主席的地位和权力。大会选举200人组成的全国委员会，并决定党的秘书长不再担任政府总理职务，以体现党政分离的政治取向。经过此次改革，本·阿里对中央和地方领导层实现大换血。政治局委员由原来的15人收缩为6人，1989年又改为9人，但基本上处于党主席的控制之下。全国委员会的人数从90人扩展为200人，主要由年轻的技术人员组成，本·阿里还亲自任命其中的125人。[1] 1988年7月25日，本·阿里签署突尼斯国民议会通过的宪法修正案，取消总统终身制的条款和总统职位空缺后由总理自动接任的条款，改为总统因死亡、辞职或失去工作能力而出现总统职位空缺时，由议长代行总统职权，并在45—60天内选出新总统。该修正案还规定总统任期5年，并且连任不超过两次。

二 新自由主义发展模式的确立

本·阿里上台后，将11月7日定为一个节日，以"革命"形象建构政治合法性。1989年，他开始推行各种改革政策。首先，本·阿里继续保留了宪政民主联盟，充分利用该党在政治体系中的地位和作用，对其进行了一系列改革。其次，本·阿里继续坚持世俗主义的发展道路，只是在社会生活领域回应了政治伊斯兰的挑战。突尼斯电台恢复了每日礼拜广播，伊斯兰文化得到一定程度的推广。他本人大张旗鼓地前往麦加朝觐，以展示他是一个虔诚的穆斯林。再次，本·阿里推动了宪法修订，但保持了宪法的整体稳定。本·阿里修改了宪法中对于总统任期和继承的规定，但没有改变总统权力独大的规定。本·阿里以此表示对民众的尊重，并在表面上回应了社会各界对最高领导人批评的需要。但是，修订后的宪法也再一次确认了总统的至高无上、生杀予夺的权力。

总之，本·阿里上台后，他对于突尼斯存在的根本性矛盾有一定的认识，但他所做的战略选择是在旧体制的框架内进行调整，是在大部分保留旧体制的情况下进行有限改革。这就决定了突尼斯的威权主义政治并没有终结，而是出现了新的变化。

---

[1] I. William Zartman, *Tunisia: the Political Economy of Reform*, Boulder & London: Lynne Rieenner Publishers, 1991, p. 18.

本·阿里改组统治联盟后，推行新自由主义发展模式。突尼斯的经济危机迫使他选择与国际金融组织合作，从而推动经济结构改革。在世界银行和国际货币基金组织的推动之下，突尼斯在各个领域进行了自由化和私有化的改革。国际金融组织的经济结构调整计划包括四个部分：第一，通过货币贬值或升值，刺激外贸出口，增加偿还外债能力；第二，通过提高利率，与其他国家齐平，以增加储蓄、吸引投资，从而达到阻止资金外流和吸引国际资本流入；第三，减少现金流，抑制通货膨胀；第四，收紧政府赤字，为私营经济借款让路。[①]

1989年7月，本·阿里政府宣布新的经济调整计划，主要包括以下内容：第一，通过征收增值税、削减补贴、货币贬值等减轻货币和预算压力。第二，简化贸易和投资法，取消生产资料的进口税和对外资的限制，保证资金的自由流动，降低出口企业的税收。第三，减少国家对经济的干预，取消对利率、汇率和价格的控制。第四，推动企业的私有化，第一批目标为长期亏损的小型企业，如旅游业和服务业等。[②]

1988年7月，突尼斯开始征收增值税，其中大部分商品和服务业为17%，基本消费品为6%，奢侈品为29%。1989年10月，增值税征收范围扩大到除食品外的几乎所有商品类别。1989年，突尼斯制定新税率，1990年正式实施。新税率将税收上限从65%降到35%，并引进单一的个人所得税，降低征税等级，逐步废除10%的团结税。

1986年突尼斯启动金融改革，以减少借款和引导现有资金流向私营经济发展为目标。1987年初，突尼斯解除对利率的限制，并放松对个人贷款的限制。为了解决资金需求多、存款不足的难题，政府鼓励银行产品的多样化。1988—1989年，突尼斯中央银行取消贴现政策，促使商业银行走上市场重组的道路。此后，商业银行可自行制定存、贷款利率。1987年之前，突尼斯银行业中国有银行占62%。1988年后，大量外国银行和私营银行进入突尼斯。外国银行以阿拉伯国家的银行居多。1989年底，政府加强对财政预算的控制，紧缩资金供应，并将更多的资金投入私营企业。突尼斯还引进新的金融机制，开发新的金融产

[①] Karen Pfeifer, "How Tunisia, Morocco, Jordan and even Egypt became IMF 'Success Stories' in the 1990s", *Middle East Report*, No. 210, spring 1999, p. 23.

[②] Steffen Erdle, *Ben Ali's "New Tunisia" (1987-2009): A Case Study of Authoritarian Modernization in the Arab World*, Berlin: Klaus Schwarz Verlag, 2010, p. 102.

品。1988年,商业银行发行了银行债券和存款证书。1990年12月,突尼斯第一个信托公司成立。

经过改革,突尼斯经济发展战略已从布尔吉巴统治后期的进口替代战略,转变为出口导向战略。这也就是说,突尼斯经济发展回归到"自由主义模式"。为了与突尼斯独立初期的自由主义经济模式相区别,本·阿里的经济发展战略也被称为新自由主义模式。本·阿里政府虽接受"华盛顿共识",全面推进私有化改革,国家在经济生活中的作用并没有发生根本性改变,国家仍发挥主要的、中心的作用。本·阿里总统认为,"国家发展和突尼斯人民奋斗的最高目标是包容与均衡发展"[1]。

20世纪90年代后期以来,与多数中东国家相比,突尼斯的经济发展状态良好。突尼斯年经济增长率长期保持在5%以上,出口保持在7%以上。再加上比较优厚的投资条件和人力资源优势,每年有将近十亿第纳尔的投资涌入突尼斯。[2] 在国际货币基金组织和世界银行的督促之下,突尼斯绝大多数国有企业实现私有化。外债负担大为减轻,外债占GDP的比重从56%降到了51%。通货膨胀率也处于低位。2000年突尼斯被世界银行评为"20世纪80年代以来在维持宏观经济稳定和追求社会成就方面取得最好成绩的中东北非国家"[3]。突尼斯人均GDP在2002—2005年攀升40%,人均收入水平是非洲国家平均水平的2倍以上。突尼斯贫困率降到了4%,平均寿命提高到了73岁。妇女占劳动力的1/3,95%的居民拥有水、电设施,初级教育的入学率几乎达到了100%。突尼斯跨入了世界银行评定的中等收入国家的较低水平。[4]

另外,突尼斯还形成一个庞大的中产阶级阶层,80%的人口处于这一阶层。他们主要由政府雇员、私营企业主和其他行业白领组成。据国际机构统计,2000年突尼斯家庭每人每天支出10—100美元的人口占总人口的25%,2010年占到40%。据突尼斯官方统计,突尼斯中产阶

---

[1] Steffen Erdle, *Ben Ali's "New Tunisia" (1987–2009): A Case Study of Authoritarian Modernization in the Arab World*, p. 330.

[2] Kenneth Perkins, *A History of Modern Tunisia*, p. 212.

[3] Christopher Alexander, *Tunisia: Stability and Reform in the Modern Maghreb*, London & New York: Routledge, 2010, p. 85.

[4] Christopher Alexander, *Tunisia: Stability and Reform in the Modern Maghreb*, p. 85.

级的数量在 1995 年为总人数的 70.5%，2000 年为 77.6%，2010 年为 81.1%。① 国家把一半的预算投向教育、医疗和其他的服务业领域。普通民众也都享受到发展带来的益处。2002 年突尼斯职业培训和就业部部长不无自豪地称，"在突尼斯没有人挨饿，没有人睡在桥洞里。所有突尼斯人都住在有屋顶的房子里，而且拥有体面的收入来支付体面的生活必需品"②。

然而，突尼斯经济发展中也存在明显的弱点和局限性，尚未真正能够实现经济的"腾飞"。首先是突尼斯债务率居高不下。过高的债务制约着突尼斯实施经济的根本性变革，及其长期追求的现代化目标。接受国际货币基金组织和世界银行的"私有化"疗法，并没有使突尼斯走出债务困境，反而一直成为突尼斯吸引外资和增加投资的障碍。债务负担始终占 GDP 的 50% 以上，每年还本付息的压力很大。到 2008 年，债务已达 110 亿美元。③

其次，失业率飙升，尤其是年轻人的失业率严重。一方面，突尼斯大力发展劳动密集型产业，技术和产业更新缓慢，长期滞后于市场需求和时代发展，使得企业难以招到新的员工。另一方面，突尼斯产品附加值低，缺乏竞争力，在国际新技术和新产品日新月异的冲击下，大量企业倒闭，大量人口失业。突尼斯总体失业率一直维持在 15% 左右，青年失业问题成为突尼斯社会的一大难题，而且呈现出受教育水平越高，失业率越高的怪圈。

再次，突尼斯经济发展中存在地区差异的顽疾。长期以来，突尼斯沿海地区发展较快。西部和西南部地区处于内陆高原和沙漠地区，经济增长乏力。布尔吉巴和本·阿里两任总统都试图促进内陆地区的发展，但都以失败告终。中西部和西南部地区在基础设施、人均消费水平、工业产值方面都很落后，贫困率和失业率很高。地区发展不平衡不仅使突尼斯经济发展困难，而且容易产生严重的政治问题。中西部是突尼斯最

---

① Monqi Boughzala, "Youth Employment and Economic Transition in Tunisia", *Global Economy and Development Program*, Brookings, 2011, p. 7.
② Kenneth Perkins, *A History of Modern Tunisia*, p. 213.
③ Kenneth Perkins, *A History of Modern Tunisia*, p. 215.

动荡和容易滋生恐怖主义的地区。[①] 突尼斯大区人均收入是中西部地区的 2 倍，而中西部地区的贫困率是突尼斯大区的 3 倍。[②]

最后，突尼斯在吸引外资方面不具有明显优势。突尼斯国内市场狭小，缺乏吸引力。为了吸引外资，突尼斯政府建立了离岸经济区，主要以向欧盟国家出口为主。但随着地中海自由贸易区的形成，这一政策能够发挥的积极作用日益有限，自由贸易区建设面临激烈竞争。

三 宪法修订与合法性危机

本·阿里在《11·7宣言》中明确反对总统终身制，他执政后推动宪法修订，删除总统终身制条款。但在 20 世纪和 21 世纪之交，总统任期又成为备受关注的问题。修改后的《宪法》规定，总统任期为 5 年，只能连任两届。1989 年，本·阿里首次当选，按《宪法》规定，他在 2004 年必须退休。但由于没有明确继承人，党外也缺乏强有力的竞争者。本·阿里又开始谋划再度修改宪法，以便为其再次连任总统寻找合法依据。

2001 年 9 月，突尼斯全国出现修改宪法的强大宣传攻势。媒体连篇累牍地宣传本·阿里在任期内取得的丰硕成绩，并建议他继续竞选总统。在此情况下，2002 年 5 月，突尼斯以全民公决的形式通过宪法修正案。修正案对突尼斯 1959 年《宪法》进行了 38 处修改。修宪的主要目的在于解除对本·阿里第三次连任总统的限制。此外，第 15 条修正案增加了公民义务，将公民有义务保卫国家修改为保卫独立、主权和领土完整，这意味着扩大爱国主义的适用范围。修改后的《宪法》第 19 条规定，突尼斯将成立由地区代表和职业代表组成的"咨议委员会"，但仅有建议和咨询功能。《宪法》第 39 条对总统任期的限制被废除。第 40 条对总统候选人年龄提高 5 岁，这也就是说，本·阿里可以竞选至 75 岁。第 41 条则规定，对于总统任期的一切行为给予终身豁免权。

这次修宪表明，突尼斯总统继承问题在经历了本·阿里初期的改革之后，又回了总统终身制的老路上。2003 年 7 月，本·阿里在宪政民

[①] Mongi Boughzalai Mohamed Tlili Hamdi, "Promoting Inclusive Growth in Arab Countries: Rural and Regional Development and Inequality in Tunisia", *Brookings Report*, 2011, p. 9.

[②] Monqi Boughzala, "Youth Employment and Economic Transition in Tunisia, Global Economy and Development Program", *Brookings Report*, 2011, p. 7.

主联盟大会上宣布了他的总统竞选计划。他说,"基于我对这一伟大的民族的爱,对我热爱的祖国的尊重,和对勇士们、烈士们曾献身的神圣使命的忠诚,为了回应来自各个阶层、各个年龄、各个地区的突尼斯儿女的期望,我骄傲地告诉你们,我将永远和你们在一起,完成我的承诺,我荣幸地告诉你们:我将作为你们的候选人参加 2004 年总统大选"[①]。在 2004 年大选中,尽管受到民主进步党的抵制,宪政民主联盟还是获得了超过 80% 的选票,其他 5 个合法政党获得近 20% 的选票。本·阿里虽有三位总统候选人的挑战,但仍获得 94.49% 的选票。

2004 年,本·阿里第四次当选总统后,突尼斯再也没有实施过任何重大改革。2005 年,第一届"咨议委员会"成立,在 112 名代表中本·阿里指定其中的 41 名,各社会团体和地方议会通过间接选举推出 71 名代表。首任主席由突尼斯前财政部长、本·阿里的安全顾问阿卜杜拉·卡利勒担任。另外,本·阿里继续实施所谓的政治自由化政策,放宽媒体从业者的限制,私人也可建立电台,允许一些投资者进入电视制作领域。

2008 年 7 月,宪政民主联盟召开全国代表大会,本次大会确认了本·阿里 2009 年总统候选人的资格。同时,大会还落实了本·阿里改革宪政民主联盟的主张。新的中央委员会选举结果显示,30 岁以下的年轻人和妇女代表各占 1/3 强,二者加起来达到委员总数的 77%。另外,随着内阁改组,一批与本·阿里同期登上政治舞台的元老被迫退出。本·阿里时期的首任总理、宪政民主联盟的副主席哈米德·卡努伊以健康原因提出退休,穆罕默德·格鲁希作为总理,成为本·阿里形式上的继承人。本·阿里原计划任职到 2014 年,然后由格鲁希接任。但本·阿里在 2005 年喜得一子后,格鲁希届时能否接任总统成为一个未知数。

本·阿里时期,虽然突尼斯社会经济发展速度很快,突尼斯进入中等收入国家行列。但是,这并不足以表明突尼斯现代化取得成功,相反突尼斯陷入了发展的困境。首先,本·阿里正式就任突尼斯总统后,虽然很快在各个方面进行了改革,但改革最终也都流于形式,其威权主义

---

① Steffen Erdle, *Ben Ali's "New Tunisia" (1987–2009): A Case Study of Authoritarian Modernization in the Arab World*, p. 158.

统治很难完全与其前任区分。其次，本·阿里时期突尼斯采用了新自由主义经济发展模式，弊端非常明显。新自由主义模式事实上以"五化"为基本内容，即自由化（放松国家对经济的控制和干预）、私营化（使国营企业和合作农场私有化）、外向化（改革原先实行的进口替代战略，建立出口导向的经济结构）、多样化（由出口原油或单一农矿原料产品为主，向出口包括原油加工在内的多样化的加工产品转变）和知识化（注重普及教育，开发人力资源）。[1] 由于突尼斯国有企业的私有化和中小企业缺乏竞争力，当 2008 年世界金融危机出现之后，突尼斯经济很快恶化，进入新一轮的震荡。再次，本·阿里时期政治经济的发展，与社会变迁之间出现了很大差距。在本·阿里时期，突尼斯民众的生活水平总体有所提升。但是，贫富差距也在不断拉大，民生问题突出。本·阿里家族大肆培植裙带关系，加剧了腐败问题。民主宪政联盟已经蜕化为既得利益集团的政治工具。[2] 随着受教育程度的提升，中产阶级规模的扩大，以及青年人成为人口主体，突尼斯民众越来越难以忍受本·阿里政权这种"黑手党"式的统治。加上网络新媒体的出现，反对派逐渐融合在了一起，他们的一个共同目标是反对并推翻本·阿里政权，终结这种"虚假的民主"[3]。

第三节 "阿拉伯之春"后的突尼斯政治整合

2010 年底，突尼斯爆发的社会政治变革，充分反映了该国长期累积的各种矛盾，是威权主义政治下各种矛盾的总爆发。如果把布尔吉巴时期的突尼斯称为"第一共和国"，把本·阿里时期的突尼斯视作"第二共和国"，那么突尼斯无疑在 2011 年之后进入了"第三共和国"时期。2011 年以来，突尼斯政治在延续中进行了各种革新，在向民主政治逐渐转型的过程中，各股政治力量出现了整合的态势。

---

[1] 王铁铮主编：《世界现代化历程·中东卷》，江苏人民出版社 2010 年版，第 21 页。

[2] Steffen Erdle, *Ben Ali's "New Tunisia" (1987–2009): A Case Study of Authoritarian Modernization in the Arab World*, p. 157.

[3] Andrea Teti, Pamela Abbott and Francesco Cavatorta, *The Arab Uprisings in Egypt Jordan and Tunisia: Social, Political and Economic Transformations*, Macmillan: Palgrave, 2018, p. 43.

一　布瓦吉吉之死：阿拉伯之春的起源

2010年12月17日，在突尼斯南部小城希迪·布吉德市，26岁的街头小商贩穆罕默德·布瓦吉吉在市政府大楼前自焚，由此掀起民众抗议的浪潮。根据社交媒体报道，穆罕默德·布瓦吉吉是一位毕业于计算机专业的失业大学生，为养活7口之家，他以经营水果来赚取生活费。但他未能取得营业执照，因此在经营中被罚款，但他拒绝反复缴纳罚金，并与警察发生纠纷。当地的警察没收了他的水果推车和电子秤，并以粗暴的方式处置他。愤怒而绝望的布瓦吉吉，来到当地政府申诉，要求归还水果推车并给予公正处理。但他进入政府大楼的要求被拒绝，也没有能得到满意的回应。当天上午十一点三十分左右，布瓦吉吉在当地政府门前的广场上点燃汽油自焚。①

布瓦吉吉自焚事件立刻在民众中引起共鸣。在他们眼里，布瓦吉吉是一位烈士，他用自己的生命向不公正说不，向强权挑战，是为争取幸福而牺牲的。事实上，布瓦吉吉的这种遭遇在突尼斯很普遍。有学者认为，制约突尼斯发展和产生不公正的根源，在于突尼斯的高失业率和地区的不平衡发展。突尼斯青年，尤其是受过高等教育的大学生失业率居高不下。突尼斯人口中，1/3处于15—30岁的年龄段，他们占突尼斯总失业人口的3/4。2011年，突尼斯失业人口总数约70万，失业大学生人数约为20万。受过高等教育青年的失业率2007年为18.2%，2009年为21.9%，2011年5月达到29.2%。就地区而言，中东部地区失业率最低，刚刚超过10%。但中西部地区、东南部地区和西南部地区的失业率却在25%左右。2007年失业率最高的坚都拜为24.5%，锡勒亚奈为24%，卡塞林为22.5%。②

布瓦吉吉自焚的当天晚上，数百名示威者到当地政府门前举行抗议。他们都是布瓦吉吉的亲朋好友或同情者，其中包括一些人权组织成员和工会会员。他们对于布瓦吉吉的遭遇感同身受。抗议人数在事发几天后迅速攀升至数千人，抗议范围也从希迪·布吉德市扩散到相邻的凯

---

① Tunisian Sets Himself on Fire, AOL, https://www.aol.com/video/view/tunisian-sets-himself-on-fire/517698715/，登录时间：2018年12月15日。
② Monqi Boughzala, "Youth Employment and Economic Transition in Tunisia, Global Economy and Development Program", 2011, pp. 3–11.

鲁万、斯法克斯、本·古尔丹。① 布瓦吉吉自焚事件后，希迪·布吉德市的群众抗议浪潮持续了十天。当地政府和警察对此次事件毫无作为。相反，关于这一事件的报道却通过脸书、推特等社交媒体上传至国际互联网，引发国际社会的密切关注。

2011年1月5日，布瓦吉吉因伤势过重而离世，他成了烈士和革命的象征。在布瓦吉吉的葬礼上，游行人群高喊着"自由""尊严""民族""工作是权利"等口号，并且唱起悼念他的歌："永别了穆罕默德，我们将为你报仇。我们为你哭泣。我们将让那些害死你的人也哭起来。"②

1月6日，突尼斯律师协会也加入示威人群当中。他们身着黑色律师制服，走上突尼斯城街头，要求政治、经济和社会改革。1月7日，在塔拉市，游行人群和防暴警察爆发严重冲突，造成20余人伤亡，事态进一步升级。③ 在此后的游行过程中，人们的口号不再局限于社会问题，而是要求本·阿里政府下台。本·阿里撤出该市的警察，但于事无补。塔拉事件标志着"茉莉花革命"（以突尼斯国花命名的）的正式爆发。8—10日，又有14名示威者在与警察的冲突中丧生。反对派领袖勒吉布·舍比（Nejib Chebbi）呼吁本·阿里停止使用暴力。10日，本·阿里关闭所有大中学校，以避免更多的冲突和伤亡，并将此冲突归咎于境外团体的鼓动。美国国务院发表声明，要求本·阿里控制伤亡。本·阿里发表电视讲话，承诺创造更多的就业，但也要求人们停止示威游行。④

在全国各大城市，示威人群开始组织起来，突尼斯全国总工会、律

---

① Teije Hidde Donker, Tunisia amid Surprise, Change and Continuity: Relating Actors, Structures and Mobilization Opportunities around the 14 January 2011 Revolution, Cosmos Working Paper 2012/12.

② Thomas Carothers, "The 'Jasmine Revolution' in Tunisia: Not Just Another Color", *Carnegie Endowment for International Peace*, January 19, 2011, http://www.ibtimes.com/story-mohamed-bouazizi-man-who-toppled-tunisia-255077，登录时间：2019年6月5日。

③ Teije Hidde Donker, Tunisia amid Surprise, Change and Continuity: Relating Actors, Structures and Mobilization Opportunities around the 14 January 2011 Revolution, Cosmos Working Paper 2012/12.

④ Tunisia's 'Jasmine Revolution, Africa Research Bulletin Political Social and Cultural Series, Vol. 48, No. 1, January 2011, http://www.blackwellpublishing.com/ARBP/，登录时间：2019年6月5日。

第三章　宪政民主与威权政治：突尼斯政治发展的循环演进　139

师协会以及人权组织纷纷投身这些运动中。11日，突尼斯的记者开始静坐抗议。12日，苏塞爆发总罢工。13日，斯法克斯也爆发总罢工。突尼斯全国总工会要求14日在全国举行一次为期24小时的总罢工，以声援全国各地的示威人群。[①] 13日晚，本·阿里向突尼斯人民发表电视讲话，承诺进行政治、经济、社会改革，释放政治犯，继续增加30万个就业岗位。他要求民众冷静，不要受恐怖组织和极端主义者的蛊惑。而且，他保证将在总统任期结束后不再谋求连任，但民众已不为所动。1月14日，约50万民众走上突尼斯城的哈比卜·布尔吉巴大道，对本·阿里政权进行最后一击。

为了摆脱危机、稳定政局，本·阿里尝试通过让步和承诺换取民众的支持，但他已完全失去民众的信任。因此，本·阿里重新诉诸武力，他要求军队予以镇压，但遭到军队总司令拉希德·本·奥马尔的断然拒绝。14日晚，突尼斯国家电视台宣布本·阿里已离开突尼斯，前往沙特阿拉伯，且不再返回，这标志着统治突尼斯长达23年的政治强人本·阿里被彻底推翻。

此次突尼斯革命的三大诉求是民主、自由、尊严，革命表现出了更多的内源性，而不是外源性；表现出更多的突尼斯特色，而不是西方民主发展模式；更多的历史连续性，而不是简单的世俗宗教二元对立。突尼斯民众对政治中充斥的大量不民主行为极为愤慨，强烈希望终止这一状态，这才借一个失业大学生的自焚事件能够不断扩大，最终发展为全国性政治事件。

此外，突尼斯革命背后的西方推动力量随着时间的推移不断浮出水面，变得日益清晰。欧洲和美国的民主促进基金数十年如一日地推动自由主义民主转型，从未间断。欧盟的地中海伙伴关系计划，美国的"大中东"民主促进计划是其中的代表。这不可避免地在反对派，尤其是在年轻人群体中产生了广大影响。而且，突尼斯政治抗议期间，西方媒体和社交软件为示威者提供了极为有效的发声空间。媒体的倾向性对本·阿里政权造成了很大压力。本·阿里政权虽然试图封锁网络和社交软

---

① Teije Hidde Donker, Tunisia amid Surprise, Change and Continuity: Relating Actors, Structures and Mobilization Opportunities around the 14 January 2011 Revolution, Cosmos Working Paper 2012/12.

件，但西方国家为此专门研发的新软件使得示威者在不连接互联网的情况下，仍能发出大量的实时信息。脸书和"油管"等社交软件为示威者提供了可靠的传播平台。总之，所有的操作手段与西方推动的历次"颜色革命"有很高的相似度。突尼斯革命在某种程度上也具有"颜色革命"的特征。

但是，突尼斯革命的发展却与西方国家的预期有一定差距。一般而言，"颜色革命"后一般会建立亲西方的自由主义民主政权，迅速与西方国家建立密切关系，改变原先的意识形态，推动西方式变革。不过，突尼斯在发生变革之后，政治转型较为审慎。突尼斯花费了三年时间，完成了对宪法的修订。在转型时期，伊斯兰政党复兴运动成为左右政坛的关键力量。世俗左派和宗教右派之间的合作与斗争成为突尼斯转型时期的主要政治内容。部分激进分子于2012年冲击美国使馆和美国学校的行为，曾让美国政府感到错愕不已。

因此，对于突尼斯政治革命的性质，逐渐开始摆脱"颜色革命"的局限。众多研究者经过大量的比较研究认为，突尼斯以及其他阿拉伯国家发生的重大变革是历史发展的必然，是其内部矛盾不断累积之后的集中爆发。刘中民教授指出，阿拉伯国家爆发的革命是继20世纪五六十年代民族解放运动，七八十年代的伊斯兰潮之后，发生的又一次社会运动，其中民生和民主问题成为主要内容。[①]

二 对话与对抗：世俗与宗教之争

突尼斯发生政治变革后，随着伊斯兰力量的上升，政治局面开始进入世俗力量和宗教力量之间的较量。这体现在选举政治中，也反映在议会斗争中。2011年10月23日，突尼斯制宪议会选举正式拉开帷幕。来自美国、欧盟，以及其他地区和国家的非政府组织1000余人，以及突尼斯独立高级选举委员会组织的4000余人共同监督大选。选举在公平、自由的气氛中举行，但仅有55%的选民参加投票，这一数字远远低于预期。数十万海外移民也在所在国家突尼斯大使馆参加投票。

选举既在预料之中，也有些出人意料。复兴党获得89个议席，以

---

① 刘中民：《中东政治专题研究》，时事出版社2011年版，第537页。

41.4%的得票率赢得大选，成为议会第一大党。这对实行世俗政治体制已超过半个世纪的突尼斯而言非同寻常。长期以来，世俗主义已经成为突尼斯政治文化的主要特征。选举结果凸显了民众对世俗政治家的不满和寻求改变的愿望。这是由于世俗政党普遍表现欠佳所造成的，它们的得票率都未超过15%。共和大会党获得29个议席（得票率13.8%），争取劳动和自由民主论坛仅获得1个席位。突尼斯富商纳吉布·舍比（Nejib Chebbi）领导的人民请愿党（Pétition Populaire Party）获得26个席位。民主进步党获得18个席位。其余政党获得的席位都没有超过5个。制宪议会中妇女代表为49人，占所有代表的24%。[1]

根据选举结果，复兴党获得组阁权。经过谈判，复兴党与共和大会党、争取劳动与自由民主论坛共同建立联合政府。复兴党秘书长哈马迪·贾巴利出任总理，共和大会党主席蒙塞夫·马尔祖基任总统，争取劳动与自由民主论坛主席本·贾法尔担任制宪议会议长。马尔祖基和本·贾法尔两位政治家都如愿以偿。但是，内政、国防、外交等关键部门的负责人则由复兴党或其支持者所担任，且人数超过半数。在经历长期的挣扎和等待之后，复兴党终于获得上台执政的机会。复兴党成为左右突尼斯政局最重要的力量。

复兴党上台后的重要工作是领导制宪议会尽快制定出突尼斯新宪法。制宪工作分为5个小组，吸纳了相关专业人士和各界代表参加，但基本上以复兴党为主导。世俗与宗教阵营的分歧主要集中在以下几个方面：伊斯兰教的地位、妇女地位，以及突尼斯的定位。伊斯兰主义者认为，突尼斯的失败主要在于过度的世俗化和西化政策，致使突尼斯脱离以本国伊斯兰属性为基础的发展，因而他们坚持恢复伊斯兰属性。激进者甚至要求建立伊斯兰国，宣布叛教者为罪犯，重新推行沙里亚法。萨拉菲主义者要求废除《个人地位法》，恢复伊斯兰习俗，包括禁酒，妇女佩戴面纱等。[2]

2014年1月26日，过渡政府总理阿里·拉亚尔德签署法令，正式公布《宪法》。新宪法由10款149条组成，与之前的宪法相比更为详

---

[1] Kenneth Perkins, *A History of Modern Tunisia*, p. 248.
[2] Alexandra Betgeorge, "Society's Views and the Personal Status Code: A Discussion of Tunisian Men and Women's Roles in Marriage and Divorce," *Providence College*, Vol. 5, No. 2, 2010, p. 202.

尽。关于国体，突尼斯沿用1959年《宪法》的表述，即《宪法》第1条规定："突尼斯的宗教是伊斯兰教，语言为阿拉伯语，国体为共和国。"第2条规定："突尼斯是以公民权、人民意愿和法律至上为基础的文明国家。"第3条规定："人民是国家主权和权力的源泉，这些权力通过人民的代表实施，并经其修改。"第6条规定："国家是宗教的保卫者"，同时禁止叛教。这就否定了伊斯兰主义者坚持的神权论，延续了突尼斯独立以来采用的人民主权论。新宪法确定突尼斯实行共和制，彰显世俗理念在政治生态中的牢固地位和不可动摇性。尽管突尼斯规定伊斯兰教为国教，但同时强调国家须确保宗教信仰自由，维护宗教的中立性，淡化宗教色彩的倾向比较明显。新宪法专设"权利与自由"章节，强调男女平等，并对就业、医疗卫生等关乎百姓民生方面制定了具有操作性的规定，积极回应了民众要求自由平等、提振经济、发展民生的诉求。[1]《宪法》第21条规定了男女平等，第27条规定了财产权，第31—32条规定突尼斯人民享有广泛的自由和权利。

然而，世俗主义者与伊斯兰主义者之间的紧张关系并没有在新宪法颁布后得到缓解，他们的争执还体现在如何对待萨拉菲主义者制造的威胁。萨拉菲主义是伊斯兰主义的一个分支，它以回归先辈的传统，纯洁伊斯兰教而著称。突尼斯剧变之后，大量的萨拉菲主义者被释放。但被监禁的经历已经让他们变得更加激进，很难重新融入社会。与此同时，大量年轻的伊斯兰主义者脱离了复兴党所主张的温和伊斯兰主义，加入了萨拉菲主义组织当中，[2] 使得后者成为最具影响力的伊斯兰组织之一。

突尼斯的萨拉菲主义组织并不统一，但大都坚持保守立场。萨拉菲主义者尤其是其中的激进者，对突尼斯的安全局势造成了严重威胁。萨拉菲主义者先后冲击了美国驻突尼斯大使馆、突尼斯的美国学校、突尼斯纳斯玛电视台、突尼斯大学等机构，强行向民众灌输其主张。更为严重的是，他们和国际恐怖主义联系紧密，威胁到突尼斯的国家安全。"沙利亚法保卫者"与利比亚的同名组织有直接联系。该组织利用利比亚的混乱局势，培训并输送了大量"圣战者"前往叙利亚、伊拉克等

---

[1] 若木：《回到"革命"始发的地方——从突尼斯新宪法颁布说开去》，《世界知识》2014年第12期。

[2] Anne Wolf, *Political Islam in Tunisia: the History of Ennahda*, Oxford & New York: Oxford University Press, 2017, p.140.

国战场。"奥克巴旅"在突尼斯制造了数起恐怖袭击事件，其中包括 2013 年 2 月和 7 月的两起政治谋杀案。萨拉菲主义者在国内的潜伏组织制造了 2015 年 3 月的巴尔杜博物馆袭击事件、6 月苏塞海滩袭击案。2016 年，突尼斯总统车队也遭到恐怖主义者的袭击。

因此，如何处置萨拉菲主义者的威胁，成为突尼斯政治的一个问题。世俗派和伊斯兰主义者之间存在很大分歧。世俗主义者将萨拉菲主义者与伊斯兰主义者视作一个整体，要求复兴党承担责任。他们在宣传中也试图强调伊斯兰主义者造成的威胁，甚至认为伊斯兰主义者可能将突尼斯带回中世纪。世俗主义议员不同意萨拉菲主义政党取得合法地位，在恐怖主义事件爆发后试图彻底禁止其活动。但是复兴党认为，萨拉菲主义者也是突尼斯合法公民，理应享有革命后广泛的政治自由，激进主义者只是其中的一部分，且其根源在于严重的社会问题，他们只是一些误入歧途的同志。在一次内部讲话中，复兴党主席拉希德·格鲁希曾将萨拉菲主义者称为自己的孩子，苦口婆心地劝他们耐心等待实施沙利亚法的合适时机。① 在萨拉菲主义者制造袭击后，复兴党顶着压力，试图将其引导至合法的参政渠道。直到 2013 年 7 月第二起谋杀案爆发后，复兴党才在外部压力下开始转变立场。阿里·拉哈耶德担任总理后，将"沙利亚保卫者"组织定为恐怖主义组织，并通缉其首领。

三 "半总统制"的运行及其挑战

突尼斯革命后，百废待兴，如何改革前政权的弊端，重新设计政治体制是突尼斯转型的一个重要问题。这一问题首先在 2011 年 10 月大选后形成的新政府执政实践中得到了初步解决。突尼斯新政府成立后，对政府各部门的职责，制宪议会的权力，以及履职期限进行了广泛讨论。最终，复兴党的主张占据上风。按照计划，一年内制宪议会应制定出新的宪法，在这个阶段内，突尼斯实行半总统制，原先总统拥有的许多权力移交总理，总理握有实权，总统的地位明显下降。

"半总统制"成为突尼斯新的政治体制，目的是要从根本上铲除滋生威权体制的土壤。新宪法大幅削减总统权力，规定总统不再担任三军统帅，部分权力被分解让渡给总理。议会的权限在原有基础上有所扩大

---

① Anne Wolf, *Political Islam in Tunisia: the History of Ennahda*, p. 151.

和加强。《宪法》第 73 条规定，只有穆斯林才有资格当选为共和国总统。《宪法》还规定，总理由议会第一大党提名。但总理的权限受总统制约。① 新宪法强调司法独立，任何机构不得进行干涉，并设立专门机构处置贪污腐败、违反人权的案件。新宪法还规定总统、总理、议员等高官须公布个人财产，这在阿拉伯国家乃至发展中国家中尚属首例。新宪法还强化对公民基本权利的维护与保障，同时鼓励其行使自由权利。新宪法明确开放党禁，积极培育良性的政党文化。为弥补长期实行一党专政的缺陷，新宪法给予公民充分的组党结社自由权利，强调反对党在国家政治生活中的杠杆作用，并对政党活动做出合理规范。随着突尼斯新宪法的颁布，民主转型最为关键的建章立制工作基本完成。突尼斯在平衡各方利益、保持历史延续性和努力创新的过程中，艰难完成了第一个阶段的工作，相对顺利地向选举政治发展。

随着制宪工作的完成，突尼斯制宪议会的使命已完成，突尼斯需要根据新宪法选举正式代表，组成新的国家权力机构。在议会选举中，13000 名候选人角逐 217 个议会席位，包括 18 个海外代表席位。主要的政党包括突尼斯呼声党（Nidaa Tounes）、宪政运动（Destourien Movement）、复兴党（Ennahda）、人民阵线（Popular Front）、共和大会党（Congress for the Republic）等。

2014 年 10 月 26 日，选举结果揭晓，世俗政党突尼斯呼声党获得胜利。它以 40% 的得票率，获得 85 个议席，成为议会第一大党。另外，人民阵线和自由爱国联盟②各获得 7% 的选票，突尼斯希望党③获得 4% 的选票。共和大会党和政权民主自由劳工联盟分别获得 4 个和 1 个席位，得票率仅为 2%。但复兴党由于强大的动员能力仍然保住 69 席，得票率为 32%。④

11 月 23 日，突尼斯举行革命后的首次总统大选。有 27 位候选人参加选举，其中不乏百万富翁和前政府高官。在第一轮选举中，胜出的参

---

① 若木：《回到"革命"始发的地方——从突尼斯新宪法颁布说开去》，《世界知识》2014 年第 12 期。
② 自由爱国联盟由突尼斯富翁萨利姆·利阿希（Slim Riahi）创建，他坚持世俗主义倾向，但具体政纲并不明确。
③ 主张市场自由主义和青年人的领导地位，是世俗主义政党。
④ "Elections: Tunisia Parliament 2014", IFES Election Guide, http://www.electionguide.org/elections/id/2746/，登录时间：2018 年 12 月 15 日。

选人是赛义德·埃塞卜西和蒙塞夫·马尔祖基。赛义德·埃塞卜西时年88岁，在布尔吉巴总统时期曾担任内政部长和国防部长，在本·阿里时期曾担任议长，革命后担任过渡政府总理，政治经验极为丰富。2012年，他创立突尼斯呼声党，是反对派领袖。蒙塞夫·马尔祖基是著名的人权斗士，参与创建突尼斯人权联盟，在本·阿里时期长期流亡国外。革命后，他回到突尼斯，成为共和大会党的领导人。在三党联盟时期担任过渡政府总统。马尔祖基的政党虽然表现惨淡，但他本人拥有极高的政治威望，得到复兴党的大力支持，是埃塞卜西的强劲对手。由于在第一轮投票中，两人得票率分别为39%和33%，均未过半，总统选举进入第二轮。在第二轮投票中埃塞卜西以55%的得票率击败马尔祖基，当选突尼斯革命后的首位总统。①

突尼斯呼声党虽然赢得议会大选和总统大选，但并没有完全控制局势。主要问题在于它在议会中未占绝对多数，这便使呼声党在组阁时遇到难题。如果它与其他世俗主义政党联合组阁，可能面临复兴党的强烈反对。复兴党声称要在议会否决其内阁名单。但如果它选择与复兴党联合组阁，就要冒着背叛其多数支持者的风险，一些民众在街头采访中明确指出，这将是一种背叛。②

出于现实政治的需要，呼声党还是选择与复兴党联合。2015年2月，总统赛义德·埃塞卜西选择的总理哈比卜·埃西德公布了他的政府名单。联合政府包括呼声党、复兴党、突尼斯希望和自由爱国联盟，以及部分独立派人士。呼声党掌握关键席位，穆罕默德·恩纳萨尔（Mohamed Ennaceur）和塔伊布·巴古什（Taïeb Baccouche）分别担任议长和外交部部长。复兴党获得四个次要职位。新政府的成立，意味着过渡期的结束，突尼斯从内战的边缘重新回归秩序。与埃及、利比亚、叙利亚、也门等国相比，突尼斯仍然是最为稳定、最具发展实力的中东国家。虽然各种力量不断角逐，但突尼斯最终形成了一个联合政府，通过相互间的妥协达成最终的共识，确保了突尼斯政治的健康和持续发展。虽然呼声党和复兴党各自的政纲差别很大，但都代表突尼斯政治中的温

---

① "Elections: Tunisia Parliament 2014", IFES Election Guide, http://www.electionguide.org/elections/id/2746/，登录时间：2019年7月11日。

② 《突尼斯世俗党派赢得议会》，《东方早报》，http://money.163.com/14/1031/09/A9SGKHOK00253B0H.html，登录时间：2019年7月11日。

和派。在民主转型时期，政治和解是其中最为重要的因素之一。复兴党收回了前宪政民主联盟成员不得继续从政的苛刻条件，呼声党则适度满足了复兴党的一些合理的宗教诉求。世俗政党和宗教政党两派的融合，显然更有利于突尼斯未来的发展。

但在政治实践中，半总统制下的总统权力受到限制，让突尼斯政治家颇不适应。总理不尊重总统的意愿自行其是，总统在发布命令时得不到总理的支持，让双方的矛盾不断积累，以至于影响了政治体制的整体运行，总统与总理之间的权力之争被称为"府院之争"。最早的"府院之争"，在过渡政府执政时期就已经出现。2012年，利比亚政府前总理巴格达迪·穆罕默迪（Baghdadi Mohmoudi）在突尼斯避难。突尼斯政府内部就是否回应利比亚过渡政府请求发生了激烈冲突。总统马尔祖基作为人权主义者坚决反对引渡，认为引渡可能让巴格达迪·穆罕默迪处于危险境地，受到不公正对待。而总理贾巴利则无视总统的立场，决定引渡。[1] 而事实上，在半总统制下，外交权被授予了总统，总理不能代替总统决策。这在突尼斯联合政府内部产生了很大纷争，动摇了联合政府的团结。这一事例展现了强势总理和弱势总统之间的互动关系模式。但是，在2015年之后出现的"府院之争"中则呈现了另外一种情况，即强势总统和弱势总理之间的互动关系。

埃塞卜西由于其崇高的个人威望和世俗主义阵营领袖的角色，再加上他本人的强势风格，很快表现出了强势总统的特点。但是，作为合法的内阁首脑，总理也有一定的实权。在埃塞卜西时期，"府院之争"表现得尤为激烈，甚至影响到了突尼斯政治转型的前途。2014年底，呼声党在议会大选和总统大选中获胜，标志着突尼斯政治主导权从伊斯兰主义者转移到了世俗主义者手中。不过，呼声党组建联合政府后，埃西德政府的表现没有达到预期目标。2016年3月，恐怖主义武装大举进攻本·古尔丹口岸让其威信扫地。再加上呼声党内部分裂，28名议员离开了其议会党团，使得呼声党失去了第一大党的地位。突尼斯政治危机再次出现。7月，突尼斯总统埃塞卜西要求埃西德总理辞职，并召集执政联盟（呼声党、复兴党、突尼斯之声、自由爱国联盟）和反对派，以及三个市民社会团体（突尼斯总工会，突尼斯工业、贸易和手工业联

---

[1] Anne Wolf, *Political Islam in Tunisia: the History of Ennahda*, p. 135.

盟，突尼斯农业渔业协会）在总统府签订了一项协定，被称为"迦太基协定"。2016年9月，作为各党派协作的成果，在埃塞卜西总统和拉希德·格鲁希的牵头下，形成了突尼斯各党派和社会团体共同参加、协商重大事件的非常设机制，即"迦太基对话"①。

"迦太基协定"的最大成果在于成功组织了"民族团结政府"，由呼声党人尤素福·沙赫德担任总理。沙赫德成为突尼斯变革以来，担任总理时间最长的政府首脑。但是，埃塞卜西一手扶持上台的总理沙赫德也不能和总统保持一致。"府院之争"继续在二者之间展开。2017年和2018年，埃塞卜西也曾试图通过这一机制，撤换他认为能力欠佳的沙赫德总理，但没有如愿。相反，沙赫德总理表现得越来越强硬，开始挑战埃塞卜西的权威。埃塞卜西和沙赫德之间的矛盾主要表现在以下几个方面。首先，二人的执政理念不尽一致。埃塞卜西推崇布尔吉巴式的治国模式，沙赫德则倾向于专家治国论。其次，二人对于民主政治的理解不同。埃塞卜西虽然对于突尼斯的民主转型发挥了很大作用，但并不是一个民主政治的信奉者。他组建的呼声党内部充满了本·阿里时期的政治人物，领导的政党内部缺乏民主。他甚至试图扶持自己的儿子担任党主席，并最终继承其总统职位。而沙赫德总理则对埃塞卜西的这种行为极为不满。作为反击，沙赫德总理与呼声党的对手复兴党结成了联盟。这最终导致了呼声党的分裂。最后，二人在政策方面也有很多争执。沙赫德上台之后，强力反腐。此举不仅在于赢得民心，还在于规范国内经济秩序，为经济发展创造良好的营商环境。但埃塞卜西包庇许多污点商人，不遗余力地为他们开脱。在埃塞卜西的推动下，突尼斯议会通过了《和解法案》，对于公务员曾经的腐败行为既往不咎。

因而，"府院之争"的根本在于权力之争。突尼斯独立以来形成的政治体制中，总统权力独大，几乎拥有生杀予夺的权力。布尔吉巴和本·阿里的表现都非常强势，二人加起来主宰了突尼斯半个多世纪。在转型时期，突尼斯的政治文化虽然经历了很大变化，但并没有完全摆脱其历史传统。新当选的总统仍试图加强权力控制，干预政治运作。马尔

---

① Julius Dihstelhoff, Kattrin Sold, The Carthage Agreement Under Scrutiny, *Carnegie Endowment for International Peace*, November 29, 2016, http://carnegieendowment.org/sada/66283，登录时间：2019年1月10日。

祖基担任总统期间，由于其较为薄弱的支持基础，对突尼斯转型时期的政治未发挥过多作用。到埃塞卜西当选总统之后，总统的影响明显扩大。埃塞卜西迫切希望改变总统在大部分问题上无权的情况，但新宪法对其权力的限制让他碰了钉子。此外，"府院之争"表明突尼斯的政治运行发生了很大变化。在总统制下，总理往往是政治危机的"替罪羊"，关键时刻被抛出来承担责任。但在半总统制下，总理的地位得到了加强，已经可以挑战总统的权力。在转型时期，只有一位总理是由于总统的压力而解职的，其他总理都未受总统影响。因而，突尼斯虽然引入了西方式的民主政治，定期选举，政党轮替的戏码接连上演。但是，突尼斯的民主政治形式多于实质，宪政在名义上的进展明显，但在现实政治中阻力重重。

总体而言，对于突尼斯政治发展，有三点值得深思。首先，突尼斯的政治现代化不是线性的。如前所述，突尼斯在宪政民主与威权政治之间不断转换。宪政民主的希望出现后，往往会被威权政治的现实所否定。威权政治建立一段时间后，又出现宪政民主的新变革、新曙光。突尼斯的政治发展总体上在不断进步，但进步的过程反反复复，呈螺旋形发展。其次，突尼斯政治发展存在一定程度的路径依赖。突尼斯曾经以世俗化作为发展战略，以学习西方为主要策略，以加入西方世界作为最终目标。但传统主义遭到很大程度的冲击后顽强地存续了下来，在突尼斯现代化中发挥了作用。突尼斯西化的道路没有走通，仍然有大量民众主张回归阿拉伯—伊斯兰文化。突尼斯新的发展战略的制定显然充分考虑到了传统文化的影响，走的是更为稳妥的道路。再次，经济现代化不会自动带来民主。突尼斯的政治变革表明，威权政治虽然在经济发展中发挥了重要作用，但对政治民主的实现贡献不大。相反，威权主义政治由于其难以满足民众对于民主化的需求，最终被推翻。此外，突尼斯的政治发展历程中不断出现改革与革命的更替。在布尔吉巴时期和本·阿里时期都出现过广泛的政治改革，当前的突尼斯也处于改革时期。由此可见，突尼斯具有改革主义的传统。但是，突尼斯的这种自上而下的改革并不能解决政治中存在的根本问题，也无法健全和完善其政治统治体系，因而最终被革命所推翻。因此，革命冲击了政治秩序，引发激烈的政治冲突，从而使突尼斯的政治发展表现出强烈的渐进主义和革命性特征。

第四章 埃及政治发展模式的悖论：
威权政治下的民主化进程

在埃及的政治发展轨迹中，政治民主化与权力集中之间的矛盾一直存在。埃及政治遵循以民主政治为基础、以政治稳定为目的、以威权主义为手段的政治路线，从而形成由威权参与的埃及式民主政治。从类一党制到多党制，从纳赛尔时期以争取独立为目标，以民族主义、泛阿拉伯主义与社会主义为依据的宪政探索，到塞西时代以恢复稳定为目的，以政治民主、保障民权为宗旨的宪政改革，都彰显着埃及政治的民主化成果。然而一党独大的政党形态、集权统治的政权回流，又体现了"威权主义"对埃及政治发展的桎梏。总体而言，埃及"威权政治下的民主化进程"既体现了埃及政治发展的方向，又暗含埃及政治发展道路曲折的源头。

第一节 君主立宪制的终结与共和政体的确立

1798年，拿破仑率军入侵埃及，打开现代埃及大门的同时也将埃及引入了屈辱的殖民历史时期。此后，埃及民众一直沿着反殖民、求独立、谋发展的轨迹在现代化的道路上摸索前行。一战期间，英国忙于战争无暇顾及，为埃及民族资产阶级的兴起提供了空间，埃及民族资产阶级兴起之后成为领导埃及走向民族独立的主导力量，君主立宪制最终被共和政体取代。

一 君主立宪制的衰落与七月革命

在埃及民族资产阶级的努力下，1922年，埃及实现了名义上的独立。1923年，埃及首部《宪法》通过，《宪法》规定"埃及是一个独立自主的主权国家，统治权不可分割与让渡，其政府为继承君主制，政府形式为代议制"①，以此奠定了埃及君主立宪政治的框架，但立宪时期国王仍具有重要的权力，他们常常与宗主国英国联合对付不利于自己的宪政。

1917—1936年福阿德国王统治期间，埃及常常解散议会，仅1930年到1935年5年间就解散了三次议会，宪政制度名存实亡。领导埃及民族主义革命的资产阶级在这一时期也逐渐腐败，并沦为王权的附庸。埃及民众常年生活在专制的环境中，教育匮乏以及高文盲率使他们很难理解如何争取自己的政治权利，对政治的参与热情并不高。第二次世界大战后，埃及国王法鲁克专制独裁，执政党华夫脱党保守腐败，行政丑闻使华夫脱党在民众中的支持率大大下降，国家政治经济生活逐渐失序。为挽救危机，1951年再次当选首相的华夫脱党领袖纳哈斯宣布，废除1936年的《英埃条约》，要求英国退出埃及以实现埃及的完全独立。此举引来英国不满，在英国政府指使下法鲁克国王罢免纳哈斯，解散原有内阁。此后的埃及内阁频繁更替，埃及政坛进入"不稳定的政治形态与政府变动中"②。

国王的专制、政府的腐朽、资产阶级的局限性使埃及独立与发展的重任落到了有知识、有爱国热情，又有革命武器的军人团体——埃及自由军官组织肩上。埃及自由军官组织是由年轻军官组成的秘密组织。1948年第一次中东战争结束后，埃及民众对法鲁克政府的不满情绪达到顶峰，自由军官组织发动政变的计划也在战后逐步展开。自由军官组织上层的中央委员会由9个来自军队的年轻军官构成，纳赛尔为中央委员会主席。由于自由军官组织成员大都年轻且没有威望，他们找来了在军队与社会中具有名望的纳吉布将军出任名誉领袖。③ 在一切准备就绪后，1952年7月22日晚，自由军官组织发动军事政变，史称"七月革命"，君主立宪制也成为埃及的历史。

---

① 毕健康：《埃及现代化与政治稳定》，社会科学文献出版社2005年版，第57页。
② Hassan Hassan, *In the House of Muhammad Ali: A Family Album, 1805-1952*, Cairo: The American University in Cairo Press, 2000, p. 128.
③ Joel Gordon, *Nasser's Blessed Movement: Egypt's Free Officers and the July Revolution*, New York: Oxford University Press, 1992, p. 12.

二 纳赛尔主义与共和政体下的"威权主义"

纳赛尔带领自由军官组织完成推翻封建王朝、建立新埃及的任务后,迅速开始了"民族独立"的斗争。纳赛尔时期埃及的政治路线是以"纳赛尔主义"为基调前行的。纳赛尔主义的主要内容包括:民族主义、泛阿拉伯主义、社会主义。

(一)民族主义与苏伊士运河战争

"民族主义"是"纳赛尔主义"的基本内容,它既是纳赛尔"自由军官组织"发动七月革命的思想基础,又是纳赛尔掌权之后政治行动的出发点。长期的殖民历史使埃及民众对民族尊严与国家独立的渴望非常迫切。早在"七月革命"之前,纳赛尔领导的"自由军官组织"就提出了反殖民、反封建买办、要求实现埃及民族解放和国家独立的"六项纲领","七月革命"可以说是"自由军官组织"在埃及最初的"民族主义"实践。所以,将所有英国殖民残余赶出埃及,实现埃及"民族主义"革命的胜利是纳赛尔主义最基础的任务。1954年10月,在纳赛尔的努力下,埃及与英国签订了1936年《英埃协议》的补充协议,协议规定了英国军队撤出埃及的最后时间。1956年6月,英国从埃及撤出了最后一支部队,埃及民族主义革命取了重要的胜利。但1954年协议中提出,若埃及陷入战争,英国可重新介入埃及,[①]这一条款为苏伊士运河战争的爆发埋下了伏笔。

第一次中东战争后,纳赛尔急需现代化的技术与武器武装自己的军队,应对极有可能发生的战争。1955年2月,以色列对加沙地带发动空袭,摧毁埃军指挥所,打死、打伤多名埃及官兵。这次军事摩擦使纳赛尔更加迫切地寻求外界的军事帮助与武器援助。美国与西方为防止埃及进入苏联阵营,最先答应给予援助,但随着以色列在美国与西方世界的重要性增加,埃及寻求美国与西方援助的计划破产,纳赛尔由此改变战略,向东方寻求支援。1955年4月,在印度尼西亚召开的万隆会议上,纳赛尔受到多国领导人的欢迎,会后在苏联的帮助下从捷克斯洛伐

---

① Michael T. Thornhill, Britain, "the United States and the Rise of an Egyptian Leader: The Politics and Diplomacy of Nasser's Consolidation of Power, 1952 – 4", *The English Historical Review*, Vol. 119, No. 483, September 2004, p. 892.

克购买到武器。

武器来源解决之后,如何突破经济困境成为纳赛尔政府亟须解决的另一难题。纳赛尔提出修建"阿斯旺大坝"以缓解国内的经济与工业压力。阿斯旺大坝计划修建在尼罗河干流,首都开罗以南约800公里的阿斯旺城附近,建好的大坝可用来灌溉、发电、防洪、航运及旅游。为修建大坝,纳赛尔积极奔走寻求国际资金援助,与武器资金援助结果相似,在没有得到美国允诺的资金支持后纳赛尔转向苏联求助,苏联同意向埃及提供1/3的造坝费用,还愿意提供400名技术人员奔赴埃及进行大坝的建造工作。[①] 为了得到更加充裕的资金修建大坝,也为了将英国势力完全赶出埃及,1956年7月26日,纳赛尔宣布将苏伊士运河收归国有,运河的收入将用以建造大坝。

苏伊士运河国有化伤害了英国与法国在埃及的利益,引起了英法的不满。当纳赛尔宣布运河国有化之后,英国、法国和以色列迅速取得联系,并商定对埃及的作战计划。他们决定先由以色列从西奈南部的沙姆沙伊赫对埃及展开攻击,随后英法再以"埃及处于战争之中"为借口进入苏伊士运河区域,要求双方退出该地,停止战争。英法介入后,以色列按计划宣布退出,埃及则拒绝。英法以此为借口对埃及展开空袭,苏伊士运河战争爆发。战争爆发后,英国、法国、以色列的侵略行径遭到了全世界人民的声讨,在联合国介入、美苏核威胁、国际社会强烈谴责下不得不宣布停战。英、法、以军队被迫在联合国紧急部队的监视下退出埃及,埃及人民的英勇奋战获得了国际社会的赞誉。这场战争的胜利是纳赛尔领导下埃及民族主义革命的胜利,纳赛尔成为埃及的民族英雄。经过多年的民族革命,埃及终于实现了民族解放和国家独立,"民族主义"的胜利也为纳赛尔"泛阿拉伯主义"的推行打下基础。

(二)泛阿拉伯主义

"泛阿拉伯主义"是纳赛尔主义的又一重要内容,是纳赛尔"民族主义"的延续。苏伊士运河战争的胜利使纳赛尔不仅在埃及享有盛名,也成为整个阿拉伯世界的民族英雄,这场战争神化了纳赛尔,使其成为"卡里斯玛式"领袖。威望达到了顶峰,并为随后纳赛尔的"泛阿拉伯主义"实践打下基础。1958年2月1日,埃及与叙利亚宣布建立"阿

---

① Tore Kjeilen, "Aswan High Dam", *Encyclopedia of the Orient*, March 25, 2005.

拉伯联合共和国",也门也于当年3月正式加入。阿拉伯联合共和国的成立使整个中东地区都为之震动,黎巴嫩、巴勒斯坦也在随后加入。黎巴嫩希望得到纳赛尔的支持对抗国内马龙派,巴勒斯坦将纳赛尔看作带领他们独立的英雄,并将阿拉伯联合共和国看作自己未来国家的一部分。1961年纳赛尔《七月法令》颁布后,埃及经济的恶化,与叙利亚之间的矛盾加深,叙利亚军方1961年9月28日发动政变,并宣布退出阿拉伯联合共和国,[1] 同年12月也门也退出,但这并不意味着纳赛尔"泛阿拉伯主义"尝试的终止。1966年11月4日,埃及与叙利亚缔结军事协定,规定一旦爆发战争,双方将成立联合司令部。[2]

1966年,叙利亚政权支持巴勒斯坦以约旦为基地对以色列发动进攻,11月,以色列对约旦进行了袭击。1967年,叙利亚与以色列边界也不断有袭击事件发生。4月7日,叙利亚和以色列展开了空战,在这场交战中叙利亚损失了6架飞机,双方矛盾升级。5月5日,苏联向埃及提供情报称,以色列在北部集结兵力,准备在5月17日进攻叙利亚。[3] 5月14日埃及军队得到消息后进驻西奈沙漠,并宣布国家进入紧急状态。苏伊士运河战争后驻扎在西奈地区的联合国紧急部队也因埃以之间的矛盾升级,被迫从西奈地区逐步撤退,埃以之间再无缓冲地带。1967年6月5日,以色列首先发动了对埃及的攻击,袭击了埃及的19架飞机,"六·五战争"打响。以埃及为代表的阿拉伯一方本就准备不充分,面对装备精良的以色列军队,很快处于下风,不久战争以阿拉伯一方的完全失败结束。1967年"六·五战争"后以色列占领了西奈半岛、加沙地带、约旦河西岸、耶路撒冷老城和叙利亚的戈兰高地,共计6.5万平方公里的阿拉伯土地,确定了其在战略上的优势,以埃及为首的阿拉伯一方损失惨重。

"六·五战争"虽然失败了,但是"泛阿拉伯主义"仍旧是纳赛尔重要的外交基础。战后埃及迅速制订军事、经济发展规划,为再对抗以色列、夺回失地做准备。军事上,埃及得到苏联的军事援助。截至

---

[1] Jason Thompson, *A History of Egypt*: *From Earliest Times to the Present*, Cairo: The American University in Cairo Press, 2008, p. 308.
[2] 彭树智:《二十世纪中东史》,高等教育出版社2001年版,第191页。
[3] 彭树智:《二十世纪中东史》,第191页。

1967年10月底，埃及的飞机数量已经达到战前水平，坦克也增至700辆。① 1967年8月，阿拉伯国家领导了在苏丹首都喀土穆召开的针对以色列的"三不"会议，② 这次会议团结了阿拉伯各国，会后埃及从约旦、利比亚、科威特、沙特等国获得了财政援助。埃及经济、军事力量得到恢复后，从1968年开始又不断地在埃以边界发动针对以色列的"消耗战"。埃以之间频繁的军事摩擦使双边局势进一步紧张，本就经济衰弱的埃及因为军费负担，困境更加严重。

（三）"威权主义"下的集权政治

纳赛尔上台之初，埃及与英国之间的民族矛盾是当时社会的主要矛盾。推翻与英国关系密切的法鲁克王朝，实现埃及独立，能够得到埃及民众的支持，也是纳赛尔政权合法性的基础。纳赛尔上台后，进一步强调民族矛盾，宣称国家利益高于一切，淡化国内的阶级差别，将自己作为国家以及民族尊严的象征，凌驾于民众权益之上，以此作为其威权统治的基础。1956年苏伊士运河战争的胜利，更是将纳赛尔民族领袖、国家领袖的身份推向顶峰，"泛阿拉伯主义"的推行使纳赛尔成为整个阿拉伯民族的象征，在"民族主义"与"泛阿拉伯主义"的推进下，纳赛尔"卡里斯玛式"领袖形象的建立，进一步强化了纳赛尔"威权主义"的基础。

"七月革命"后，纳赛尔宣布废除1923年《宪法》，王权不复存在、议会被禁止。1953年2月，埃及试行临时宪法，"自由军官组织"改组为"革命指导委员会"，纳吉布出任总统，纳赛尔担任内务大臣。③"七月革命"后以纳吉布为首的包括穆斯林兄弟会、华夫脱党在内的政党，主张在三年过渡期后实行议会民主制，他们要求参与政治权力争夺的意向与纳赛尔"威权主义"意见相左，由此展开了双方的竞争。1953年，纳赛尔以安全为由，宣布解散政党，成立"解放大会"。纳赛尔宣称"解放大会"并非政党，不是代表某个阶级，而是代表全体埃

---

① ［日］田上四郎：《中东战争全史》，军事科学院外国军事研究部译，解放军出版社1991年版，第165页。

② 会上通过了阿拉伯国家的三项政策：不承认以色列；不与以色列谈判；不与以色列签署和平协议。

③ Selma Botman, "Egyptian Communists and the Free Officers: 1950-54", *Middle Eastern Studies*, Vol. 22, No. 3, 1986, pp. 350-366.

及民众利益的政治组织。"解放大会"以实现埃及民族完全独立、发展经济、社会稳定、政治公平为纲领，寻求全体国民对政权的支持，强调共同的民族解放任务，以求同存异共建新埃及为宗旨。[①] 纳吉布担任"解放大会"主席一职，纳赛尔为副主席，解放大会的职能与政党相似，中央设有解放大会最高委员会，地方机构服从中央管制，负责处理地方事务。纳赛尔对纳吉布在"解放大会"内担任领袖之职不满，多次打压纳吉布势力。

1954年2月，纳吉布因备受纳赛尔的打压而宣布辞职，随后支持纳吉布的民众通过游行示威表示对"民主议会制"以及"纳吉布担任总统一职"的支持，纳吉布的军方背景也给了纳赛尔一定的压力。不久，纳赛尔主导的"革命指导委员会"妥协，纳吉布重新担任总统。在所有人以为纳吉布获得权力斗争胜利的时候，纳赛尔暗中清除了纳吉布在政界与军界的势力，并获得了商界的支持。1954年10月，在纳赛尔授意下，商界组织游行示威抗议纳吉布总统的政策，随即"革命指导委员会"宣布掌握政权。11月，纳吉布辞职，纳赛尔成功掌握政权，以代总统的身份主持国家事务。1954年末，纳赛尔在参加亚历山大城市的活动中遭遇穆斯林兄弟会成员暗杀，这次暗杀行动成为纳赛尔清除穆斯林兄弟会、打压埃及国内各反对势力的直接原因，大批穆斯林兄弟会成员被逮捕，反对党被宣布为非法。到1954年年底，纳赛尔宣布埃及所有政党被取缔，亲自担任"解放大会"主席兼总书记。

1956年1月，埃及为期三年的过渡时期结束，埃及政府起草的新宪法在全国民众的支持下高票通过。1956年《宪法》规定：国家采用"总统制民主共和政体"，总统由35岁以上的埃及籍民众担任；议会提名总统候选人后，经由民众选举产生；总统任期为6年，可连任；总统是国家元首、政府首脑和武装部队最高统帅；内阁对总统负责，总统主持内阁会议和任免部长。[②] 新宪法还给予民众广泛的选举权，并提出建立"代表委员会"，"代表委员会"为咨询机构，不具有立法机构的权

---

① Hopwood, D., "Egypt: Politics and Society 1945 – 1981", *International Affairs*, September 1984, p. 8.
② 哈全安：《埃及史》，天津人民出版社2016年版，第142页。

力。① 次年，"民族联盟"取代"解放大会"以政党的功能继续存在。纳赛尔在"民族联盟"内担任主席一职，萨达特担任"民族联盟"的总书记。纳赛尔再次宣称埃及没有阶级之分，民族联盟即代表整个埃及的利益，埃及其他政党仍被取缔。"民族联盟"在中央的权力机构为全国代表大会和"民族联盟"执行委员会，具有参与制定法律与监督行政的作用，"民族联盟"在地方上设置相应的地方组织负责地方事宜。议会议员候选人必须由"民族联盟"执行委员会提名，再由民众选举产生。

1962 年，纳赛尔政府颁布了《民族宪章》，由此确立了埃及官方的意识形态为阿拉伯社会主义。纳赛尔提出的社会主义是埃及模式的社会主义，是一个以阿拉伯民族主义为基础、伊斯兰教为信仰、国有制与私有制并存、没有阶级界限、发展经济、追求平等的社会主义国家。纳赛尔提出，"我们希望在友爱和民族统一的范围内，把我们所有的阶级团结起来，通过和平的方式解决阶级搏斗，既不用暴力，也不用流血……在民族联盟内部解决分歧"②。不久，"民族联盟"改名为更能代表《民族宪章》精神的阿拉伯社会主义联盟。二者在内部构成、运作方式上都无大的改变，只是更加强调埃及的阿拉伯民族属性以及埃及的社会主义成分，并提出了土地改革、经济国有化等政策。埃及政治经济权力高度集中于纳赛尔手中。1964 年，纳赛尔政府颁布新宪法修正案，再次强调了总统的绝对权力，总统候选人由议会提名，总统组建内阁，总统有权否决议会决议，有权颁布紧急状态法。③ 这次宪法修正案虽然强调了议会的立法权，但总统可以否决议会的法案，也就是说纳赛尔时期的议会是依附于总统存在的。1969 年，最高法院成立，但依据 1964 年宪法修正案规定，埃及最高法院院长必须由阿拉伯社会主义联盟成员担任。阿拉伯社会主义联盟忠于党领袖纳赛尔，由此可知，司法机构亦是总统的附属机构，埃及的党政军权集于纳赛尔总统一身。政党联盟、议会、司法机构都成为纳赛尔政治威权的工具。

---

① History of the Egyptian Constitution, http://constitutionnet.org/country/egypt, 登录时间：2019 年 3 月 22 日。
② 唐大盾：《非洲社会主义：历史理论实践》，世界知识出版社 1988 年版，第 103 页。
③ Fahmy, N. S., *The Politics of Egypt: State-Society Relation*, London: Routledge, 2002, p. 45.

（四）"威权主义"下的经济政策

纳赛尔时期经济威权表现为国家控制下的经济发展——经济国有化、土地改革以及计划经济等。纳赛尔时期国家对经济的控制是威权政治模式在经济领域的表现，是纳赛尔"民族主义"的逻辑延续、是对抗传统封建式经济、殖民式经济的工具。纳赛尔的经济政策主要是以国家的力量整合土地、发展经济，并重新夺回殖民国家垄断的经济领域资产，铲除外国资本对本国资本的冲击。

1956年之前埃及的经济模式为私有经济占主体的资本主义市场经济。纳赛尔担任总统后，对埃及的经济模式进行了全面的调整，主张将埃及建成一个"民主、合作、社会主义"的国家，他认为社会主义是推进埃及经济和社会进步的唯一出路。[①] 1952年"七月革命"以后，以纳赛尔为首的革命指导委员会在全国开始推行"土地改革"，9月，埃及新政府颁布《土地改革法》，规定土地拥有者不能超过二百费丹，超过部分由政府征购。土地改革打击了埃及腐败混乱的土地兼并市场，将埃及的耕地重新分配。但是这次改革涉及面较窄，仅使小部分少地或者无地的农民获益。1961年，纳赛尔宣布在埃及进行第二次土地革命。这次土地改革中王室的土地被没收，土地租金降低，土地拥有者拥有土地的平均面积也从二百费丹降到一百费丹。土地改革使埃及国有的耕地面积增加了近1/3，[②] 有利于埃及的农业发展。

在城市，计划经济与国有化经济二者并行推进。1952年纳赛尔推翻法鲁克王朝后，对原有的工商业、银行业、保险业、运输业和进出口贸易进行了企业国有化。"国家监督"成为这一时期埃及经济市场的主要特点。随后经济国有化的对象由外国资本转向国内私人资本。1960年，埃及两大私人财团米绥尔银行和国民银行及其下属公司均被纳赛尔政权收归国有。[③] 到1962年，51%的企业收归国有，[④] 但是私人商业仍然存在，纳赛尔说，"虽然提倡国家干预工业，但这并不意味着国家是

[①] 王泰：《埃及的政治发展与民主化进程研究（1952—2014）》，人民出版社2014年版，第93页。
[②] Tarek Osman, *Egypt on the Brink*, Yale University Press, 2010, p. 48.
[③] 哈全安：《纳赛尔主义与埃及的现代化》，《世界历史》2002年第2期。
[④] Anouar Abdel-Malekh, *Egypt*: *Military Society*, New York: Random House, 1968, p. 363.

唯一的资本家"①。在加强政府对经济战略控制的同时，政府还制订了相应的、严格的投资计划，有目的地管理国家经济，政府掌控市场、稳定工资制度、严格控制进口货物，实行进口替代战略，由此帮助埃及实现经济稳步快速地增长。纳赛尔社会主义经济改革的目的是使埃及社会朝着更加均衡的方向转变。②

此外，纳赛尔的经济政策还表现为以国家的力量重新夺回殖民帝国垄断的经济领域资产，铲除外国资本对本国资本的冲击。1956年英美等国在苏伊士运河公司的股份被收回后，大量的外国企业也被收归国有，外国资本在埃及经济生活中的垄断地位不复存在。纳赛尔的经济政策是使用国家力量整合埃及经济，以威权模式集中发展经济，是当时埃及经济实现快速发展的重要原因。

三 纳赛尔威权政体的多元困局

1956年苏伊士运河战争的胜利是纳赛尔执政生涯的转折点，这场战争既是纳赛尔政治生涯的巅峰，又是纳赛尔威权统治下社会政治危机的开始。

（一）社会经济危机

1956年6月，全国大选开启，纳赛尔以99.95%的高票当选埃及总统。③ 7月，随着苏伊士运河战争胜利，纳赛尔的权力达到顶峰，有学者指出，"埃及的政治、立法、司法以及出版权力全部集中在领导人身上，领导人的意图就是国家的意图"④。权力集中之后，纳赛尔宣布将在埃及建立最低工资制度，推进教育建设，承诺在埃及建立包括健康、住房在内的社会福利制度。在纳赛尔时期，埃及的教育得到快速发展，大量的中小学被建立起来，小学人数增长了近3倍，中学人数增长了近8倍，大学人数则增长了近5倍，在纳赛尔去世的时候，埃及民众的识字率增加到50%。但是配套的教育硬件资源没有发展起来，师资不足，

---

① Jason Thompson, *A History of Egypt: From Earliest Times to the Present*, Cairo: The American University in Cairo Press, 2008, p. 304.

② Tarek Osman, *Egypt on the Brink*, p. 47.

③ Nasser Elected President, https://www.history.com/this-day-in-history/nasser-elected-president, 登录时间：2019年3月20日。

④ Jason Thompson, *A History of Egypt: From Earliest Times to the Present*, p. 303.

教室拥挤，教学标准下降等，这些问题使纳赛尔的社会福利政策大打折扣，大批毕业生找不到工作，成为社会稳定的隐患。

纳赛尔的经济政策在后期开始显露危机。土地改革、计划经济以及国有化在埃及的推进使原先的社会阶层分化、经济路线改变。国有化后期腐败、竞争力不足等，使国有化企业连连亏损，政府不得不提供补贴维持企业的运行，这些经济政策在加重政府财政负担的同时，更削弱了国内企业的发展动力。为了缓和社会矛盾，满足大学生就业需求，提高民众的福利，纳赛尔还创建大量政府部门的工作岗位，由此导致了官僚机构的膨胀，政府财政负担加大，进一步加重了政府的财政困境。到1965年，大量的国有化企业面临经营困难的局面，需要政府的资金补贴，新的国有企业需要政府大量资金投入才能维持运营，社会福利中的住房和基础设施建设也需要大量资金加以完善，而官僚机构的膨胀、军费开支的增长，都考验着埃及政府的经济承受能力，埃及财政已不堪重负。1967年，埃及的外债已达到20亿美元。[1] 与此同时，埃及亲苏路线使美国停止了对埃及的农业援助，造成了埃及食品短缺，国内通货膨胀率提高。西方的经济制裁使埃及本就紧张的经济状况雪上加霜。埃及通货膨胀进一步加剧，民众的生活质量进一步下降，埃及的社会矛盾在经济的困境下更加尖锐。

（二）外交形势不容乐观

经济危机蔓延的同时，外交危机也困扰着纳赛尔政权。纳赛尔统治后期埃及与美苏等国矛盾重重、"泛阿拉伯主义"尝试的失败加剧了纳赛尔后期的政治困境。纳赛尔上台后最先向西方国家伸出橄榄枝，希望能够得到经济与军事援助，但在修建阿斯旺大坝和埃以冲突等问题上，西方国家对以色列明显的偏袒行为引起了纳赛尔的不满，使纳赛尔不得不寻求社会主义阵营的帮助。埃及从捷克斯洛伐克获得武器、接受苏联的技术与人员资助，进一步遭到了美国与西方国家的敌视。20世纪60年代开始，西方国家对埃及进行了联合抵制。埃及与苏联的关系也因纳赛尔拒绝苏联在埃及部署军队而显得扑朔迷离。

与此同时，苏伊士运河战争后，埃及的胜利使纳赛尔受到了整个阿拉伯世界的欢迎，纳赛尔作为"泛阿拉伯主义"的倡导者让整个阿拉

---

[1] Jason Thompson, *A History of Egypt: From Earliest Times to the Present*, p. 311.

伯世界的民众认为：纳赛尔应该且有责任带领阿拉伯人民取得对以色列战争的胜利，帮助巴勒斯坦人民获得失去的土地。当纳赛尔从苏联成功购买武器后，阿拉伯民族更加深信纳赛尔是阿拉伯的民族英雄，能带领他们实现阿拉伯的民族复兴。1954 年，初生的叙利亚"阿拉伯社会复兴党"在获得政权后，积极寻求纳赛尔的政治保护，向纳赛尔发出了建立埃及、叙利亚联合政府的申请，很快得到了纳赛尔的同意，1958 年 2 月 1 日，埃及与叙利亚宣布"阿拉伯联合共和国"成立。[①]

"阿拉伯联合共和国"的成立使沙特、约旦、伊拉克等阿拉伯国家产生恐慌，他们害怕这种行为影响自己的政权，纷纷采取措施对抗阿拉伯世界的新联合，在经济与军事上对阿拉伯联合共和国形成制约。很快，"阿拉伯联合共和国"内部也出现了分裂，其中埃及与叙利亚之间的矛盾最为深刻。埃及国有化经济政策加重了埃及政府的财政负担，纳赛尔实行的社会福利造成机构膨胀的同时，社会经济断层等问题也开始出现，埃及社会矛盾重重。相对埃及而言，叙利亚的市场经济成分更多地保留下来，经济相对较好，"阿拉伯联合共和国"后期，埃及的经济负担转向叙利亚。1961 叙利亚与也门退出"阿拉伯联合共和国"，纳赛尔的"泛阿拉伯主义"尝试不仅失败还加深了阿拉伯世界内部的分化。

（三）"六·五战争"深化危机

1967 年，纳赛尔政权迎来更为直接的危机——埃及与以色列的摩擦升级。1948 年第一次中东战争爆发后，巴勒斯坦问题就成为中东问题的症结，阿以对抗由此开始。1956 年苏伊士运河战争的胜利给阿拉伯世界带来了希望，他们认为阿拉伯能在埃及纳赛尔的带领下战胜以色列并夺回失去的领土。因此，他们对战后埃及专注于国内经济、政治事务的做法极为不满，他们认为纳赛尔是整个阿拉伯世界的领袖，专注于埃及事务是对叙利亚以及巴勒斯坦解放运动不负责任的表现，他们要求纳赛尔尽快帮助阿拉伯国家恢复荣誉。被"泛阿拉伯主义"绑架的埃及于 1967 年 6 月 5 日带领阿拉伯方对以色列发动了"六·五战争"，"六·五战争"使埃及丧失了大片领土，战争的失败加深了埃及本就存在的政治经济危机。

---

① Gamal Abdel Nasser, http：//www.newworldencyclopedia.org/entry/ Gamal_ Abdel_ Nasser#cite_ note－27，登录时间：2019 年 3 月 22 日。

第四章　埃及政治发展模式的悖论：威权政治下的民主化进程　161

1969年，美国总统尼克松上台，他提出将在中东实行代表公平与和平的"和平福音计划"，这个计划是以联合国242号决议为基础的行动方案。这套方案受到纳赛尔的欢迎，它使纳赛尔看到收复失地的可能。1970年7月23日，纳赛尔宣布接受"和平福音计划"，两周后，埃以实现停火，消耗战结束。纳赛尔对美国态度的转变激起了巴勒斯坦的不满，他们认为纳赛尔的行为是对美国与西方的投降。巴勒斯坦激进主义者将约旦作为基地开始实施恐怖主义行动，约旦政府对巴勒斯坦在约旦境内的据点进行清扫，导致黑九月事件①的产生。叙利亚表示支持巴勒斯坦，阿拉伯内部矛盾逐步升级。为了避免阿拉伯内部斗争升级，1970年9月27日，纳赛尔主导下的阿拉伯国家在开罗召开了解决巴勒斯坦与约旦问题的峰会，② 9月28日，纳赛尔突发心脏病离世，他的时代也随之终结。

第二节　萨达特威权统治下的民主化初试

1970年9月28日，纳赛尔突然去世，萨达特以副总统的身份登上总统之位。上台之后萨达特先利用"矫正革命"赢得了与萨布里集团总统之位的博弈之局；又以多党制的"民主化改革"将纳赛尔主义者从政治领域彻底清除；再以十月战争的胜利，获得了"卡里斯玛式"领袖威权统治的基础。在摆脱纳赛尔政治影响力，修复纳赛尔主义衍生危机的同时，萨达特无意间种下了埃及共和国政治民主化的胚芽——多党政治与民族民主党。

一　"矫正革命"与萨布里集团的失败

萨达特于1918年12月25日出生于米努夫省，父亲是一名在陆军医院工作的职员。因兄弟姐妹众多，幼年家境贫寒。1936年，萨达特考入"埃及皇家军事学院"，并在不久后参加"青年埃及党"，1952年，萨达特与纳赛尔一起发动了"七月革命"，成为革命指导委员会委

---

① 黑九月事件是约旦与巴解组织之间的冲突。1970年9月6日，巴府组织劫持3架西方飞机并在约旦炸毁。9月17日，约旦军队包围巴解组织，炮击巴解组织基地及巴勒斯坦难民营，巴解组织基地被迫从约旦转移至黎巴嫩。这次流血冲突事件被称为"黑九月事件"。

② Anthony Nutting, *Nasser*, New York: E. P. Dutton, 1972, p. 475.

员。1956年，萨达特支持纳赛尔担任总统，随后在埃及政坛内长期担任副总统之职。1970年9月28日，纳赛尔突发心脏病去世，依据埃及宪法规定，萨达特继任总统，埃及共和国进入了萨达特时代。①

　　1970年继任总统的萨达特面临的是一个充满挑战的埃及。政治上，纳赛尔的去世使领导集团内部分裂，派别林立，在分歧与斗争不断的政治上层，来自萨布里集团的挑战成为萨达特新生政权最直接的内部威胁；民众对民生的诉求成为萨达特实现政治合法性亟须解决的基础；如何突破纳赛尔遗留的外交困境也成为新生的萨达特政府不得不考虑的重要环节。纳赛尔时期埃及宪法规定：埃及人民是伟大的阿拉伯民族大家庭的组成部分，在阿拉伯民族解放斗争中负有不可推卸的责任。② 埃及的外交在"泛阿拉伯主义"的主导下与以色列以及西方各国长期处于对峙的局面。政府对军费投入逐年增加，1967年，埃及军费开支为7.2亿美元，到1974年，这一数字已达23亿美元。③ 庞大的军费开支、经济国有化后期的危机、人口的不断增加，引起的高失业率、高通货膨胀以及贫困等问题，使埃及民众怨声载道。"六·五战争"失败所造成的国土丧失、苏伊士运河关闭造成的外汇收入锐减，更加深了民众对政府的不满。

　　萨达特总统上台后，其面临的最直接威胁是以"纳赛尔主义者"自居的萨布里集团，双方无论是在执政理念还是外交立场上都存在巨大的分歧。萨布里集团主张"社会主义"，而萨达特更倾向于"民主和社会公平"。在外交上，萨布里集团坚持"泛阿拉伯主义"，萨达特则提倡以埃及利益为主的外交政策。面对继任总统萨达特，具有统治优势的萨布里集团表现出诸多不满，萨达特一上台，萨布里集团就提出在埃及实行1956年前"革命指导委员会"的集体统治以制衡萨达特。1970年10月20日，萨达特任命亲信马赫茂德·法齐为副总统，接着宣布萨布里集团核心力量"社会主义先锋队"④违法，解散了萨布里集团依靠的军

---

① Mohammed Anwar Al Sadat, http://www.newworldencyclopedia.org/entry/Anwar_Sadat, 登录时间：2019年3月22日。
② Beattie K. J., *Egypt during the Nasser Year*, Leiden: E. J Brill, 1981, p. 117.
③ Robert Mabro and Samir Radwan, *The Industrialization of Egypt 1939–1973: Policy and Performance*, New York: Oxford University Press, 1976, p. 38.
④ 雷钰、苏瑞林：《中东国家通史·埃及卷》，商务印书馆2003年版，第308页。

事力量。1971年5月，萨达特开始推行"矫正革命"政策。他解除了萨布里的职务，并以叛国罪逮捕了他。仅在1972年内，萨布里集团包括高级大臣和前武装部以及安全部的头目在内的90余人被逮捕，罪名为颠覆国家未遂罪。①

针对阿拉伯社会主义联盟中仍存在大量的萨布里集团势力这一问题，萨达特提出在埃及实行议会制度，议员不局限于从阿拉伯社会主义联盟中推选。在萨达特的安排下，大量非"萨布里派"进入议会。在1971年6月的议会选举中，有利于萨达特的议会选举已成效显著，萨达特在议会中的支持者由1970年的562人上升至1237人，萨达特已然成功建立了自己的权力集团。② 萨布里集团的溃败是萨达特政治权威确立的重要基础，萨达特在解决萨布里派问题后，开始了国内外的改革。

二 多党制的出现与民族民主党的建立

萨达特国内政治改革的首要特点是建立多党政治制度，开启了埃及政治民主化的先河。萨达特时期，埃及政党由一党向多党的转变分四步完成。1974年10月，萨达特颁布的《十月文件》声称，"撤销所有的非常措施，确保法律、制度的稳定"③。《十月文件》的颁布开启了萨达特多党制的尝试，在这个文件中，萨达特虽然仍强调阿拉伯社会主义联盟是埃及唯一合法的政治组织，但文件中批评了纳赛尔时期党内缺乏民主的声音，并允许在阿拉伯社会主义联盟内发表不同的政治见解。④ 8月，萨达特颁布了《发展联盟方案》，规定只要尊重纠偏革命的基本原则就可以加入联盟，还规定联盟只是表达民意的机构，不再拥有政治权力。然而这一时期，淡化一党制、发展多党制的举措多数为政治讨论，政治行动几乎没有，阿拉伯社会主义联盟仍然是埃及的权力中心，纳赛尔主义的拥护者仍旧存在广泛的影响力。⑤

1976年1月，萨达特在党内再次发起关于一党制的讨论，不同的

---

① Jason Thompson, *A History of Egypt: From Earliest Times to the Present*, p. 319.
② Jason Thompson, *A History of Egypt: From Earliest Times to the Present*, p. 319.
③ Baker, R. W., *Egypt's Uncertain Revolution Under Nasser and Sadat*, Cambridge: Harvard University Press, 1978, p. 150.
④ Metz, H. C., *Egypt: A Country Study*, pp. 80-82.
⑤ Alaa Al-Din Arafat, *The Mubarak Leadership and Future of Democracy in Egypt*, Palgrave Macmillan, 2009, p. 13.

派别、意识形态间的分歧渐显。随后，阿拉伯社会主义联盟在萨达特的授权下正式分裂为左派"纳赛尔主义"、右派"自由社会主义"、中间派"阿拉伯社会主义"。许多高级政府官员都来自中间派，如时任埃及总理的马姆杜·塞勒姆。左派"纳赛尔主义"者是萨达特政策的主要反对者，右翼"自由社会主义"者倾向于支持萨达特政权，这次分裂是萨达特时代政治多元化的起点，[1] 三个派别已然具备独立政党的特点。1976年11月，萨达特正式宣布这三个组织为正式政党：分别为左派民族进步联盟党、中间派阿拉伯社会主义党、右派自由社会主义党。随后，论坛的形式也被取消，代之以多党制。阿拉伯社会主义联盟仍旧存在，但其职责仅限于监督党派活动和管理政党收入。1978年7月，联盟被取消，多党制政体确立。

（一）埃及民族民主党

阿拉伯社会主义联盟作为萨达特支持势力的出现，并不能满足萨达特的政治期望，创建一个完全意属于自己、忠于自己的新政党是萨达特巩固政治统治的新举措。1978年，萨达特建立了自己的政党：民族民主党。1978年11月2日，民族民主党正式被赋予合法地位，建党宗旨是"基于科学和信仰的现代化国家的迈进"，目标是"埃及人民的幸福生活"[2]。萨达特之所以放弃阿拉伯社会主义党，一方面是因为阿拉伯社会主义党作为阿拉伯社会主义联盟的遗产，不可能完全满足萨达特在议会抵抗反对党的目的；另一方面，萨达特外交上的和平计划需要一个支持自己并且强有力的政党。

埃及民族民主党衍生于阿拉伯社会主义联盟，萨达特出于政治目的的考虑，对党内组织的运行形式并未做出过多更改。整体来看，他所做的只是在多党制的外衣下对阿拉伯社会主义联盟亲萨达特势力进行解散与重组，因此阿拉伯社会主义联盟众多的运作方式被民族民主党继承下来。阿拉伯社会主义联盟和民族民主党都是为确保总统的合法性而成立的，它们有着相似的政治组织选拔程序。它们的结构不是固定的，是随着外界挑战的变化而变化，对它们来说组织结构并不重要，如何保障总统的合法性、党的合法性才是最重要的。

---

[1] 哈全安：《中东史：610—2000》，第565页。
[2] Beattie, K. J., *Egypt During the Sadat Years*, pp. 237-238.

民族民主党内成员来自各个阶层与利益团体。党内上层成员主要由军队政要、各领域内的顶尖专家以及一些国有化企业和私人大企业的领导者组成，中层成员主要来自各级官员、各专业领域的精英以及有名望的乡绅。政党最基础的力量来自广大乡村中等地主家庭，他们成为萨达特政权最广泛的支持力量，这些成员大都受过良好的专业教育，凭借自己的教育背景、地区声望赢得议会席位，是民族民主党内的重要力量。埃及民族民主党的最高权力机关是全国代表大会以及由代表大会选出的政治局，政治局下设书记处、常设委员会和专门委员会。全国代表大会由包括政治局、书记处、国家代表以及其他机构在内的总计4000名成员参加，他们聚合在总书记的领导下。

萨达特时期民族民主党的组织模式具有以下特点。首先，党员与政权虽然在形式上联系紧密，但不代表加入民族民主党就能获得较高的政治地位，事实上许多人加入民族民主党仅仅是为了保住现有工作。其次，在选民方面，民族民主党对工人阶级的吸引力有限，工人阶级更喜欢纳赛尔主义的意识形态和政治主张。民族民主党在农村并未设置相应的机构和代表名额，并未在农村设置委员会，他们更依赖地主乡绅和富裕的农民阶层，普通农民很难与政权建立起联系。再次，纳赛尔时期"社会主义联盟"中军事干预不同政见者的暴力特点有所下降，民族民主党更体现各阶层、各集团联合支持萨达特政权的形象。最后，虽然与纳赛尔时期阿拉伯社会主义联盟完全从属于政府相比，埃及民族民主党是以独立政党形象出现的，但民族民主党作为执政党，其党内缺乏民主的声音，党内成员的建议很容易被忽视，也很难在政策实施过程中发挥效用。埃及民族民主党对政府和总统仍具有较强的依附性。

（二）忠诚的在野党

多党制的出现自然包含反对党的诞生，萨达特认为任何民主制度都应该有它自己的反对党。[①] 创造忠于政权的在野党是民族民主党在多党制体制下合法性免受挑战的重要举措。萨达特政权下的在野党正起着这样的作用，它们由萨达特一手创办，或受到政府的诸多限制被迫采取支持萨达特政权的立场。一旦这些政党对政权表现出反对之意，萨达特可以迅速做出回应，重组或者解散这些在野党。因此，在萨达特时期，民

---

① 王泰：《埃及的政治发展与民主化进程研究（1952—2014）》，第167页。

族民主党毫无竞争压力可言。"忠诚的在野党"仅是体现这一时期多党制体制的工具,它们并不会对萨达特政权造成真正的威胁。

首批在野党是由萨达特一手创立的,如衍生于1976年阿拉伯社会主义联盟分裂的民族进步联盟党与自由社会主义党。这两个党派在1976年成为独立政党。尽管它们在理论上代表社会主义与自由主义,但就其自身而言,政党内部并未形成有效的力量,这两个政党的重要成员是在萨达特的授意下担任党内职位的,例如自由党的核心人物阿布·沃费就是萨达特的妹夫。[1]

当萨达特意识到某些在野党不再"忠诚"时,他常常利用政治权力解散或暴力打击对政权威胁的政党。1977年8月,萨达特政府被迫批准新华夫脱党成立,随后,新华夫脱党和民族进步联盟党、自由社会主义党同时批评政府腐败。1978年6月1日,在萨达特的授权下,议会通过了《保护国内安全和社会安宁法》[2],新华夫脱党被正式解散。1978年,萨达特要求民族进步联盟党解散,不久政府关闭了民族进步联盟党主办的报纸,限制民族进步联盟党的政治活动,自由社会主义党也被迫解散。随后萨达特授意时任农业部长易卜拉欣建立社会劳动党,作为新的在野党来扩充多党制。但1981年社会劳动党因不受控制,党魁被逮捕,社会劳动党不再是合法政党[3]。为了体现自己所建立的是一个"宽松自由的政治社会",萨达特希望出现一个既可以平衡社会其他力量又可以接受其控制的政党。穆斯林兄弟会就是在此情况下重新活跃起来。然而结果与上述几个政党一样,在萨达特感觉其不再受控之后遭到无情打击。萨达特时期埃及在多党制体系下存在"反对党",但这些反对党多数为"忠诚的党",并不会对民族民主党构成多大的阻碍。

总体而言,萨达特上台后的政权稳定有三个重要的支柱:首先是建立新的政党制度——多党制;其次是建立忠于自己的在野党;最后建立各种有利于自己的制度和规则。这样的政治策略显然是精心设计的,这些步骤有利于萨达特利用多党制的外衣保护自己的权力基础,即确保民族民主党的一党独大。反对党的弱小加上政权的保护使民族民主党在合

---

[1] Alaa Al-Din Arafat, *The Mubarak Leadership and Future of Democracy in Egypt*, p. 13.
[2] 雷钰、苏瑞林:《中东国家通史·埃及卷》,第350页。
[3] Alaa Al-Din Arafat, *The Mubarak Leadership and Future of Democracy in Egypt*, p. 15.

法的形势下免受政治挑战，确保了民族民主党执政的长期性。

三 十月战争与萨达特统治危机的衍生

萨达特继任之初，纳赛尔时期"泛阿拉伯主义"在埃及以及整个阿拉伯社会仍存在影响力。1969年9月1日，卡扎菲领导"自由军官组织"掌握利比亚政权后，迅速与埃及取得联系，希望实现两国的合并，践行泛阿拉伯主义。1971年4月17日，利比亚、埃及、叙利亚成立"阿拉伯联合共和国联盟"。然而这一联盟与先前"阿拉伯联合共和国"的演变轨迹类似，随着各国之间的分歧越来越大而破裂。卡扎菲对乍得湖地区以及苏丹事务的干预引起萨达特的不满，1977年埃及与利比亚之间爆发了边境战争，"泛阿拉伯主义"在埃及的尝试失败使萨达特开始调整其外交政策，放弃泛阿拉伯主义的立场，转变为从埃及利益出发的"收复失地"运动。

"六·五战争"使埃及失去了大片土地，如何使以色列归还埃及的土地成为萨达特初期最希望解决的外交问题。为实现收复领土的目的，萨达特希望与美国缓和关系，希望美国与联合国的干预能使242号决议生效，使以色列从埃及领土撤军。与此同时，萨达特还与苏联保持良好关系，以便从苏联获得军事援助。随后苏联大量的军事技术人员进驻埃及，为萨达特政府提供帮助。1971年，埃及与苏联签订了为期15年的联盟条约。但当萨达特意识到苏联希望中东保持这种抗衡局面以便维持苏美的平衡，而且苏联不再会向埃及提供更多更先进的武器补给时，萨达特开始对苏联采取强硬政策。1972年7月18日，萨达特下令驱逐在埃及的苏联人，埃苏关系恶化。此时埃及与以色列之间的僵持局面使西奈地区的石油无法开采、苏伊士运河无法对外开放，埃及旅游业也大大受损，当美国决定停止对埃及的粮食援助时，埃及经济雪上加霜。萨达特政府的经济状况不足以维持军备竞赛，发动战争、获得胜利，实现话语权、夺回领土是萨达特唯一的选择。

1973年10月6日清晨，在以色列赎罪日当天，以埃及为首的阿拉伯联军南北合作对以色列发动了进攻。由于以色列过于迷信巴列维防线，并未设置过多防护障碍，埃及军队很快突破了守卫薄弱的巴列维防线，并利用高压水枪、地对空导弹对抗以色列方面的空中袭击，很快在战争中展现出了埃及的军事优势。北方的叙利亚也同时展开对以色列的进攻，他们夺回了戈兰高地的大部分区域，因此以色列将攻击重心转向北部的叙利亚，埃及取得了埃以边界的军事优势。10月17日，以色列沙龙将军率领一支小分队突破防线进入运河西岸切断了埃及军队与西奈军队的联系，阿拉伯石油输出国组织针对以色列的举动提出对西方的石油禁运，以石油为武器对抗以色列与美国的联合。

1973年10月22日，联合国安理会通过了旨在实现中东停火的第338号决议。虽然埃及与以色列接受了停火协议，但是，隔日以色列军队向苏伊士运河西岸的埃及阵地再次发起攻击，迅速包围了苏伊士城，对埃及第三军团形成了合围之势。10月24日，以色列军队再次向被围的埃及第三军团发动进攻，再次违反停火协议。战争爆发后，苏联表示将利用核武器介入中东乱局，这引起了美国的恐慌，为保持现有和平，美苏放下争执与联合国合作多次向以色列施压，要求以色列停火。最终在10月27日，埃以两国将军举行会谈，以方同意埃及对被以色列包围的第三军团进行补给运输，十月战争遂告结束。十月战争中埃及的胜利使一直沉浸于"六·五战争"失败带来的失望情绪中的埃及人民情绪高涨，10月6日也被定为埃及重要的国家节日——建军节，萨达特在埃及国内威望空前提高，为其威权统治提供了基础。

在社会经济领域，萨达特政府采取对外开放、扩大私营资本的政策。对此，党内有人抱怨这种方式是刺激消费和投机的行为，且对外开放、扩大私营企业所占比例将威胁国企。但是更多的人支持对外开放政策，他们希望扩大对外开放，减少政府限制，借此削减纳赛尔主义的遗留影响。许多政府人员甚至公开反对纳赛尔主义，他们认为纳赛尔时期所实行的是一种独裁政治，他们谴责纳赛尔对人民的压榨。

1974年，《十月文件》指出，将利用一切可以利用的资源引入外资、发展经济，除了引入美苏两方阵营的资源之外，还大力引入阿拉伯国家的资金和技术。文件还提出在埃及建立合营企业；引进外资并实行优惠政策；推行进口自由化，改进对外贸易体制，将双边贸易发展为多边贸易；坚持中央计划和国有部门占主导作用的前提下，放松对进口和国内贸易的限制；建立自由区。这次经济改革主要是鼓励私人以及外部资金对埃及的投资，尤其是从石油生产国吸引资金。十月战争后，苏伊士运河也重新对外开放，运河收入分担了财政负担；对外限制的取消使大批埃及劳工奔赴埃及之外的其他阿拉伯国家工作，

第四章　埃及政治发展模式的悖论：威权政治下的民主化进程

大量的外汇涌入埃及，外汇收入甚至比运河收入与旅游收入总和还多。1973—1979年石油价格的飙升，也为埃及经济的复苏提供了帮助，埃及经济出现好转。

萨达特的经济"开放政策"为埃及经济带来了活力，使埃及经济实现了短期的突破。但是长期来看，经济开放政策效果是复杂的，许多结果不如预期。开放政策为埃及带来了许多投资，但是这些投资多用于国内旅馆、旅行社、饮料等项目，基础工业、农业的投资比重则较小，造成了产业的不平衡。萨达特开放"进口自由"导致大批国外消费品进入埃及，埃及国内的工业、企业受到冲击，生存下来的企业对国内市场形成垄断，通货膨胀、贫富分化等问题冲击着埃及社会。"外汇收入"虽然是埃及重要的经济支柱，但是大量的外汇家庭使用外汇购买外国产品，资金外流现象严重。而且高端人才的外流，也引起了埃及社会高端人才短缺的问题。萨达特政府为减轻财政负担，还宣布缩减民众的财政补贴，对食品补贴的缩减激起了民众的愤怒。1977年，埃及大批民众进行游行示威。1978年1月19日，政府不得不宣布停止缩减补贴的政策，但是埃及国内的经济困境仍未解决。

埃及国内的经济危机使萨达特认识到，必须有新的成果提高自己的政治威望。"收复失地、利埃主义"成为萨达特寻求突破的目标。1973年十月战争的胜利为萨达特提供了谈判的政治筹码。为了收复"六·五战争"失去的土地，萨达特提出了解决阿以问题的新方案——和平对话解决争端。1977年11月9日，萨达特在埃及国会演讲中提出，"我准备走到地球的尽头，当以色列听到我在你们面前的这场发言时，它将震惊。我准备到他们家中，到以色列议会上与他们对话"。① 以色列很快以欢迎的姿态对萨达特的示好做出了回应。1977年11月20日，在消除隔膜、启动日内瓦和谈并不顺利的背景下，埃及总统萨达特毅然前往耶路撒冷，开启了埃及同以色列之间的和平谈判。萨达特在以色列的演讲在国际社会以及阿拉伯世界得到了截然不同的回应。埃及国内多数民众对萨达特的和平尝试表示欢迎，他们厌倦了与以色列的对抗，认为巴勒斯坦问题让他们付出了过多的人力、物力和财力，而且十月战争的胜

---

① Camp David Accords, http://www.newworldencyclopedia.org/entry/Camp_David_Accord，登录时间：2019年3月22日。

利使埃及民众认为和平谈判是由埃及先提出的,这是强者解决方案的新姿态。

以色列的总理贝京并未像萨达特希望的那样表达出善意,反而强调将加强对加沙地带的控制,并否认了巴勒斯坦人民的所有政治权力。而且萨达特积极的和平谈判行为遭到了国内激进穆斯林的反对,他们同巴勒斯坦以及其他阿拉伯国家一样,认为萨达特在以色列演讲的行为是对阿拉伯世界的背叛,是对巴勒斯坦的出卖。1978年1月,萨达特在采访中不满地说到,"贝京没有提供任何东西,正是我给了他一切,我给他提供了安全和合法性,但我没有得到任何回报"。同年6月,萨达特回国后,要求西奈士兵做好完全解放战争的准备。8月,美国总统卡特介入中东事务,邀请贝京与萨达特共赴美国戴维营参加和谈。1978年9月5日,埃及总统萨达特同以色列总理贝京在美国戴维营举行和谈。"1978年9月17日,在美国的主持下,三方达成一致意见,埃以签署了《戴维营协议》的两份文件:《关于实现中东和平纲要》和《关于埃及同以色列之间和平条约的纲要》。"[1] 这使埃以之间关系出现重大转机,《戴维营协议》"基本上解决了埃以两国之间的重大争端,结束了两国之间30年的战争状态,在'土地换和平'方面树立了一个成功的范例"。[2] 协议提出,以色列将从西奈半岛分批撤军,解除在此地设置的以色列定居点,埃及则允许以色列的商用船只使用苏伊士运河与蒂朗海峡。以色列同意巴勒斯坦在加沙地带与西岸地区建立政权,不再设置新的定居点。埃以两国随后建立了外交关系,萨达特的行动再次在埃及国内受到欢迎。

然而,战后贝京非但没有撤出原先的定居点,反而增加了定居点的人数,并宣布将建立新的定居点,贝京的决定引起萨达特的气愤。埃以矛盾激化后,美国总统卡特迅速奔赴中东,协调埃以矛盾,萨达特与贝京之间进行了为期一周的谈判。1979年3月20日,美国以埃及与以色列达成的和平协议为前提,表示愿意向埃及提供战斗机和价值20亿美元的其他武器装备。为了鼓励以色列从西奈半岛撤军,美国也表示将负

---

[1] 季国兴:《第二次世界大战后中东战争史》,中国社会科学出版社1987年版,第422—423页。

[2] 卢少志:《十月战争对埃以关系和美欧中东政策的影响》,《内蒙古民族大学学报》2000年第1期。

第四章 埃及政治发展模式的悖论：威权政治下的民主化进程

担以色列从西奈地区撤兵的30亿美元的军费。1979年3月26日，在经过数月的艰苦谈判之后，萨达特和贝京在华盛顿签订了《埃以和平条约》。根据条约的有关条款，以色列保证将分批次从西奈半岛撤出其部队和定居者，整个撤出行动有望在三年内完成；以色列的商用船只可以使用苏伊士运河以及蒂朗海峡；以色列保证条约签订一个月内将启动巴勒斯坦自治问题的谈判。《埃以和平条约》的签订，缓和了埃以的对立，萨达特和贝京对美国总统卡特为埃以和平谈判做出的努力表示感谢。

《埃以和平条约》的签订，以色列从埃及的撤军以及美国对埃及的援助，加深了萨达特对美国的好感。萨达特多次表达对美国的友好，甚至提出希望加入北大西洋公约组织的想法。1981年9月，萨达特将苏联大使以及相关的苏联工作人员驱逐出埃及，向美国表明自己的亲美立场。萨达特的外交行动受到阿拉伯世界的集体否定。巴勒斯坦人民谴责埃及与以色列的和解行为，认为此举是对巴勒斯坦利益的出卖。阿拉伯世界也对萨达特的外交行动表示不满，纷纷与埃及断交，阿拉伯联盟将埃及开除，并将总部从开罗迁至突尼斯。阿拉伯石油输出国组织也将埃及开除，沙特取消了原先对埃及的援助计划。埃及在整个阿拉伯世界遭到了冷遇。

在埃及国内，大多数民众对萨达特的决定表示支持，他们认为埃及已经为巴勒斯坦问题付出了太多的人力、物力、财力，"泛阿拉伯主义"在埃及民众心中已经逐渐弱化。但国内极端宗教势力仍然是萨达特的威胁，他们对萨达特的亲美外交表示不满。1980年，萨达特通过议会修订宪法，伊斯兰教法成为立法的基础，遭到了科普特人的反对。1981年夏，埃及爆发了一系列穆斯林与科普特之间的暴力冲突，萨达特下令逮捕涉事人员。至9月，1500余人被监禁，其中大部分为穆斯林。这次冲突加剧了国内激进穆斯林势力对萨达特的仇视。1981年10月6日，在庆祝十月战争胜利的节日里，萨达特遇刺身亡，萨达特时代终结。[1]

---

[1] Anwar Sadat, http://www.newworldencyclopedia.org/entry/Anwar_Sadat, 登录时间：2019年3月22日。

第三节　继承与微调：穆巴拉克民主化改革与威权统治的危机

穆巴拉克与萨达特相似，都是在前总统突然离世的情况下继承总统之位。上台之后，穆巴拉克的首要任务是巩固政权的合法性基础。他通过"党内民主化改革"获得对党政军的绝对控制，同时又借"宪政民主化改革"的形象得到埃及民众的支持。穆巴拉克政府认为，可控的"民主化改革"有利于埃及民众民主意识的苏醒。在邻国突尼斯"茉莉花革命"的影响下，埃及民众对民主、民生的要求，外化为反穆巴拉克威权统治的"一·二五革命"。革命的胜利将穆巴拉克的威权统治推向了历史的终点。

一　穆巴拉克威权统治的建立及党内民主化改革

萨达特时期多党制和民族民主党的出现，成为埃及政治民主化的重要标志。民族民主党员，无论是在议会选举中，还是总统选举中，都担任重要角色，作为执政党的埃及民族民主党员在议会、政府以及军队中占据了许多要职。为巩固统治，穆巴拉克统治前期对民族民主党进行改组，加强对民族民主党的控制。此外，穆巴拉克统治中后期通过"党内民主化改革"稳固其威权统治的同时，又为其子贾迈勒继承之路做好准备。

1928年5月出生的穆巴拉克，先后就读于埃及军事学院和空军学院，有留学苏联的经历。1967年，穆巴拉克被任命为空军军官学校司令官，1969年41岁的穆巴拉克成为最年轻的空军司令，1973年因在十月战争中发挥出色晋升为空军元帅。1975年，穆巴拉克被萨达特任命为副总统。[①] 在副总统职位上，穆巴拉克以谦虚、低调的处事方式很好地完成了诸多党内党外工作：包括监督总统和内阁的日常事务，担任民族民主党最高安全委员会的领袖等。1981年10月，萨达特的遇刺事件虽然为穆巴拉克登顶埃及权力之巅提供了机会，但穆巴拉克就任总统的合法性不足。1981年11月，上台之后不久，穆巴拉克就以民主改革者

---

① 雷钰、苏瑞林：《中东国家通史·埃及卷》，第340页。

第四章　埃及政治发展模式的悖论：威权政治下的民主化进程

自居，对外宣称自己无意垄断国家权力、延长总统任期，国家民主制是埃及国家强大的保证，权力属于全体公民。① 但随后他却利用总统权力修改法律，帮助自己实现威权统治。

1981 年，穆巴拉克继任总统后，首先颁布了《国家紧急状态法》。《国家紧急状态法》规定，总统可以按照需求执行逮捕、监禁以及军事审判等程序。随后穆巴拉克开始调查萨达特遇刺事件，大批激进分子被逮捕，约 2000 人遭到监禁。② 穆巴拉克利用《紧急状态法》赋予的权力在内阁以及民族民主党内展开了清洗行动。大批内阁成员因"贪污"等罪名被解雇，由一些对穆巴拉克忠诚的青年接任内阁职务。新总理弗沃德·摩尼·艾丁被穆巴拉克赋予绝对的权力，以清除"萨达特主义者"。其密友大土地主威廉成为新的农业部长，以便吸收中产阶级和土地贵族加入拥戴穆巴拉克的队伍之中。他的支持者马赫格布成为人民议会的发言人。

在穆巴拉克 25 年的空军生涯中，他很少涉足政治，直至 1975 年才在萨达特的授意下开始以副总统的身份进行政治活动，其低调的处事风格并不为埃及政坛所重视。要在埃及政坛树立威信，就需要在政党内部建立自己的权力集团。民族民主党是为萨达特提供政权合法性才产生的，到穆巴拉克时期，党内原先亲萨达特的"主导联盟"，反而成为穆巴拉克在党内的限制力量。

穆巴拉克成为民族民主党领袖后，迅速对党的领导阶层进行大换血，他选择了"纳赛尔主义"者作为民族民主党新的联盟，来抵制党内的"萨达特影响"，这些人虽然以"纳赛尔主义"者自居，但是他们更倾向于为统治者服务。1984 年，穆巴拉克开始调整政治局人员，其中一半人员遭到撤换。民族民主党原先的联盟高层拉沙德·奥斯曼、穆斯塔法·哈利利、马哈茂德·苏莱曼等都被穆巴拉克以各种理由从党内重要职位上清退。③ 在 1985 年全国代表大会上，民族民主党内的一批老成员再次从重要职位上被辞退。

---

① Maye Kassem, *Egypt Politics: The Dynamics of Authoritarian Rule*, Boulder, Colo.: Lynne Rienner Publishers, 2004, p. 26.
② Jason Thompson, *A History of Egypt: From Earliest Times to the Present*, p. 343.
③ Alaa Al-Din Arafat, *The Mubarak Leadership and Future of Democracy in Egypt*, Palgrave Macmillan, 2009, p. 24.

党内人员的撤换是四大派登上埃及政坛的重要前提。四大派由尤瑟夫·瓦利、卡马尔·沙兹利、萨夫瓦特·谢里夫以及法蒂·苏鲁尔组成，他们忠于穆巴拉克，在政党议会以及政府中担任要职。穆巴拉克在1984年授意尤瑟夫·瓦利和萨夫瓦特·谢里夫、艾沙瑞夫进入政治局。1986年，穆巴拉克任命卡马尔·沙兹利进入书记处担任重要角色。四大派作为总统的保护力量正式形成。四大派服务于穆巴拉克，帮助穆巴拉克运作选举等事宜。原埃及外交大臣伊斯梅尔·法米曾对外描述："在埃及，一旦一个领导人掌握了权力，那么人们就持续地支持他，没有很多争议或者疑问。他们想当然地认为他们的统治者是一个忠诚的民族主义者，他最知道什么事情是对国家有利的。结果就像在很多国家那样，在埃及，领导者能够在不考虑民意的情况下做出重大决策。"1987年，穆巴拉克以97%的支持率高票当选总统，选举的胜利是穆巴拉克政治合法性得到民众认可的象征。

民族民主党在1990年议会选举中却表现出了明显的不足，如民族民主党的候选人只赢得了57%的议会席位。因此，民族民主党不得不在议会选举之后，重新吸纳已经获得议会席位的议员，从而确保民族民主党议会中的多数席位。这使穆巴拉克认识到必须改革党内选拔制度，从而实现民族民主党在议会席位选举中的优势地位。

1992年12月，党内选拔开始推行选举制，其目的是清除党内旧习，为民族民主党选拔优秀人才，吸收新鲜血液，创造一个积极的充满活力的政党。原先的"任命制"仍然存在，部分候选人通过党内选举成为民族民主党推选的议会议员候选人。在1992年议会选举中，60%—75%的候选人是在没有竞争者的情况下胜利的。此外，党内选举产生19名新的年轻成员加入民族民主党书记处，高层翻新率达到70%[1]。但民族民主党的核心集团政治局人员并没有多大变动。民族民主党党内精英选拔的权力，仍然掌握在四大派手中。四大派用控制党内选拔精英的途径来巩固自己在民族民主党党内的地位，他们仍然是民族民主党内绝对权力的拥有者。

1992年"选举制"虽然出现，但任命制仍是党内精英选拔的重要

---

[1] Alaa Al-Din Arafat, *The Mubarak Leadership and Future of Democracy in Egypt*, Palgrave Macmillan, 2009, p. 24.

方式，任命制的实施使得大批未能成为议会候选人的党员另辟蹊径——脱离政党以独立候选人的资格参与议会席位的竞争。为了保证议会席位多数，民族民主党在独立候选人成功当选后，往往再次赋予他们成为民族民主党党员资格，以确保民族民主党在议会中始终占有超过2/3的席位，从而保证民族民主党和总统穆巴拉克在议会中的绝对权力。这种现象由来已久，长期以来民族民主党通过这种方式实现了议会选举的胜利，如1978年89%，1984年87%，1987年69%，1990年86%，1995年94%的支持率。① 党内在议会候选人提名程序（任命制）方面的弊端，大大降低了民族民主党的可信度，其忠诚性经常成为反对政党以及民众的耻笑理由。例如在1995年的议会选举中，当时民族民主党在议会中获得417个席位，② 但"其中100个席位是吸收独立候选人议员获得的"③。

在2000年议会选举中，民族民主党候选人在议会选举中席位进一步下降至80%，④ 由1995年的410席下降到388席，⑤ 引起了总统穆巴拉克的不满。2000年议会选举的失利，不仅使埃及民族民主党进入了改革的新阶段，更为穆巴拉克之子贾迈勒·穆巴拉克成功进入政坛提供了机会。在穆巴拉克的授意下，民族民主党党内"多边改革委员会"成立，主要工作是进行民族民主党的内部改革。多边改革委员会由萨夫瓦特·谢里夫、穆巴拉克之子贾迈勒和艾哈迈德·阿兹、扎卡里亚·阿兹米主持。多边改革委员会创建了"选举团"体制，民族民主党内的议会官方候选人名单不再由某个政党领导决定，而是通过选举团选举产生，整个选票投入一个置放于公共场合的透明箱子中，以保证投票过程的公正性，通过选举团选举的候选人再经过党内"指导办公室"（贾迈勒为其主导成员）的认可，就可正式成为竞选议会席位的官方候选人。

但贾迈勒主导下的多边委员会改革并未取得理想的结果。在2001

---

① Moheb Zaki, *Civil Society and Democratization in Egypt, 1981-1994*, Cairo, 1995, p. 80.

② Bahgat Korany, Rax Brynen and Paul Noble, *Political Liberalization and Democratization in the Arab World Volume. 2, Comparative Experiences*, Lynne Rienner Press, 1998, p. 52.

③ Alaa Al-Din Arafat, *The Mubarak Leadership and Future of Democracy in Egypt*, p. 29.

④ Bahgat Korany, Rax Brynen, and Paul Noble, *Political Liberalization and Democratization in the Arab World Volume. 2, Comparative Experiences*, p. 52.

⑤ Fahmy, N. S., *The Politics of Egypt: Sadat-Society Relation*, p. 87.

年政治协商议会的选举中，选举团选举出的党内候选人仍出现了 5 名为获得议员候选人的资格而脱离民族民主党的独立候选人。在地方选举的过程中，地方保守的民族民主党领袖们竟然暗中支持这 5 个独立的候选人，对抗选举团选出的民族民主党候选人。①

内部选举程序的改革，在一定程度上摧毁了政党内部保守势力在党内的基础，但四大派仍占据党内核心领导职位。为获得党内的绝对权力，贾迈勒在穆巴拉克的支持下，在党内推行进一步的改革。2002 年 9 月，在党的内部选举结束之后，埃及召开了为期三天的第八次全国代表大会，这次会议主要是关于"民族民主党上层书记处、政治局成员更新"的会议。② 2002 年 9 月，会议决定每年 9 月召开一次年会，用以审视政党的发展，每五年召开一次全国代表大会。这次会议给政党内部带来了许多变化，如政治局成员由原来的 12 个上升至 14 个；担任政党总书记 17 年的威廉被艾沙瑞夫所代替；威廉被任命为国务事务副主席，这个职位是一个荣誉职位，在政治局的决策制定和挑选议会候选人方面没有实权。威廉政治权力的丧失显示了四大派别的衰落，以及以贾迈勒为核心的新政党领袖团的产生。③

2002 年 9 月，民族民主党第八次全国代表大会召开，成立了一个由五人组成的新书记处，设置了政策委员会。新的书记处用以处理党内各种事务，贾迈勒被穆巴拉克任命为新书记处书记，成为党内的第三号人物，分管党的政治事务，并任政策委员会主席。该委员会由 200 名成员组成，人选由党的政治局确定，均是来自教育、卫生、经济和外交等各条战线的精英。政策委员会成为党内各种决策的制定机构，负责协调政府和民族民主党的关系。政策委员会在民族民主党内部具有绝对的权力，如有权废除 14 个专门委员会等。但该委员会的权力过大引起议员们的不满，曾有议员指出，"政策委员会是民族民主党内部最具影响的核心"，这种发展将损害党员在政党政策决定过程中的作用。此外，议员们还抱怨政策委员会扩大了商人在党内的影响，这是因为有三个书记处的长官都是商人，而这些商人同样也有着议会议员的身份。④

---

① Alaa Al-Din Arafat, *The Mubarak Leadership and Future of Democracy in Egypt*, p. 30.
② Alaa Al-Din Arafat, *The Mubarak Leadership and Future of Democracy in Egypt*, p. 32.
③ Alaa Al-Din Arafat, *The Mubarak Leadership and Future of Democracy in Egypt*, p. 33.
④ Alaa Al-Din Arafat, *The Mubarak Leadership and Future of Democracy in Egypt*, p. 34.

三天的会议基本实现了贾迈勒对政党领导权的控制。贾迈勒的势力逐渐取代四大派,成为民族民主党新的核心势力。这次会议之后,民族民主党解除了萨夫瓦特·谢里夫信息部长的职务,仅任命他担任一个没有影响力的虚职——协商会议发言人。卡马尔·沙兹利也于2005年12月被解除了内阁部长的职位,并于2006年2月被书记处除名。

二 宪政民主化与反对力量的壮大

(一) 宪政民主化改革

进入21世纪,美国的大中东政策推进了这一地区民主的发展,"9·11"事件后美国希望通过改造中东的政治形态,消除中东恐怖主义的威胁。[①] 2003年,美国对伊拉克发动战争,杀鸡儆猴的行为促使阿拉伯世界先后展开了"自主改革"的浪潮,这些国家包括卡塔尔、利比亚、苏丹、沙特阿拉伯以及埃及。埃及作为中东伊斯兰世界的重要国家,美国对其政治民主化十分重视,但埃及民主进程的缓慢引起了美国的不满。

2004年3月,穆巴拉克在亚历山大图书馆举行了关于政治民主化改革的会议,这场会议名义上是为了实现国家民主发起的,实质上是为穆巴拉克的访美之路做出铺垫,向美国展示"民主改革者"的形象。2005年2月2日,布什在美国国会发言中公开表示,"埃及该走向民主了"。2005年2月3日,埃及外交部部长访美,美国再次表明希望穆巴拉克政府进行政治改革。4月3日,美国再次对埃及施加压力,要求其做出民主化改革。在多重压力之下,为巩固统治权力,提高政权合法性,穆巴拉克开始了宪政改革。

2005年2月26日,穆巴拉克向议会提出对《宪法》第76条有关总统选举的条款进行修正,对总统选举实行"差额选举",并由"总统选举委员会"监督选举。埃及官方对这次宪法修订给予了充分的肯定,指出"这一事件的意义已经超出了对宪法中一个条款本身的修改,而是标志着政治制度的全面转变,一种延续了半个世纪的政治制度从此被另一种政治制度取代,这将影响到埃及的方方面面"[②]。媒体

[①] Alaa Al-Din Arafat, *The Mubarak Leadership and Future of Democracy in Egypt*, p. 87.
[②] 孔令涛:《埃及宪法的创设、沿革及其修订》,《阿拉伯世界研究》2009年第5期。

普遍认为，这是埃及政治改革迈出的实质步伐，埃及将从此"进入一个全新的时代"①。

穆巴拉克的政治改革看似在顺应民主大潮的道路上顺利前进，然而颁布修正案只是一个应对各方压力从而维护其政权合法性的战略手段。许多埃及人对穆巴拉克向民主化迈进的举措深表怀疑。2005年5月10日，第76条宪法修正案通过，差额选举的推行看似为各政党提供了公平参与埃及政治的权利，因为根据宪法修正案每个注册的政党都可以选出一个总统候选人参与2005年的选举。然而宪法修正案规定，总统候选人所在的政党必须在议会的上下议院至少五年占有5%的席位，也就意味着五年中必须拥有不少于有23个人民议会的席位（下议院）和9个协商议会的席位（上议院）。② 显然，这种高标准限制了许多穆巴拉克的竞争者参与总统选举。总统选举委员会于2005年7月上旬正式成立，由最高法院院长曼杜·玛莱主持，而最高法院院长职位由穆巴拉克任命，其他的成员也大多为民族民主党成员，剩余的一些席位由一些退休法官担任。所以总统选举委员会的建立，并不意味着总统选举具有公正性。它缺乏足够的权力和独立性来确保总统选举的公正和透明。

穆巴拉克在2005年颁布修正案后，遭到了国内反对党派的批评。他们对"总统候选人"的诸多限制条款，以及"总统选举委员会"明显的偏向性提出了批评，他们谴责修正案"只是一场骗局"。穆斯林兄弟会的成员宣布将与其他反对派一起联合抵制5月25日的公投。在国民的质疑声中，穆巴拉克政府不得不在7月4日提出了新的宪法修正案，放宽对一些政党的审核程序，如政党所提交的申请书在90天之内未被拒绝则自动成为合法政党。③

但改革仍存在明显的不足，对一些定义的模糊解释仍然阻碍着埃及的民主化进程。如新政党的成立最初仅需在全国任意10个省中各得到

---

① 《埃及总统穆巴拉克建议直选总统》，http://news.163.com/05/0228/06/1DLJ503D0001121Q.html，登录时间：2014年12月4日。

② Alaa Al-Din Arafat, *The Mubalake Leadership and Future of Democracy in Egypt*, pp.108 – 109.

③ Alaa Al-Din Arafat, *The Mubarak Leadership and Future of Democracy in Egypt*, pp.110 – 112.

50个支持者的签名即可，但新法案将签名人数提高到了1000人。如果新政党或者新政党领袖背离了政党最初设下的原则或者违背了国家利益，政党委员会可以禁止政党的活动，而这两个规定是十分模糊和抽象的，这就使政党委员会在判断政党是否在从事"民主实践"还是"危害国家利益"上有很大的解释权。选举监督体制成为修正案公投期间最大的争议话题。一些非政府组织中的积极分子以及几百个法官形成反政府势力，一些地方的社会团体自发组织成千上万的年轻人监督选举，他们并不害怕政府以及选举委员会的压力，这些团体表示，"要确保一个公正的选举就不应该害怕国内和国外合理的监督"①。

（二）反对派的壮大与第二次宪法修正案的推行

随着民主化的推进，埃及反对派力量不断强大，对政治公平的要求也逐步提升。早期的埃及反对党势力弱小，面对萨达特、穆巴拉克对民族民主党的强力保护无力竞争，反对党多处于政治边缘地位。但随着第三次民主化浪潮的冲击，埃及人民民主意识飞速觉醒，"肯飞亚""非政府组织"等反政府组织出现。2001年，埃及的反对党已经达到16个，"有限的多党制"得到一定的发展。此外，埃及国内的反对派活动越来越公开化。2005年2月21日，开罗大学发生反对穆巴拉克的示威活动，包括自由派、左派和伊斯兰教人士在内的500多名示威者公然打出了"打倒穆巴拉克"的标语，从2004年底以来，类似事件已发生4次。②

反对派的不断强大还源于穆巴拉克政府对其控制的放松，政府的不断让步也显示出埃及毫无竞争压力的政党环境已经发生变化，埃及民众对政治公平、政治多元的要求已势不可挡。2005年，宪法修正案颁布，"差额总统候选人"制度推行，包括穆巴拉克在内有10位候选人参与了总统选举。虽然穆巴拉克以88.51%的选票赢得了接下来六年的总统职位，但这一得票率远远低于穆巴拉克以及民族民主党的预期。明天党的总统候选人努尔获得了8%的选票，华夫脱党的总统候选人戈玛也得到了3%的选票。③ 在随后的议会选举中，民族民主党也遭遇了滑铁卢，

---

① Alaa Al-Din Arafat, *The Mubalake Leadership and Future of Democracy in Egypt*, pp. 112 – 113.
② 王泰、焦玉奎：《宪政民主下的埃及大选及其影响》，《西亚非洲》2006年第4期。
③ Alaa Al-Din Arafat, *The Mubarak Leadership and Future of Democracy in Egypt*, p. 118.

在第一阶段的议会选举中,穆斯林兄弟会出人意料地领先。虽然在第二阶段的选举中,民族民主党通过重新吸纳候选人的方法,获得了311个议会席位,但穆斯林兄弟会仍取得了88个席位,2005年议会选举结果预示着民族民主党在议会的绝对优势已经开始削弱(见表4-1)。

表4-1　　　　　　2005年埃及议会选举各政党所得的席位①

选举年份	民族民主党	穆斯林兄弟会	华夫脱党	劳动党	民族进步统一党	自由党
1984	390	8	50	—	—	—
1987	346	37	35	27	—	3
1990	358	抵制	抵制	抵制	5	抵制
1995	417	1	6	—	5	1
2000	353②	17	7	—	6	1
2005	311	88	6	—	2	—

2005年总统选举与议会选举的失控,使穆巴拉克提高了对穆斯林兄弟会等宗教势力的警惕。2006年12月26日,穆巴拉克总统第二次提出修改宪法的倡议,建议对宪法条文进行修订。此次宪法修订的核心是删除宪法中关于埃及社会主义性质的描述,但同时强调社会公正;加强公民权中的平等与自由理念,禁止以宗教信仰的不同而区别对待;维护多党制,禁止在宗教基础上成立政党;加强议会对政府的监督作用;增加协商会议的立法职能,使埃及议会制度真正从"一院制"转变为"两院制";提高妇女地位,增强妇女权益;立法保护公共自由,打击恐怖主义。③ 在2007年3月26日举行的全民公决中,该项宪法修正案以75.9%的支持率通过。此次宪法修订是2005年5月宪法修订的延续,其理念依然是顺应时代潮流,针对国内政治经济发展的趋势,对一些不合时宜的宪法条款做出适当的修正和校订,内容涉及政治制度、议会制

---

① 王泰:《埃及的政治发展与民主化进程研究(1952—2014)》,第87页。
② 有学者认为是388席。参见 Fahmy, N. S., *The Politics of Egypt: Sadat-Society Relation*, p. 87。
③ [埃及]新闻部国家新闻总署:《(1981—2007年)埃及26年成就》,埃及驻华使馆新闻处,2008年。

度、政党制度、经济生活、社会事务等诸多问题，不仅是穆巴拉克时期最大规模的一次宪法修订，也是1971年埃及正式颁布永久宪法以来最大的一次修订，对埃及国家的发展方向，公民参与政治、经济和社会事务均有着重要的指引作用。虽然2007年宪法修正案提出了具有民主化意义的条款，如强化议会对政府的监督职能；维护多党政治；提高公众自由；增加女性的议会席位等。反对力量已经在穆巴拉克30余年的执政环境中成长起来，他们成为穆巴拉克威权统治的重要威胁力量。

三 "一·二五革命"与穆巴拉克威权统治的终结

在2010年议会选举中，民族民主党再次以绝对多数成为执政党。当时谁也没有预料到，看似稳定的穆巴拉克政权竟在年底就遭遇危机，并在次年走向终结。2011年1月25日，埃及爆发了大规模的反政府示威，就在穆巴拉克还未完成他政治复兴的承诺时，他的威权统治就走向了终点。

埃及"一·二五革命"是中东巨变的一部分，由邻国突尼斯的"茉莉花革命"引燃。2010年12月17日，突尼斯一名年轻的街头小贩在遭到警察暴力执法后自焚，使突尼斯民众对政府的执政能力感到失望。高失业率、物价飞涨、腐败、老龄化政治等社会弊端引起了民众的不满，愤怒的人们迅速聚集在突尼斯街头展开游行示威，示威过程中与突尼斯国民卫队的冲突使革命热情蔓延至全国，2011年1月14日，在突尼斯执政23年的本·阿里逃亡沙特，黯然下台。同时期的埃及同样面临通货膨胀、失业率居高不下、领导人长期执政、腐败、裙带关系、继承危机等政治社会危局，埃及民众对政府早已心存不满。2010年6月6日，28岁的埃及青年哈立德·赛义德在网吧上网时与警察发生冲突后身亡，赛义德事件很快在互联网上传播开来，埃及民众为赛义德的遭遇感到惋惜。2010年末邻国的"茉莉花革命"引起埃及民众同情的同时，也激发了埃及青年的革命热情。埃及青年很快通过网络聚集起来，并约定"为了终结贫穷、腐败、失业和折磨"，在1月25日举行游行示威。[①]

---

① 李绍先、乐颖：《埃及事件新政变模式》，载马晓霖主编《阿拉伯剧变：西亚、北非大动荡深层观察》，新华出版社2012年版，第63页。

1月25日，来自开罗、亚历山大、苏伊士、曼努菲亚等地约45000人在开罗市中心的解放广场集会。首都以外的其他城市也不断开展游行示威活动。亚历山大各区约20000人、南方的阿斯旺约2000人、东部的伊斯梅利亚约2000人、大迈哈莱约3000人参加了集会，与首都的游行示威活动遥相呼应。[①] 示威者提出穆巴拉克下台，其子贾迈勒不得参与接下来的总统选举，废除紧急状态法、释放政治犯等要求。

随后，游行示威的规模逐渐扩大。28日，总统穆巴拉克对示威者做出回应，宣称"对埃及存在的政治社会问题感到抱歉"，事后穆巴拉克罢免了内阁总理纳齐夫，这一做法并未缓和民众的不满情绪。随后，穆巴拉克再次宣布将修改宪法中关于总统选举的第76、77条，并间接表示其子贾迈勒将不参与2011年9月的总统选举。紧接着亲穆巴拉克者在开罗广场发动针对示威者的行动，至少2000人在这次冲突中受伤。这引起了民众的愤怒，抗议穆巴拉克政府的示威规模进一步扩大。2月9日，穆巴拉克再次强调其子贾迈勒将在9月总统选举之前辞去民族民主党内职务，但拒绝自己在任期结束前辞职，这次表态并未得到民众谅解，示威活动一直持续。2011年2月11日，穆巴拉克被迫辞职，4月16日，埃及最高行政法院做出裁决，解散埃及民族民主党，没收民族民主党所有资产。至此，曾拥有225万党员、统治埃及长达30多年之久的民族民主党退出埃及历史舞台，埃及政权移交给武装部队最高委员会。

埃及"一·二五革命"的爆发，是国内外各种因素中和的结果。这些革命者的诉求多为经济诉求，以及对政治民主与公平的要求。[②] 穆巴拉克"威权统治"下的经济危机、政治危机、社会危机是革命爆发的根本原因。首先，自萨达特执政后期，埃及贫富分化严重、通货膨胀和失业率高居不下、外债高筑等，一直困扰着穆巴拉克政府。穆巴拉克上台之后将发展国民经济作为中心任务，并制定出一系列政策对埃及经济进行调整，鼓励和引导外国资本与本国私人资本对生产项目的投资，强

[①] 秦轩：《埃及：旧政权倾颓》，载马晓霖主编《阿拉伯剧变：西亚、北非大动荡深层观察》，新华出版社2012年版，第11页。

[②] NellyEl-Mallakh, Mathilde Maurel, Biagio Speciale, "Arab Spring Protests and Women's Labor Market Outcomes: Evidence from the Egyptian Revolution", *Journal of Comparative Economics*, Vol. 46, No. 2, June 2018, pp. 656–682.

化本国工业农业的发展，放宽私营企业的发展政策，改进国营企业的管理模式，缩减开支。尽管如此，埃及的经济还是遭遇了挫折。频繁的恐怖主义袭击，影响着埃及的支柱产业旅游业。穆巴拉克上台之初对激进的穆斯林持宽容态度，但到20世纪90年代，伊斯兰武装分子开始了恐怖活动，他们公开反对埃及的旅游事业，仅1992年，一年内就有70个外国游客死于伊斯兰武装分子的袭击。这些武装分子试图以破坏埃及国际形象的方式打击民众对政府的信心。1992年起，埃及游客大为减少，造成了15亿美元的旅游收入损失。[1] 进入21世纪，埃及在全球化的冲击下，经济困境进一步加剧。社会动荡与经济低迷，严重威胁着穆巴拉克政权。人口压力、经济低迷、政府财政赤字严重、货币贬值、失业率不断上升等，造成埃及民众生活困境重重。穆巴拉克时期，40%的埃及人生活在贫困线之下，失业率不断上升[2]。穆巴拉克政府为缩减开支，降低社会福利标准的政策，使埃及民众对政府的不信任感越来越强烈。这种不满的情绪很容易被引燃，经济危机下的民生问题严重威胁着穆巴拉克政权。

其次，穆巴拉克政府虽然一直表现为"善于改革"的政府形象，但其政权存在诸多弊端，如政权的高度集中、过分使用暴力、猖獗的贪污现象，都是政治社会停滞的不良因素。穆巴拉克的政权是以国家安全力量和军队的支持为基础的，它们帮助穆巴拉克长期把控政治权力，穆巴拉克政府的政治合法性很大程度上是以暴力手段实现的，政权缺乏大众的支持。埃及警察和情报机关的社会膨胀在一定程度上制约着埃及的民主进程。曾有学者描写穆巴拉克时期埃及，是"一个经常使用便衣警察的国家"[3]。埃及有大约近50万人的军事力量，占埃及总人口的0.5%，[4] 这些武装力量的过分使用造成了很严重的问题，安全势力渗透在民众每天的生活和政治活动之中。猖獗的贪污现象，也成为影响埃及政治发展的重要因素。统治集团大多数的贪污者是穆巴拉克的好友，并且与贾迈勒有着亲密的关系，这就使得贪污现象难以杜绝。穆巴拉克

---

[1] W. B. Fisher, "Egypt Physical and Social Geography", in Fred Rhodes, *The Middle East and North Africa* 2004, Routledge Press, 2004, p. 306.
[2] 马耀邦、王涛：《中东剧变与美国、新自由主义》，《国外理论动态》2011年第6期。
[3] Alaa Al-Din Arafat, *The Mubarak Leadership and Future of Democracy in Egypt*, p. 139.
[4] Ewan W. Anderson, *The Middle East: Geography and Geopolitics*, p. 25.

的四大亲信之一的威廉贪墨成风，利用职权同意进口不合格的种子和食品、招待私人投资者、同意法国致癌杀虫剂进口。前土地部长穆罕默德·伊卜拉辛·索利曼，是穆巴拉克的好友之一，并与穆巴拉克之子贾迈勒的商人集团有密切联系，他曾将国家土地以每平方米50美元买进投入房地产，再以每平方米750美元卖出。

再次，穆巴拉克时期，埃及的教育体制进一步发展，但是教育体制存在诸多不足，如教师配备不足、教师工资低、基础设施不足，大学开设课程与社会就业脱轨等问题，这不仅浪费了教育资源，大学生就业困难也增加了社会隐患。穆巴拉克时期人口不断膨胀，也加剧了埃及的社会压力。大量的人口涌入劳动力市场，造成了失业率的上升。1980—2006年，埃及人口增加了近2000万，埃及劳动力也从2005年的2300万增加到2010年的2700万，就业机会远远不足。教育与经济机会之间出现了不匹配，这种差距导致许多年轻人对未来失去信心，对政权感到不满，在受到宗教极端主义势力的煽动后很容易对政府产生仇视心理。

最后，信息技术发展的同时带给埃及民众外界的发达信息，提高了埃及民众对政治和经济的期望。但穆巴拉克后期埃及经济疲软、就业环境恶化，大量受过教育却不得志的青年在信息技术提供的平台之上聚合并成为"一·二五革命"的主力。穆巴拉克时期的政治虽然具有威权特点，但是为了提高政权合法性，穆巴拉克政府在经济和社会改革方面都较为开放。信息技术在宽松的社会环境中快速发展，改变了原先的政治传播途径。信息通过媒体、网络影响埃及民众，发达的社交媒体为受过教育的埃及公民提供了沟通的平台，提高了埃及中产阶级对政治与经济的期望值，沟通方式的改变侵蚀着业已危机重重的穆巴拉克政权。尤其在穆巴拉克执政后期，互联网实现了快速的发展。2000年埃及的互联网用户所占人口比例不足1%，在2004年达到5%，2009年上升到24%。同时埃及的信息和通信消费在2008年已经达到98亿美元，2001年达到了135亿美元。[①] 信息技术的发展推动了埃及民众与世界的连接，进而提高了埃及民众的政治与物质需求，信息技术的发展使2010年末

---

① 李君儒：《埃及一·二五革命中社交媒体作用及限度研究》，硕士学位论文，复旦大学，2013年。

的"茉莉花革命"被埃及民众快速知晓,"茉莉花革命"的成功激化了埃及民众对穆巴拉克政府的仇恨、鼓励了埃及民众对自身权利的争取,直接推动了埃及"一·二五革命"的爆发。

第四节　后穆巴拉克时代的埃及政治发展

2010年突尼斯"茉莉花革命"的爆发,引燃了埃及国内业已激化的矛盾,2011年1月25日,大规模的游行示威活动在埃及爆发,抗议者控诉警察暴行,要求废除紧急状态法,指责政府腐败、高失业率、货币通胀和低工资等。抗议者最直接的要求是推翻穆巴拉克政权、终结紧急状态法。2011年2月11日,埃及副总统奥马尔·苏莱曼宣布穆巴拉克辞去总统职务,将权力交给武装部队最高委员会。

一　过渡时期:民主政治的启动

2月13日,武装部队最高委员会宣布解散议会,废除1971年《宪法》。2月15日,由8人组成的宪法修改委员会成立。武装部队最高委员会宣称将进行民主、公正、公平的议会与总统选举。2月26日,埃及宪法修改委员会宣布将对埃及宪法进行修订,这次修订主要涉及总统任期、总统候选人资格、选举司法监督、任命副总统和停止紧急状态等。武装部队最高委员会还宣称,将在宪法修正案通过后的6个月内举行民主的总统选举。2011年3月19日,埃及武装部队最高委员会组织全民进行宪法修正案公投,开罗、亚历山大等城市4500万名民众参与投票,1.6万名司法人员对投票过程进行监督。3月20日,最高委员会公布了公投结果,修正案以77%的支持率通过。

在武装部队最高委员会宣布暂时接管政权后,穆斯林兄弟会迅速展开行动。1928年成立的穆斯林兄弟会经过80余年的成长,早在穆巴拉克时期就是最大的反对派。2011年2月15日,穆巴拉克辞职第四天,穆斯林兄弟会领袖之一的埃萨姆·埃里安暗示,将建立穆斯林兄弟会自己的政党。4月30日,自由与公正党成立,主席为穆罕默德·穆尔西,副主席为埃萨姆·埃里安,两人都来自穆斯林兄弟会,总书记为萨德·卡塔特尼。5月18日,该党向埃及政党事务委员会提交了成立政党的法律文件,并在媒体见面会上宣布该党的另一名副主席为科普特知识界人士拉菲克·哈比卜，以此彰显该党的民主性。6月6日，自由与公正党通过了埃及政党事务委员会的审核，被认定为合法政党。

6月13日，自由与公正党与华夫脱党宣布将联合竞选议会席位。15日，自由与公正党、华夫脱党以及光明党在内的26个政党组成"联合政党"，为议会竞选做准备。6月29日，埃里安对媒体宣布，在获得议会多数席位后会建立一个"民族团结的政府"。7月10日，自由与公正党书记卡塔特尼宣称，该党独立于穆斯林兄弟会，不会替代穆斯林兄弟会，仅代表穆斯林兄弟会的政治主张，而穆斯林兄弟会则继续在宗教及社会方面保持影响力，但二者会互相合作。① 该党的政治纲领确认了沙里亚法的立法原则，并对埃及进行政治和宪政改革，以及不分宗教、性别和民族，赋予所有埃及公民自由、公正和平等的地位。在经济上，该党将支持自由市场经济体制，允许妇女和科普特人入党，成立时党内有900多名妇女和93名科普特人。②

随后，穆斯林兄弟会内部出现分裂。以伊斯拉姆·洛特菲、穆罕默德·卡萨斯、穆罕默德·阿巴斯为首的青年领袖不久宣布退出穆兄会，并成立了自己的政党"今日埃及党"，党领袖阿布尔·法塔赫宣布将参与总统选举。这次分裂在实质上是穆兄会自由派中较为世俗化的一部分力量与传统组织的分裂。

2011年11月28日到2012年1月中旬，埃及举行了革命后的首次议会选举，这次议会选举尽可能地向民众展示了政治民主与公平。500万埃及选民参与投票，支持各政党候选人以及独立候选人角逐人民议会的498个席位，其中政党候选人竞选332个席位，83个席位供独立候选人角逐。议会选举还强调了女性候选人的比重。这次议会有严格的监督机制，司法机构成员监督议会选举全过程，每个投票站都设置监督员，因为监督员人数不足，议会分三个阶段进行投票。

此次参与议会竞选的政党数量大大提升，他们大多结成选举联盟，其中宗教势力形成了两个大规模的联盟，其中一个是由自由与公正党领导的民主联盟，这个联盟由一些自由主义者和纳赛尔主义者政党组成。

---

① Morsi Disusses FJP Structure With Turkish Academics, June 10, 2011, http://www.ikhwanweb.com/article.php? id=28808.

② FJP Announces Names of Party's Co-Founders, May 29, 2011, http://www.ikhwanweb.com/article.php? id=28609.

另一个宗教政党联盟是较为保守的光明党（萨拉菲党）主导的，参与这一联盟的政党宗教性较强。他们都呼吁颁布新宪法，禁止妇女与科普特人竞选总统，两者都推崇发展旅游业。光明党主张建立福利国家，特别是提高医疗、住房、教育等方面的福利。世俗派阵线由埃及联盟和华夫脱党主导，他们反对伊斯兰主义者的执政理念，主张对国家进行世俗化统治。然而，这次议会选举并没有哪个政党占有绝对优势，自由与公正党获得了224个席位，它所领导的埃及联盟以47%的议席胜出，其中有9名妇女当选议员，8名科普特人当选议员。

2012年1月30日，议会选举之后，埃及武装部队最高委员会宣布将在6月举行总统选举，并发布总统选举规则，如总统候选人必须是埃及出生的埃及公民，不能具有双重国籍；其父母、配偶也须都是埃及公民；要获得提名资格须至少得到30名国会议员或3万个有投票资格的选民支持。[①] 2012年，埃及总统选举分两轮举行，第一轮于5月23日—24日进行，第二轮于6月16—17日举行。从3月10日起候选人开始登记报名，报名截至4月8日下午2点。23名总统候选人向最高总统选举委员会提交了资料。经过最高总统选举委员会的严格筛选，11名候选人被取消候选资格，剩余的12名候选人将在第一轮选举中选出得票最多的两位参与第二轮总统选举。前总理艾哈迈德·沙菲克和自由与公正党领袖穆尔西进入第二轮总统选举。6月24日，总统大选结果出炉，穆尔西以微弱优势击败埃及前总理沙菲克，当选埃及总统。

二 穆尔西民选政府：民主政治的试运行

2012年6月，穆尔西在大选中获胜，民众对民选产生的穆尔西及其领导的自由与公正党寄予极大的希望。6月30日，穆尔西宣布就职，并开始在政治、经济、外交及社会福利方面实施改革。

穆尔西上台前，埃及武装部队最高委员会控制着埃及政治、经济、外交等权力。军方在大选前利用宪法做出了对总统的诸多限制，并解散了人民议会。2012年7月8日，穆尔西发表总统令，宣布恢复议会，借

[①] Abadeer Caroline, Blackman Alexandra Domike and Williamson Scott, "Voting in Transition: Participation and Alienation in Egypt's 2012 Presidential Election", *Middle East Law and Governance*, Vol. 10, 2017, p. 31.

此收回立法权。由于最高法院判决无效,这一期望随之破产。不久西奈半岛发生恐怖事件,16 名战士在此次事件中丧生,穆尔西政府借助群众不满的情绪,于 12 日宣布解除国防部长坦塔维和武装参谋长阿南的职位,由阿卜杜勒·塞西和西德基·苏卜希继任,阿卜杜勒·塞西担任国防部长一职。[①] 穆尔西政府随即又宣布 70 名高阶现役军人提早退休。

　　长期以来,埃及的政治反对派即使经历了穆巴拉克政府的倒台,他们在埃及的力量仍不容小觑,所以穆尔西除了应对来自军方的挑战外,还展开了与反对派的对决。穆尔西上台后重组内阁,任命甘迪勒出任总理,并新任 4 名总统助理、7 名总统顾问委员会成员。2013 年 1 月前,穆尔西撤换了包括交通部、财政部等在内的重要部门的 10 名部长;2013 年 5 月,内阁再次改组,大批穆斯林兄弟会成员加入政府。2012 年 10 月 12 日,因最高法院判决前政府高官无罪而引发广大群众不满,穆尔西借群众游行之机免除了阿卜杜勒·马吉德·马哈茂德总检察官一职,随后最高法院宣判穆尔西的决定违法,并以"损害司法独立性"为由,迫使穆尔西在 10 月 15 日恢复马哈茂德的职位。

　　2012 年 11 月 22 日,穆尔西发表"总统声明",希望通过修改宪法扩大总统权力,制宪委员会虽然宣称将吸纳一切党派的意见,但新宪法的伊斯兰化还是引起了埃及反对派联盟的不满。各地方法院以罢工反对穆尔西,反对派的支持者通过游行示威对穆尔西政府提出抗议。12 月 2 日,穆尔西的支持者在最高法院门口示威,最高法院随即宣布将无限期罢工。12 月 9 日,穆尔西不得不宣布停止扩权行为。2012 年 12 月 22 日,新的宪法草案通过。世俗主义身份的副总统马哈茂德·马基(2012 年 8—12 月,担任穆尔西副总统)也于当日宣布辞职,增加了穆尔西的压力。2013 年 1 月 1 日,最高法院宣布恢复马哈茂德·马基的职位。6 月 2 日,最高法院判定"制宪委员会"所依据的法律和规定无效,穆尔西政权的改革只能在困境中前行。

　　总体来看,穆尔西是以"民主政府"和"平民政府"的形象上任的,民选议会、民选总统的产生,使民众真切体会到了"民主制度"。各党派为了争取政治权力,借助西方民主的形式、利用民族主义和宗教

---

① Kareem Fahim, "Egyptian Leader Ousts Military Chief", *The New York Times*, 12 August, 2012.

第四章　埃及政治发展模式的悖论：威权政治下的民主化进程

主义赢取选票。穆斯林兄弟会则打着宗教的旗号，凭借强大的群众基础，成为埃及的执政党，利用部分民权"收买"民众，看似民选成功实则极不稳定。穆尔西团队还未上台时就表示"埃及不会被伊斯兰化"，但穆尔西上台后利用新闻媒体伊斯兰化并加强意识形态控制。上台后他要求埃及的协商议会（由穆兄会控制的上议院）对国家媒体做了人事改组，新的媒体集团中有很大一部分是伊斯兰主义者或伊斯兰主义的支持者。埃及女主持人在主持期间戴头巾播报新闻的举动，潜移默化地帮助"伊斯兰回归"。

在经济上，穆尔西政府以"复兴经济"为口号，实施了一系列恢复经济发展的措施。第一，恢复旅游业。埃及动乱使作为国家支柱的旅游业大受打击，上任后的穆尔西政府十分重视旅游业的恢复。他任命接受过西方教育的希沙姆·扎祖为新的旅游部长。在就任的第二天，顶着烈日亲赴旅游胜地卢克索现场接待游客。穆尔西政府明确表示，将按照国际通行标准发展旅游业，另外埃及政府努力开辟新客源加快旅游业的发展。据统计，2013年上半年埃及增长游客560多万人，同比增长27%，这还不包括150万回国探亲旅游的境外埃及人。

第二，增加运河过境费。苏伊士运河自建成以来就一直是埃及经济收入的主要来源之一。动荡之后，埃及政府面对资金短缺的困境，增加运河过境费成为快速并且颇为见效的手段。2013年5月1日，苏伊士运河管理局宣布全面上调运河通行费。[①] 这一举措将给埃及政府带来更多的资金，用来应对埃及经济发展所面临的困境。

第三，穆尔西向阿拉伯国家和伊朗寻求帮助。在穆尔西的外交努力下，沙特、卡塔尔、科威特都向埃及提供了援助。当然，各阿拉伯国家对埃及的援助也有各自的目的。例如沙特希望通过对埃及的援助，展现沙特在阿拉伯事务中的影响力。沙特批准总额为4.3亿美元的经济援助计划，并计划提供给埃及7.5亿的贷款用以解决埃及石油燃料短缺困境。到2013年年初，卡塔尔已向埃及政府提供了20亿美元贷款和5亿美元直接援助，用来应对埃及货币贬值等问题。与此同时，科威特也承

---

① 《苏伊士运河将于5月1日起执行新关税》，http://www.mof.gov.cn/mofhome/guanshuisi/zhengwuxinxi/guojijiejian/201304/t20130417_828706.html，登录时间：2019年3月22日。

诺向埃及提供 50 亿美元的援助。2013 年 2 月 5 日，穆尔西与伊朗时任总统内贾德见面后，也获得了伊朗的经济支持。2013 年 4 月，伊朗表示将向埃及提供 10 亿美元信贷，并合作建设电站。伊斯兰国家对埃及的经济援助减轻了穆尔西政府在经济上的压力，也成为穆尔西在国内与各派斗争的筹码。

第四，埃及还谋求非伊斯兰国家对埃及的援助。2012 年 11 月 14 日，埃及总统府发表了一份声明称，欧盟已经批准了一项向埃及提供 50 亿欧元，约合 63.5 亿美元的财政援助计划，以支持埃及经济复苏。穆尔西将埃及作为非洲的重要部分亦曾寻求非洲帮助，如在非洲开发银行获取 5 亿美元贷款。此外，在穆尔西的努力下，美国（据中东社报道）曾承诺向新政府提供 4.5 亿美元的援助，前任国务卿希拉里访问埃及时也承诺将免去埃及 10 亿美元的债务。2013 年 3 月美国现任国务卿克里访问埃及期间，批准 1.9 亿美元的经济援助，印度、巴西、俄罗斯等发展中国家也与埃及达成了多项经济协定。2013 年 3 月，埃及与国际货币基金组织达成了价值达 120 亿美元的援助协议。

在外交上，穆尔西政府继续坚持过渡政府的外交理念，希望重返中东，提高埃及的国际地位。穆尔西政府的国际外交重视平衡和多元，不仅积极展开同发达国家的交往以谋求政治经济上的支持，也积极展开同发展中国家的交流与合作来获得最大收益。穆尔西在加强与传统伊斯兰国家联系的同时，也积极拓展与发展中国家的外交关系，并通过与发展中国家的积极交往减少对发达国家的外交依赖，形成"平衡外交""多元外交"的外交形势。

穆尔西上台后积极发展与中东国家关系。2012 年 7 月 11 日，穆尔西首访沙特，希望通过政治互信"获得各阿拉伯国家的肯定，确立埃及在阿拉伯国家中的地位"。2012 年 8 月 30 日，穆尔西出访伊朗并参加"德黑兰不结盟峰会"。2012 年 9 月 5 日，在开罗举行的阿盟外长理事会上，穆尔西就叙利亚问题提出自己的看法，呼吁国际社会维护叙利亚稳定以及领土完整。2013 年 5 月 5 日，埃及谴责以色列对叙利亚的轰炸。2013 年 3 月 18 日，穆尔西对巴基斯坦进行半个世纪以来的首次国事访问，并建立了双边会谈合作机制。除此之外，穆尔西在阿拉伯热点问题上多次发声，提高埃及在地区的影响力。2013 年 4 月 30 日，巴勒斯坦民族权力机构主席阿巴斯在维也纳表示，他愿意在埃及政府的协调下组建新的巴勒斯坦"民族团结政府"。2013年5月16日，穆尔西在开罗会见到访的阿巴斯，并呼吁以色列立即停止在被占领土地上修建定居点。

"与尼罗河国家重归于好"是过渡政府时期就已制定的外交方案，穆尔西政府延续了这一传统。2012年7月15日，穆尔西参加第十九届非洲联盟首脑会议，并发表重要讲话。2013年3月，穆尔西受到邀请出席在南非召开的金砖峰会。

但穆尔西政府对埃及的重建是建立在政局动荡、经济低迷的基础之上，因此解决原初挑战的过程中新旧因素的碰撞衍生各种危机，最终使穆尔西政权走向末路。军方一直是穆尔西政权的重要威胁。穆尔西执政之初，军方模棱两可的态度使其成为穆尔西政权的重要隐患。2012年11月，反对派"救国阵线联盟"呼吁民众举行游行示威活动，以反对穆尔西将于15日举行的宪法公投。穆尔西授权军方维护治安，但军方8日呼吁各方协商解决，而没有选择站在穆尔西一方。世俗反对派与政府的对抗在穆尔西上台后仍未停止。2013年6月，埃及最高法院裁定，2012年议会限制独立候选人参选，违反了《宪法宣言》中机会平等的原则。穆兄会在议会多数席位的局势因这次裁决政治行动力有所弱化。

穆尔西的经济举措虽然有所发展，但他并未帮助埃及走出经济低迷的局面。未满足民众对民生的迫切诉求，成为穆尔西政治权力丧失的重要原因。此外，穆尔西执政一年来埃及伊斯兰化特征突出，埃及穆斯林兄弟会"一党独大"的特点越来越明显，这引起了埃及民众以及阿拉伯国家、国际社会尤其是西方国家的不满。2013年6月30日，埃及再次爆发大规模游行示威。反对者以穆尔西未能实现其"百日计划"的改革承诺为由，要求穆尔西下台。2013年7月3日，塞西发动军事政变，建立军政府。10月9日，穆斯林兄弟会被埃及当局正式解散，以穆尔西为核心的穆斯林兄弟会的民主化转型宣告失败。[①] 2013年9月1日，临时总统曼苏尔宣布组建"50人委员会"，制定《宪法》。11月30

---

① Stephanie McCrummen and Abigail Hauslohner "Egyptians Take Anti-Morsi Protests to Presidential Palace", *The Washington Post*, 5 December 2012, https://www.independent.co.uk/news/world/africa/egyptians-take-anti-morsi-protests-to-presidential-palace-8385721.html.

日，修宪委员会将草案提交给曼苏尔，并宣布将在 2014 年 1 月 14 日对《宪法》进行公投。2014 年 5 月，《宪法》通过后埃及进行总统大选，军方领导人塞西以高票当选，埃及进入了塞西时代。

三 塞西时代：民主体制下的威权政治

塞西于 1954 年 11 月出生在埃及开罗，1969 年开始在埃及陆军服役。2011 年，穆巴拉克下台后，塞西被任命为埃及军事情报局局长，并成为埃及武装部队最高委员会成员。2012 年 6 月 30 日，穆尔西就任总统，两个月后，穆尔西宣布由塞西取代坦塔维出任国防部长，塞西成为军方最高指挥者。然而，穆尔西与军方在巴以停火问题、叙利亚问题、埃及与埃塞俄比亚争端等问题上出现不可弥合的裂缝。2013 年 6 月底，塞西当面要求穆尔西组建联合政府、公布修改宪法的详细时间表，但穆尔西置若罔闻。2013 年 7 月 3 日，塞西代表军方发动"二次革命"，塞西宣布解除穆尔西的总统职务。7 月 16 日，埃及武装部队最高委员会再次掌权，埃及进入塞西主导的武装部队最高委员会组成的过渡政府时期，前最高法院院长阿德利·曼苏尔任临时总统。

塞西过渡政府提出通过政治改革三步走使埃及政治进入民主稳定阶段。他提出首先要颁布一部新的埃及宪法；其次，举行完全民主的总统选举；最后举行议会选举。2013 年 9 月 1 日，临时总统阿德利·曼苏尔宣布将成立由 50 人组成的委员会负责修订新的宪法草案，并决定在两个月内对宪法草案进行公决。由于宪法修订过程中各方意见不一，宪法公投被推迟到 2014 年 1 月。

2013 年 11 月 30 日，埃及宪法修订委员会宣布宪法草案进入尾声，在随后两天内进行宪法草案的讨论。宪法草案最终保留了"伊斯兰教是国教、阿拉伯语是官方语言、伊斯兰教法是主要立法渊源"等内容。12 月 1 日，宪法修订委员会宣称，结束埃及宪法草案的修订工作，临时总统曼苏尔宣布将在一个月内举行宪法全民公投。

新宪法共有 247 项条款，相对于 2012 年宪法修正案，这一次修订了许多内容。新宪法第 74 条中明确规定，禁止伊斯兰性质的政党成立，萨拉菲派光明党等伊斯兰政党被宣布非法。新宪法取消了原先的埃及议会的两院制，埃及协商议会被取消，人民议会为埃及的唯一立法机构。《宪法》第 234 条规定，埃及国防部长的任命需由埃及武装部队最高委员会批准通过，平民、军方对国家财政有监督职能。埃及民众经历了3年的政治动荡后对国家稳定的要求极为迫切，2014年1月15日、16日，埃及民众对新的埃及宪法草案进行了公投，并以98%的高支持率通过，随后埃及进入总统大选阶段。

2014年3月26日，塞西发表总统竞选的演讲，在演讲中提出他将辞去军队职务，将牺牲自己维护埃及，决定谦卑地向人民的意愿低头。他承诺推行政治民主、发展经济、打击地区恐怖主义等多项政策。随后，埃及最高选举委员会宣布，将有两名候选人参与总统选举，一名是塞西，另一名是左翼领袖、支持塞西的哈姆丁·萨巴希。2014年5月，埃及进行了总统大选，塞西以96.91%的高票率当选埃及总统。

穆尔西的执政历程让塞西认识到，军方及安全力量的支持对其政权稳定的意义。早在过渡政府阶段，塞西就开始使用法律打击反对势力、巩固军方权力以强化自身的统治基础。2013年11月，埃及通过《抗议法》，赋予警察机构更多的权力，如"10人以上的公共集会需要报警方审批"，警方有权以"危害公共安全"为由中止集会等。作为塞西的支持基础，军队的地位在2014年《宪法》中进一步提高，2014年初的宪法修正案不仅赋予了军队监督国家财政预算的权力，还在第234条中提出，埃及总统若非得到军事委员会的授权无权任命新国防部长。塞西与军方千丝万缕的联系还表现在即使塞西宣布从军队辞职，但塞西仍在军队中有较高的威望，军队高层多为塞西的亲信与密友。2014年3月，塞西辞职后将武装部队军事总参谋的职位由其多年好友西德基·苏卜西担任。

2015年2月，塞西政府颁布《反恐法》，此法授权埃及政府可以对"恐怖组织"采取一系列行动。新法案对于"恐怖组织"的定义为："在埃及国内外通过各种方式破坏法律，影响政府机构和公共机构运行，攻击公民人身自由或者其他受埃及法律保护的公民自由权利，或者妨碍国家统一和社会和谐"的行为。由于定义界限模糊，因此《反恐法》被认为是埃及政府恢复国内政治秩序，打击穆兄会和其他政治反对派的工具。为获得政治上的稳定，塞西还积极寻求盟友。就任总统后，塞西很快与穆巴拉克派别和解。2014年11月29日，原埃及总统穆巴拉克被释放，同时被释放的还有原穆巴拉克政府的12位高官。2015年3月，穆巴拉克时期的内政部长也被释放。不久，大批前穆巴拉克的官员被塞西重新启用,他们成为塞西的支持者。

在经济上,塞西政府意识到只有振兴经济、改善民生,才能确保执政稳定。上台后,塞西对民众宣称将克服困难,努力恢复埃及经济。针对经济困境,塞西对内大力削减政府机构人员以减少财政支出,并适当地调整了民众的福利与补助。埃及常年向民众发放燃油补助,近十年的燃油补助约960亿美元,埃及的汽油成为世界上最便宜的汽油。① 塞西上台后对埃及的燃油补贴进行了削减,为埃及财政节省510亿美元,这些钱被塞西投入教育与健康福利事业中。塞西还在国内提高了对烟酒的征税。截至2015年3月,埃及的外债下降至399亿美元,下降了13.5%。② 2015年4月7日,埃及的GDP增速回升至4.5%。③

塞西执政后,埃及先后出台了许多重大的基础设施建设计划,例如国家公路、高铁、新苏伊士运河区计划等,都受到了埃及民众的欢迎。2014年8月,塞西宣布修建新的苏伊士运河,与原有的苏伊士运河平行,长度约为原运河长度的1/3,这将使通航能力从每天49艘增加到97艘。预计新运河将使苏伊士运河的收入从目前50亿美元的年收入增加259%。该项目耗资约84亿美元,新运河于2015年8月6日如期举行通航典礼。④ 塞西新的苏伊士运河开发项目还涉及附近三个省、五个海港的发展规划,并将建立一个新的伊斯梅利亚市,用以发展养鱼业以及科技事业。⑤ 在沙姆沙伊赫经济会议上,塞西还提出将耗资450亿美元修建新首都,以缓解开罗的人口压力。塞西还在全国修建新的公路,长度约为4400公里。塞西还提出,将为埃及民众建造85万套新住房用以改善居住条件。

在外交事务中,塞西以实用主义为基础,打击地区恐怖主义的同

---

① "El-Sisi Says Price Rises to Save Egypt from Debt Drowning", http://www.veooz.com/news/JHJLbLK.html,登录时间:2019年3月22日。
② "Egypt's External Debt Drops to $39.9 bn at End of March Central Bank", *News Aswat Masriya*, 2015年6月1日, http://en.aswatmasriya.com/news/details/2612。
③ "Moody's Upgrades Egypt to B3 with a Stable Outlook Egypt Independent", *News Egypt Independent*, 2015年7月4日, https://www.egyptindependent.com/moody-s-upgrades-egypt-b3-stable-outlook/。
④ 《苏伊士运河:埃及百年荣辱的见证》, http://www.ship.sh/news_detail.php?nid=23073,登录时间:2019年3月22日。
⑤ Fahimaug, Kareem, "Egypt Has Ambitious Plan for Suez Canal Expansion", *The New York Times*, April 26, 2016.

时积极参与国际合作，提升埃及的国际形象。就任总统后，塞西积极参加非洲峰会，出访阿尔及利亚，寻求盟友共同对抗北非的伊斯兰武装分子。他还积极寻求与以色列的和解，但是对以色列袭击加沙表示谴责。塞西上台后与俄罗斯关系密切，俄罗斯将埃及视为中东最重要的盟友，一开始就支持塞西的行动，支持塞西参加总统竞选，并向塞西提供武器援助。塞西就任总统后，美国取消了与埃及武装部队的明星联合军事演习，两国关系紧张。唐纳德·特朗普就任美国总统后，埃美关系出现转机。在2016年9月联合国大会第71届会议开幕期间，塞西和特朗普举行了会晤。2017年4月3日，塞西在华盛顿与特朗普会面，埃美关系进一步缓和。塞西总统从2014年下半年开始，先后出访了中国、意大利、法国、科威特、俄罗斯等国，并且在2015年的达沃斯论坛、2016年中国的G20峰会上向世界宣传埃及，力图塑造有利于埃及发展的政治形象，从而获得他国对埃及的投资。此外，塞西积极寻求外援，帮助埃及渡过经济困境。至2017年，海湾国家已向埃及提供了近200亿美元的援助。

2015年议会选举，是过渡政府设计的埃及政治民主化三步走的最后一个步骤。2015年埃及议会选举的民主性表现为三个主要方面。第一，议会选举中女性和科普特人参与度提高。在2015年议会选举第一轮中，5420名独立候选人中有308位女性参与了竞选，在第二轮选举中，2894名独立候选人中有150名女性候选人胜出。2015年议会选举民主性的第二个表现为多党政治的发展。这次议会有9个政党参与了选举。这9个政党组成了四个联盟，其中主要的两个联盟为"埃及阵线"和支持现任政府的"埃及爱国联盟"，前者是由前总统穆巴拉克遗留的力量组成的，后者主要由埃及未来党、新华夫脱党、自由埃及人党、祖国未来党等组成。另外两个联盟是独立联盟和共产党社会力量联盟。这四个政党联盟都提出将解决国家的政治经济问题，但都未提出详细的解决方案。2015年议会选举规定，议会选举期间，选举分为两个阶段，以防止在投票站过度拥挤，每个投票站都必须有一名法官或检察官。议会选举期间，埃及全国各地部署了185000名士兵和180000名警察。此外，由81名埃及民众代表和6个国际组织负责监督2015年议会选举，保证议会选举的公正。

2017年，塞西的第一届任期结束，塞西政府改革也初见成效，这也为塞西2018年的竞选打下了基础。2017年5月，埃及政府宣布将在2018年5月举行总统选举，并组建了国家选举委员会，负责选举和公投事宜。国家选举委员会以及埃及各团体、军方与政府都积极呼吁塞西参选，埃及社交媒体更是启动了"塞西1095天"的活动，宣传塞西对埃及的贡献，提升塞西的形象。2017年10月议会主席与军方代表向塞西提交了《欣赏、信息与支持》的请愿书，请求塞西参与总统大选。在2018年4月2日总统选举中，塞西的唯一竞争者是支持塞西的明日党领袖穆萨·穆斯塔法·穆萨，他在最后一刻才递交资料，被认为是塞西总统选举的陪跑者。随后，塞西再次以97%的高票率当选总统[1]。6月2日，塞西在开罗宣誓就职。

2019年4月15日，埃及议会颁布了宪法修正案，规定总统任期自2018年当选之日开始任期为每届6年，任期为两届。修正案提及重新设立上议院，1/3的议员由总统任命、2/3的议员由选举产生，25%的席位分配给女性候选人。修正案禁止政府未经武装部队军事最高委员会同意任命国防部长。4月20—22日，埃及民众就宪法修正案进行公投，宪法修正案以88.83%的支持率通过。

从埃及共和国的政治发展轨迹来看，从纳赛尔到穆巴拉克，埃及总统职位都是通过非民主的方式当选，然后以威权的手段控制权力、治理国家。正如哈全安教授所言，"埃及1956年临时宪法与1964年临时宪法的共同特征，在于总统制形式下的集权政治"[2]。后穆巴拉克时期，埃及政治发展路径出现变化，无论是穆尔西政权还是塞西政权，都是在民主体制下产生，他们都是依从民众意志在大选中获胜就职的。2012年和2014年的议会、总统选举，都是在民主、公平、透明的基础上产生的。但2013年6月埃及首位民选总统穆尔西被捕、2014年6月塞西高票当选总统，仍体现了埃及威权政治的发展惯性。威权主义"通常是一个人的政府，他使用法律和国家的压制性工具，促进他自己垄断权力的目的，并且拒绝给予那些同他竞争的组织政治权力"[3]。虽然埃及社

---

[1] 刘宝莱：《塞西第二任期面临三大挑战》，《北京日报》2018年4月4日。
[2] 哈全安：《中东国家的现代化历程》，第210页。
[3] Maye Kassem, *Egyptian Politics: The Dynamics of Authoritarian Rule*, p. 82.

会的困境使塞西政府面临挑战，但是在塞西统治下，埃及政治发展具有一定进步性，民主为基、威权参与的新式政治在一定程度上是适合埃及本土的，民主威权将埃及带回了稳定与发展环境中，也为塞西带领埃及打击恐怖主义，实现经济发展、政治稳定提供了条件。

第五章　建构与解构：利比亚政治发展的困境与危机

利比亚自古以来就是多种文明的交会之地，腓尼基人、希腊人、罗马人、拜占庭人、阿拉伯人、奥斯曼人和意大利人曾先后占领这一地区。利比亚的政治发展经历了伊德里斯王朝、卡扎菲和后卡扎菲时期三个阶段。1951年，利比亚伊德里斯王朝在联合国的支持下获得独立，然而，大国干预下的独立王权呈现出"脆弱性"特征，伊德里斯王朝后期出现统治危机。1969年，卡扎菲在泛阿拉伯主义者的支持下推翻了伊德里斯王朝的统治。此后，在"世界第三理论"的指导下卡扎菲进行伊斯兰社会主义实践，在初期取得了较好的成效。但是，卡扎菲未能解决伊德里斯王朝所遗留的地缘分裂问题，且执着于泛阿拉伯主义的政治理想，致使利比亚陷入民族与国家构建的悖论，内忧外患不断涌现。2011年，中东剧变影响下的利比亚危机四伏，北约的军事干预导致了卡扎菲政权的垮台，利比亚进入后卡扎菲时期，乱局和重建成为这一时期的主要特征。后卡扎菲时期的利比亚新政权不仅继承了伊德里斯王朝和卡扎菲时代的政治困境，还受到威权政府垮台的后遗症的侵蚀，新的政局危机不断酝酿。

第一节　伊德里斯王朝从联邦制向单一制的转变

利比亚北靠地中海，向南深入撒哈拉沙漠，全境除沿海零星可见的绿洲地带外，90%以上属于沙漠或半沙漠地区。自然地理将利比亚分割成三个地区，它们分别是位于西北部的的黎波里塔尼亚、西南的费赞和几乎涵盖了整个东部的昔兰尼加，因天然沙漠阻隔，相互联系不便。利比亚是从欧洲殖民统治体系中获得独立的第一个非洲国家，是在联合国大会支持下成立的。① 利比亚的独立反映了的黎波里塔尼亚、昔兰尼加和费赞地区民众的诉求，同时也受到"冷战"升温下美、英、法、苏四个大国利益博弈的影响。

一 "脆弱"王权下的地缘分裂

历史上，利比亚的三个地区长期受到外来力量的统治，造成了地缘分裂和国家认同的缺失。1551年，奥斯曼人占领的黎波里，这一年也成为奥斯曼帝国统治利比亚的开端。然而，相比叙利亚和埃及等行省的富饶，利比亚的贫瘠使其处于边缘地位，奥斯曼帝国对利比亚的统治是一种不被中央政府直接控制的摄政统治。② 奥斯曼苏丹任命帕夏管理利比亚，后者的权力依赖禁卫军的支持，奥斯曼帝国在这一时期对利比亚的统治呈现出松散性特征。17世纪末，随着奥斯曼帝国的衰落，帕夏的地位受到了极大的削弱，成为礼仪性的行政首脑和奥斯曼宗主权的象征，实际的统治权落到了军人手里。一位修道士曾写道："一位帕夏的统治时间保持不到一年以上，任何一个醉汉都可以煽动市民暴乱砍掉统治者的脑袋。"③

1711年，艾哈迈德·卡拉曼利（Ahmad Karamanli）夺取的黎波里，推翻了奥斯曼帝国委派的帕夏，建立卡拉曼利王朝。卡拉曼利在名义上承认奥斯曼帝国的宗主地位，实则建立了半独立的军队，宣布王位世袭制，俨然一个独立的王国。在他统治时期，的黎波里、昔兰尼加和费赞三地基本实现了统一。但随着艾哈迈德的去世和后继者的无能，王国再一次被奥斯曼帝国统治。19世纪30年代，奥斯曼苏丹马哈穆德二世（1808—1839）鉴于法国和埃及阿里王朝对北非的扩张野心，以及利比亚各地频发的武装叛乱，决定对利比亚实行直接统治，确立其在利比亚的威权。1835年，奥斯曼帝国推翻卡拉曼利王朝，恢复了对利比亚的统治权。在对利比亚政策上，奥斯曼帝国吸取教训，放弃依靠地方精英治理利比亚的历史措施，在利比亚开展土地改革，鼓励部落民众定居，

---

① Ronald Bruce St. John, *Libya: From Colony to Independence*, Oxford: One World, 2009, p. 85.

② Ali Abdullatif Ahmida, *Forgotten Voice: Pouer and Agency in Colonial and Postcolonial Libya*, London and New York: Kegan Paul International, 2000, p. 34.

③ John Wright, *A History of Libya*, New York: Columbia University Press, 2010, p. 78.

弱化部落的凝聚力，试图建立起与部落民众之间的直接联系。但实际上奥斯曼帝国的统治依然只是名义上的，利比亚被允许进行地方自治，政治和经济权力集中在的黎波里塔尼亚和昔兰尼加两地。20 世纪初，随着奥斯曼帝国青年土耳其人革命的出现，利比亚政局发生了巨大的变化。然而，从根本上来说，奥斯曼人从来没有统一过的黎波里塔尼亚、昔兰尼加和费赞这三个地区，也从未成功地在这些地方构建起共同的身份认同。随着历史的发展，利比亚迎来了下一个入侵者：意大利。

在奥斯曼帝国统治利比亚期间，已有不少欧洲人在北非开始了探险、传教和经商等活动。意大利作为欧洲的后起之秀，在 1861 年建立统一政权后，急切地在拥挤的殖民扩张者行列中寻找自己的位置。鉴于的黎波里塔尼亚、昔兰尼加和费赞是北非唯一没有遭受欧洲殖民统治的地区，它们自然而然就成为意大利实现殖民扩张野心的目标。于是，意大利开始为入侵利比亚积极准备。1896 年，意大利在入侵埃塞俄比亚失败后，决心将利比亚打造成地中海的"第四海岸"[①]。

1905 年，意大利经过长期的外交活动，在承认英国对埃及、法国对摩洛哥享有特权之后，作为交换，英、法两国默许了意大利在的黎波里的殖民活动。意大利对利比亚的殖民措施首先从经济领域开始，鉴于的黎波里塔尼亚和昔兰尼加两地优越的地理位置与经济发展程度相对较好等因素，意大利在这两个地区的中心城市的黎波里和班加西开设了银行综合交易中心分支机构，投资当地农业、轻工业、矿产勘探和航运等行业。1911 年 10 月，意大利攻占的黎波里，拉开了军事侵略利比亚的序幕。意大利的入侵遭到奥斯曼帝国的奋力抵抗。经过了 20 年，意大利才最终征服了利比亚。[②] 1912 年 10 月 17 日，意奥双方签署和平协定。根据条约，奥斯曼帝国从利比亚撤军，的黎波里塔尼亚和昔兰尼加完全独立，意大利对利比亚享有宗主权。奥斯曼帝国撤出后，利比亚部分贵族与部落民众继续反抗意大利的殖民统治。

意大利殖民者占领利比亚之后，采取"部族战略"和"上层攻略"的统治方式，逐层实现对利比亚的征服。所谓"部族战略"就是通过

---

① 韩志斌：《利比亚伊斯兰社会主义研究》，浙江人民出版社 2014 年版，第 32 页。
② Claudio G. Segre, *Fourth Shore: The Italian Colonization of Libya*, Chicago: University of Chicago Press, 1942, p. 16.

挑拨离间的方式,在地区和部落之间制造分歧和隔阂,使他们相互争斗,意大利坐收渔翁之利。而"上层攻略"指的是通过安抚和贿赂等方式控制利比亚当地的部落统治者,然后逐步实现对整个利比亚的征服。① 此外,意大利还根据利比亚三地的不同情况,制定了不同的统治政策。由于的黎波里塔尼亚在经济上占优势,出于利益的考虑,意大利在开始殖民征服前最早与其建立了经济联系。但的黎波里塔尼亚并非铁板一块,与意大利合作的区域主要集中于的黎波里塔尼亚的沿海地区,而内陆地区大多数人持不抵抗也不合作的态度。在昔兰尼加,只有部分沿海地区民众愿意与意大利合作,内陆地区的赛努西教团势力较强,对意大利殖民者采取坚决抵抗的态度。在费赞,大多数民众对意大利殖民者持反对态度,也存在少量的支持者。意大利出于国内外局势的考虑,在其殖民统治期间,主要采用了间接统治的方式,避免消耗自身实力。鉴于利比亚各地不同的情况,意大利的统治在不同地区的进展也有所不同。②

意大利分而治之的政策给利比亚带来了诸多问题。1931年,意大利彻底完成对利比亚的殖民征服,自意大利1911年攻占的黎波里至此,利比亚估计至少有8万人在抵抗意大利殖民者的战斗中牺牲。③ 部族间频发的战争导致大量的人口向外移民,人数锐减,教育水平也在下降。据利比亚独立初期的数据显示,1907年利比亚有140万人口,1912年降为120万人,1933年进一步降至82.5万人。利比亚独立时全国仅有15名大学毕业生,几乎没有医生、教师或其他接受过技术培训的人,当地居民缺乏基本的行政知识,利比亚成为当时世界上最贫穷的国家之一。在意大利殖民统治期间,利比亚的三个地区出现了许多代表部族或地区的统治者,他们在利比亚独立后演变成了地方民族主义者,成为政治整合的主要阻碍。意大利殖民者分而治之的政策打破了利比亚各部族以及三地区之间的平衡,加剧了利比亚民众的离心力,进而加剧了地缘的分裂。此外,利比亚民众的部族意识得到进一步加强,各部族之间的矛盾和对抗更为严重,导致整个国家内部社会关系的复杂化,国家和民

---

① 王金岩:《利比亚部落问题的历史考察》,社会科学文献出版社2018年版,第74页。
② 王金岩:《利比亚部落问题的历史考察》,第75—78页。
③ 潘蓓英:《列国志·利比亚》,社会科学文献出版社2007年版,第59页。

族的统一意识被不断削弱,政治整合异常艰难。

二战后,利比亚成为大国政治角逐的舞台之一,大国间因战略利益的不同展开了漫长而激烈的博弈。对于英国而言,它最看重的是的黎波里塔尼亚和昔兰尼加,这两个地区的政治和经济发展相对较好,又靠近地中海,地理位置优越,在埃及和巴勒斯坦局势发生重大变动之后,英国可以将这两个地区作为在东非、印度洋和远东航线上的中转站。法国希望将费赞作为一个缓冲区,降低民族主义运动对其北非殖民地的影响。至于美国,其在的黎波里附近租借的惠勒斯(Wheelus)军事基地,是维护美国在地中海战略优势的主要利益所在,美国更愿意和英国合作将利比亚作为西方国家在北非地区的一个军事基地,尽量避免利比亚受到苏联势力的影响。[①] 苏联则想借助利比亚的地理优势,实现其进入地中海的目标。因此,各国根据自身的利益诉求提出了多种方案。

1945年7月,美、英、苏三国首脑召开波茨坦会议,会上各方就利比亚问题进行了商议,由于受到第二次世界大战后两极格局的影响,导致谈判陷入了僵局。1945—1948年,有关各方代表召开了一系列耗时费力的会议,却没有取得任何成果。1949年4月7日,英国外交大臣贝文和意大利外交部部长斯福礼向联大提出关于意大利殖民地前途的计划,即贝文—斯福礼计划(Bein-Sforza Plan),其内容是:利比亚交由联合国进行托管,其中的黎波里塔尼亚、昔兰尼加和费赞分别由意大利、英国和法国负责管理,十年期限结束后,利比亚将在联合国大会的认可下实现独立。该计划因触及苏联和阿拉伯国家的利益,遭到他们的一致反对。5月,贝文—斯福礼计划被联合国大会否决。此后,尽管各国提出了各种各样的建议,仍然无法达成任何可行的协议。[②]

1949年12月21日,利比亚问题在联合国第四次大会上出现了转折性的突破。经过激烈讨论,联合国大会以48票赞成、1票否决、9票弃权的结果,通过了关于利比亚问题的第289号决议。1950年11月5日,利比亚国民议会在的黎波里举行首次会议。议员们就独立后国家政体和国家结构等问题展开激烈辩论。昔兰尼加和费赞的代表为防止的黎波里塔尼亚独大,强烈呼吁采用联邦制。人数上居于少数的的黎波里塔尼亚

---

① John Wright, *Libya*, New York: Praeger Publishers, 1969, p.194.
② 韩志斌:《利比亚伊斯兰社会主义研究》,第46—47页。

代表只能表示同意。国民议会决定，利比亚将是一个联邦制主权国家，政体是君主立宪制，由赛努西之孙，原昔兰尼加的埃米尔[1]赛义德·穆罕默德·伊德里斯·马赫迪·赛努西（Said Muhammad Idris Mahdi Sanusi）任国王。国民议会还选举产生了由的黎波里塔尼亚、昔兰尼加和费赞3个地区共18名代表组成的宪法起草委员会，负责起草利比亚宪法草案。1951年10月，国民议会通过宪法草案，并决定的黎波里和班加西为利比亚的联合首都。12月24日，通过各方利益的协调，利比亚联合王国终于获得独立，伊德里斯一世（1951—1969）担任国王。[2]

伊德里斯王朝的建立基于班加西的伊德里斯家族，并以赛努西教团为其政治统治核心。赛努西教团是伊斯兰教苏非派宗教派别，1837年，由赛义德·穆罕默德·本·阿里·赛努西（Said Muhammad bin Ali al-Sanusi）创立于麦加[3]，他声称自己是先知穆罕默德之女法蒂玛的后裔，被人们称为"大赛努西"。赛努西教团提倡苦行、禁欲、绝对遵循《古兰经》和宗教教义，试图净化伊斯兰教，恢复伊斯兰教昔日的荣光。他们拒绝当时在民间流行的信仰方式，瞧不起通过"音乐俗套"（在音乐中放空自我，达到与真主合一的境界）来接近安拉的人。[4] 赛努西教团活动是以复兴伊斯兰教为目的的泛伊斯兰主义政治运动，并保留了部分传统苏非派的神秘教义和礼仪，其与瓦哈比派一脉相承，其活动场所被称为"扎维亚"（传教点）。[5] 该教团是反对利比亚当时普遍流行的社会风俗的产物。一位叫作皮乔利（Piccioli）的人描述了他在利比亚一个阴暗拱廊里目睹的场景，"在那里，伴随着鼓和铃的节奏，一名瘸腿的老者陶醉于虔诚之中，开始用匕首割破自己的胃，然后似乎还割断了自己的喉咙"[6]。赛努西教团在意大利入侵利比亚后迅速发展起来，成为一

---

[1] 伊斯兰国家对王公、军事长官等上层统治者的称号。
[2] Majid Khadduri, *Modern Libya*：*A Study in Political Development*, Baltimore：The Johns Hopkins Press, 1963, p. 52.
[3] 一些说法认为，赛努西教团是1842年由赛努西在昔兰尼加成立，参见 Michel Le Gall, "The Ottoman Government and the Sanusiyya：A Reappraisal", *International Journal of Middle East Studies*, Vol. 21, No. 1, 1989, p. 100。
[4] Alison Pargeter, *Libya*：*The Rise and Fall of Qaddafi*, New Haven and London：Yale University Press, 2012, p. 19.
[5] 潘蓓英：《列国志·利比亚》，第52—53页。
[6] Alison Pargeter, *Libya*：*The Rise and Fall of Qaddafi*, p. 20.

然而，利比亚独立的背后，掩藏着种种危机。利比亚严重依赖外部势力使其政权呈现出"脆弱性"特征。然而，利比亚的独立不是其社会发展到一定阶段的产物，而是特定历史背景下大国博弈和联合国决议的结果，是通过外部干预而形成的。利比亚官方名称中使用联合一词只是一种期望，而不是事实。更重要的是，利比亚国家的建立既没有经历解放运动，也没有经历独立战争，利比亚似乎在人们的怀疑和茫然中独立了。[①] 这个国家缺乏统一的政治认同和民族意识，其生存高度依赖大国的援助。

此外，巨大的经济差距和根深蒂固的贫困问题也限制了普通公民参与国家建设的能力，这也成为限制利比亚独立和发展的重要阻碍，同时为外部势力干预利比亚的政治发展提供了可乘之机。利比亚在发现石油之前，全国大部分的人口从事农业。但由于降雨稀少，土地贫瘠，加之落后的耕作方式和蝗灾，农业产量十分低下。利比亚的工业发展缺乏必要的自然资源支持和资本投入以及训练有素的劳动力，很多人以收集二战战场的废金属为生，国际援助是其经济收入的重要部分。直到20世纪50年代，利比亚发现大量石油储量之前，这个新王国不得不完全依靠外援生存。

尤其需要注意的是，利比亚是以部落为基本社会单位，这为独立后的政治整合埋下了隐患。具体而言，地理上，利比亚三个地区被沙漠隔开，而又同各自的邻国均无天然国界。西北部的黎波里塔尼亚地区占全国面积的20%，同摩洛哥、阿尔及利亚和突尼斯等马格里布国家在人种、语言、思想意识方面差别不大。东部昔兰尼加，拥有利比亚一半的国土面积，同其近邻埃及以及马什里克地区关系密切。西南部费赞地区大部分是人烟稀少的沙漠，占全国面积的30%，生活习俗同撒哈拉以南非洲相似。利比亚三个地区的特殊情况决定了其政治整合与发展之路必将充满荆棘。复杂的地理状况使三个地区的民众居住分散，部落和家族成为其赖以生存的基本单位，民众的认同从部落、地区和国家依次递减。

具体而言，在昔兰尼加，以伊德里斯家族为核心的赛努西教团是其

---

① Alison Pargeter, *Libya: The Rise and Fall of Qaddafi*, p. 25.

主要的领导力量。在的黎波里塔尼亚，政党和政治领袖的产生是以部落为基本依据。在费赞，赛弗·纳西尔（Saif Nassir）家族是领导者。利比亚独立初期，在国家结构问题上的分歧很大，的黎波里塔尼亚的民众希望建立自治的共和制政府，昔兰尼加则希望在伊德里斯国王的统一领导下建立联邦制政府，费赞地区由于人口少、居住分散，民众对国家政体不感兴趣，只关心本地区的利益。的黎波里塔尼亚虽然接受伊德里斯为政治领袖，却拒绝同赛努西教团在宗教层面上有任何联系。他们对赛努西教团在建立统一国家事业中的地位和作用存在原则性分歧。大多数利比亚民众的认同核心仍然是部落或者宗教，他们对国家的认同度不高。部落制是利比亚最重要的社会组织形式，也是未来国家政治整合道路上难以逾越的鸿沟。[①]

二 统一王权：从联邦制到单一制的转变

1951年12月24日，利比亚《宪法》规定，利比亚为世袭君主制国家，名称为利比亚联合王国。利比亚联合王国是由的黎波里塔尼亚、昔兰尼加和费赞三个具有半自治地位的省组成的联邦制国家，议会由参议院和众议院组成，政府大臣由国王任命。利比亚联邦的形成是大国博弈和利比亚三个地区相互妥协的产物。对于英、法、意三国而言，联邦制具有的松散性特征是其干预利比亚未来政治格局的最佳突破口，利比亚三个地区半自治的状况符合他们的利益。对于利比亚三个地区来说，考虑到各自部族和地区的利益以及新政府整合能力的有限性，通过各方商议和妥协，松散的联邦制结构得到三个地区大多数代表的认可。伊德里斯国王本人因受传统部族观念的影响，比起成为利比亚三个地区的国王，他更加满足于昔兰尼加埃米尔的地位，所以也欢迎联邦制的政治构想。[②]

此外，联邦制的形成也受利比亚分裂的地缘格局和部族主义传统等因素的影响。就利比亚的地缘格局来说，柏柏尔人和阿拉伯人之间的族群冲突，以及各族群之间在宗教信仰和文化上的断裂和差异等都是阻碍利比亚地缘政治重组的重要因素。在文明交往的背景下，昔兰尼加地区

[①] 王金岩：《利比亚部落问题的历史考察》，社会科学文献出版社2018年版，第80页。
[②] 韩志斌：《利比亚伊斯兰社会主义研究》，第50—53页。

倾向和埃及进行贸易往来，的黎波里地区带有罗马文化的传统，其经济交往与马格里布以及突尼斯更为频繁。费赞是一个半游牧和自给自足的地区，主要与撒哈拉以南非洲地区交往密切。文化和经济交往的差异导致利比亚根深蒂固的部族主义传统，造成其民众在短期内难以形成对现代国家的认同。但是，为了确保国家的独立，利比亚的各种矛盾被暂时掩盖起来，成立了联邦制国家。①

然而，矛盾的掩盖并不等于矛盾的解决，联邦制的危机在利比亚独立之后逐渐显现。利比亚虽然通过联邦制实现了独立，但只是为分裂的三地披上国家统一的"外衣"，内在的凝聚力并不强，仍是一个结构松散的部落国家。伊德里斯国王主要的支持者是昔兰尼加的萨阿迪部落联盟，其组成的"迪万"（顾问团）是联邦政府的决策核心。② 联邦制在独立初期就给予了地方更多的自治权力，其中包括1个国家政府和3个省政府，他们之间各自为政，行政机构效率低下。此外，利比亚独立初期将的黎波里和班加西同时设为首都，致使政策上的冲突频繁。③ 联邦政府既无力直接统治民众，更无权进行征税，中央政府显得异常羸弱，无法实现有效的政治整合。地方政府都有自己的首脑、议会、内阁、行政和官僚部门，地方政府之间拥有类似主权国家的边界标志，国民出省必须要有地方政府的签证和护照，地方政府行政部门齐全，行政人员数量远超联邦政府。据统计，1959年利比亚联邦政府雇员为1200人，而的黎波里塔尼亚和昔兰尼加两地雇用的公务员人数分别达到6000人和4000人，仅这项财政支出就占当时利比亚国民生产总值的12%。④

从政治学的角度来讲，政治组织通常都是为了履行某种特定的职能而创立的，当这一职能不再被需要时，该组织就必须转换职能去履行新的任务，否则就会失去它继续存在的价值和基础。一个政府抑或一个政治模式也是如此，如果它能随着社会的发展变化不断去开拓和扩大自身的新职能，并能有效地应对新的环境、处理新的社会事务，它就能不断

---

① Dirk Vandewalle, *A History of Modern Libya*, New York: Cambridge University Press, 2006, p. 15.
② Amal Obeidi, *Political Culture in Libya*, Surrey: Curzon, 2001, p. 161.
③ Ronald Bruce St. John, *Libya: From Colony to Independence*, Oxford: One World, 2009, p. 115.
④ Dirk Vandewalle, *A History of Modern Libya*, p. 48.

收获新的生命力，从而具有存在的合理性。① 随着利比亚中央和地方之间矛盾的日益突出以及现代化进程的需要，联邦制的存废问题成为焦点，由于各方势力的干预，从联邦制到单一制的转变经历了一系列的挫折。

1952年，伊德里斯王国启动修宪进程，试图削弱地方的自治权力，提高中央政府的地位。宪法修正案中的一项重大的制度改革就是允许国王集中权力。1954年，穆斯塔法·本·哈里姆（Mustafa Ben Halim）首相要求国王废除联邦制，将君主制转变成共和制，伊德里斯国王为共和国终身总统，建立集权政府。② 此举旨在改变国家政治模式，推进利比亚的政治整合和民族国家建构进程，实现国家的完全统一。但由于政治制度改革的时机还不成熟，大多数利比亚人对单一制持反对或者漠视的态度，因此，利比亚的政治制度改革在初期并没有很明显的起色。然而，随着利比亚石油资源的发现和开采以及石油经济的不断增长，利比亚政局发生了微妙的变化，三个地区对国家结构改革的抵制弱化，石油经济成为推动利比亚从联邦制走向单一制最主要的因素。③

20世纪50年代，利比亚丰富的石油资源被发现，因其地理位置紧靠欧洲，运输方便，费用较低，吸引了包括英美国家在内的外国的能源公司纷纷涌入利比亚开发石油，但联邦制的松散性特征严重制约了利比亚石油经济的发展。根据利比亚1951年《宪法》规定，所有的地下资源都属于国家，但省级政府拥有勘探授予权，各省负责各自地区的石油开发，联邦政府只起监督作用。④ 然而，利比亚很多油田都处于各省的交界处，因为各方复杂的利益关系，协调工作漫长且矛盾重重，这不利于利比亚石油资源的开采。为了实现国家经济的发展，利比亚必须迅速行动起来，建立高效的协调机制。具体而言，除了创造一个有利于外国公司投资的环境外，还需要克服地区差异，以发展和管理国家石油工业。自1959年以来，石油开采和收入的突飞猛进使利比亚成为举世瞩目的产油国。石油带来财富的同时，也使各省认识到中央政府在调节石

---

① 韩志斌：《利比亚伊斯兰社会主义研究》，第50—54页。
② 韩志斌：《利比亚伊斯兰社会主义研究》，第54页。
③ 韩志斌：《利比亚早期现代化的两条道路之争》，《世界历史》2008年第2期。
④ Majid Khadduri, *Modern Libya: A Study in Political Development*, Baltimore: The Johns Hopkins Press, 1963, p. 310.

油开发政策上的必要性，而对于石油较贫乏地区的人们，他们迫切地希望中央政府在石油财富分配方面加以协调，平衡经济发展。此外，石油财富的分配削弱了民众对部落的严重依赖，联邦政府也可以通过石油收入雇用训练有素的治国和行政人员，中央政府的行政效率和权力逐步得到加强。随着石油财富的剧增，联邦制在利比亚经济发展和国内治理等方面的缺陷日益凸显。民众对废除联邦制、建立单一制的呼声日益高涨。

经过十年的斗争，1963年利比亚通过了宪法修正案，宣布废除联邦制，改利比亚联合王国为利比亚王国，成为君主立宪制的单一制国家。国王有权任命地方官员和参议员，宪法废除省级立法议会和省级司法制度，权力统一集中在中央政府手中，原来的3个省被划分为10个省级行政区。[①] 此外，利比亚还改组了地方政府和银行，使之直接对中央政府负责，全国税收归属中央统一管理，地方权力收归中央。联邦政府首次被授予交通、金融和税收的权力，政府还削减了一些重复的官僚机构，提高了行政效率。利比亚逐渐从联邦制过渡到单一制，建立起了中央集权的政治体系。

三　伊德里斯王朝后期的统治危机

利比亚从联邦制到单一制的转变是伊德里斯王朝最重要的制度改革，也是其政局上发生的最大变动。利比亚实现联邦制向单一制的转变后，开启了政治、经济、文化方面的现代化之路，随着改革的深入发展，各种社会问题悄然而至，随即对伊德里斯王国的统治构成挑战。

首先，利比亚现代国家的形成是殖民统治之下催生的"早产儿"，缺乏现代国家统一的政治、经济体制和民族文化。国家独立完成后，伊德里斯王国只能运用国家政权来加速实现政治、经济的一体化和民族认同，但由于部族认同在独立后的利比亚仍然占据主导地位，分属不同部落和家族的民众有着不同的利益诉求，他们对国家的认同感不强。部族主义是一种基于落后生产方式的集团认同，其成员在群体意识和内聚力方面比起民族国家的民众而言更强烈，在与其他族群交往过程中，其心理和行为往往表现出封闭性和排他性。伊德里斯王朝的集权化并没有破

---

① Dirk Vandewalle, *A History of Modern Libya*, p. 57.

坏或弱化利比亚传统的部落体制，反而使王朝的统治更加依赖昔兰尼加的部落政治，从而形成"部落等级制"[1]。中央政府的高官大多来自昔兰尼加的萨阿迪部落联盟，他们掌控了国家的政治大权，由他们组成的"迪万"在国家的财富分配中发挥着巨大的作用。部落认同使利比亚的部族主义传统成为影响利比亚现代化进程的重要因素。

其次，利比亚向单一制国家的转变促使国家治理绩效有了明显改观，臃肿的官僚系统得以简化，政府的行政效率得到提高，但另一方面单一制增大了国王与王室"迪万"的权力。专制主义政治体系在很大程度上孤立于社会系统之外，利比亚的权力精英集团由伊德里斯国王任命，一小部分宫廷人员组成了政权统治的核心，这种模式造成任人唯亲、部落家族裙带关系、行贿受贿以及贪污腐败现象层出不穷。伊德里斯领导下的利比亚政权成为家族、派系、部落和地方利益的代言人。这些利益的交织加强了君主专制，削弱了推动利比亚经济与社会建设的力度。[2] 在此背景下，民众对政府的一些决策持不同意见，不满的情绪不断蔓延。

再次，就伊德里斯国王本人而言，他深受赛努西教团禁欲主义及其严格宗教教义的影响，处事低调谨慎，身体虚弱，性格孤傲冷漠，优柔寡断。实际上，他在1951年后多次要求退位，正如美国首位驻利比亚大使亨利·维拉德（Henry Villard）评论这位国王时所说的那样："他热衷于昔兰尼加的过去、现在和未来，对于另外的两个省并不感兴趣。"[3] 他喜欢居住在昔兰尼加，经常躲避政府日常管理，讨厌细节和复杂的争论，严重依赖亲近的顾问来代表他管理国家事务。[4] 国王对现代政治缺乏具体认知，他创建了一种绕过国家的官方机构、由少数部落名人组成的宫廷政治，尽管表面上是政府在统治国家，但实质上是以昔兰尼加传统政权为核心的寡头政权在进行统治。比起现代国家的统治者，伊德里斯国王更像是一个宗教领袖，他对政治统治的理解基于伊斯兰教沙里亚法的传统认知。伊德里斯认为裁决应该是一个协商过程，在

---

[1] 王金岩：《利比亚部落问题的历史考察》，社会科学文献出版社2018年版，第85页。
[2] Ronald Bruce St. John, *Libya：From Colony to Independence*, Oxford：One World, 2009, p. 131.
[3] Dirk Vandewalle, *A History of Modern Libya*, p. 50.
[4] Alison Pargeter, *Libya：The Rise and Fall of Qaddafi*, p. 38.

这个过程中，他听取他人的意见，然后根据个人道德和宗教原则做出自己的判定。① 但是，利比亚及其外部的世界已经发生了巨大的变化。此外，利比亚碎片化的社会状况以及经济快速发展变革促使其社会结构发生剧烈变化，而伊德里斯国王不能够也不愿意适应利比亚社会的变化，结局只能是被先进的新政权取代。

尤其需要注意的是，石油美元加速了利比亚现代化的进程，但随之而来的问题也在不断涌现。利比亚的经济几乎在一夜之间繁荣起来。到1969年，人均年收入从独立时的25—35美元飙升至2000美元。② 但腐败问题也在加剧，石油经济的发展意味着快速赚取利润的机会增多，在政府机构里任职成了赚大钱的标志，部长职位尤其如此，他们成为外国石油公司和王室之间的中间人，并从中获取了巨额的财富。此外，石油经济促进了社会阶层的分化，创造出一个新的富人阶层，他们与部落民的联系开始断裂，且试图改变利比亚的现状。与此同时，来自干旱和荒凉农村地区的利比亚人开始涌入城市寻找工作。但是，涌入城市的人们很快发现他们缺乏必要的资金和技术，需要为寻找工作机会而四处奔波，他们在临时棚户区里挣扎求生，忍受着生活的艰辛。这些背井离乡的人与传统社会失去联系，但又在城市中找不到自己的位置，他们对那些因石油美元而受益的新旧精英的怨恨与日俱增。

最后，伊德里斯王国面临的最大危机其实是来自泛阿拉伯主义的挑战。这一浪潮在20世纪50、60年代席卷了整个阿拉伯世界。泛阿拉伯主义者认为阿拉伯人应该团结一致，建立统一国家，抵御外敌，恢复其在历史上的荣耀。利比亚青年人通过开罗的阿拉伯之声电台和来自埃及的教师接受了纳赛尔的泛阿拉伯主义思想。受此影响的利比亚年轻人纷纷去埃及留学，他们成为埃及纳赛尔主义的认同者和传播者，纳赛尔的画像被张贴在利比亚的大街小巷。君主制政权将注意力集中在改善民众物质需求与生活条件上，却完全忽视和低估了民众对精神思想和意识形态的诉求。③ 通过泛阿拉伯主义的浸染，大量年轻人希望埃及来拯救他们，使他们免受过时的君主制度所带来的政治和经济的边缘化。这些年

---

① Alison Pargeter, *Libya: The Rise and Fall of Qaddafi*, p. 39.
② Dirk Vandewalle, *A History of Modern Libya*, p. 63.
③ Ronald Bruce St. John, *Libya: From Colony to Independence*, pp. 129 - 130.

轻的民族主义者不仅认为自己国家的君主政体太过保守，而且对其严重依赖外国势力感到愤怒。

外国势力在利比亚的长期存在严重影响民众对伊德里斯王朝的信任，促进了泛阿拉伯主义的进一步发展，削弱了王权统治的合法性。第二次世界大战后，利比亚伊德里斯王朝的经济严重依赖美英援助。1953年，利比亚与英国签署友好协定，后者在利比亚享有治外法权与司法管辖权，但需为利比亚提供财政援助和军事训练。次年，利比亚与美国签署协定，美国租借惠勒斯军事基地，并给予利比亚慷慨的财政支持。到1959年末，美国已经向利比亚提供了1亿美元的财政援助，成为当时世界上人均接受美国援助最多的国家。1955年，法国和利比亚签署协议，规定法国军队最迟于1956年末撤出费赞地区，利比亚向法国提供空军与地面部队的中转便利，法国向利比亚许诺了大约100万美元的资金援助。1956年，利比亚与意大利签署双边协定，意大利确认将公共财产移交给利比亚，并向利比亚提供770万美元援助，条件是意大利在利比亚拥有商业贸易的权利。对于独立初期财政极其困难的利比亚而言，西方国家的援助对其生存和发展至关重要。[1] 然而，这种依赖在泛阿拉伯主义者看来无疑是殖民统治的延伸。

伊德里斯王朝对阿拉伯民族事业的冷淡态度也成为泛阿拉伯主义者不满的主要原因之一。伊德里斯王朝迟迟不愿利比亚加入阿盟，直到1953年才成为其成员国。1956年，当纳赛尔总统宣布苏伊士运河国有化时，英国政府违背1953年与利比亚的协议，试图利用利比亚的军事基地对埃及发动攻击。英国的意图遭到利比亚民众的强烈抗议。1964年2月，纳赛尔以驻扎在利比亚的外国军人影响了阿拉伯人的统一为由，要求利比亚政府将外国军人从其军事基地上赶出去。随后，利比亚国内频繁爆发示威活动。1967年6月5日，第三次中东战争爆发，当利比亚民众得知埃及在与以色列的战争中失败后，他们举行了抗议活动，愤怒的抗议者在的黎波里街头杀死了一些当地的犹太人，抢劫了他们的财产，还袭击了位于的黎波里和班加西的英美大使馆。[2] 民众的愤怒一方面来自政府没能帮助阿拉伯兄弟，另一方面则是对殖民主义的憎恶，

---

[1] Ronald Bruce St. John, *Libya: From Colony to Independence*, pp. 115–118.
[2] Alison Pargeter, *Libya: The Rise and Fall of Qaddafi*, p. 46.

他们已经对君主制政权失去信心。

伊斯顿认为，当政府不能满足民众的愿望，就会失去他们的信任和支持，继而引发自身地位的合法性危机。① 伊德里斯王朝长期依赖外部势力支持，作为条件，外部势力在利比亚建立军事基地，借机干预利比亚的政治发展，这种局面长期以来备受泛阿拉伯主义者的指责。此外，以昔兰尼加伊德里斯家族为核心的寡头政治忽略了民众的政治参与，致使王权的合法性基础被削弱。当民众在合法渠道无法实现有效的诉求时，必然会对政府失去信任。② 伊德里斯王朝的合法性危机随着时间的推移不断显现并进一步加深。泛阿拉伯主义者的挑战最终导致王权合法性彻底丧失，卡扎菲领导的政治革命最终爆发。卡扎菲政府延续了利比亚传统的伊斯兰意识形态，通过构建泛阿拉伯主义政治理想和"魅力型统治"得到了民众的支持，并在此基础上进行了政治制度的创新，提高政府绩效，使利比亚得到了快速的发展，从而获得了统治的合法性。但是，卡扎菲政权并未突破利比亚部落政治和地缘分裂的困境，为国家构建和政治整合埋下了隐患。

第二节　卡扎菲的政治理念与统治悖论

1969 年 9 月 1 日，卡扎菲领导的"自由军官组织"推翻了利比亚的君主统治，成功夺取了政权。这次革命又被称为"九月革命"或者"九一革命"。此后，卡扎菲提出"世界第三理论"，构建包含政治、经济、文化等在内的伊斯兰社会主义思想，开启民众国体制改革和经济国有化改革。卡扎菲政府在区域政策上热衷于泛阿拉伯主义和泛非主义，招致了周边国家的质疑和不满，在外交政策上强调反抗西方，长期与西方国家交恶，在国际上处于孤立地位。此外，卡扎菲的统治未能摆脱利比亚的部落政治传统，在政治权力和资源分配上偏向少数家族和部落，厚此薄彼的部落政治导致国内反对势力的发展。"洛克比空难"发生后，随着联合国制裁的不断加重，利比亚经济和民生问题凸显，卡扎菲

---

① ［美］伊斯顿：《政治生活的系统分析》，王浦劬译，华夏出版社 1999 年版，第 192 页。

② 李意：《当代中东国家政治合法性中的宗教因素》，第 39 页。

第五章　建构与解构：利比亚政治发展的困境与危机　213

统治的稳定性减弱。面临内忧外患，卡扎菲的威权统治异常艰难，迫于形势，他决定改变对外政策，向西方国家伸出橄榄枝，并改善与周边国家的关系。但是，卡扎菲的转型更多的是出于维护政权的考虑，并未从根本上改变利比亚的政治困境。

一 "自由军官组织"政变与卡扎菲的上台

1967年，的黎波里和班加西发生骚乱后，伊德里斯国王先后撤换了两任首相，最后任命阿卜杜勒·哈米德·巴库希为首相。作为利比亚新兴社会阶层的代表之一，巴库希推崇民族主义观念，以实现利比亚现代化为奋斗目标，但由于国内保守势力的抵制，1968年9月，巴库希在任11个月后被迫下台。① 在此种形势之下，1969年9月1日，卡扎菲领导的革命爆发了。

20世纪40年代，卡扎菲出生于苏尔特南部的阿布哈迪（Abou Hadi）一个叫作卡达法的贝都因人部落，那里的生存条件极其恶劣，他的父母都是普通的贝都因牧民。② 卡达法部落在利比亚虽属于小型部落，但十分英勇，且具有抗击外来侵略的光荣传统。③ 卡扎菲出生在第二次世界大战群雄逐鹿的时代，国家和民族的苦难，深深扎根在年幼的卡扎菲心中，艰苦的成长环境和光荣的家族传统，使卡扎菲形成了坚毅的性格和反抗殖民统治的精神。卡扎菲从小接受的传统部落和宗教原则成为影响其政治思想的主要源泉之一。此外，来自埃及的教师和阿拉伯之声的广播所宣传的泛阿拉伯主义也对卡扎菲的政治思想产生了深刻的影响。长大后，卡扎菲成为泛阿拉伯主义的忠实信徒，他被纳赛尔慷慨激昂的演说所感染，响应纳赛尔的一切号召，并积极投身政治活动，他组织利比亚的年轻学生上街游行，支持纳赛尔领导的反对帝国主义的斗争。他曾感慨地说："埃及收归苏伊士运河，阿尔及利亚正在为独立而战，伊拉克王朝被推翻了。而在利比亚，什么也没有发生，我们只有一个年迈的国王，一个愚蠢的王储和一个腐败的政府……它伤害了利比亚每一个人的心，使他们屈居在十分可怜的羊皮帐篷里。"④

---

① 潘蓓英：《列国志·利比亚》，第70—71页。
② Ronald Bruce St. John, *Libya: From Colony to Independence*, p. 135.
③ 王京烈：《当代中东政治思潮》，当代世界出版社2003年版，第312—313页。
④ 唐大盾等：《非洲社会主义：历史理论实践》，世界知识出版社1988年版，第129页。

这些年轻学生陶醉在民族主义的热情中，认为腐朽的君主制让利比亚在阿拉伯兄弟中处于孤立地位，他们决定发动一场以纳赛尔总统为榜样的可以引以为豪的革命。这群学生开始成立地下革命组织，他们在塞卜哈附近的棕榈树下点燃篝火，举行秘密会议。从一开始，卡扎菲就制定了严格的纪律，要求他们完全服从和高度保密，禁止他们沾染包括赌博、酗酒等在内的恶习。① 此后，卡扎菲去了利比亚第三大城市米苏拉塔（Misurata）完成了中学教育。在米苏拉塔期间，卡扎菲结识了许多热衷伊斯兰教、阿拉伯统一、自由和社会平等的年轻人，他们建立了秘密组织，立志为阿拉伯民族的解放和伊斯兰的复兴而战斗。通过实践，卡扎菲认识到，只有效仿纳赛尔发动革命政变，推翻腐朽的伊德里斯王朝，才能真正实现利比亚的解放。

1963年10月，卡扎菲进入班加西皇家军事学院学习，他在米苏拉塔结识的一些志同道合的年轻人追随他加入军队，这些人后来成为"九一革命"的骨干。当时利比亚军队对于年轻人，特别是像卡扎菲一样来自社会底层的青年而言，是实现其雄心和抱负、走向社会上层的绝佳途径。此外，利用军队发动政变也成了决定国家命运的潜在途径。② 1964年，卡扎菲效仿纳赛尔革命，联合青年军官组成了"自由军官组织"，并精选了12名干将，组成中央委员会，为推翻伊德里斯王朝做准备。③ 1965年8月，卡扎菲从班加西皇家军事学院毕业，在通讯兵团被授予少尉军衔。1966年4月，他被派往英国接受军事培训，回国后被晋升为上尉，任利比亚通讯兵团的代理副官。在此期间，他继续为革命事业积极筹备，尽可能广泛地招募成员，目标主要针对武装部队的低层军官。为了减少政府的怀疑，这些年轻军官们一般在公共假日的时候，相聚在偏远的地方谈论利比亚的未来。此外，他们被划分成若干小组，主要职责是收集和窃取官方的武器，并将这些武器掩藏在岩石和树丛中，等待时机的到来。到1969年，在招募了足够多的成员后，革命党人开始筹划政变的日期。革命日期被两次推迟后，新的日期终于被定在了9月1日，但是，一些成员已经习惯了政变被推迟，根本不相信政变会

---

① Alison Pargeter, *Libya: The Rise and Fall of Qaddafi*, pp. 49 – 51.
② Ronald Bruce St. John, *Libya: From Colony to Independence*, p. 139.
③ 王京烈：《当代中东政治思潮》，第314页。

第五章 建构与解构：利比亚政治发展的困境与危机

发生。①

实际上，在政变爆发后，革命者几乎没有遇到太大的抵抗，大部分的政府人员自动投降了。负责保护国王的昔兰尼加国防部队司令赛努西·费赞尼（Sanussi Fezzani）在家中熟睡时被逮捕。利比亚军队首脑阿卜杜尔·阿齐兹·舍尔西（Abdul Aziz al-Shehi）上校穿着睡衣躲进他的游泳池，不久便投降了。而王储只是关掉了宫殿里的所有灯，独自躲在黑暗中，让人们以为他已经离开了那里，但他并未逃脱革命者的搜捕。② 以卡扎菲为首的"自由军官组织"兵不血刃地推翻了伊德里斯王朝。对于伊德里斯国王，他对政变已早有耳闻，并于革命爆发之前就以健康不佳为由在王后的陪同下，先后辗转希腊和土耳其接受治疗。政变的消息传出后，国王向英国求助，但是，英国以不再干预利比亚内政为由，抛弃了年迈的国王。伊德里斯之后一直居住在埃及，1983 年病逝于开罗，享年 94 岁。③

9 月 1 日早上 6 点 30 分，利比亚民众在广播中听到了卡扎菲陌生的声音。年轻的卡扎菲自豪地宣布，十年前，他就梦见了今天这个时刻。他告诉利比亚民众，武装部队已经推翻了反动和腐败的政府，利比亚从今以后将通往自由、团结和社会正义的道路，公民拥有平等就业的机会，消灭不公正和剥削，没有人会认为自己是主人或仆人。④ 政变后，"自由军官组织"的 12 名中央委员会成员宣布成立革命指挥委员会，掌控利比亚的最高行政与立法权，声明建立富裕和平等社会的原则，宣告阿拉伯利比亚共和国的诞生。

"九一革命"与埃及纳赛尔革命的相似度很高，甚至可以说完全借鉴了埃及革命的模式。9 月 1 日卡扎菲的演讲模仿了 1952 年纳赛尔发动埃及革命时的讲话，利比亚"自由军官组织"与革命指挥委员会深受埃及革命的影响。此外，"九一革命"追求自由、社会主义与统一的目标和纳赛尔提出的革命口号一致。就其内部成员的背景来说，也与纳赛尔领导的自由军官相似。自由军官成员大多出生于贫困的部族家庭，他们通过进入利比亚军事学院学习来谋取社会地位的提升，表达的是伊斯

---

① Alison Pargeter, *Libya: The Rise and Fall of Qaddafi*, pp. 52–58.
② Alison Pargeter, *Libya: The Rise and Fall of Qaddafi*, p. 58.
③ 韩志斌：《利比亚伊斯兰社会主义研究》，第 63 页。
④ M. Bianco, *Gadafi: Voice from the Desert*, New York: Longman, 1975, p. 43.

兰沙里亚法规范下的泛阿拉伯主义的话语。①"九一革命"标志着利比亚民族主义革命的开端，新政府完成了伊德里斯王朝没有完成的民族解放革命，弥补了在伊德里斯国王身上所缺失的革命领导人的合法性。

伊德里斯王朝的灭亡所产生的"权力真空"，引发了新一轮的斗争。革命指挥委员会成立后不久，其成员在关于利比亚新政权的性质和类型、国家发展道路等重大问题上分裂为两派。以卡扎菲为代表的一派坚持认为，革命的首要目标理所当然是践行泛阿拉伯主义的政治理想，争取早日实现阿拉伯民族的统一。另外一派革命指挥委员会成员则强调当务之急是实现国家的现代化和建立民主制度，这些观点遭到卡扎菲等人的强烈反对，两派之间爆发了冲突。1969年12月，卡扎菲粉碎了革命指挥委员会内部人员所策划的推翻新政府的阴谋。②为了进一步加强统治权，1970年1月，卡扎菲改组政府，提拔效忠于他的军人担任政府要职。其领导下的革命指挥委员会取得了决策权和行政权，并控制了国家的经济命脉——石油工业。此外，为争取群众支持，卡扎菲积极从事国务活动，同民众加强接触，逐步树立起他作为国家领导人的权威。③卡扎菲在排除异己，掌握政权之后，开始认真考虑如何在利比亚建立理想社会的问题。通过不断探索，他的"世界第三理论"思想最终形成。

二 卡扎菲伊斯兰社会主义的实践

1971—1973年，卡扎菲的思想逐渐明晰。1973年5月14日，卡扎菲在的黎波里举行的阿拉伯—欧洲青年集会上首次提出他的"世界第三理论"④。卡扎菲认为，资本主义理论是"世界第一理论"，共产主义理论是"世界第二理论"，这两者都不适合利比亚，利比亚要走有自己特色的道路，他另外提出一套基于伊斯兰教、平均主义、泛阿拉伯主义和泛伊斯兰主义指导下的思想理论——"世界第三理论"。鉴于利比亚民众对伊斯兰教及其传统有着根深蒂固的认同，卡扎菲将伊斯兰教作为立国的基础指导原则。此外，卡扎菲视平均主义为"社会主义"的主要

---

① Ronald Bruce St. John, *Libya: From Colony to Independence*, p. 119.
② 潘蓓英：《列国志·利比亚》，第73页。
③ 韩志斌：《利比亚伊斯兰社会主义研究》，第73页。
④ 潘蓓英：《列国志·利比亚》，第98页。

原则，强调民众在政治上平等参与国家的管理和监督，经济上平等共享社会财富。而泛阿拉伯主义和泛伊斯兰主义则深受纳赛尔主义的影响，卡扎菲将此作为区域外交的基本指导原则。① 他执政后提出了"自由、社会主义和统一"的革命目标，主张通过外交谈判，谋求同埃及、苏丹等在阿拉伯世界有影响的国家进行合并。

卡扎菲"世界第三理论"的核心是主张建立一个所谓的"标准社会主义"。卡扎菲强调利比亚社会主义要与伊斯兰教和阿拉伯传统紧密相连，因此"标准社会主义"又被称为"伊斯兰社会主义"。伊斯兰社会主义介于资本主义和共产主义之间，对两者的路线均持否定态度。卡扎菲深受伊斯兰教和阿拉伯传统的影响，认为资本主义就是剥削和压迫的同义词。至于共产主义，卡扎菲认为共产主义提倡的无神论与伊斯兰教义在意识形态方面存在根本性的冲突，此外，他并不认同消灭私有制的主张。卡扎菲认为，共产主义和资本主义都不能实现他的政治理想，只有伊斯兰社会主义才适合利比亚的实际国情，并且适用于整个阿拉伯世界。

1976—1979年三年时间里，卡扎菲陆续出版了三本小册子并汇总为《绿皮书》，从"民主问题""经济问题"和"社会问题"三个方面系统地阐述了"世界第三理论"的具体实施方案。② 《绿皮书》的第一章是"民主问题的解决办法——人民政权"。卡扎菲认为，直接民主是解决政治民主问题的最佳办法，提出国家政权由全体人民共同掌管和监督。他对一切其他形式的议会制、政党制和阶级专政等都加以否定和批判。他认为实现人民民主的唯一途径就是建立以人民大会和人民委员会为基本内容的政治制度，让管理成为人民的管理，让监督成为人民的监督，只有这样才能实现真正意义上的政治民主。卡扎菲强调任何违反人民大会的政体都是不民主的政体。③

第二章是"经济问题的解决办法——社会主义"。卡扎菲从劳动者与生产资料所有者的关系入手，探索了经济问题的解决方法，指出对雇工的剥削是产生各种社会弊端的源头。他主张民众共同参加生产，公平地分配财富。他认为"被雇佣的劳动者，不管工资多么优厚，他们都是

---

① 王铁铮：《全球化与当代中东社会思潮》，人民出版社2013年版，第223—224页。
② Alison Pargeter, *Libya: The Rise and Fall of Qaddafi*, p. 91.
③ Muammar Al-Qathafi, *The Green Book*, Part One: The Solution of the Problem of Democracy-"The Authority of the People", London: Thomas Reed Industrial Press, 1968, pp. 22 – 28.

一种奴隶",要实现"谁生产谁消费"的正确原则就必须"废除工资制,把人从工资制的奴役下解放出来","工人不再是被雇佣者而是合作伙伴"①。卡扎菲反对资本主义剥削工人的制度,这是他倡导实现以社会正义为核心的伊斯兰社会主义的重要组成部分。

第三章是"世界第三理论的社会基础"。"世界第三理论"的社会问题汇集了卡扎菲关于家庭、部落、民族以及妇女和少数族群等问题的看法。卡扎菲集中阐述了对社会各组成部分的地位、彼此关系以及社会发展规律的观点。他认为,社会关系即民族关系,民族关系就是社会关系,两者是人类历史进步的动力。民族主义国家是与自然的社会结构相适应的唯一政治形式。他认为宗教因素可能使一个民族分裂,也可以使若干具有不同民族主义的人统一起来。此外,在卡扎菲看来,家庭的组成同植物的组成非常相似,个人一旦脱离家庭,就会失去社会价值。在论述妇女问题时,卡扎菲强调保护妇女的社会权利和平等地位,还坚决主张在男女平等的前提下保障双方婚姻的自主。②《绿皮书》出版以后,使卡扎菲的"世界第三理论"成为一套较为完整的思想体系,成为利比亚国家建设的指导思想,同时对其他阿拉伯国家也产生了一定的影响。

不可否认,"世界第三理论"虽然包含政治、经济、社会等多方面的理论,在实现人民民主和社会平等方面反映了利比亚人民的普遍愿望。但是,任何理论都不会是完美的,卡扎菲的"世界第三理论"也是如此。首先,卡扎菲伊斯兰社会主义思想基本上继承了纳赛尔的阿拉伯社会主义思想,他提出社会主义的目标与纳赛尔提出的大致相同。所谓的伊斯兰社会主义本质上是一种公有制和私有制并存、工人和非剥削的资本家并存,政治上存在阶级而在经济上实行平均分配的社会主义。

其次,卡扎菲的"世界第三理论"具有明显的部落社会的印记。他出生和成长在沙漠游牧部落"共同劳动"和"共享成果"等带有原始共产主义性质的生产和生活环境之中,这种生活经历对其思想产生了巨大的影响。因此,他刻意美化传统的阿拉伯—伊斯兰式的社会生活方

---

① Muammar Al-Qathafi, *The Green Book*, Part Two: The Solution of the Economic of Problem-"*Socialism*", London: Thomas Reed Industrial Press, 1968, p. 45.

② Muammar Al-Qathafi, *The Green Book*, Part Three: The Social Basis of the Third Universal Theory, London: Thomas Reed Industrial Press, 1968, pp. 104 – 106.

式，认为在社会联系、互相团结和亲密友爱方面，家庭胜于部落，部落胜于民族，民族胜于世界。此外，卡扎菲还将源自部落的朴素的平均主义思想融入他的理论中，引申为"人民直接掌握政权"的政治思想和"取消工资和货币""平均分配财富"的经济观点。这些思想凸显出卡扎菲对社会平等的追求，但同时也违背了客观的经济规律。

最后，卡扎菲的"世界第三理论"又被称为"理想主义的乌托邦"，可见其空想性。他未能对利比亚现实的社会阶级状况和政治经济结构进行整体性的把握，而是从主观愿望出发来设想利比亚的道路建设，导致理论和实践脱节。此外，卡扎菲热衷泛阿拉伯主义和"输出革命"的区域外交，他一再强调阿拉伯国家的合并和统一，始终将推动阿拉伯统一的事业放在政治构建的重要位置上，先后与埃及、突尼斯、阿尔及利亚、苏丹等阿拉伯国家商谈合并问题。20世纪70年代，随着纳赛尔的逝世和阿拉伯世界的分裂，泛阿拉伯主义日薄西山，卡扎菲的阿拉伯统一理想以失败而告终。

卡扎菲在"世界第三理论"的指导下开展伊斯兰社会主义实践。在政治领域推行"民众国"体制创新。为了进一步动员民众对新生政府的支持以及实现"人民革命"的政治理想，卡扎菲效仿纳赛尔的革命经验，组建阿拉伯社会主义联盟。[1] 该联盟是一个全民政治组织，发展迅速。尽管阿拉伯社会主义联盟运作时间较长，但卡扎菲的革命理想并没有得到民众的广泛接受，也没有形成一支由其理论武装起来的干部队伍，民众逐渐失去了对卡扎菲的信任。[2] 1973年4月15日，卡扎菲根据"人民革命"理论，号召开展全国性的"人民革命"，建立起人民大会和人民委员会。16日，卡扎菲在祖瓦拉的民众集会上正式宣布将在政治、经济、社会领域里发动"人民革命"[3]。人民大会和人民委员会的建立成为卡扎菲扩大个人权力过程中的重要步骤，是逐步实现群众直接掌握和行使权力的政治理想，实现民众国制度创新的前奏。[4]

1977年，卡扎菲在利比亚全国人民大会第二次会议上发表《人民权力宣言》，宣布利比亚进入"人民直接掌握政权的民众国时代"，对

---

[1] Dirk Vandewalle, *Libya since Independence: Oil and State-Building*, p. 72.
[2] 韩志斌：《利比亚伊斯兰社会主义研究》，第73页。
[3] Alison Pargeter, *Libya: The Rise and Fall of Qaddafi*, p. 78.
[4] 潘蓓英：《列国志·利比亚》，第75页。

利比亚的政治体制进行了重大的改革：设立各级人民代表大会和人民委员会，全国人民代表大会为最高权力机构。从基层人民代表大会开始，各级都设立革命委员会，负责对人民进行教育和政治指导；取消政府，不再设立国家元首、总理和部长；解散利比亚阿拉伯社会主义联盟等；利比亚在国外的外交机关改称"人民办事处"；阿拉伯利比亚共和国改名为大阿拉伯利比亚人民社会主义民众国。①

卡扎菲通过政治上的一系列改革，在利比亚建立了"民众参加政权、管理政权和监督政权"的形式，建立了民众国制度。除各级人民大会和人民委员会外，1977年11月，由"革命力量"组成的革命委员会诞生，并在各级政权、军队、工厂和学校等国家的重要领域建立起来，直接向卡扎菲负责，执行动员和指导民众参与政治、巩固国家和监督各级政权等任务。革命委员会对各部门实行垂直管理和直接领导，但是，不同的革命委员会之间并无隶属关系。② 这一举措将利比亚的"行政权"和"革命权"很好地分离，在很大程度上提高了卡扎菲对国家的直接控制。为了更好地指导革命和掌控国家机关，1978年9月，卡扎菲辞去政府总理、国防部长等公职。③ 1979年3月2日，总人民委员会决定，革命指挥委员会包括卡扎菲等人在内的所有成员全部退出官方机关，不再担任政府职务。1980年，卡扎菲退出总人民大会总秘书处，全力指导革命活动。

在经济领域推行国有化改革。按照卡扎菲《绿皮书》中的思想，利比亚推行经济国有化政策，强化国家在经济发展和收入分配中的地位和作用。利比亚的国有化运动始于20世纪70年代初，利比亚将国有化的重点放在石油工业方面，旨在实现政府直接控制石油经济。1970年，卡扎菲宣布将革命前的利比亚石油公司更名为利比亚国家石油公司，到1976年初，外国石油公司基本被收归国有。为摆脱外国资本对利比亚经济的控制，卡扎菲将外国人开办的银行等金融机构收归国有，没收意大利移民和犹太人的土地，政府控制了整个经济部门，解除了乌莱玛的

---

① 潘蓓英：《列国志·利比亚》，第78—79页。
② Muammar Al-Qathafi, *The Green Book*, *Part One*: *The Solution of the Problem of Democracy-"The Authority of the People"*, London: Thomas Reed Industrial Press, 1968, p. 24.
③ Alison Pargeter, *Libya*: *The Rise and Fall of Qaddafi*, pp. 95 – 96.

特权，将宗教置于国家的控制之下。① 此外，卡扎菲主张民众管理经济，提高穷人的生活水平，促进国家对住房、医疗、教育和社会保障等公共领域的投资和支持，提高工人的最低工资，赠予农民土地，为农民提供住房和农具补贴等。② 1977年，利比亚在城市内推动住房和基础设施建设，计划每年建造3万间房屋。③ 随后，利比亚政府又将外国资本控制的交通运输、进出口贸易、旅游服务等部门收归国有，建立起强大的国营经济。到1980年，国营经济已经占据了绝对优势。

卡扎菲在推进国有化运动的同时，发起了经济领域的"纯洁"运动，打击非法牟利的行为，限制私有房产，提倡工人应该成为"合伙人而不是被雇佣者"的口号流行一时。④ 把工人从工资制度的奴役下解放出来，使其成为企业的参与者。通过这些经济措施，利比亚社会的贫富分化问题得以缓解，民众的生活水平得到大幅提高。1969年，利比亚人均年收入为2200美元，到了1979年猛增至1万美元，利比亚公民获得了免费医疗和教育，拥有了自己的汽车和住房。⑤

三 西方制裁下利比亚的政治转型

卡扎菲的伊斯兰社会主义实践使利比亚得到了长足发展，但是，社会主义实践中所存在的背离国际大环境等问题，使得利比亚长期陷于内外交困之中。洛克比空难的发生，导致西方对利比亚制裁的加重，此外，由于冷战的结束和国际形势的变化，尤其是2001年伊拉克萨达姆政权的溃败，迫使卡扎菲寻找新的突破与出路。

在政治方面，卡扎菲执政后，致力于确立个人的权威统治，使他在国内外备受诟病。在国内，他对军队实施清洗，排除异己；对商业进行国有化改造，控制贸易活动，垄断进出口贸易，迫使商人纷纷逃往国外；政府官员贪污腐败，无组织的分配体系使这一问题更为严重。此外，卡扎菲还强调清除谈论马克思主义思想或西方思想的人，焚毁违反

---

① Lisa Anderson, "Religious and State in Libya: The Politics of Identity", *Annals of the American Academy of Political and Social Science*, Vol. 483, 1986, pp. 69–71.
② 王金岩：《利比亚部落问题的历史考察》，第109页。
③ Dirk Vandewalle, *Qadhafi's Libya, 1969–1994*, London: Macmillan Press, 1995, p. 52.
④ 王铁铮：《全球化与当代中东社会思潮》，第226页。
⑤ Dirk Vandewalle, *A History of Modern Libya*, p. 192.

伊斯兰教义的书籍，将除伊斯兰之外的一切外来思想都定义为"反动的""异端的"或"可疑的"。卡扎菲的大规模"清洗"，加深了反对派与新政权的矛盾，将越来越多的人推到了他的对立面，造成了社会的混乱和局势的动荡。

此外，随着时代的变迁，利比亚国内外的环境都发生了重大变化，卡扎菲的革命思想变得保守和落伍。卡扎菲极力塑造的个人政治魅力及其所追求的革命理想与年轻人的思想观念相脱节，他们对卡扎菲的威权政治和利比亚保守的意识形态感到不满。在国外，卡扎菲输出意识形态的做法引起一些国家的不满。

在经济方面，利比亚的经济产业结构不合理，呈现出单一化的发展态势，国家财政收入的80%来自石油出口，与天然气共同构成利比亚主要的经济来源。利比亚的石油主要出口到美国和欧洲，对西方国家的依赖度高。到1977年，美国一直是利比亚石油最大的买家。除了依赖外国资本外，石油工业还受到国际石油市场波动的制约。受20世纪80年代国际石油市场萧条的影响，利比亚被迫降低油价，石油收入骤降，财政赤字达到48亿美元，利比亚几乎丧失了120亿美元的潜在收入。石油大幅跌价和利比亚在国际上的日益孤立，更加剧了经济形势的恶化。1980年，美国关闭了在的黎波里的大使馆，两年后，里根总统以利比亚支持恐怖主义为由，宣布对利比亚实施石油禁运。[1] 1985年末，美国全面禁止进口利比亚的石油，结束与利比亚的直接经济活动，冻结利比亚在美国的资产。利比亚对外国和国际市场的严重依赖，导致其石油收入一旦减少，就会造成物价飞涨和经济困难，国内经济形势极不稳定。

相比石油工业的发展，其他工业部门发展缓慢，大多数工业产品需要从外国进口。在农业方面，利比亚受自然条件的限制，可耕地稀少，农产品大量依赖进口，为了摆脱对石油产业的严重依赖，卡扎菲主张多元化的发展战略，引进高科技，试图减少对外国的依赖。但卡扎菲忽略了利比亚农业的现实，盲目的农业投入，提高了生产成本，造成生产效率低下，导致财政负担加重。1974年，利比亚通货膨胀率达到了25%。20世纪80年代，利比亚将石油收入的25%用于农业投入，但是经济效

---

[1] Ronald Bruce St. John, *Libya: From Colony to Independence*, pp. 195 – 196.

第五章 建构与解构：利比亚政治发展的困境与危机

益不高。[①] 受农业高成本的影响，比起从事农业生产，群众宁愿依靠政府的津贴过活。

此外，由于政府禁止私人进口外国商品，国家管理的超级市场普遍存在货源短缺的问题，加上政府分配的失序和腐败等问题，导致黑市大量存在。[②] 随着国有化运动的持续推行，国有企业出现效率低下等问题。由于基础设施的落后，大多数利比亚城市缺乏生活用水，卫生条件极差，疾病肆虐。再者，国家长期关注意识形态方面的建设，将经济置于政治需要的前提下，这与利比亚的经济形势并不相符，未能顺应经济发展的潮流，造成政治和经济之间的矛盾日益凸显。尤其重要的是，卡扎菲政府在石油财富分配政策上偏向西部地区，导致东部部落对卡扎菲政权的不满与日俱增。

对外关系上，在非洲方面，20 世纪 80 年代末期，由于利比亚的革命输出政策和领导非洲的统一意向，引起了非洲国家的恐慌。此外，利比亚还卷入非洲动荡不安的局势之中，肯尼亚和埃塞俄比亚等国家驱逐了利比亚的外交使节。20 世纪 90 年代初，利比亚不断卷入邻国的内政事务，如干预马里、尼日利亚和卢旺达的事务，致使利比亚与许多非洲国家的关系紧张。加上利比亚本身经济的不佳和政府官员的贪污腐败，对利比亚政治的发展产生了破坏性影响，导致其在国际社会上的形象受损，国际地位日益衰败。此外，由于全球制裁的加重，油价低迷、经济衰退，卡扎菲政权的反对者显得非常活跃，使利比亚在国际社会陷入孤立。

在欧洲方面，随着 1986 年利比亚和美国关系的全面恶化，欧洲国家普遍与美国保持了高度的一致性，尤其关注利比亚支持恐怖主义的问题。"九月革命"之初，法国作为利比亚武器的主要供应国，两者关系良好。但卡扎菲多次批评法国向中东国家销售武器的行为使得两国关系逐渐恶化。利比亚在撒哈拉以南的活动更是触动了法国的传统势力范围，法国后来宣布支持联合国对利比亚的多边制裁。在苏联方面，1986 年，面对美国打击利比亚的行动，苏联只是谴责了美国，并没有任何实质性的行动，这导致卡扎菲不信任苏联，两者渐行渐远。此外，在利比

[①] 王铁铮：《全球化与当代中东社会思潮》，第 229 页。
[②] Ronald Bruce St. John, *Libya: From Colony to Independence*, p. 196.

亚国内，20世纪80年代后半期，反对卡扎菲政府的伊斯兰激进力量逐渐增加，1984年和1985年春，利比亚发生了多次袭击和暗杀卡扎菲未遂的阴谋活动。

在美国方面，20世纪70年代，卡扎菲决定对英美国际石油公司增加税收，试图收归国有，号召对以色列和美国发动"圣战"。利比亚与西方大国的关系日益恶化，成为美国打击的对象。

1973年10月，利比亚宣布苏尔特湾是利比亚领土不可分割的一部分，未经利比亚的允许，其他国家船只不得随意进入。由于苏尔特湾几乎占有地中海3%的海域，包括美国在内的许多国家立即对此提出抗议。1974年后，美国在苏尔特湾附近进行军事演习，对利比亚发起挑战。1981年和1986年，美国以维护国际公海与国际水域自由航行为由，对利比亚发起两次小范围的打击，击落利比亚的飞机和导弹等武器。1986年4月5日，就在苏尔特湾的对抗不断升级时，西柏林拉贝尔迪斯科舞厅（La Belle Discotheque）发生了爆炸袭击，造成包括2名美国士兵在内的3人死亡，包括50名美国士兵在内的229人受伤。[①] 对此，美国情报局认为这是利比亚策划的恐怖袭击，里根决定报复利比亚。4月16日，利比亚时间凌晨2点，美国出动57架轰炸机袭击了班加西与的黎波里。里根总统称这两个地方是利比亚恐怖主义活动与训练的大本营。[②] 美军对卡扎菲居住地阿齐齐亚军营（Bab al-Aziziya）进行地毯式轰炸，企图消灭卡扎菲。出乎美国意料的是，卡扎菲竟毫发无损，只有他一岁半的养女被炸身亡，他的两个儿子受伤。4月16日晚，卡扎菲在利比亚电视台发表演讲，他表示："我们将在更广阔的战场上与美国交战。这个战场就是整个世界！"[③] 1986年，利比亚与美国的冲突全面升级，里根公然称卡扎菲为"孤立于国际社会之外的贱民"。

1986年，美国试图通过对利比亚的狂轰滥炸来破坏卡扎菲政权的稳定，但结果却适得其反。在利比亚国内，美国的行动引起民众对卡扎菲政权的同情，在国际社会，抗议美国空袭的浪潮不断，为利比亚赢得了不少的支持者。此外，空袭使革命委员会里的少数激进分子变得更活

[①] Brian L. Davis, *Qaddafi, Terrorism, and the Origins of the U. S. Attack on Libya*, New York: Praeger, 1990, p. 116.

[②] Ronald Bruce St. John, *Libya: From Colony to Independence*, p. 182.

[③] 潘蓓英：《列国志·利比亚》，第260—261页。

第五章　建构与解构：利比亚政治发展的困境与危机　225

跃。卡扎菲政权非但没有被动摇，反而变得更加坚固。1987年，卡扎菲启动"绿色改革"计划，呼吁对农业和工业部门进行自由化改革，撤销进口替代，采取现代管理方式，增强自由化的力量，改进自管的形式，成立合作社。① 1988年，利比亚成立了民众动员与革命领导部，削弱革命委员会的权力，9月，卡扎菲呼吁政府废除国家对进出口的垄断，重新开放市场与露天剧场。虽然卡扎菲在国内实行了新的自由化改革，但并未转变其对外政策的基本原则，即继续对美国的空袭制定报复计划，挑战既有的国际秩序。

1988年发生的震惊世界的洛克比空难以及随后长达11年的国际制裁，使得利比亚和美国等西方国家的关系进一步恶化，也使利比亚的经济和社会发展受到严重影响，成为卡扎菲思想和利比亚政治转型的一个重要导火索。1988年12月21日，泛美航空公司一架波音747客机在英国苏格兰小镇洛克比上空突然发生爆炸坠毁，导致机上机组人员和旅客259名及11名地面人员罹难，其中有188名美国人。② 9个月后，法国联合航空公司772客机在尼日尔上空也发生爆炸，机上机组人员和乘客179名全部遇难。经过3年调查，1991年11月4日，美国断定这两起事件是利比亚特工所为，对两名嫌疑犯费希迈（Al-Amin Khalfa Fhimah）和迈格拉希（Abdelbaset Al-Megrahi）提出指控，要求利比亚交出嫌疑犯。法国于1991年11月27日与英、美一起发表联合声明，要求利比亚交出嫌疑犯并对遇难者家属提供赔偿。

鉴于1986年打击利比亚的失败经验，美国并未对利比亚实行军事打击，而主要采取多边和单边制裁来孤立利比亚，迫使卡扎菲就范。1992年1月21日，在英、美推动下，联合国安全理事会通过第731号决议，要求利比亚配合国际调查并交出嫌疑犯。利比亚同意配合调查，但鉴于迈格拉希是卡扎菲的重要盟友马加哈（Maqarha）部落的成员，交出嫌疑犯有损部落传统和卡扎菲的形象，还可能会导致他失去马加哈部落的支持，因此卡扎菲拒绝引渡嫌疑犯。1992年3月，联合国安理会通过了第748号决议，要求利比亚在15天内交出嫌疑犯，终止恐怖活动，否则将对其实行包括空中封锁、武器禁运和关闭利比亚航空公司

---

① Ronald Bruce St. John, *Libya: From Colony to Independence*, p. 195.
② 韩志斌：《利比亚伊斯兰社会主义研究》，第261页。

等在内的范围更广的制裁。利比亚再次拒绝执行，卡扎菲用一贯的高调态度抨击西方，表示两次空难均与利比亚政府无关，两名嫌疑犯是无辜的，利比亚不可能将它的公民送到基督教国家接受审判。但卡扎菲也强调愿意配合调查，愿意和美国改善关系。1993年11月11日，在克林顿政府的推动下，联合国安理会通过了883号决议，在维持第748号决议的基础上，加大制裁的范围和力度，冻结利比亚在海外的资产（除石油、天然气和农产品出口所得的资金）、加强对利比亚的空中禁运、禁止其他国家向利比亚出口石油储存、运输和提炼的设备等，使制裁进一步升级。

联合国制裁的加剧使利比亚的经济遭受重创，在整个20世纪90年代，国际社会对利比亚石油需求的下降导致其油田设施老化。据统计，利比亚因为制裁损失了190亿美元，石油收入从1990年的110亿美元下跌到1994年的73.9亿美元。[①] 经济状态的不佳严重影响到统治的稳定，卡扎菲政权日益受到极端势力的威胁。政治、经济和外交的困境迫使卡扎菲不得不转变其政策。

卡扎菲政策的转变主要经历了两个阶段，第一阶段是1988年洛克比空难到2001年"9·11"事件，卡扎菲的思想开始发生转变。随着洛克比空难后国际制裁的加剧，利比亚经济出现严重衰退，民众生活水平下降，开始抱怨政府。此外，卡扎菲对部落政治的回归导致反叛不断，外交政策的不当使他陷入孤立。尤其是东西方之间对峙的缓解，使卡扎菲开始探索融入国际社会的道路。第二阶段是2001年以来，"9·11"事件促使美国发动反恐战争和强硬的对外政策，迫使卡扎菲做出重大让步。尤其是伊拉克战争后，卡扎菲主动宣布对洛克比空难负责，放弃大规模杀伤性武器的研制计划，这一举措赢得了国际社会的好评，改善了与美国的关系，使得利比亚以新的姿态融入国际舞台。

就第一阶段而言，卡扎菲执政之初，对内试图摒弃部落政治，强化国家意识，对外争取阿拉伯国家的统一和非洲的联合，反对西方国家。但是，20世纪80年代末，利比亚面临着严重的内外危机。在国内，政治反对派对卡扎菲威权统治的挑战日趋严峻，部落叛变时有发生，政变

---

① Yehudit Ronen, *Qaddaf's Libya in World Politics*, Boulder: Lynne Rienner Publishers, 2008, p. 49.

最后虽然都被卡扎菲镇压下去，但政变带来的危机感深刻地影响了其执政理念。卡扎菲深受传统部落思想的影响，部族主义不可避免地成为其政治改革的重要因素，这使卡扎菲进一步集中资源扶植支持自己的部落。① 1993年部落叛乱被镇压后，卡扎菲建立了由部落领袖组成的"人民社会领袖委员会"，其职责在于维护社会的稳定和财富的分配，自此开始了依赖部落的统治。在卡扎菲扶植下，卡达法部落由一个只有几万人口的小部落一跃成为利比亚三大部落之一，它与其余两个在利比亚占人数绝对优势的瓦法拉（Warfalla）和马加哈部落结成联盟，控制了利比亚政府的主要政治和经济部门，一起成为卡扎菲政权的三大支柱。②此外，卡扎菲还大量引入非洲南部国家的难民和移民，旨在培植自己的力量，打压反对力量。卡扎菲对部落力量回归的直接结果是其政权得到了巩固。但是，依赖部落力量的缺陷也是显而易见的，卡扎菲在权力分配上的厚此薄彼和家族化倾向为部落间的对立和冲突埋下了隐患，东西两地区分裂的风险在不断增加。此外，卡扎菲依靠部落体制来维持其威权统治的政策，导致民众对部落归属感的加强。

在国外，20世纪80年代以来，卡扎菲与西方大国的关系恶化，成为西方国家敌视和打击的目标，在这一阶段，卡扎菲的外交思想和实践正经历着理想到现实，孤立到融合的转变。1988年的洛克比空难使利比亚在此后遭受了更加严厉的国际制裁，这不仅使利比亚的经济陷入困境，还使其在国际上处于空前孤立的地位。此外，冷战的结束和国际局势的巨大变化，迫使卡扎菲转变其一贯主张的理想主义和激进主义的外交政策，向现实主义和温和的态度转变，争取国际社会对利比亚的同情，多次希望同美英等西方国家改善关系，使利比亚摆脱困境。卡扎菲的转变取得了一定的成效。1998年，非洲统一组织决定单方面解除对利比亚的制裁，利比亚还迎来了多名非洲国家首脑的访问，其中以曼德拉总统最为积极，他称赞卡扎菲"是我们孤独时的朋友"。此外，1999年利比亚将两名洛克比空难的嫌疑犯移交给联合国，换来了联合国和欧盟暂停对利比亚的制裁，英国恢复与利比亚的外交关系。2001年911

---

① 王金岩：《利比亚部落问题的历史考察》，第119页。
② Dirk Vandewalle eds., *Libya Since 1969: Qadhafi's Revolution Revsited*, London: Palgrave Macmillan, 2008, pp. 71–72.

事件发生，布什政府极力强调反恐战争，利比亚仍然被美国列为问题国家。对此，卡扎菲选择了妥协，他谴责恐怖主义，并宣布支持美国的反恐战争。利比亚在反恐战争中，配合美国的行动，但美国仍然强调利比亚存在大规模杀伤性武器的问题。[1]

2003年伊拉克战争后，面对萨达姆政权的倾覆和美国日益强硬的外交政策，卡扎菲担心利比亚会步伊拉克的后尘，利比亚的转型进入第二个阶段。多年来卡扎菲在国内树敌颇多，此外，国际社会制裁下的经济困境使得利比亚民众的生活水平骤降，不满情绪日益加剧，收入的锐减还使利比亚不得不大规模削减军费，社会不稳定因素也在增加。为了摆脱困境，给利比亚争取有利的生存和发展空间，卡扎菲审时度势，在前一个阶段政策转变的基础上再进一步。国际形势的发展使卡扎菲意识到，他长期坚持的扶持阿拉伯民族主义和对西方采取的强硬政策实际上并没有给利比亚带来好处，反而给利比亚带来了孤立和贫穷，使利比亚陷于尴尬和被动。伊拉克战争中阿拉伯国家置身事外的态度使得卡扎菲更加清晰地认识到孤立的危险和融入国际社会的迫切性。

在对内政策方面，从2003年开始，卡扎菲对利比亚的伊斯兰社会主义实践做出了重大的调整，宣布推进全面的私有化经济改革。实际上，卡扎菲的私有化改革在20世纪90年代就已经启动，但因洛克比空难后国际制裁而被迫停止。伊拉克战争以后，卡扎菲通过务实的外交政策为利比亚换取了适合经济改革的国际环境，发展货币市场，减少开支，国营企业股份化、私有化，鼓励外商来利比亚投资办厂，吸引外资参股经营，建立多种所有制成分并存的经济发展模式，推进国民经济增长，提高人民生活水平，将利比亚推入世界经济的发展轨道。

对外，利比亚试图转变的态度更加积极，卡扎菲次子赛义夫·伊斯兰·卡扎菲（Saif Islam Gaddafi）多次表达了重新融入国际社会的期许，包括尝试与美国恢复关系，加强政治和经济改革，吸引西方国家的投资。利比亚政府宣布对洛克比空难负责，愿意为空难中遇难者家属支付共计27亿美元的赔偿。此外，利比亚还宣布放弃研制大规模杀伤性武器的计划，这是利比亚在彻底解决洛克比空难事件之后又一个重大的决策。2003年，卡扎菲表示冷战已经结束，利比亚不再需要大规模杀伤

---

[1] 王铁铮：《全球化与当代中东社会思潮》，第246页。

性武器，还呼吁世界各国都应该放弃核武器的研制。2003年12月，国际原子能机构的专家组开始对利比亚的核设施进行核查，利比亚采取了积极的合作态度，与此同时，利比亚开始销毁大规模杀伤性武器，放弃大规模杀伤性武器研制计划，此举得到了国际社会的承认，安理会决议宣布解除对利比亚的制裁。小布什宣布利比亚同意放弃大规模杀伤性武器的举措将为利比亚与美国缓和关系开辟道路。2004年，利比亚签署了《不扩散核武器条约》附加议定书，加入了《禁止化学武器公约》，这受到了国际社会的广泛好评。

对于利比亚表现出的积极态度，美国也采取了正面的回应，逐步实现与利比亚关系的正常化。2004年1月，由美国国会代表团对的黎波里进行访问，这是继1969年"九一革命"后美国国会代表团第一次来访。代表团成员参观了卡扎菲的住所，对1986年美国的轰炸表示遗憾，并对包括卡扎菲养女在内的遇难者表达了哀悼。2月，美国取消了旅游禁令，允许美国公民赴利比亚旅行。3月，包括美国助理国务卿伯恩斯在内的多名美国高官访问利比亚，商谈双方贸易和投资的正常化以及在利比亚设立办事处等事宜。4月，美国宣布解除对利比亚的大部分制裁，允许多数美国公司到利比亚经商和投资，接收利比亚留学生。6月，双方恢复外交关系，建立办事处。但是，美国并没有把利比亚从"支持恐怖主义的国家"名单上删除。9月20日，美国废除对利比亚的贸易制裁，并解冻13亿美元的利比亚金融资产。[1] 2005年，利比亚在阿拉伯国家峰会上呼吁阿拉伯国家与利比亚建立外交关系。利比亚的行动缓和了与西方国家的关系，使利比亚以新的姿态登上了国际社会的舞台。

利比亚与美国关系的改善在一定程度上符合双方的利益。从利比亚方面来说，两国改善关系最显而易见的好处是制裁的解除和大量的资金以及技术的重新进入，缓解了利比亚的困境，提升了利比亚的经济实力。摆脱经济困境则有助于提高民众的生活水平和平息潜在的社会不稳定因素，巩固卡扎菲的政权。此外，放弃大规模杀伤性武器的研制意味着财政负担的减少，改变了利比亚的国际形象，摆脱了孤立的处境，使利比亚重新融入了国际社会。就美国方面而言，利比亚的巨额赔偿金彻

---

[1] 韩志斌：《利比亚伊斯兰社会主义研究》，第281页。

底解决了久拖不决的洛克比空难事件。此外，美国与利比亚的和解将有助于缓和美国同阿拉伯世界的紧张关系，对利比亚制裁的解除意味着美国的资金和技术的自由流动。

利比亚虽极力希望融入经济全球化浪潮，但利美关系的"正常化"只是双方在各自利益考量下的暂时妥协，两国之间的隔阂并没有完全消除。卡扎菲在外交政策上的转变并未从根本上冲破问题根结，利比亚民众对美国仍然持排斥态度。自美国解除制裁以来，利比亚的石油收入大幅增加，经济发展迅速，到利比亚的西方投资人也越来越多。利比亚人对两国关系的改善普遍持支持态度，但他们还对1986年美国的狂轰滥炸和漫长制裁中艰难的生活记忆犹新。此外，利比亚不可能从根本上放弃对阿拉伯国家统一的支持，它在非洲一体化和调解非洲国家冲突中依然发挥着极其重要的作用，限制了西方在非洲的影响力。再者，尽管利比亚通过政策的转变达到了与美国的和解，摘掉"无赖国家"帽子的目的，但双方在文化和制度上的差异致使他们不可能形成对彼此的认同和真正意义上的友谊。2009年9月23日，在美国纽约联合国总部举行的第64届联合国大会上，卡扎菲发表了长达94分钟的演讲，他提出了许多惊人的言论，激烈地批评了美国和以色列。这也是2011年利比亚爆发政治危机后，美国毫不犹豫地支持北约颠覆卡扎菲政权的原因之一。对于美国而言，其自身所固有的制度和文化偏见，以及自我优越感是影响其与利比亚改善关系的最根本原因。

四 "阿拉伯之春"与卡扎菲政权的倒台

2010年12月17日，利比亚的邻国突尼斯发生了一名小贩的自焚事件，该事件激起民众长期以来对政府腐败、失业率居高不下和物价上涨的不满，引发了大规模的民众游行示威和反政府活动，最终导致统治突尼斯长达23年之久的本·阿里政权倒台，突尼斯成为"阿拉伯之春"的肇始地。突尼斯的动乱很快蔓延到了有着相似文化背景和社会状况的埃及，时任总统穆巴拉克被迫放弃政权。继突尼斯和埃及革命之后，2011年2月，班加西爆发反政府抗议活动，抗议浪潮很快便席卷全国，导致利比亚战争的爆发。在初期，利比亚战争只是境内卡扎菲政权和反对势力之间的对抗，随着西方大国相继加入反对派阵营，利比亚内战演变为一场大规模的战争，其结果是卡扎菲战败身亡，利比亚进入后卡扎菲时期。

在利比亚战争爆发前，卡扎菲政权已经危机四伏。在政治层面，卡扎菲未能克服伊德里斯王朝遗留的地缘和部族政治问题，反而迫于频发的部落叛乱，最终选择向部落传统政治回归，实施个人专政，采用扶植一派部落打击另一派的统治方式。卡扎菲向部落回归的结果就是其家族和部落亲信长期把持国家的关键部门，贪污腐败严重，这激化了部落间的矛盾。同时，在卡扎菲的威权高压之下，民众在言论和出版等方面的自由受到限制，成为潜在的社会隐患。以的黎波里为中心的东部地区原是伊德里斯王朝的大本营，对卡扎菲政权多有不满，在萨阿迪部落的号召下，一些部落联合起来形成部落联盟，共同反对卡扎菲的统治，尤其是20世纪90年代中期以来，随着国际制裁和国内经济的不景气，反对势力剧增。

在经济层面，利比亚因石油能源的出口成为阿拉伯世界的富国，但政府在石油收益的分配上存在诸多问题。表面上，卡扎菲倡导平均分配能源出口所得，而在实际的操作上并非如此。经济收益的分配一般按照部落的分配传统，将总收入的一半以上归部落首领所有，而剩余的则分配给部落民众。按照这种分配传统，利比亚将收入的一半以上分配给政府，剩余部分中的多数分配给卡扎菲的家族及亲信；只有少部分用于民生，并按照所在部落和地区与卡扎菲关系的亲疏来划分。支持卡扎菲的部落得到了实际的好处，一个典型的例子就是卡扎菲的家乡苏尔特被打造成繁华的都市。在卡扎菲的扶植下，利比亚西部地区得到很快的发展，东部地区部落虽拥有丰富的石油资源，却处于边缘地位，青年人失业率居高不下。东部地区部落的不满情绪日益增加，加上分配过程中存在大量贪污腐败现象，导致贫富分化严重，社会矛盾随之上升。[①]

面对公众的不满，卡扎菲曾多次承诺调整国民分配政策，但由于各方的压力，他始终没有兑现诺言。卡扎菲一向以过艰苦朴素的传统游牧生活为标榜，但他未能约束其家族成员，任由他们过着奢侈的生活，加深了民众心理的不平衡。借着阿拉伯世界的大动荡，利比亚青年走上街头，发泄对政府的不满，东部部落势力趁乱发起反对卡扎菲政权的运动，利比亚内战由此爆发。对于民众的抗议和游行活动，卡扎菲选择了

---

① 王金岩：《利比亚部落问题的历史考察》，第129页。

武力镇压，导致反对派团结一致，他们在班加西成立了"全国过渡委员会"（以下简称"过渡委"），试图推翻卡扎菲政权，建立新政权。联合国安理会很快对卡扎菲的镇压行动做出反应，先后通过第 1970 号和第 1973 号决议，重启对利比亚的制裁。

随后，利比亚内战再度升级，战争的性质也随之发生改变，由以利比亚民众为主的内战演变成了以法、英、美为首的北约国家干涉下的多国部队与卡扎菲政权之间的战争。[①] 2011 年 3 月 19 日，以法、英、美为首的北约国家打着"民主、自由与人权"的旗号对利比亚实施军事打击，法国首先对利比亚卡扎菲政权发动空袭，之后美、英等北约国家也参与了对利比亚的空袭。在国外势力的帮助下，利比亚反对派武装的力量大增，很快就攻入了首都的黎波里，推翻了卡扎菲政权。

的黎波里被占后，卡扎菲及其第五子穆塔西姆·比拉·卡扎菲（Mutassim Billah Gaddafi）没有选择逃往国外避难或者投降，他们一行人逃到了苏尔特，穆塔西姆在苏尔特领导军队继续作战。8 月 21 日至 10 月 20 日，反对派组成的"过渡委"开始清除苏尔特等地区的卡扎菲残余势力。期间，卡扎菲在苏尔特的藏身之地被发现，反对派武装人员将他杀害，他的尸体被放在冷库里供人展览，他的家属和支持者大多被杀或者逃往他国避难。卡扎菲的死亡标志着利比亚进入后卡扎菲时代。"过渡委"正式成为利比亚执政当局，并启动了政治过渡时间表，选举新的国民议会和国家领导人。

利比亚战争是继 20 世纪末的科索沃战争以及 21 世纪的阿富汗战争、伊拉克战争之后，以西方国家为首的军事联盟第四次针对主权国家发动的大规模军事打击。[②] 利比亚战争和卡扎菲的死亡并没有像大多数民众想象的那样为利比亚人民带来"民主和自由"，反而导致了利比亚的分裂和派系混战，经济下滑和人民生活水平的降低。社会的持续动荡导致城市管理混乱，大量囚犯趁乱越狱，利比亚人道主义危机凸显。根据联合国难民署 2011 年 8 月的调查显示，利比亚战争期间，的黎波里的部分难民和移民遭受了绑架等暴行。2017 年，利比亚有近 40 万人流离失所，生活环境不断恶化。利比亚战争带来了一系列的连锁反应，利

---

① 韩志斌：《利比亚伊斯兰社会主义研究》，第 287 页。
② 韩志斌：《利比亚伊斯兰社会主义研究》，第 291 页。

比亚难民借便利的地理位置，通过意大利的口岸进入欧洲境内，加重了欧洲的难民问题。此外，恐怖组织趁机坐大，并不断渗入欧洲，恐怖袭击频发，威胁着地区的安全和稳定。

第三节 后卡扎菲时期：革命合法性向统治合法性的转型

对于一个新生政权而言，其政绩是获得统治合法性的主要认同资源，只有当人民对政权愿尽支持义务时，这一政权才具有了合法性，如此统治才更有效力，政局才能稳定。利比亚反对派通过倡导建立民主和自由国家的口号，从而拥有了革命合法性，推翻了卡扎菲的威权统治。随着利比亚新政府的建立，政府的任务已经不再是获取革命合法性而是建立统治的合法性。但是，后卡扎菲时代的利比亚陷入了部族和地方势力长期的内讧之中，民主和自由的希望化为泡影，新生政权缺乏民众支持和必要的权威，政府机构臃肿低效，民生问题凸显，革命合法性向统治合法性的转型面临重重困境。

一 战后利比亚的政治重建

战后利比亚的政治重建经历了三个阶段。第一阶段是 2011 年 10 月到 2012 年的议会选举阶段，这一阶段的特征表现为各派争夺卡扎菲留下的"权力真空"，民众对新政府逐渐失去信心。随着卡扎菲政权的溃败，第 66 届联合国大会承认利比亚"过渡委"的合法性。10 月 23 日，"过渡委"主席贾利勒在班加西宣布了利比亚全国的解放，开启战后重建工作。[①] 事实上，8 月 3 日，"过渡委"的政治重建已经在积极准备阶段，颁布了具有临时宪法作用的《宪政宣言》，规定了"过渡委"的职责和重建的日程。规定"过渡委"在利比亚全国解放之后将首都从班加西迁至的黎波里，并在一个月内组建"过渡政府"，在 8 个月内选举产生国民议会，代替"过渡委"行使主权，2013 年，根据新宪法建立政府，完成政治重建。[②]

---

① 韩志斌：《利比亚伊斯兰社会主义研究》，第 292 页。
② Youssef Mohanmad Sawani, "Post-Qadhafi Libya: Interactive Dynamics and the Poitical Future", *Contemporary Arab Affairs*, Vol. 5, No. 1, 2012, p. 13.

当时，利比亚全国弥漫着胜利的喜悦。按照这样的时间表，利比亚的重建正式开启。10月31日，阿卜杜勒·拉希姆·凯卜（Abdel Rahim al-Keib）被"过渡委"选举为利比亚的临时总理，负责组建"过渡政府"。11月24日，以阿卜杜勒·贾利勒为主席的新政府成立。2012年，7月7日，利比亚进行"国民议会"选举，民众热情高涨，投票率为62%，其中，在政党选举中，共有21个政党获得议席，得票前两名的政党是"全国力量联盟"（39席）和穆兄会领导的"正义与建设党"（17席）。[①] 8月8日，"国民议会"取代"过渡委"行使国家权力，穆罕默德·马贾里亚夫（Mohamed el-Magariaf）当选为议会主席。10月14日，"国民议会"选举阿里·扎伊丹（Ali Zeidan）为临时政府总理。但是，因为国民大会和临时政府缺乏共识，制定宪法和经济重建等基本任务并未完成，致使议会和政府权威缺失。在这一阶段，利比亚社会所弥散的喜悦氛围很快就消磨殆尽。

第二阶段是2012年议会选举之后到2014年第二次议会选举，特征表现为利比亚的安全局势持续恶化。2012年的议会选举结束后，世俗势力支持的扎伊丹新政府宣誓就职。但是，扎伊丹政府未能组建起强大的政府军，地区和部落武装不听政府号令，各自为政，拒绝被政府收编。扎伊丹在宗教势力的压力下签署的《政治隔离法》，将卡扎菲时期担任过高级官员的人员清除出新政府，引起了他们的不满。东部地区和西部地区的分离倾向明显，武装势力复杂。东部依仗丰富的石油资源要求自治，2013年，军阀贾兰德封锁了石油港口，导致利比亚石油产量骤降，中央政府的财政收入急剧下降。10月10日，利比亚时任总理扎伊丹被神秘绑架、后被释放，半年后他不辞而别。2014年，利比亚举行新一届议会选举，新成立的议会被称为国民代表大会，但因民众对2012年选举结果的失望，本次投票率只有18%。[②] 此次选举之后，利比亚出现了两个政府和两个议会并存的政局，东西两地区对峙，政治分裂。

第三阶段是2014年第二次议会选举后至今，东西两翼冲突不断。2015年，欧洲的难民危机正值高峰期，为防止外溢效应的发生，在联

[①] 王金岩：《利比亚战后政治重建诸问题探究》，《西亚非洲》2014年第4期。
[②] 唐恬波：《利比亚：再多的选举也是枉然?》，《世界知识》2018年第3期。

合国的推动下，12月，利比亚东西两个议会的代表签订《利比亚政治协议》，同意结束分裂，共同组建统一的民族团结政府（GNA）。2016年1月，利比亚民族团结政府正式宣布成立。然而，民族团结政府虽被国际社会认为是利比亚的合法代表，但联合国新任命的总理法耶兹·萨拉杰（Fayez el-Sarraj）因在利比亚缺乏影响力和政治根基而备受非议。此外，新政府对于民众关心的物价、治安和公共服务方面的现实问题无所作为，使民众对新政府缺乏认同。在随后的实际操作中，原有的两个政府不仅没有停止活动，反而因为新的民族团结政府的成立导致利比亚政坛呈现出"三个政府"的局面。2019年，当地时间4月4日晚，"利比亚国民军"（Libyan National Army）司令哈里发·贝卡西姆·哈夫塔尔（Khalifa Beiqasim Haftar）下令对首都的黎波里发动进攻，的黎波里的民族团结政府宣布进入战备状态。此次冲突造成利比亚再度陷入乱局。截至目前，利比亚大规模的冲突暂时停息，但小规模的袭击依旧在延续。在这种情况下，联合国处于尴尬的地位，利比亚政治重建工作被一拖再拖。

二　重建之路困难重重

相比卡扎菲40余年的威权统治，利比亚临时政府在国家事务的决策和民众生活的保障方面既没有执政经验，又缺乏军事和财力支持，不能较好地应对战后国家的乱局。战后至今，利比亚并未实现建立统一政权和民主政治的目标，相反却陷入了统治乏力的局面，各路豪强拥兵自重，政府和议会形同虚设。长期的失序导致经济衰退、社会动荡、民生危机增加。此外，恐怖主义组织和极端组织趁利比亚动乱之际迅速扩张，不断制造恐怖袭击事件，导致利比亚的政治重建面临重重困境，主要表现为以下几点：

首先，利比亚的政治重建受到国内派别林立和部族政治的影响。反观7年多的政治重建进程，利比亚的各种利益群体之间由于出身和经历的不同，他们对于政治重建的具体要求也不同，但都以实现本集团的利益为目的，甚至不惜牺牲国家整体利益。各政治群体之间力量分散导致缺乏向心力，政治重建目标分散，难以形成共同的建设意见。利比亚最主要的派别分别是地方武装势力、部落势力和世俗与宗教势力。地方武装和部落势力拥兵自重，频频形成割据，世俗与宗教势力相互对立。这些不同派别内部在领导权、政治发展道路等问题上也存在也很大的分歧，呈现出碎片化和分裂的局面。①

部落在利比亚根深蒂固，蕴含巨大的社会能量，对利比亚的战后重建发挥着重要的影响。② 利比亚部落民众对部落和地区有强烈的归属感，加上三个地区差异较大，民众的国家意识淡薄，国家凝聚力弱化，地缘分裂。卡扎菲试图整合利比亚部落失败后，20 世纪 80 年代之后，卡扎菲回归对部族的倚重，提拔其所属的卡达法部落，与利比亚最大的瓦法拉和马加哈两个部落结成联盟，打压其他的部落，尤其是与伊德里斯王朝有着密切联系的萨阿迪部落，利比亚东部部落和西部山区的柏柏尔人的地位也比较低下。③ 卡扎菲采用"分而治之"的政策，利用利比亚不同部落间的矛盾挑起分歧，坐收渔利。卡扎菲倒台后，受压迫的部落势力崛起，支持卡扎菲政权的部落面临被边缘化的危机，他们迫切希望维护自身政治经济地位和影响力，不同的部落之间因利益的不同而展开争夺，武装冲突频繁。中央政府因缺乏军力无法对这些部落形成有效控制，地方武装时常袭击利比亚政府机构。

其次，安全形势的恶化对利比亚的政治重建造成影响。从 2011 年 10 月利比亚正式进入政治过渡期开始，历届政府执政的波折不断，过渡政府先后历经多位领导人，总理频繁更迭，组阁异常艰难，内阁成员辞职现象时有发生。此外，"伊斯兰国"趁机坐大，该组织成立于 2014 年 6 月，最初势力范围在叙利亚北部至伊拉克东部地区，此后发展迅速，在中东各地区开辟分支，吸纳来自世界各地的人员，发动多次恐怖袭击，一度成为世界上实力最强的恐怖组织之一。2015 年下半年，"伊斯兰国"将利比亚确定为扩张目标，试图将其打造为"伊斯兰国"的"新中心"。"伊斯兰国"的大肆宣传得到利比亚民兵武装的回应，后者为"伊斯兰国"提供训练基地。利比亚以及周边国家的失业青年和武装分子成为他们主要吸纳的人员。鉴于卡扎菲倒台后留下的"权力真空"，"伊斯兰国"在叙利亚和伊拉克境内的力量遭到西方国家的打击后，部分成员便转移到利比亚境内，导致"伊斯兰国"在利比亚迅速

---

① 韩志斌：《利比亚伊斯兰社会主义研究》，第 295 页。
② Alia Brahimi, "Libya's Revolution", *The Journal of North African Studies*, Vol. 16, No. 4, 2011, p. 612.
③ Dirk Vandewalle eds., *Libya since 1969: Qadhafi's Revolution Revisited*, p. 73.

壮大，一度成为其分支力量中最强的一支。"伊斯兰国"的扩张成为利比亚政治和经济重建的阻碍。

经过联合国的斡旋，2016年民族团结政府成立，使利比亚实现了政权形式上的统一。12月，"伊斯兰国"等极端组织也在西方国家的帮助下被逐出苏尔特，形势出现缓和。但是，利比亚仍有恐怖袭击事件发生，其国内恐怖主义的潜伏势力不容小觑。2018年利比亚大选前，首都的黎波里爆发多起武装冲突和恐怖袭击，对选举产生了不良的影响，年底大选被迫停止。2019年4月，利比亚战乱再起，恐怖袭击事件频发。利比亚制宪进程在遭遇多次波折后陷于停滞，民众参政议政的热情随着生活水平的不断下降而降低。民族团结政府的统治依然十分脆弱，各派势力众口难调，极端组织仍然伺机制造事端扰乱社会稳定。时至今日，利比亚仍未能实现政治的稳定，政权更迭的可能性依然存在。[1]

再者，利比亚新政府面临革命合法性向统治合法性转型的困境。利比亚新政权通过推翻卡扎菲的威权统治，因此拥有了革命的合法性。但是，重建工作中表现出的低效性正在削弱社会对政府的认同。利比亚新政府的革命合法性光环正在各派的争权夺利中逐渐褪色，新生政府的历史任务从获取革命合法性向建立统治合法性转型。而民族团结政府由于缺少强大的军队和资金支持，根本无力维护社会稳定和安全，行政效率低下，贪污腐败问题严重，其统治合法性势必招致民众质疑。面对持续不断的动乱和政治愿望的幻灭，一些人逐渐对政府失去耐心，他们开始怀念卡扎菲时代的繁荣。[2]

此外，地缘的分裂、部落间的矛盾和教俗的冲突，不断挑战着利比亚当局的统治合法性。利比亚中央政府与地方力量、部落力量以及伊斯兰宗教力量之间分歧很大，政府缺少强大的军队支持。政府曾试图通过分发军饷、收缴武器以及救济战争遇难者家属等方式来吸引和收编不同背景的武装人员，但收效甚微，政府此举甚至招致了武装人员的报复。2012年5月7日，米苏拉塔的武装人员便以此为借口袭击"过渡政府"大楼。可见政府缺失权威，根本无力维护利比亚的社会稳定和国内安

---

[1] 王金岩：《利比亚部落问题的历史考察》，第167—171页。
[2] Edward Randall, "After Qaddafi: Development and Democratization in Libya", *Middle East Journal*, Vol. 69, No. 2, 2015, p. 212.

全。值得一提的是，由于政府行政的低效和体制缺陷，贪污腐败和政令不行等问题严重。利比亚新政权既没能缓解国内日益恶化的安全状况，也没有提升民众的生活水平，其统治合法性不断受到质疑和挑战。[①]

最后，政治重建受经济发展滞后的影响。利比亚石油和天然气能源储量大，在出口能源方面占有优势。卡扎菲时代，利比亚80%的财政收入来自石油出口，但是利比亚战争的爆发导致石油出口锐减，这在很大程度上削弱了利比亚政治重建所需的财政支持。新政府执政后，试图恢复石油产业，但利比亚的石油管道遍布境内各地，开采、加工和运输环节需要经过复杂的协调才能完成。此外，受地区各自为政的阻碍，部分富油区以阻挠石油生产和运输为要挟，迫使政府满足他们的政治要求，因此经济重建并不乐观。受国内恶劣的安全局势影响，利比亚投资环境恶化，外国企业处于观望状态。此外，国际油价的浮动也进一步影响其石油经济的稳定。

值得注意的是，利比亚的政治重建缺乏自觉性，且依赖国际社会的支持。历史上，利比亚的政治发展曾受到多方外部势力的干预，二战后，利比亚联邦制王国的独立也与联合国的支持密不可分。卡扎菲的威权政府倒台后，利比亚中央政府的权力十分有限，加上国内各派势力的分裂，独立完成重建的可能性较小，需要国际社会的支持。2011年9月，联合国在利比亚设立"联合国利比亚支助团"，帮助利比亚重建，但相比阿富汗和伊拉克的重建，联合国在利比亚政治重建中的作用并不明显，只是局限在提供重建建议和咨询层面。[②] 利比亚民族团结政府无力主导利比亚的政治重建，在此境遇下，国际社会的支持就显得尤为重要。

三 战后利比亚的道路之争

目前，利比亚政治重建着眼于选择一种适合利比亚政治发展的模式。在国家道路的走向问题上，利比亚三个地区因历史、地理和文化的差异，彼此之间的联系不紧密，在国家组织形式上很难达成共识。事实

[①] Youssef Mohanmad Sawani, "Post-Qaddafi Libya: Interactive Dynamics and the Poitical Future", *Contemporary Arab Affairs*, Vol. 5, No. 1, 2012, p. 4. id.

[②] 韩志斌、闫伟：《后卡扎菲时代利比亚政治重建及前景》，《国际论坛》2013年第1期。

上，在伊德里斯王朝时期，这种情况就很明显，为调和三个地区的矛盾，联合国最终决定采用松散的联邦制。在卡扎菲威权统治时期，利比亚的国家统一主要是在个人专政的情况下形成的。但是，卡扎菲长期的执政和采取的多项倾向性政策导致三个地区之间的发展不平衡。西方的干预导致卡扎菲政权的崩溃和后卡扎菲时代的来临，战后乱局威胁着利比亚的政治重建，民众对于道路问题的争论频繁，主要表现为以下几点：

首先，利比亚东西两翼在道路问题上的矛盾最为突出。2011年8月，"过渡委"要求将革命总部从班加西迁至的黎波里的决定加剧了东西两个地区的对立。在国家组织形式的意见上，东部支持单一制，西部却支持联邦制，要求成立自治政府管理地区事务。而南部费赞地区的一些部落则积极谋求独立，分裂国家。从利比亚的战后民调显示，支持国家统一的人数相对占优势。虽然国内各方势力的分歧较大，但可以预见的是，建立统一的国家更符合利比亚的现实利益。此外，鉴于石油经济需要全面协调石油的开采、加工和运输，单一制的形式更符合现实的经济发展需要。就目前的局势来说，协调各派不同的利益诉求还需要很长一段时间。

其次，世俗派与宗教势力对于国家道路的选择意见不一。世俗阵营包括"全国力量联盟"和哈夫塔尔领导的"国民军"等，宗教阵营包括始建于1949年的穆兄会和中部米苏拉塔民兵组织等，两者矛盾激烈。受西方思想影响的知识分子崇尚世俗主义和自由主义，他们推崇宪政的道路。伊斯兰宗教势力在利比亚内战中崛起，战争中的"反对派"武装约30%来自伊斯兰组织，代表伊斯兰的政党要求利比亚在政治重建中突出其伊斯兰属性，遵循沙里亚法来治理国家。在2012年利比亚的首次大选中，穆兄会领导的公正与建设党居候选政党中的第二位，该组织将成为利比亚未来政治发展中一支重要的力量。但受内部分歧的影响，就目前的形势而言，伊斯兰政党势力的根基较弱。尤其需要注意的是，在经历长期的威权统治之后，利比亚民众整体还是向往世俗和民主政治。[1]

最后，利比亚内战和卡扎菲政权的垮台，很大程度上是西方国家干

---

[1] 王金岩：《利比亚，仍然需要耐心》，《世界知识》2013年第2期。

预的结果，因此，利比亚的政治和经济重建以及安全方面危局的解决都需要西方大国的援助，利比亚的发展也离不开与西方大国的合作，尤其在石油出口方面更是如此。

在未来领导人的选择上，目前，哈夫塔尔以强人的形象成为利比亚政坛的主要关注点。1943 年，哈夫塔尔出生于有"班加西门户"之称的艾季达比亚（Ajdabiya），属于法贾尼部落，他曾在班加西参军，是卡扎菲政权的重要成员。[①] 1986 年，卡扎菲提拔他为利比亚总参谋长。哈夫塔尔在利比亚与乍得的战争中战败被俘，而他所信任的卡扎菲并没有选择营救他，哈夫塔尔对此感到失望和愤怒，与卡扎菲产生了嫌隙，被迫流亡美国，定居弗吉尼亚州。[②] 2011 年，他趁内战之机回到利比亚，成为利比亚"过渡委"高级将领。革命成功后，他再次成为利比亚陆军总参谋长，组建了"利比亚国民军"，充分利用民心思定、各派势力良莠不齐的国内政局，以政治强人的形象出现，试图统一利比亚全境。哈夫塔尔领导的"国民军"基本上控制了利比亚东部地区，并逐步向西部地区渗透。

自 2014 年以来，哈夫塔尔的主要功绩在于从宗教极端组织手中夺回班加西，此外，他还为利比亚国家石油公司获取了不少油气设施，提升了利比亚的石油产量。实际上，哈夫塔尔已经成为继卡扎菲之后利比亚的又一个军事强人，有"利比亚的塞西"之称。2017 年，卡扎菲次子赛义夫获释，他试图通过打"家族牌"参加利比亚的总统选举，重回利比亚政坛。自 2011 年"阿拉伯之春"以后，赛义夫经历了人生的大起大落，他从显赫一时的卡扎菲之子和利比亚政权可能的继承者，沦落为阶下囚，被地方武装关押了五年多的时间，还遭到国际刑事法院的通缉。赛义夫曾在卡扎菲统治后期极力推动利比亚政治民主化改革，颇得西方国家好感，但他当选的可能性并不大。[③]

[①] Borzou Daragahi, "Khalifa Haftar, a Hard-headed Libyan Warrior", *Financial Times*, August 26, 2014, https://www.ft.com/content/0b4a3e30-e0f8-11e3-875f-00144feabdc0，登录时间：2019 年 9 月 1 日。

[②] Ethan Chorin, "The New Danger in Benghazi", *New York Times*, May 28, 2014, https://www.nytimes.com/2014/05/28/opinion/the-new-danger-in-benghazi.html，登录时间：2019 年 9 月 1 日。

[③] Rob Crilly, "Gaddafi's Son Saif to Run for Libyan President' in 2018 Elections", *The Telegraph*, March 20, 2018, https://www.telegraph.co.uk/news/2018/03/20/gaddafis-son-saif-run-libyan-president-2018-elections/，登录时间：2019 年 9 月 1 日。

目前，利比亚处于西部和东部两大政治势力对峙的局面，双方互不承认对方政权的合法性。其中，在联合国支持下成立的民族团结政府目前控制着以首都的黎波里为核心的利比亚西部地区。"利比亚国民军"驻扎在该国的东部地区，他们与利比亚国民代表大会合作，控制东部和中部地区、南部主要城市及西部部分城市。哈夫塔尔得到了埃及、阿联酋和沙特阿拉伯的支持，而卡塔尔、伊朗和土耳其则支持民族团结政府。在2019年4月以来的战乱中，西方大国部分支持哈夫塔尔，部分支持民族团结政府，有的则选择不再参与利比亚乱局。目前，哈夫塔尔领导的"利比亚国民军"处于主导地位。据报道，哈夫塔尔拥有4万多兵力，而民族团结政府一直没能组建起强有力的武装力量，长期依靠首都附近的民兵武装。[①]但在经历多次军事冲突后，"利比亚国民军"至今未能攻占首都的黎波里，哈夫塔尔遭遇了巨大的军事挫折。鉴于此，利比亚未来的领导人选和统一重任的完成仍然充满不确定性。

第四节 利比亚独立以来政治发展的反思

反观利比亚独立以来政治发展的历程，地缘分裂和部落问题始终困扰着利比亚的政治整合和现代民族国家的构建。此外，外部势力频频干预利比亚内政，造成其政治发展进程的中断和滞后。伊德里斯王朝是在外部势力干预下独立的，也是在外部势力的干预下，卡扎菲政权最终倾覆。进入后卡扎菲时代的利比亚各派势力割据混战，乱象丛生，政治重建之路遥遥无期。对于现阶段的利比亚而言，相比于经济的发展和民生问题的解决，结束混战的局面和建立统一的国家是其政治重建更为紧要的任务。就目前利比亚的政局而言，完成重建还有很长的路要走。

一 独立以来利比亚政治发展的阶段性特征

独立以来，利比亚的政治发展主要经历了三个阶段。第一阶段是伊德里斯王朝时期，利比亚完成了从联邦制到单一制的过渡。1951年12月24日，经过各方的利益博弈，利比亚正式宣布独立，建立联邦制王

[①] 王金岩：《利比亚：新背景下的新乱局》，新华网，2019年5月8日，http://www.xinhuanet.com/globe/2019-05/08/c_138021574.htm，登录时间：2019年8月10日。

国。然而，利比亚的独立在很大程度上来说是大国一手促成的，并没有经历民族独立运动，民众缺乏对国家的认同。此外，伊德里斯国王缺乏民族领袖的光环，国王的统治在很大程度上依赖大国的支持，这削弱了其政权的合法性。利比亚三个地区都是以部落为基础的传统社会单元，虽然在国家结构问题上的分歧很大，但最终还是相互妥协接受了松散的联邦制。

总体上来说，利比亚在独立之初建立联邦制是符合其国情的。但随着利比亚中央和地方之间矛盾的日益突出以及现代化发展的需要，联邦制已经不再符合利比亚的国情。在经历了一系列挫折后，随着利比亚石油资源的发现，客观的经济发展需要地区间的相互配合，而联邦制的松散性制约着石油经济的发展。1963年，利比亚宣布废除联邦制，从松散的联邦制国家过渡到单一的君主立宪制国家，政府改组了地方机构，将政治和经济大权收归中央，加强中央集权，提高了行政效率，促进了利比亚社会的发展。

但是，20世纪60年代盛行阿拉伯世界的泛阿拉伯主义思潮很快就蔓延到了利比亚，对伊德里斯王朝的统治形成了巨大的挑战。泛阿拉伯主义者认为，阿拉伯人应该团结在一起，建立一个统一的国家，共同抵御外敌，恢复其在历史上的荣耀。泛阿拉伯主义的代表——纳赛尔的思想通过支援利比亚的教师，特别是开罗的阿拉伯之声电台传播到了利比亚。利比亚年轻人深受影响，成为泛阿拉伯主义的支持者。1967年的"六·五战争"中，伊德里斯国王的态度激怒了民族主义者，引发了的黎波里的暴乱事件，王权的统治危机四伏。

第二阶段是卡扎菲的威权统治时期，利比亚在"世界第三理论"的指导下进行伊斯兰社会主义民众国实践。1969年9月1日，"自由军官组织"在年轻军官卡扎菲的领导下发动了推翻伊德里斯王朝的政变，并在此后成立革命指挥委员会，控制利比亚的最高行政与立法权，宣告了阿拉伯利比亚共和国的诞生。随后，卡扎菲通过政治斗争排除异己，逐渐掌握了国家的政权，并提出了在利比亚建立伊斯兰社会主义的思想，即著名的"世界第三理论"，该理论强调阿拉伯国家的统一和伊斯兰教的指导。卡扎菲根据"世界第三理论"，在利比亚进行伊斯兰社会主义实践，建立了民众直接掌握政权的民众国，并在政治、经济和文化等领域进行改革。利比亚在卡扎菲的领导下实现了社会的稳定和经济的发展，民众的生活水平得到了迅速提高。

随着时代的变迁，利比亚国内外的环境都发生了重大变化，而卡扎菲的革命思想变得不合时宜。在卡扎菲统治后期，部落叛乱不断，年轻人因为失业等种种问题对卡扎菲的保守和专权感到不满。孤立的外交政策，导致利比亚与周边国家以及西方国家关系的恶化，国际制裁不断加重。1988年的洛克比空难事件以及随后加剧的国际制裁，使卡扎菲逐渐转变思想观念，进而推动利比亚政治转型。2003年伊拉克战争爆发，卡扎菲迫于形势，加快利比亚的政治转型，他签署了禁止核武器条约和化学武器的协定，谋求与西方国家改善关系，摆脱孤立的国际地位。利比亚的政治转型符合国内外的局势，取得了一定的成果。但卡扎菲在此后的言论表明，他的思想并未从根本上发生变化，西方对他的刻板印象也未发生改变。

第三阶段是利比亚的政治重建，在卡扎菲威权统治垮台后遗症的影响下，该阶段利比亚的政治发展遭遇多重困境。2011年初，"阿拉伯之春"影响下的利比亚政局危机四伏，2月，利比亚民众的街头抗议活动很快演变为内战，西方国家趁机进行军事干预，支持利比亚反对派，推翻了卡扎菲政权。

随着卡扎菲政权的垮台，利比亚"过渡委"开启重建工作。但利比亚民众期盼的民主和自由并没有成为现实，国家反而陷入了持续的动荡之中。2016年，利比亚出现了"一国三政府"的局面，此后东西地区严重对立，它们各自为政，地方和部落势力拥兵自重，政治的重建和社会秩序的实现成为奢望，统一形式的民族团结政府形同虚设。在经济重建方面，利比亚政局的不稳定和分裂使政府难以集中力量发展经济，致使投资环境持续恶化。利比亚持续的动乱还招致了恐怖主义组织的觊觎，"伊斯兰国"在利比亚迅速扩张，给利比亚的重建增加了不少阻力。

目前，利比亚政治重建的前景并不乐观，利比亚需要在国家组织形式、政权组织形式和发展道路这三个方面做出选择，选择一条适合利比亚政治发展的道路才是关键所在。此外，在国家领导者的人选上，被誉为"利比亚塞西"的哈夫塔尔是利比亚政坛的主要关注点，在领导利比亚实现社会稳定和国家统一上扮演着重要的角色。但鉴于哈夫塔尔年事已高，利比亚的统一以及领导者的人选依然存在变数。

二 利比亚政治构建的困境

第一,利比亚单纯追求民主,导致政府效力缺失。利比亚政治经历了奇里斯玛(charisma)强权人物的长期执政,911以来,美国对中东的"民主计划"政策取得了一定的进展,利比亚民众对美国宣传的民主政治充满美好幻想,最终推翻了卡扎菲政府。但是,需要指出的是,美国的"民主计划"存在缺陷,民主制度应给予社会组织以足够的空间,但马克思主义认为经济基础决定上层建筑,在利比亚经济发展水平较低的情况下,尚未形成拥有自觉民主意识的市民阶层,容易造成政治与社会发展的鸿沟。西方国家既不考虑利比亚的实际国情,也没有为其重建做充分准备,就以军事干预的形式终结了卡扎菲政权,导致利比亚社会持续动乱,经济衰退,同时也加重了欧洲自身的难民危机和恐怖主义袭击。

"阿拉伯之春"至今,利比亚的政治并没有像埃及那样,从强人穆巴拉克到宗教势力的代表穆尔西再回到强人塞西的统治,也没有像突尼斯那样,经历四年的权力博弈,终于实现了世俗与政治伊斯兰势力的和解、完成政治过渡,更没有像阿曼等君主国那样以"渐进模式"实现稳定。反而陷入了地方组织及军阀割据的局面,这种情形阻碍了利比亚的政治发展。[1]

第二,利比亚的经济重建与动乱的安全局势之间形成恶性循环。政治的稳定离不开民生问题的解决。除以石油美元支撑经济的海湾国家外,中东国家在实现民族国家独立后,由于种种原因,经济发展大多被政治需要绑架,在方向上出现偏差。利比亚虽然拥有大量的石油资源,但经济结构单一,长期处于畸形状态。此外,长期的国际制裁,尤其是1988年洛克比空难后,国际制裁的加剧,严重影响到利比亚经济发展的步伐,阻碍了国家经济和社会的发展。经济发展的放缓直接导致失业率的上升、社会的失序和民众对政府的不满。在"阿拉伯之春"的冲击下,社会矛盾一触即发。

"阿拉伯之春"并没有给利比亚带来民主与繁荣,反而使利比亚出

---

[1] 王泰:《阿拉伯剧变后中东的政治发展:困境与反思》,《阿拉伯世界研究》2017年第1期。

现了更加严重的政治和经济危机。目前，利比亚的经济重建并不乐观，社会的动荡和安全环境的恶化是导致经济困境的主要原因。利比亚反对派战时的团结在战后利益的分割中便不见踪迹，他们为争夺卡扎菲留下的"权利真空"而厮杀混战，部落和民兵武装割据，政党内部在领导权、政治发展道路等问题上也存在很大的分歧，呈现出碎片化和分裂的局面。利比亚中央政府的羸弱和地方政府的分裂等错综复杂的问题困扰着利比亚的重建，鉴于其境内各派势力的复杂性，不存在一劳永逸的解决方法，需要动员利比亚各部落之间以及部落和政府之间的协作，使其认清地区和国家动荡带来的危害，为实现社会稳定和经济发展彼此联结在一起。

第三，利比亚的国家构建存在缺陷，严重依赖国际社会的支持。从中东大环境来看，民族认同和国家认同处于较低水平，民族国家的构建任务艰巨。对于利比亚而言，民众对国家的认同不高，分裂的政治和强大的部落意识依然是政治重建面临的主要问题。利比亚国家构建的缺陷导致其在建国问题上频繁受到国际力量的干预。历史上，利比亚的政治频繁受到各种外部势力的干预。二战后，利比亚联邦制王国的建立如果脱离联合国的支持是不可能实现的，卡扎菲威权政府的倒台同样是外部势力干预的结果。后卡扎菲时代的利比亚并未迎来期待中的民主政治，而是陷入了东西地区对峙和国内各派势力的分裂和混战之中，使其政治重建急需国际社会的支援。

三 利比亚政治转型的出路

首先，在利比亚建立强力政府具有必要性。亨廷顿认为，军人干政是不发达国家中一种普遍的社会现象，军人的内聚力和纪律性在国家政权的建立方面也更有效。[①] 在中东地区，军人政府和军人干政的情况并不鲜见。从2012—2018年底利比亚的选举情况可知，追求民主政治与国家的建设和发展并无直接关系，有时民主的实现非但不能给国家带来稳定和发展，反而会增加动荡因素。比如美国在伊拉克和阿富汗实施的"民主橱窗"计划，虽然这两个政府都看似实现了"民主"，但其有效

---

① [美] 塞缪尔·亨廷顿：《变动社会中的政治秩序》，张岱云等译，上海译文出版社1989年版，第160页。

性有目共睹。再如埃及穆巴拉克政权垮台后,穆尔西虽然是一位民选总统但他并不是一位有效的领导者,反而是少壮派军官的典型代表——塞西赢得了人心。利比亚民众在遭遇战后政治动乱和经济发展衰退之后开始反思,他们将目前利比亚的动乱和卡扎菲统治时期利比亚的稳定、强大和富足做一比较,认识到比起社会稳定和经济发展,民主显得黯然失色。因此,卡扎菲式强权人物的出现在某种程度上有助于实现利比亚的统一和发展。

其次,利比亚实现经济发展和社会稳定的任务艰巨。贫穷和落后是滋生动乱、极端和恐怖主义的主要因素之一,无论是民主政体还是威权政体,如果不能解决民生问题,任何形式的政体都不会得到民众的认可。反观利比亚的政治发展,其经济和民生发展往往被置于政治的需要之下,最终陷入无谓的纷争之中。[1] 只有解决民众最为关注的民生问题才能得到民众的认可,如此才会增加政府统治的合法性。对于利比亚而言,得天独厚的能源优势将成为推动其经济发展的巨大动力,利比亚应发展和强化自身工业水平,健全经济体制,避免陷入恶性循环,受制于人。[2] 就目前而言,利比亚的经济发展受政局动荡的影响,投资环境恶化,制定经济战略愿景并不是利比亚政府优先考虑的事项。如果没有强有力的统一政权及其对利比亚全国经济可持续增长的明确承诺,利比亚不太可能实现经济的发展。

最后,寻找符合现阶段利比亚国情的政治认同。在利比亚,由于其身份的复杂性,即处在阿拉伯民族、伊斯兰教、非洲等多重属性中,找到符合利比亚国情的政治认同直接关乎其政治利益。在伊德里斯王朝时期,国王漠视民众对泛阿拉伯主义思想的认同和反对殖民统治的政治诉求,使政府失去了民众的信任。在泛阿拉伯主义者的支持下,卡扎菲推翻了伊德里斯王朝的统治,因此卡扎菲极力塑造泛阿拉伯主义的政治认同,将此作为利比亚外交的基本指导原则。统治初期,他通过泛阿拉伯主义和泛伊斯兰主义的政治认同,谋求同埃及和苏丹等阿拉伯国家的合并,旨在借助阿拉伯民族团结和强大的口号,为自身谋取政治资本,寻求统治的合法性,并达到突出利比亚在阿拉伯世界的作用和提高利比亚

---

[1] 王金岩:《利比亚部落问题的历史考察》,第 196 页。
[2] 王泰:《阿拉伯剧变后中东的政治发展:困境与反思》,第 84 页。

国际地位的目的。但是，由于陷入民族和国家二者的悖论旋涡，卡扎菲的合并计划都以失败而告终。随着纳赛尔的逝世和泛阿拉伯主义的失败，20世纪80年代末90年代初，卡扎菲转而强调泛非主义的政治认同，向非洲国家"输出革命"，借助利比亚优越的经济地位，试图领导非洲走向统一。卡扎菲不当的区域政策引起了非洲国家的强烈反对，使利比亚卷入非洲动荡不安的局势之中。

因此，利比亚在选择国家属性和政治认同的构建上要多方考虑，避免伊德里斯王朝和卡扎菲时期政治困境的再现。在利比亚战争中，阿盟和非盟对此做出了不同的回应，阿盟站在了反对派一方，而非盟则没有。利比亚反对派成立新政府后偏向阿盟，普通民众也对阿盟存在好感。在西方国家的支持下，利比亚反对派最终推翻了卡扎菲政权，因此新政府对西方国家的态度普遍较好。事实上，临时政府领导人大多有西方教育背景，在安全和经济等领域依赖西方国家。因此，就利比亚目前的政局而言，无论何种势力上台，选择阿拉伯属性，并与西方国家保持良性互动更符合利比亚的国情。

历史证明，伊斯兰社会主义道路没能拯救利比亚，"不要东方，不要西方，只要伊斯兰"的道路也未必适合利比亚。利比亚经历了长期的外族统治，他们在破坏当地传统的政治结构之后，建立了松散和有缺陷的殖民体制，进一步加深了利比亚的地缘分裂，导致伊德里斯王朝无法完成政治整合的历史任务。卡扎菲统治初期，利比亚的政治经济得到了迅速的发展，但卡扎菲政权始终未能摆脱利比亚部族传统的影响，他在国内出现政治危机后选择向部落政治回归，导致被边缘化的部落长期不满卡扎菲的统治。卡扎菲统治后期的政治转型未能彻底改变其内外政策，也没有消除西方国家对他的刻板看法，最终导致了政权的垮台。后卡扎菲时期的利比亚继承了伊德里斯王朝和卡扎菲时期的地缘分裂、分离主义、部族主义和宗教意识形态相互交织的复杂政局困境，促使利比亚进一步陷入混乱和解体之中。通过探究利比亚的政治困境历程可知，国际援助并不足以在利比亚建立合法和可持续的制度和机构，利比亚需要在联合国机制下通过和平手段建立一个适应其文化传统的稳定政府。基于此，利比亚才有可能实现国家的稳定和政治的可持续发展。

第六章 转型与动荡：叙利亚政治民主化与威权化的并行

　　现代叙利亚民族国家并不是延续自近代以来的王朝君主制国家或其他形式的国家共同体，而是由奥斯曼帝国统治遗产和法国委任统治政治建构等历史性多因共生而成。19世纪中后期，叙利亚作为阿拉伯世界中经济、文化较为发达，受西方文化影响较深的地区，诞生了阿拉伯民族主义思想，叙利亚成为中东政治发展的重要地域。奥斯曼帝国的衰落及解体，为阿拉伯民族独立运动提供了契机。第二次世界大战的爆发，打破了法国委任统治的政治根基，法国势力的迅速衰减为叙利亚民族独立赢得了宝贵的历史机遇。1946年，叙利亚宣布独立①，走上了独立的政治发展道路。但是，现代叙利亚政治发展进程与大多数中东国家一样并非一帆风顺，而是在不同历史时期不断出现危机，最终形成了在中东地区较为常见的家族政治、威权主义、军人政治等特征。现代叙利亚政治发展进程大体可分为三个阶段，分别表现为议会民主制与军人政治、阿萨德强威权主义、巴沙尔弱威权主义三种历时性类型。目前，叙利亚形势仍面临诸多不确定性因素，战后政治重建存在较大的分歧和障碍。冰冻三尺非一日之寒，叙利亚危机的今天，正是叙利亚现代政治历史上诸多结构性矛盾累积的结果，教派权力结构失衡、宗教极端化、经济衰退、社会运动、政治腐败、威权专制、外部干涉等，都与叙利亚危机的爆发有或多或少的联系。

---

　　① 1930年宪法出台后，1932年即形成了第一任叙利亚民族政府，但是这一时期叙利亚民族政府受到法国委任统治的政治干预和军事影响，无法独立地运行，实际上仍是处于殖民主义枷锁统治之下。

第六章 转型与动荡：叙利亚政治民主化与威权化的并行

第一节 叙利亚议会民主制与军人政治

1946年叙利亚彻底挣脱法国的委任统治，标志着叙利亚民族独立运动的胜利，国家独立是叙利亚现代政治发展的历史起点，但叙利亚建国早期的政治发展进程并非一帆风顺，经济不稳、社会动荡、政治紊乱和对外战争等一系列国内外危机，深刻影响着叙利亚的政治稳定。因此，叙利亚独立早期（1946—1970年）的政治发展进程充分体现出不稳定性特征，其中现代民主政治与军人政治之间的博弈及冲突是最主要的相关变量，其博弈进程贯穿了叙利亚国家早期的政治现代化进程，其冲突结果是叙利亚威权主义政治体制的形成。

现代叙利亚国家政治发展进程的历史起点，源自法国委任统治时代的制度建设。法国委任统治时期，叙利亚已初步建构起现代议会民主制度体系。叙利亚国家独立后，议会民主制度延续着先前的制度设计，但面对建国初期国内外的一系列危机却无力应对，制度设计的先天缺陷使叙利亚国家的军政关系产生逆转，军人政治一跃登上叙利亚政治前台，军人干政现象的产生使叙利亚民主政治制度逐渐弱化直至衰亡。到20世纪60年代中后期，叙利亚经由威权化转型，逐步建立起党政军融合的一体化制度，形成了相对稳定的威权主义政治。

军人政治是20世纪世界历史进程中发展中国家政治发展的常见现象，其历史作用具有显著的双重性。20世纪是民族国家独立体系的形成时期，中东民族国家在建国初期，普遍缺乏有效的国家制度设计和国家治理能力，应对国内政治危机和经济衰退的能力不足，政治制度设计缺乏分权、制衡的稳定性。由于制度设计缺陷和制度运行低效，政治权力与军事权力未能形成平衡、有效的相互关系，其结果是军队权力膨胀，军权缺乏有效的政治制衡和政治控制，军队跨越了军政分离的制度设计，不断渗透政治权力部门，甚至发动军事政变，干预或攫取国家政治权力，甚至通过军事威权建立军人政府，彻底地破坏和抛弃了现代民主制度框架。

叙利亚独立早期的政治发展进程是考察军人政治现象及其作用的典型案例。叙利亚军人政治的历史作用既具有进步意义，也存在扼杀民主政治体制、实施独裁专制的消极结果，其历史作用的分析需要具体问题具体分析，不能对其进行笼统地抽象性概括。

首先，叙利亚不同时期产生军人政治现象的动因不同。以1954年军事政变为例，叙利亚军队发动军人政变的动因是驱逐军事独裁者希沙克里，恢复议会民主制度，其动因、目标和结果具有历史进步意义。相反，1949年三次军事政变后，希沙克里逐步建立起军事独裁政权，扼杀议会民主制度，对少数族群实施激进同化政策，并以"叙利亚凯末尔"自居，其结果却是引起叙利亚国内社会各个阶层和群体的反对，被军事政变推翻下台，流亡国外。

其次，军人政治现象在一定程度上缓和了叙利亚社会动荡不安的国内形势，维持了叙利亚国家的政治稳定，保障了叙利亚民族国家的独立地位。以1961年军事政变为例，叙利亚军队为恢复国家独立地位，摆脱埃及的政治控制，以军事政变为手段赢得了叙利亚国家的重新独立，以既成事实迫使纳赛尔承认了叙利亚退出阿拉伯联合共和国的政治选择，捍卫了叙利亚的国家独立。

最后，军人政治现象客观上扰乱了叙利亚国家政治的正常运行，政治生活陷入军事政变的恶性循环，军队政治化刺激了军官群体的政治野心，瓦解了叙利亚初步建构的宪政体制。军人政治现象对叙利亚政治发展最重要的影响，是国家政治的威权化转型和威权政治的形成，虽然威权政治保障了叙利亚国家数十年的社会稳定，甚至促生了与叙利亚国家体量并不相符的强军现实，但2011年叙利亚危机的爆发用历史和现实证明了中东威权主义政治体制存在的脆弱性和制度缺失。

一 议会民主制与军人政治现象的出现

1946年叙利亚获得完全独立地位后，面临一系列内外事务的调整局面。其一，法国委任统治的终结，要求叙利亚政府替代性地建立和扩大国家官僚体制，国家官僚体制和军事体系的建设和人员招聘等事务，极大地增加了叙利亚政府的财政支出。其二，叙利亚独立初期，建设公共教育体系需要大量的基础设施、教师等财政投资，这一时期教育经费支出已成为叙利亚国家财政支出中仅次于国防开支的第二大经常性开支[1]。其三，叙利亚脱离了与黎巴嫩维持了近二十多年的货币金融同盟

---

[1] A. L. Tibawi, *A Modern History of Syria Including Lebanon and Palestine*, London: Macmillan St. Martin's Press, 1969, p. 379.

第六章　转型与动荡：叙利亚政治民主化与威权化的并行　251

关系。1920年法国对黎凡特地区推行委任统治后，叙利亚与黎巴嫩曾建立了同质化的关税同盟和货币一体化政策。独立后为推行独立的金融政策，叙利亚退出叙黎关税同盟，发行本国货币以取代货币一体化时期的法郎货币同盟。

叙利亚独立之初面临的最大挑战是政治稳定问题。独立初期，叙利亚政府对国内外一系列事务的积极调整，并未使叙利亚议会民主制走向稳定化的良性政治发展道路，巴勒斯坦问题的外部影响和国内政治经济不稳定，充分暴露了议会民主制的脆弱性，这使得叙利亚军方逐渐走向了政治前台，军人政治现象开始萌生。

巴勒斯坦问题和阿拉伯民族主义思潮，是引起1948年叙利亚国内局势动荡的直接导火索。1947年联合国大会通过巴勒斯坦分治决议后，阿拉伯世界的民族情绪日益高涨，巴勒斯坦阿拉伯人和阿拉伯国家拒绝分治决议的两国方案，巴勒斯坦局势不断升温。1948年5月以色列宣布建国后，阿拉伯国家对以色列宣战，第一次中东战争爆发，叙利亚卷入了二战后中东地区第一次大规模冲突。叙利亚对巴勒斯坦问题的政治介入和军事参与，源于阿拉伯民族认同的泛民族主义思潮。奥斯曼帝国时代的叙利亚地区是阿拉伯民族主义的起源地之一，曾被誉为"阿拉伯民族主义跳动的心脏"，20世纪初以来，叙利亚地区一直存在"大叙利亚"①（Great Syria）政治思潮，谋求地中海东岸地区阿拉伯世界的统一。巴勒斯坦与叙利亚历史上保持着密切的政治、经济、文化、民族、宗教联系。由此叙利亚社会对于军事参与巴勒斯坦战争、解放被占领土，充满了激昂的民族情绪。然而，叙利亚等阿拉伯国家在巴勒斯坦战争中的表现和战争结果，刺激了阿拉伯世界更加强烈的反犹主义情绪，叙利亚政府和军队受到国内民众严厉的批评，进而引发了叙利亚国内局势出现失控化趋势。

1948年底，叙利亚国内政治、经济、社会形势日益严峻，国家面临秩序失控的危险。政治方面，由于叙利亚军队表现不佳，国内经济滑坡，总理不断更换，无法形成稳定的内阁。经济方面，由于独立初期经

---

① "大叙利亚"指文化地理意义上的叙利亚地区，其范围包含了现代巴勒斯坦、以色列、约旦、黎巴嫩、叙利亚等区域在内的地中海东岸地区。20世纪上半叶，叙利亚国内曾产生了要求建立以大叙利亚领土范围为中心的民族主义思潮。

济萧条等因素，叙利亚社会经济增长乏力，民众怨声载道。社会方面，学生罢课、工人运动和民众示威运动此起彼伏。这一局面充分暴露了文官内阁政府应对社会危机时的软弱无力，叙利亚军队总参谋长胡斯尼·扎伊姆在颁布紧急状态法后，动用军队恢复社会秩序，学校被关闭，公共集会被全面控制。社会秩序逐步恢复后，叙利亚终于形成了新一届内阁，哈立德·阿兹姆（Khalid al-Azm）出任总理并组阁。

　　叙利亚军政关系平衡的破坏和制度设计不健全使军人政治现象产生，军人干政和军事政变使军政关系逐渐逆转，议会民主制框架下的文官政府日益弱化，政治发展进程进入历史拐点。如前所述，1948年底叙利亚社会危机的秩序恢复最终由扎伊姆（al-zaim）为首的军方完成，紧急状态法的实施给予了军队干预社会动乱的合法性依据，成为军人政治现象的历史起点。到1949年初，叙利亚文官政府与军方的关系产生了龃龉，军政关系的裂痕使军方对文官政府不满。由于财政收支的巨额赤字，叙利亚政府决定削减国防开支，降低对军队建设的投入，减少军官群体收入，引起军方强烈不满，军方认为这是政府刻意弱化军队地位，意在打压军队势力的政治行为。军政关系紧张化和利益冲突是后来军事政变爆发的直接原因。

　　1949年3月30日，扎伊姆发动了不流血的军事政变，叙利亚议会民主制第一次被军人政治破坏，该事件是叙利亚政治发展进程的重要阶段。政变爆发后，扎伊姆逮捕了叙利亚总统和总理，解散内阁，封禁政党，由于军方内部纷争和对外交政策的争执，另一个重要军方领导人萨米·希纳维（Sami Hinnawi）于8月14日发动了二次政变，扎伊姆被处决，希纳维在政变后恢复了文官政府，继续推行宪法草案的制定。[1] 然而，12月19日，阿迪卜·希沙克里发动了第三次政变，叙利亚国内局势再次产生逆转。希沙克里发动政变的原因是希纳维试图将叙利亚与伊拉克、约旦等国组成联邦制国家，希沙克里认为叙利亚与伊拉克等国的一体化将使英国势力渗透，其结果是叙利亚国家独立地位的丧失，他认为自己发动政变是为了捍卫国家独立和安全，抵御英国阴谋。

　　希沙克里在政变之后保留了文官政府体制，总理内阁和议会继续发

---

[1] 王新刚：《中东国家通史·叙利亚和黎巴嫩卷》，商务印书馆2007年版，第215—216页。

挥正常的政治功能，叙利亚议会民主制仍在运转。1950年底，叙利亚通过了新宪法，宪政体制基本形成。1950年《宪法》延续了法国委任统治时期的立宪思想，具有民主制度建设的进步意义。但是，宪法起草过程中世俗派和宗教传统派围绕伊斯兰教是否为国教产生了激烈争论，1950年《宪法》的出台是对世俗主义与伊斯兰主义之间的调和妥协，国教条款最终未能形成，宪法条款仅规定了总统必须由穆斯林担任，沙里亚法是立法原则渊源之一等内容。

希沙克里政变后，叙利亚文官政府和军方之间的隐性矛盾仍然存在。虽然希沙克里保留了文官政府，却希望对叙利亚国家政治和文官政府保留一定影响力，希沙克里要求文官政府必须任命军方指定的高级军官担任国防部部长，其实际意图是钳制文官政府，削弱文官政府对军方可能产生的政治控制。叙利亚文官政府试图将国防部和内务部归于政府控制，抗拒叙利亚军方对国家政治和文官政府的干涉，1951年11月29日，希沙克里再次发动政变，解散文官政府，逮捕总统和总理，将自己任命为最高军事委员会主席，直接掌控叙利亚国家所有事务。政变之后，希沙克里实施了前所未有的军事管理手段，最高法院被解散，司法部掌控叙利亚最高司法权力，反对希沙克里独裁统治的所有政党被禁，军人政府对大学、出版、集会、结社等实施了极为严厉的管控措施。[1]

希沙克里宣布废除1950年《宪法》，制定了1953年《宪法》，其政治意图是构建总统共和制政体[2]。根据1953年《宪法》条款规定，叙利亚将形成以总统为政府首脑的总统共和制国家，总统将直接任命和控制内阁，总理由总统任命，希沙克里建立了叙利亚第一个军人政党"阿拉伯解放阵线"（Arab Liberation Front），由"阿拉伯解放阵线"作为唯一的政党参与议会选举。由此，希沙克里一手控制了叙利亚行政、司法、立法三大国家部门，集党政军三权于一身，这是叙利亚议会民主制时代第一次威权政治体制构建的尝试。

希沙克里试图构建威权政治的做法受到拥护叙利亚议会民主制传统的不同社会群体的反对。1954年初，学生运动和德鲁兹山区的反抗点燃了叙利亚国内对希沙克里独裁政权的社会运动，希沙克里试图以强硬

---

[1] 王新刚等：《现代叙利亚国家与政治》，人民出版社2016年版，第348页。
[2] 王彤主编：《当代中东政治制度》，中国社会科学出版社2005年版，第288页。

手段压制抗争，引发全国范围内的动荡局势。同年2月25日，阿勒颇爆发了反希沙克里政权的军事政变，希沙克里在一天内丧失了对政府、军队和社会的全面控制，被迫流亡沙特，希沙克里的威权政治模式最终失败。

二 议会民主制的短暂恢复与其挑战

希沙克里政权倒台后，叙利亚迅速恢复了议会民主的运行，而政治稳定的潜在威胁依然存在。恢复运行的议会民主制面临两个重要的政治挑战，首先是军政之间的平衡关系非常脆弱，虽然希沙克里政权已经倒台，文官政府缺乏有效手段制衡和控制军队，军人政治的威胁并没有消除。因此，后希沙克里时期的叙利亚议会民主制如履薄冰，如若军政关系处理不当，或损害军队群体利益，都会造成军事政变的重演。这一时期叙利亚不仅面临内部政治发展的不稳定挑战，外部地区环境也正在恶化，这些不利因素都在时时吞噬着叙利亚民主政治体系的生存空间，而议会政党集团间的矛盾和分裂，无疑是助长议会民主制消亡的间接因素，软弱无力和内部纷争使文官政府更难以驾驭军队集团，叙利亚军政关系的军队政治化和军人干政常态化趋势越发明显。

与此同时，叙利亚国内不同政治势力或政党集团难以整合，叙利亚政党政治存在突出的内部分裂性特征，从而极大制约了文官政府的政治整合能力。20世纪50年代中期，叙利亚国内大体存在三大政治力量。其一是传统政党集团，传统政党集团属于法国委任统治时期形成的城市逊尼派贵族和大土地地主等上层社会阶层群体，其政治特征表现为政治思想的保守性和政党结构的分裂性。叙利亚政党集团的分裂性主要源于地区主义、意识形态、家族政治等因素。法国委任统治时期形成的逊尼派政党组织"民族集团"（National Bloc）是有较强统一性和整合能力的民族主义力量，叙利亚独立后民族集团产生了分裂，形成了人民党和国民党两派政治势力，人民党和国民党分裂局面的形成是叙利亚传统政党地区主义、家族政治的充分体现。

其二，叙利亚左翼政党力量分散，难以形成统合型议会左翼政党集团。1946年叙利亚独立后，左翼政党运动逐渐登上政治舞台中心，叙利亚共产党、阿拉伯复兴党是左翼政党中的主要代表，左翼政党并未因意识形态的相近建立团结的政治联盟，竞争性主导着左翼政党之间的关系。叙利亚共产党由于苏联对以色列建国、联合国巴勒斯坦分治决议的支持等外部因素而备受指责；阿拉伯复兴党和阿拉伯社会党通过政党整合，形成了有一定社会基础的新复兴党，重组后的复兴党在叙利亚赢得了中下层民众的广泛支持。

其三，政治伊斯兰政党力量。相较而言，有左翼倾向的穆兄会基于政治伊斯兰意识形态，广泛分布于叙利亚社会各个地区和社会中下阶层，属于宗教类型政党组织。

自1946年叙利亚独立后，1949年至1954年先后历经五次军事政变，议会、内阁等多次被解散，民主政治家要么流亡国外，要么被逮捕或监禁，叙利亚民主体制已丧失了自身的主体地位，军人政治的威权和霸凌压倒了所有社会组织。1954年"倒希"运动是对军人政权独裁专制的拨乱反正，叙利亚国内各个社会阶层和政治力量集体行动，这在一定程度上是议会民主制及现代民主理念在叙利亚得到认可的充分体现。这也说明军人干政和军人政权并没有得到叙利亚社会和民众的真正支持，既缺乏社会基础，也没有适应其存在的合法性。1954年9月，叙利亚议会举行了独立后社会氛围最为热烈和宽松的选举，各个政党积极投入议会选举活动，社会各阶层参选的积极性高涨。在这次议会选举中，左翼政党集团已成为仅次于传统政治集团的第二大政治力量，叙利亚复兴党取得了142个席位中的22席。[1]

冷战在中东地区的扩散及域外大国地缘政治博弈，是这一时期影响叙利亚国内政治和对外政策的重要变量。叙利亚只是中东地区一个中等国家，无论是人口、国土、经济、军事和政治等国家体量，都无法与埃及、土耳其、伊朗等地区强国相比，而叙利亚较为重要的地缘位置却又引起了中东域内强国和域外大国的政治干涉和军事渗透。二战前中东地区政治被英国和法国控制，英法两国借委任统治制度、特殊同盟条约、军事基地等手段掌控了埃及、伊拉克、叙利亚、约旦在内的新月地带和海湾地区阿拉伯国家；二战结束后英法两国的权力衰败象征着中东地区殖民主义的历史终结，阿拉伯民族独立运动勃然兴起，摆脱殖民枷锁和大国干涉是阿拉伯民族运动的重要政治目标。然而，英法殖民主义的终结，并不意味着阿拉伯国家赢得了国内事务和对外政策的事实独立，美

---

[1] A. L. Tibawi, *A Modern History of Syria Including Lebanon and Palestine*, p. 391.

国和苏联的全球争霸态势也深刻反映在中东地区地缘政治格局之中,美国借反共的名义对中东地区推行政治控制和军事渗透,苏联在中东发展共产主义意识形态,抗衡美国势力的扩散,阿拉伯世界面临政治分裂的局面。

20世纪50年代初,美国等西方国家抛出"中东防御组织"(Middle East Defense Organization)倡议,埃及被邀请加入西方国家拼凑的军事同盟体系,抗衡苏联及其共产主义意识形态。埃及在纳赛尔上台执政后,不仅拒绝了西方国家提出的军事同盟倡议,而且与苏联逐渐确立了军事同盟关系。同时期,美国依靠土耳其、巴基斯坦建立起"巴格达条约组织"(Baghdad Treaty Organization),由英国拉拢伊拉克加入巴格达条约组织,伊拉克的亲西方对外政策引发阿拉伯世界内部的分裂。叙利亚对外政策方面紧跟埃及的策略,拒绝了美国邀请加入巴格达条约组织的倡议,与埃及、沙特形成了《集体安全条约》(Collective Security Pact)军事同盟体系。

叙利亚国内政坛对于国家外交政策产生了激烈争议。复兴党等主张与埃及建立一致性外交政策,依靠埃及、沙特对抗土耳其、伊拉克等亲西方国家;叙利亚民族党认为共产主义是国内政治的主要威胁,主张联合美国抗衡亲苏国家。1955年4月,阿德南·马利基(Adnan al-Maliki)遇刺,成为叙利亚对外政策的拐点,民族党被认为是造成遇刺事件的背后主谋。遇刺案爆发后,民族党被解散。叙利亚政府认为民族党试图以军事政变推翻合法政府,推行亲美外交,担任美国代理人,民族党主要领导人被判处死刑或有期徒刑,民族党势力被彻底铲除。由此,1955年后叙利亚与苏联及其东欧同盟国家逐步建立起友好关系,叙利亚还从苏东国家进口武器。相反,叙利亚疏远美国等西方国家,拒绝了西方国家提出的经贸倡议和经济技术援助。叙利亚对外政策的核心是对抗以色列及其犹太复国主义思想,西方国家被认为是以色列后台,因此叙利亚虽然标榜自身的中立主义外交,事实上已经逐渐倒向了苏东共产主义国家和埃及。

苏伊士运河战争和艾森豪威尔主义对叙利亚政治发展进程构成了重要的外部影响,叙利亚与埃及的国家一体化进程也被提上叙利亚国家政治的议程。1956年初,由于埃及未能得到英美等国的借款建设水利工程,纳赛尔对苏伊士运河公司实施了强制国有化,此举引发了英法以三国联合军事行动,即苏伊士运河战争。苏伊士运河战争引发了阿拉伯世界更为强烈的反西方思潮,叙利亚与埃及的关系愈益紧密。[1] 1957年,美国政府公布了艾森豪威尔主义的中东政策,力图填补英法退出中东后的权力真空,构建反共的军事同盟集团,美国拉拢黎巴嫩、沙特、约旦加入其同盟集团,使叙利亚政府大为震惊;同时,叙利亚情报部门破获了一起美国颠覆叙利亚政府的隐蔽行动,该事件不仅使美叙关系急转直下,也迫使叙利亚政府全面投靠埃及纳赛尔政府,以埃叙国家一体化构建军事防御同盟。

1957年的叙利亚面临极为严峻的地区军事威胁,地缘安全环境大为恶化,埃及和苏联以军事介入手段增强了叙利亚应对地区危机局势的信心和能力。一方面,黎巴嫩、伊拉克、沙特倒向美国,使叙利亚失去地区周边阿拉伯盟国的安全保护;另一方面,土耳其陈兵叙土边境,叙土面临着极为紧张的军事对峙形势。对此,叙利亚紧急向埃及和苏联求援,埃及军队登陆拉塔基亚港,苏联军舰开赴叙利亚,赫鲁晓夫对土耳其发表军事威慑宣言,叙利亚事实上成为美苏冷战争霸的代理人战场。直至当年12月,叙土危机方才解除,美叙恢复外交关系,叙利亚得以幸免于地区战争的政治悲剧。

1957年叙利亚危机结束后,叙利亚国内兴起了一股要求与埃及建立一体化国家的政治风潮。埃叙合并思想主要来自复兴党的倡议,叙利亚复兴党认为,埃叙合并是实现阿拉伯民族统一的基石,以埃叙合并建立阿拉伯统一国家雏形,然后号召其他阿拉伯国家加入,实现阿拉伯世界的统一。从现实角度看,1957年叙利亚危机是刺激叙利亚国内寻求解决地区安全困境的导火索,而埃叙合并显然是当时条件下叙利亚寻求地区安全保护的最优解,因此,埃叙合并计划不仅是复兴党的政治倡议,也是库阿特利等叙利亚政治家经过慎重考量后做出的重大国家决策。就社会思潮而论,阿拉伯世界统一的政治理想和实践也是风行于当时的叙利亚和埃及,其政治实践有着深厚的社会基础和民族认同。1958年2月5日,叙利亚总统库阿特利宣布启动埃叙合并进程,阿拉伯联合共和国(简称"阿联")随之建立。[2] 埃叙合并进程和"阿联"的建立

---

[1] Eberhard Kienle, "Arab Unity Schemes Revisted: Internet, Identity, and Policy in Syria and Egypt", *International Journal of Middle East Studies*, Vol. 27, No. 1, 1995, p. 56.

[2] John F. Devlin, *Syria: Modern State in an Ancient Land*, Boulder: Westview Press, 1983, p. 48.

成为叙利亚议会民主制历史终结的前奏，叙利亚国家政治体制和全部政党被纳赛尔要求解散，统一合并于以埃及为中心的政治体制框架，传统意义上的叙利亚议会民主制再也无法恢复，并迅速在军人政治的阴影下退出历史舞台。

三 "阿联"的兴衰与议会民主制的终结

1958年2月22日，叙利亚正式与埃及合并为统一国家，两国随即开启了国家一体化进程。首先，叙利亚国家总统库阿特利宣布停止总统职务和相关工作，所有叙利亚国家官僚部门并入埃及国家官僚体系，议会解散，政党停止运行，所有叙利亚公民转变为"阿联"公民。其次，叙利亚不再作为独立的国际法主体，而是"阿联"的北方行政区，埃及作为南方行政区，形成二元平行的行政区域，每个行政区设有地方行政委员会主持工作，其中联盟内阁设置在开罗，并以开罗作为联盟首都。第一届联盟内阁由20名埃及人和15名叙利亚人联合组成，纳赛尔担任联盟总统，设置四名副总统，其中两名由叙利亚人担任。立法机构方面，联盟国家议会由400名议员组成，叙利亚人占议会的1/4，其余部分由埃及阿拉伯人议员组成。由此，叙利亚与埃及完成了国家官僚体系的初步一体化建构。"阿联"建立后，纳赛尔立即奔赴大马士革，受到了叙利亚人的热情欢迎，叙利亚人殷切期待着叙埃统一将实现叙利亚的美好发展。

"阿联"形成后面临的第一个外部挑战是英美两国的军事干涉。以美国为首的西方国家在"阿联"建立后对阿拉伯世界统一的前景担忧，为了保障自身地缘政治经济利益和阻止反西方的阿拉伯国家统一趋势，美国出兵黎巴嫩，英国军队驻扎约旦，形成对"阿联"的军事威慑。在联合国调停和苏联军事存在的共同影响下，英美与"阿联"达成和解，中东地区局势逐步走向缓和，"阿联"外部军事威胁暂时消除。

但"阿联"建立初期就显现出内部不和，叙利亚政治集团也表示不满。叙利亚复兴党是促成叙埃两国合并的首倡者和一体化进程的重要助推力量，但两国合并后纳赛尔并未重用复兴党成员，复兴党在政治上被边缘化引起了复兴党成员的强烈不满。1959年12月，四名复兴党联盟政府成员相继辞职，对纳赛尔表示抗议。

纳赛尔对叙利亚推行的政治经济政策，最终导致叙利亚军事政变的

第六章 转型与动荡：叙利亚政治民主化与威权化的并行

发生，"阿联"存在仅3年后夭折，叙利亚也恢复了国家独立地位。纳赛尔在埃叙两国合并后，迅速对叙利亚推行了激进化社会经济改革政策，此举极大地动摇了叙利亚土地贵族和工商业资产阶级的利益。于是，叙利亚土地贵族、工商业资产阶级暗中联系对纳赛尔政策不满的军队高级军官，一手策划了1961年9月28日政变。叙利亚宣布脱离"阿联"，恢复叙利亚的独立国家地位，驱逐埃及驻叙利亚的政府官员和军队，埃及势力从叙利亚退出，此即1961年九月事件。

九月事件后，叙利亚临时政府制定和公布了新宪法，经过大选重建了叙利亚议会民主制的内阁政府①。1961年《宪法》重新将叙利亚定名为"阿拉伯叙利亚共和国"，并称叙利亚是阿拉伯民族的组成部分和拥有独立主权的国家，这一叙述既强调了叙利亚的阿拉伯身份认同，也明确了叙利亚独立主权的国际法身份。大选结束后，传统政治集团的人民党主席纳兹姆·库德西（Nazim al-Qudsi）当选为叙利亚总统。库德西政治集团的支持力量是土地贵族和工商业资产阶级，因此叙利亚重新独立后随即废除了国有化法令，并对纳赛尔时期的土改法令做了有利于土地贵族阶层的修改。

1962年是现代叙利亚政治发展进程的重要拐点，议会民主制走向衰亡，军人政治走上历史前台，军队政治化和党政军一体化成为叙利亚政治发展进程的主要趋势。1962年3月28日，叙利亚国内纳赛尔主义军官发动军事政变，逮捕了总统、总理和内阁成员，宣布恢复国有化法令和土地改革措施，重启与埃及的一体化进程。之后叙利亚议会民主制陷入瘫痪状态，文官政府与军队相互敌对，内阁更迭不断，叙利亚国家政治进入建国以后最为紊乱的动荡时期。

1963年3月，叙利亚再次爆发军事政变，复兴党军官联合纳赛尔主义军官集团接管了国家政权，议会民主制已名存实亡。纳赛尔主义军官莱伊·阿塔西将军（Luai al-Atasi）建立国家革命委员会，并任委员会主席，阿塔西将军任命复兴党人比塔尔担任军人政府首脑，重启叙埃统一进程，并下令逮捕叙利亚民族主义政治家。但是，以复兴党为执政主体的叙利亚政府与纳赛尔政府的统一谈判未能达成共识，叙利亚国内要求叙埃统一的呼声逐渐减退。

---

① John F. Devlin, *Syria: Modern State in an Ancient Land*, p. 48.

复兴党执政初期，在表面上建立了具有议会民主制特征的分权制度。其一，国家革命委员会作为叙利亚全国最高权力机关，发挥着立法功能，是国家议会机制的体现；其二，总统委员会作为叙利亚最高行政机构，体现了总理内阁制的行政功能；其三，这一时期复兴党保留了独立的司法系统，最高法院作为最高司法机构而设置。然而，这一过渡时期（1963—1970年）的全国官僚体制仅具有象征意义，军人少壮派逐步掌握了国家政权的实际权力。

虽然比塔尔政府表面上是叙利亚国家的行政主体，实际上以阿明·哈菲兹等人为首的军人群体，已逐渐占据了叙利亚国家政治的关键性职位，复兴党内部文官元老派和军人少壮派的矛盾暗流涌动。1966年2月23日，叙利亚再次爆发军人政变，阿拉维派背景军官集团掌控了叙利亚政权，逊尼派、伊斯玛仪派等军人少壮派和文官元老派皆退出叙利亚政治舞台。1970年阿萨德又一次发动军事政变，叙利亚完成了政治发展进程的威权化转型。同时，军人政治不再是叙利亚政治发展的主导因素，党政军一体化进程完成融合，叙利亚实现了从议会制到总统制的政治转型。

四 叙利亚军政关系演变的动因

从法国委任统治至叙利亚独立初期，文官政府与军队的关系是根据现代政治制度设计的国家控制军队模式，即国家化军队对国内政治及外交保持中立，军人不得担任内阁职务，军人不能参政或干政，[①] 文官政府任免国防部部长、总参谋长等军队高级官员。然而，1949年三次政变改变了叙利亚军政关系模式，军人政治主导了国家政治和对外政策。20世纪50年代末，叙利亚军队又产生了军官政党化趋势，复兴党对国家军队以非合法形式实施政治渗透，部分军官成为复兴党党员，军队的政治中立性被打破。1963年后，军人已不再满足于干预政治或参与政治，而是对国家政治体系采取直接统治模式，军人担任国家重要的行政职位，形成了军人政府。叙利亚的军人政府不同于其他国家的军人政府模式，其军人政府既是代表军队控制国家官僚体系，又是复兴党核心领导成员，这是典型的党政军融合的一体化、集权化模式。

---

① 王彤主编：《当代中东政治制度》，第289页。

第六章 转型与动荡：叙利亚政治民主化与威权化的并行

叙利亚军政关系在 20 世纪 40—60 年代的历史嬗变，体现了从国家控制军队模式到军队、政党、政治一体化的转型，其结果是叙利亚模式的威权政治体制得以形成。在这一时期，叙利亚军政关系演变的原因主要包括以下几个方面。

首先，叙利亚国家的制度设计缺乏制衡军人政治的规则和实践。叙利亚文官政府和国家军队产生于法国委任统治时期，其机构和制度的形成来自法国委任统治政府的政治实践，国家军队生成不是叙利亚国家或文官政府对军队建设的结果，而是法国人为维系其统治招募和训练的人员及军事体系。因此，叙利亚独立后，文官政府和国家军队是二元并存的国家机构部门，文官政府对国家军队实施制衡和控制的手段主要表现在军费拨付、高级军官任免上，军队内部实际形成了自成体系的、非制度性的科层制体系和人际网络，文官政府既不能驾驭和控制军队内部的人事关系，也无法对军队实施有效控制。换言之，叙利亚议会制文官政府没有形成对军队体系中基层组织结构的有效控制，缺乏约束力、制度制衡的结果是军队自觉地发现对国家政治拥有无限的控制手段，而文官政府却拿不出控制国家军队的制度或手段。

其次，叙利亚议会制文官政府建立之初，尚未形成强有力的国家机器，其政治控制和社会整合功能非常有限，弱政府、强军队、强社会是当时叙利亚国家的重要表征。1946 年叙利亚独立后，文官政府无论是规模、组织结构还是稳定性都很欠缺，面对经济衰退、社会运动、对外战争均无能为力。其结果是军队不得不参与社会治理事务，维持叙利亚社会稳定，解决文官政府及其国家官僚体系无力解决的社会冲突事件。就稳定性而言，议会制文官政府频频更迭，南北政党相互倾轧，1949 年初甚至一度无法形成新内阁，不稳定性使军队寻找干预政治的合法动机，不稳定性使文官政府日益弱化。

再次，叙利亚复兴党对国家军队和政治系统的渗透、控制及其一体化，是议会民主制彻底瓦解的主要原因，其中以军事委员会为代表的复兴党军人少壮派的形成与兴起，是推动这一进程的主要推手。叙利亚阿拉伯复兴党军事委员会的建立与"阿联"形成有直接联系，1958 年埃叙合并后，在纳赛尔要求下，叙利亚解散了所有政党或政治组织，复兴党也被迫暂时解散。一些参加了复兴党的叙利亚军官被派往埃及任职，1959 年前后，部分驻埃及的复兴党阵营的叙利亚军官结成了秘密组织——"军事委员会"①。这一时期，埃及对叙利亚的政治控制存在严重的不平衡现象，外派埃及的叙利亚军官对纳赛尔非常不满。军事委员会的核心成员包括了贾迪德、欧姆兰、阿萨德等阿拉维派复兴党军官，这三位军官也是20世纪60年代引导叙利亚国家政治发展进程及走向的核心人物。军事委员会建立后，曾于1963年联合纳赛尔主义军官集团推翻了叙利亚政府，军人政治对文官政府取得了最后的胜利。以军事委员会为代表的复兴党军人少壮派参政后，先后清洗了政府和军队系统的纳赛尔派、大马士革派、独立派的军官集团。学术界对于叙利亚复兴党内部新兴政治派别的兴起，称之为"新复兴党"，其实就是军人少壮派政治集团。1966年，军人少壮派集团驱逐了复兴党元老派，将政治控制从军队、政府延伸至复兴党民族委员会，党政军三权全部收归于己，完成了对叙利亚国家的政治整合。

最后，叙利亚教派政治的权力格局变化，牵动着国家政治发展进程的走向。阿拉维派（Alawites）是叙利亚人口数量位居第二位的伊斯兰教派，阿拉维派又被称为"努赛里派"（Nusayris）。10—19世纪早期，阿拉维派一直处于对外封闭的社会边缘地位。近代以来，阿拉维派逐渐打破自我封闭。1946年以来，叙利亚议会民主制受到军人干政的频繁破坏，逊尼派政治集团内部的权力斗争，为阿拉维派军官创造了掌握政治最高权力的历史机遇。阿拉维派军官在政治和军事领域的崛起，极大地改变了叙利亚政治发展进程，阿萨德总统创建的新威权主义体制实现了叙利亚政治长期稳定，结束了二十年的政治不稳定局面。

阿拉维派的去边缘化进程，始于法国对叙利亚的委任统治。1918年一战结束标志着奥斯曼帝国对叙利亚四百年统治的终结，阿拉维派也由此摆脱了社会边缘地位和被歧视的"异端"身份，阿拉维派对法国在黎凡特地区的委任统治持欢迎态度，法国委任统治政府对阿拉维派采取社会平等化政策，并给予了一定程度的自治地位，阿拉维派也成为法国制衡叙利亚逊尼派城市贵族的牵制力量之一。阿拉维派与法国在委任统治初期形成了默契的合作关系。法国在政治上保证阿拉维派的自治地位，阿拉维派通过参军充当法国人的军事工具。阿拉维派充实了法国在

---

① 孙杉：《叙利亚阿拉伯复兴党军事委员会研究》，硕士学位论文，中国社会科学院研究生院，2011年，第11页。

第六章　转型与动荡：叙利亚政治民主化与威权化的并行　　263

黎凡特地区的部队，黎凡特特别部队（Troupes Speciales du Levant）8个步兵营中阿拉维派士兵占到了50%。①

　　1946年叙利亚共和国成立，标志着叙利亚历史进入独立时代，逊尼派政治精英成为国家政治的主宰，阿拉维派自治理想彻底破灭。20世纪50年代大马士革政府对阿拉维派实施了较为严格的限制，而阿拉维派通过叙利亚国防军和复兴党等国家机器逐渐上升至叙利亚国家政治权力中心。阿拉维派在叙利亚国防军和复兴党两个不同性质组织的发展，主要得益于叙利亚50年代特殊的国内政治环境，军政府和民选政府之间的摇摆和混乱、逊尼派政治集团的相互斗争，给予了阿拉维派政治发展的合理空间。

　　叙利亚国防军是阿拉维派聚集政治影响力的主要方式之一。阿拉维派对叙利亚国防军的影响并非有目的和有意识的政治觉醒，这些人参军的主要动机是维持一定水平的经济收入，②参军是阿拉维派男性青年寻找工作和增加家庭收入的主要途径之一。当阿拉维派在叙利亚社会经济地位有所提高后，新一代中产阶级宗教家庭中的阿拉维青年开始报考叙利亚军事院校，进入军官阶层，进而改变了叙利亚军队中高级军官的教派比例。1946—1963年期间，叙利亚的议会民主体制遭到军事政变的破坏，军人干政不仅导致民主体制的退化，也使逊尼派军官力量迅速衰退。传统上逊尼派阿拉伯人对军队中的高级职位较为重视，阿拉维派军官集中在中下级军官职位。1949年后不断爆发的军人政变，特别是逊尼派内部斗争，导致自身力量日渐衰退，阿拉维派军官保持内部团结，形成了许多军队系统内部的秘密组织。20世纪50年代后，位居高级职位的逊尼派军官在相互夺权的军事政变中被清洗或降职，阿拉维派军官得到晋升机遇，逐渐垄断了军队高级职位，通过内部团结维持稳定的地位。③这一时期叙利亚国防军中阿拉维派身份的军人数量不断攀升，从1945—1949年国防军中阿拉维军人数量从10000人增加至12000人。④

---

① Danial Pipes, "The Alawi Capture of Power in Syria", p.438.
② Hanna Batatu, "Some Observations on the Social Roots of Syria's Ruling, Military Group and the Causes for Its Dominance", *Middle East Journal*, Vol.35, No.3, 1981, p.341.
③ Oded Haklai, "A Minority Rule Over a Hostile Majority: The Case of Syria", *Nationalism and Ethnic Politics*, Vol.6, No.3, 2000, p.33.
④ Amos Perlmutter, "From Obscurity to Rule: The Syrian Army and the Ba'th Party", *The Western Political Quarterly*, Vol.22, No.4, 1969, p.830.

复兴党为阿拉维派参与叙利亚政治提供了平台。叙利亚复兴党秉持世俗主义、社会主义意识形态等内容，一直密切联系和动员有农村和少数族群背景的普通民众入党。复兴党的社会主义思想纲领有助于少数族群摆脱被歧视的社会经济地位，他们标榜社会公平、反剥削的内容得到贫穷阿拉维派的支持；世俗主义政治理想不以宗教教派为界限划分社会成员身份，对千百年来一直遭受逊尼派宗教歧视和社会边缘化的阿拉维派具有吸引力，而世俗主义也有助于提高阿拉维派的社会政治地位。20世纪50年代，复兴党在阿拉维派聚居的拉塔基亚地区发展迅速，党员数量的快速增加使拉塔基亚分部成为复兴党第一大支部。

如前文述及，复兴党依靠秘密军官组织——军事委员会上台执政，而军事委员会核心成员是以阿拉维派军官为主体，军事委员会夺取政权后，相继把其他少数教派和复兴党元老逐出权力核心圈，构筑了坚实的教派权力垄断地位，逊尼派、伊斯玛仪派、德鲁兹派等政治集团丧失了对国家核心权力部门的控制权。到1966年，贾迪德、阿萨德掌控了叙利亚政权后，阿拉维派基本完成了对叙利亚国家政治的全面控制，教派权力格局的调整基本定型。

由此，20世纪50—60年代，复兴党、国家军队、国家官僚体系的阿拉维化使叙利亚国家政治权力格局发生了根本性变化，教派政治格局的变迁形成了以阿拉维派掌控国家权力体系的少数派统治模式。以欧姆兰、贾迪德、阿萨德为首的复兴党军事委员会政治集团，不仅是代表新复兴党的少壮派，也是显著的阿拉维派少数教派的宗教身份背景代表。阿拉维派军官通过军人政治的参政形式，取得了叙利亚党政军三大权力部门的控制权，也通过军事政变和政治清洗等手段将逊尼派军官集团、伊斯玛仪、德鲁兹等其他少数教派军官集团相继清除出权力核心部门。因此，至50年代末期，叙利亚议会民主制已经丧失了其政治基础，在多种因素影响下，被叙利亚新政治精英群体抛弃。

第二节　叙利亚政治发展的威权化转型与确立

1970年哈菲兹·阿萨德通过军事政变上台执政，标志着叙利亚政治发展由议会民主制、威权化转型过渡为威权主义政治体制，或称之为阿萨德威权政体。阿萨德威权政治的生成与叙利亚政治发展进程中的三个因素有着重要的因果关系，这三个关键性变量分别为：叙利亚国家军队、复兴党和阿拉维派。叙利亚复兴党的高度组织化、政治化、意识形态化，为阿萨德军事政治集团构筑了坚实的社会基础和合法身份。阿拉维派独特性的宗教少数派身份认同和内部团结性，是阿萨德及其军事政治集团不断取得晋升和上升过程中极为重要的因素。阿拉维派军官群体或政治家相互支持，内部保持高度的团结与统一，最终取得了国家的最高统治权。

一 阿萨德威权政治体制的产生

首先，军人政治是阿萨德威权政治体制形成的关键变量。如前文述及，1946年现代叙利亚国家独立以来，军人政治现象已成为影响叙利亚政治发展的主要因素，军人干政、军事政变和军人政府在叙利亚政治舞台上频繁出现，不仅打乱了叙利亚政治发展的正常化和制度化，而且直接导致仍处于发展过程中的议会民主制度的终止。1963—1970年，叙利亚政治发展进程表现出威权化的过渡性特征，政治斗争日益激烈，军事政变频频爆发，传统意义上的民主政治精英群体已经被彻底抛弃，新复兴党背景和阿拉维派身份的高级军官阶层逐渐掌控了叙利亚国家最高统治权力，威权政治体制成为叙利亚政治发展轨迹无法避免的历史趋势。根据叙利亚军人政治研究学者的不完全统计，1949—1970年，叙利亚国内共计发生军事政变16次，其中成功造成政权更迭的军事政变为9次。[①]

阿萨德威权政治体制的出现是叙利亚军人政治演变的结果，20世纪60年代，叙利亚军人政治由军人干政逐步转型为党政军合一的威权体制，其威权化转型完成的标志即阿萨德构建的威权主义国家体制。1949—1963年的叙利亚军人政治现象，基本上可归类于传统军人干政类型，军事政变产生后，政变军人会适时地将政治权力重新移交给相应选择的文官政府，举行议会选举，重构议会民主制度。这一时期也有特例，1951年希沙克里发动军事政变后，他没有将政权归还给议会民主制度和文官政府，而是直接选择构建军人政府，担任国家总统，试图构建中央集权模式的总统共和制。

---

① 李洁：《叙利亚军人政治研究（1949—1970）》，硕士学位论文，西北大学，2013年。

1963、1966、1970 年的三次军事政变已不同于过去的军人干政现象,一方面,这三次军事政变产生后,政变结果不再是文官政府的重建和议会民主制的恢复,复兴党逐渐全面控制了叙利亚国家机构,表现出党政合一的政治发展趋势。另一方面,复兴党内部政治元老派和军事少壮派之间的矛盾不断激化,拥有军事安全委员会背景的阿拉维少壮派军官群体,逐渐清除了复兴党政治元老派、逊尼派、伊斯玛仪派、德鲁兹派、库尔德派等少数族群或教派背景的军官群体,确立起党政军合一的复合型威权政治模式。

其次,复兴党为阿萨德威权政治的形成与发展提供了政治合法性,阿萨德威权政体借由政党政治行使国家权力,巩固其统治基础,通过党政军的一体化确保了叙利亚国家的政治稳定。虽然军人政治可以借由强大的军事威慑对叙利亚政治进行影响和控制,但对叙利亚的国家治理和政治建构仍需要通过现代性的政治工具。因此,阿萨德威权政治通过复兴党作为政治工具,加强了政党政治与国家行政、司法、立法系统的融合,复兴党不仅控制了国家行政部门,也通过制度建设主导了人民议会、最高法院等立法和司法部门,党政融合的一体化建设强化了阿萨德威权体制的政治参与能力,也改善了叙利亚长期以来面临的权力分散、地域主义等分权现象,提升了大马士革政府的中央集权效能。

叙利亚复兴党的全称为"阿拉伯复兴党"(The Party of Arab Renaissance),该党创始于 20 世纪 40 年代叙利亚社会的城市小资产阶级群体,其创始人米歇尔·阿弗拉克(Michel Aflak)和萨拉赫丁·比塔尔(Salah-ad-Din-al-Beitar)深受阿拉伯民族主义思潮的影响,致力于追求阿拉伯世界的统一。早期叙利亚复兴党在政治思潮上以阿拉伯民族主义为指导,经济生活上主张温和的社会改良,推行社会经济的农业改革和国有化,对外政策上主张外交中立,在西方阵营和共产主义阵营之间秉持不偏不倚的中间路线。50 年代初,复兴党与阿克拉姆·胡拉尼领导的阿拉伯社会党(Arab Socialist Party)实现了合并,形成了更具有竞争实力的复兴党,合并后的复兴党又被称为"阿拉伯社会复兴党"(Arab Socialist Ba'th Party)。[①]

1963 年后,新复兴党的形成和发展改变了复兴党在叙利亚政治发

---

① 王新刚、张文涛:《叙利亚政党制度与政治稳定》,《外国问题研究》2018 年第 2 期。

展进程中的参与方式和功能,新复兴党的激进化、军事化、派别化特征日益突出。1958 年叙利亚与埃及合并之前,复兴党是传统议会政治框架下的民主政党,以议会选举的政治参与方式影响叙利亚政治进程。叙埃合并期间,一些在叙利亚军队的青年复兴党党员秘密结成了"军事委员会"(Military Committee),复兴党军事委员会的成立是造成复兴党军事化现象的源头。1963 年 3 月 8 日军事政变后,复兴党一跃为国家权力的执政主体之一,军事委员会不仅没有被解散,相反还得到了军内重要职务①,这一变化开启了叙利亚军政融合的一体化进程。军事委员会的主要成员穆罕默德·欧姆兰、萨拉赫·贾迪德和哈马德·欧拜德并不满足于军事层面的提拔,还尝试联合纳赛尔主义者和无党派军官群体等非复兴党高级官员,秘密筹划军事政变,意图以相同的政变方式获取国家最高权力。

新复兴党形成的另一个来源是地区主义(Regionalism)思潮的兴起。复兴党建立之初,以统一阿拉伯世界为主要的政治目标,因此复兴党在多个阿拉伯国家建立了支部,如伊拉克、埃及、也门、黎巴嫩等,为了统合各个地区支部,复兴党在大马士革建立了民族指挥部,作为统一阿拉伯世界其他国家复兴党地区指挥部的最高权力机构。由此,叙利亚复兴党形成了民族指挥部和地区指挥部并存的二元体制结构,叙埃合并时期叙利亚复兴党曾被纳赛尔解散,1962 年叙利亚复兴党重建之后,党员来源的地区分布发生了很大变化,拉塔基亚地区等阿拉维派、德鲁兹派少数教派背景和农村出身的党员,成为复兴党党员的主体。② 新复兴党党员群体的边缘化,使其政治思想与旧复兴党成员存在许多方面的差异。相较于泛民族主义的政治统一理想,新复兴党群体更关心的是有关自身利益的叙利亚国内社会经济改革。同时,地区主义思潮也被军事委员会大部分成员融合,这两个变量共同促使复兴党的组织产生了转型变迁。

二 阿萨德威权政治的构建

1970 年阿萨德发动的军事政变被称为"纠正运动"(Corrective

---

① Malcolm H. Kerr, "Hafiz Asad and the Changing Patterns of Syrian Politics", *International Journal*, Vol. 28, No. 4, 1973, pp. 692–694.

② Avraham Ben-Tzur, "The Neo-Ba'th Party of Syria", *Journal of Contemporary History*, Vol. 3, No. 3, 1968, p. 168.

Movement),"纠正运动"改变了叙利亚国家政治发展进程,同时也从强调社会主义激进改革和阶级斗争的左翼思潮,转向了维护国家现存秩序和推行务实政策的威权国家。阿萨德的政敌贾迪德强调阶级斗争和激进社会改革,对外政策强硬。相比而言,阿萨德试图以务实主义方式治理国家,改善叙利亚不稳定的局势,动员叙利亚收复被以色列占领的失地,将叙利亚从阶级斗争思潮中转型为维护国家利益的权力机器。[①]

阿萨德执政后,以"纠正运动"为名对叙利亚政府的国内外激进政策做出了积极调整,促进叙利亚经济的恢复,改善与其他阿拉伯国家的关系,为叙利亚争取了相对稳定的外部环境。首先,阿萨德停止了对叙利亚国内私营部门的国有化进程,有限的经济自由化政策使私营经济恢复活力,国内民营企业家支持阿萨德的经济改良措施,外国投资也重返叙利亚。其次,阿萨德对外交政策进行了调整,争取阿拉伯产油国和君主制国家的支持。阿萨德停止叙利亚的对外输出革命,与埃及建立军事同盟关系,并改善了与海湾君主制产油国的对立关系。再次,阿萨德以收复被占领土为号召,与埃及萨达特政府联手发起了1973年十月战争,为阿萨德威权政体在国内赢得了广泛支持。收复戈兰高地等被占领土是阿萨德稳定自身权力地位的重要手段,虽然十月战争叙利亚和埃及在战场上失败,政治上却赢得了国际社会和阿拉伯世界的支持和同情。阿萨德通过十月战争强化了其威权政治的合法性,还争取了海湾阿拉伯产油国的巨额石油美元支持。总之,阿萨德内外政策的务实主义调整改变了叙利亚可能面临的国家困境,赢得了20世纪70年代中后期叙利亚经济增长和社会发展的历史机遇期,也为阿萨德精心构筑和巩固其威权政治体系争取了社会基础和国际环境。

阿萨德执政后,通过对叙利亚政治体系的重构建立起不同于议会制时代的威权主义政体,形成了总统共和制政体。"纠正运动"结束后,阿萨德逐步以宪政主义改革的名义确立了叙利亚以总统共和制为中心的中央集权国家,通过出台新宪法制定了以总统为最高行政权力核心的政治框架,由总统任命总理开展全国行政工作,改变了叙利亚建国初期的议会民主制传统。同时,阿萨德将复兴党总书记、军队最高指挥官、全

---

① Raymond Hinnebusch, *Syria: Revolution from Above*, London and New York: Routledge, 2001, p. 61.

国进步阵线主席等权力集于一身,形成了党政军合一的高度集权体系,① 并且吸纳了叙利亚国内的纳赛尔主义等部分左翼政党。因此,阿萨德一手建立的叙利亚政治体制也可以被定义为总统制威权主义政治体制,其结果是叙利亚维持了相对稳定的政治与社会局面(1970—2010年),这是现代叙利亚政治发展进程的重要转折点。由于巴沙尔时代复兴党威权政治的弱化表现,阿萨德时代也可以被称为强威权政治时期(1970—2000 年)。

对阿萨德威权政治的结构分析,可以从该政治体制的基本统治支柱入手,阿萨德威权政体的统治支柱主要以复兴党、平民社团主义(Populist Corporatism)、国家官僚机构以及军事安全部门为核心,阿萨德通过对这些国家机器、政党和社会组织的掌控和整合,既维持了国家政治稳定,又保证了其个人威权,还为阿萨德家族、阿拉维派等政治精英提供了对国家权力的垄断地位。

第一,阿萨德时代叙利亚复兴党已形成了全国性的垂直政党体系,纵向党组织结构覆盖了叙利亚从基层到省级的各地方行政区划单位,② 横向党组织结构囊括了国家行政、军队、大学等重要部门,形成了对叙利亚国家与社会的全面性控制。叙利亚复兴党的中央权力部门是地区指挥部和民族指挥部,其中地区指挥部为事实上的最高权力部门,地区指挥部下设有执行部门中央委员会,以及复兴党地区大会。从产生原则而论,地区大会选举产生中央委员会,中央委员会选举产生地区指挥部,从而形成了垂直型组织部门。地方层面,复兴党形成了省级、市级和基层的三级党组织垂直结构体系;三级党组织分别设立于公共行政部门、国有企业、公共事业部门、军队等。由此,阿萨德时代的叙利亚复兴党形成了对国家与社会的全面控制的网络体系,政党建设日益完备,组织体系不断扩大,这是阿萨德从政党角度建构威权政治稳定的基础性制度构建。

复兴党作为政治工具至少发挥了三个层面的政治功能。其一,复兴党是叙利亚复兴社会主义意识形态的宣传机器和主要传播载体,这是阿萨德威权主义政治形成合法性的官方意识形态。其二,复兴党的全国性

---

① 王新刚:《中东国家通史·叙利亚和黎巴嫩卷》,第 250 页。
② John F. Devlin, *Syria: Modern State in an Ancient Land*, p. 57.

结构体系发挥了政治控制和政治监察的功能。一方面,复兴党的全国性三级支部体系有效地实现了对国家部门和社会机体的有效控制,发挥了部分国家部门和社会组织应有的功能,而且对国家部门如行政系统、军事系统、安全系统和社会组织构成了制衡作用;另一方面,复兴党对中央和地方的国家部门和社会组织具有重要的政治监察功效,确保所有国家部门和社会组织听命于复兴党的政治意志及决策。其三,复兴党作为政党组织,通过自下而上、全面覆盖的组织体系,可以充分发挥政治和社会动员功能。各层党组织可以通过入党形式吸纳、招募叙利亚社会各阶层的公民,强化复兴党的社会基础。根据不完全统计,到20世纪80年代中期,叙利亚复兴党已成为容纳社会中下阶层群体的中坚力量,其党员主要是工人、农民、学生、教师、公务员等中下阶层和职业,其中学生占党员人数的49.7%,农民为13.88%,工人为13.75%,公务员和教师的比例分别为8.94%和7.55%。[1]

第二,阿萨德政府通过平民社团主义对非政府组织进行全面控制,建立了叙利亚官方体制下的社会组织体系。阿萨德执政后,对农业协会、青年协会、妇女协会、贸易联盟、教师协会等推行了全面控制政策。1976—1982年穆兄会动乱后,叙利亚政府把医生、律师、工程师等技术专业性协会相继收归官方控制。阿萨德的平民社团主义政策实现了两个方面的功能。(1)叙利亚借助非政府组织,特别是基础广泛和专业性较强的组织,可以发挥国家部门缺乏的社会治理功能。以农民协会为例,农民协会的建立为复兴党推行农村改革,进行土地再分配等社会治理,发挥了重要的协调和执行功能,维护了叙利亚无地、少地等农民群体的利益。妇女协会的创建有效配合了复兴党推动妇女社会地位改革的政策,有助于推行维护妇女权益的社会进步政策。(2)对非政府组织的控制,可以有效加强叙利亚国家对社会的控制。非政府组织是推动叙利亚社会运动的主体力量,对其进行官方化统治政策,加强了对叙利亚社会的控制力度,可以有效防范社会不稳定因素,遏制非官方的社会运动对现有体制的潜在威胁。

第三,国家官僚体系功能和规模的扩大化,是阿萨德维系威权政治体制的另一个结构性支柱。阿萨德执政后,叙利亚国家官僚机构体系的

---

[1] Raymond Hinnebusch, *Syria: Revolution from Above*, p. 77.

第六章　转型与动荡：叙利亚政治民主化与威权化的并行　　271

职权和规模不断膨胀，对叙利亚社会的控制和整合力度不断强化。① 其一，国家官僚体系的职权已扩张和渗透至叙利亚社会的各个层面。阿萨德执政后，以务实原则继续推进对农村和城市的经济体系改革，土地改革和企业国有化形成了小农土地所有制和国有企业体系，叙利亚政府对社会经济实现了强有力的控制，工业体系、金融银行业、对外贸易、农业、商业均被政府垄断或部分国有化。在农村地区，基层国家官僚机构的设置和渗透，对从前半自治的乡村区域构成了强有力的国家控制，土地改革等经济政策沉重打击了叙利亚大地主阶层。其二，国家官僚机构体系的人员规模在 20 世纪 80 年代达到了高峰，叙利亚国家体制内的就业人数达到全国人口的 1/5。国家官僚体系的规模扩大化主要基于两个目标，一是缓解叙利亚国内失业问题，二是吸收众多接受了教育的中下层逊尼派和其他教派的青年。由此，国家官僚机构体系的膨胀有助于稳定阿萨德威权政体，扩大政权的统治基础，降低失业率，也有助于维持社会安定。

　　第四，叙利亚军事安全体系是阿萨德威权政体的基石。阿萨德威权政治体制的形成始于军人政治传统，阿萨德从基层军官一路攀升至国防部部长、空军司令，直至担任总统，其政治上升渠道和权力取得形式都是依赖于军人政治，军事政变是其政治前途形成的根本保障。因此，阿萨德执政后致力于重构叙利亚军事安全体系，意在防范和避免自身权力和地位被军人政治传统威胁甚至摧毁，虽然阿萨德执政后依然仰仗于军事安全部门对其威权政治的支撑和保障，叙利亚军政关系已悄然产生逆转，军人干政现象逐渐退出历史舞台，以总统共和制为核心的强威权政治成功控制了军事安全部门。显然，叙利亚军政关系并不是现代西方社会定义的军政分离和军队中立原则，阿萨德治下的叙利亚军政关系表现出鲜明的党政体系控制军事安全体系的特征，军事安全部门已不再构成对国家官僚体系和复兴党的威胁，而成为后者控制国家与社会的重要威慑工具。

　　阿萨德威权政治对叙利亚军事安全体系的改造和掌控有以下几个方面。其一，推行对国家军队的复兴党化和意识形态化。阿萨德执政后延续了复兴党改造国家军队的政策，以复兴党式的意识形态对军队推行政

---

① 王彤主编：《当代中东政治制度》，第 340—341 页。

治化的改造,① 以政治思想教育保障军队听命于政党和国家,防范军事政变的重演和威胁。复兴党支部以制度化方式与军队系统融合,以复兴党军队支部组织监督、制衡军队动向,以政党组织钳制和把控军官群体。其二,阿萨德对军事安全部门关键职位的人事安排遵循制衡和代理人原则,既是以制衡原则人事安排钳制不信任的高级军官,又是强化阿拉维派和阿萨德家族对军事安全体系的控制。

三 穆斯林兄弟会对阿萨德威权政治的挑战

叙利亚穆兄会（Muslim Brotherhood in Syria）是阿萨德威权政治体制建立后主要的不安定因素之一,叙利亚穆兄会凭借其强有力的社会动员能力和宗教意识形态为基础的政党组织基础,形成了对阿萨德威权政治的威胁。阿萨德威权政治体制与叙利亚穆兄会之间的矛盾冲突不断激化,最终演变为叙利亚国内激烈的暴力冲突,叙利亚国家安全形势一度滑向内战边缘。因此,叙利亚穆兄会的产生、演变和政治反对派地位的形成,是阿萨德威权体制形成初期主要的国内政治反对派势力。

叙利亚穆兄会的建立与埃及穆兄会存在天然的密切关系,埃及穆兄会为其提供了宗教政治思想传播的基础,对叙利亚穆兄会的意识形态和组织形式形成了重要影响。埃及穆兄会的组织中心位于埃及首都开罗,其重要的组织使命是向伊斯兰世界传播穆兄会的"伊赫万思想"（Ikhwan）,该思想包含了泛民族主义思潮和泛伊斯兰主义,埃及穆兄会通过教育手段向在爱资哈尔大学学习的外国穆斯林学生传播其思想体系。叙利亚穆兄会的创始人穆斯塔法·希巴伊（Musatafa al-Siba'i）在埃及学习期间接受了伊赫万思想;另一位叙利亚人穆罕默德·哈米德（Muhammad al-Hamid）也于同时期接受了穆兄会思想影响,成为未来叙利亚穆兄会的中坚人物。② 1937年前后,叙利亚阿勒颇建立了第一个穆兄会分支机构,穆兄会的伊赫万思想和组织分支在叙利亚主要城市大马士革、霍姆斯、拉塔基亚等地逐渐传播和建立起来;至1946年前后,叙利亚穆兄会已经由松散化转型为以穆斯塔法·希巴伊为最高领导人的宗

---

① John F. Devlin, *Syria: Modern State in an Ancient Land*, pp. 62 – 63.
② Joshua Teitelbaum, "The Muslim Brotherhood in Syria, 1945 – 1958: Founding, Social Origins, Ideology", *Middle East Journal*, Vol. 65, No. 2, 2011, p. 214.

教政治组织。但是,叙利亚穆兄会与埃及穆兄会的政治、意识形态、人员等联系并没有生成为由后者领导的组织关系,希巴伊建立的叙利亚穆兄会是具有独立性组织权力和组织体系的宗教政治组织,并深受埃及穆兄会的意识形态影响,[①] 组织独立性是叙利亚穆兄会不同于约旦穆兄会的重要特征。

议会民主制时代(1946—1958)的叙利亚穆兄会主要以参与议会来影响叙利亚政治,其合法身份来源于政党政治实践,社会基础以和中低阶层民众为主。事实上,叙利亚穆兄会与共产党、复兴党等左翼政党拥有相同的社会阶层基础,主要差异是穆兄会的主要力量来自传统逊尼派中产阶层,职业群体包括商人、手工业者、乌莱玛、教师等,其领导群体普遍有浓厚的逊尼派宗教保守倾向。

叙利亚穆兄会的兴起与20世纪50年代叙利亚社会阶层的剧烈变动和分化存在密切的关联。50年代后,叙利亚社会历经了显著的城市化过程,受教育群体不断扩大,城市中产阶层群体逐渐成为城市社会的主要基础,而叙利亚相对缓慢的经济增长和就业吸收能力,使城市中产阶层对社会现实和政府产生了异议和不满。由此,社会剧烈变动产生的社会矛盾和新阶层的出现使新兴政党兴起于叙利亚议会政治平台,其中穆兄会、共产党、复兴党是最重要的三支政党代表,它们之间的差异主要源自不同的意识形态和社会政治思想。

叙利亚穆兄会的意识形态源自三个不同来源的社会思潮,从而形成与埃及穆兄会有差异的综合性社会思想。首先,叙利亚穆兄会的宗教思想来自传统萨拉菲主义(Traditional Salafism),其核心要点是恢复和保持伊斯兰社会的传统价值体系,抵御西方价值观和生活方式对叙利亚社会的侵蚀,主张推行伊斯兰教法,纯洁叙利亚社会的宗教特征和文化符号。其次,叙利亚穆兄会的意识形态深受中东地区传统苏非主义的影响。叙利亚穆兄会的苏非主义思想主要受纳克什班迪教团(Naqshbandi Order)思想的浸染,苏非主义盛行实际上是包括叙利亚在内的中东地区民间伊斯兰社会信仰的传统延续。再次,叙利亚穆兄会受到社会主义思想影响,强调社会正义和财富公平分配。1949年叙利亚穆兄会参加议会大选时,曾建立"伊斯兰社会主义阵线"(Islamic Socialist Front)

[①] 王新刚等:《现代叙利亚国家与政治》,第273页。

角逐选举。叙利亚穆兄会的伊斯兰社会主义思想是将伊斯兰思想和社会主义思潮的综合,其目的是社会动员叙利亚中下阶层公民,与复兴党、共产党等左翼政党竞争选民基础。希巴伊强调,伊斯兰社会主义实质是"伊斯兰的社会主义"(Socialism of Islam),即伊斯兰社会价值体系内部存在的社会主义思想资源,其核心观念是消灭人与人的不平等,创造正义与公平。希巴伊通过伊斯兰社会主义思想提炼概括了人生而具有的五项自然权利:"生命、自由、知识、尊严和财富。"[①] 他希望通过伊斯兰社会主义思想对叙利亚社会推行改良,实施国有化、累进税制、限制资本等措施,彻底消灭贫困、饥饿等社会不公正现象,对个体进行道德责任的精神世界改造。在希巴伊看来,伊斯兰社会主义将是西方资本主义和共产主义之间的第三条道路,[②] 引领叙利亚社会实现社会之公平,重建社会价值体系和分配体系。

需要强调的是,希巴伊和其他叙利亚穆兄会思想家并不完全反对西方引进的世俗化法律,其倡导的叙利亚法律体系是包含了伊斯兰教法和世俗法律的综合体,这些思想反映了叙利亚穆兄会社会思想的综合性和融合性特征。相较于埃及穆兄会的社会思想,叙利亚穆兄会的社会思想更加温和,更加开放包容,在叙利亚议会制时期,其政治路线是参与议会政治的非暴力手段,希巴伊曾多次当选为叙利亚议会议员,另一高级领导穆罕默德·穆巴拉克(Muhammad Mubarak)也曾多次任职于议会制时期的叙利亚政府。

叙利亚穆兄会作为一个组织实体,是涵盖了多种社会功能的复合型宗教社会团体。虽然叙利亚穆兄会的主导性意识形态是传统萨拉菲主义类型的宗教社会思潮,其社会功能还包括了经济、社会福利、政治、军事等方面的组织目标和动员方式。首先,在准军事组织建设方面,1943年后叙利亚穆兄会还建立了具有准军事功能的"福图瓦青年运动"(Futuwwa Youth Movement),选拔叙利亚青年穆斯林,从事准军事形式的训练。福图瓦青年运动的建立与大叙利亚地区的教派主义等因素密切相关,同时期黎巴嫩马龙派也曾建立准军事组织"法朗吉"(Phalan-

---

① R. M. Gleave, "Makasid al-Shari'a", *Encyclopaedia of Islam*, Leiden: Brill Press, 2010.
② Joshua Teitelbaum, "The Muslim Brotherhood in Syria, 1945–1958: Founding, Social Origins, Ideology", p. 224.

ges），至 20 世纪 40 年代中期，叙利亚穆兄会在大马士革、阿勒颇、霍姆斯、哈马、伊德利卜、代尔祖尔等中心城市均建立了福图瓦青年运动组织，形成了一支独立于叙利亚国家军事力量之外的准军事力量，为70 年代向阿萨德政权发起暴力袭击奠定了组织基础。其次，叙利亚穆兄会还积极从事社会文教工作，穆兄会组织在叙利亚国内各中心城市建立扫盲学校，为下层群众提供文字教育，提高普通民众的文化水平。再次，叙利亚穆兄会还团结并掌控了许多工人社团的控制权，取得了一定的社会动员资源。根据一项学术研究的统计，20 世纪四五十年代大马士革 70% 的纺织工人联盟组织效忠于穆兄会[1]；霍姆斯和哈马也有许多工人联盟与穆兄会建立了组织联系。

阿萨德构建的威权政治体制对于叙利亚政治发展进程的影响是一把双刃剑，政治稳定是其积极作用，而政治隐患是其体制的结构性矛盾和困境。从复兴党 1963 年执政至阿萨德时期，叙利亚政府以复兴社会主义为思想指导，对社会推行了较为激进的国有化和土地改革等举措。这些举措一方面增强了国家经济实力，有效提升了叙利亚国家对抗以色列的经济和军事资本；另一方面，复兴党的社会经济政策使农村中下阶层民众收益大幅提高，并以牺牲城市中上阶层和农村中上阶层利益为代价，不平衡政策使复兴党政权积累了阶级基础，也形成了对复兴党政府执政不满的群体。此外，阿萨德执政后叙利亚越发表现出教派偏好、腐败、社会不公等社会现象，城市逊尼派阶层被边缘化。这些现象为叙利亚穆兄会等政治伊斯兰社会力量利用，随着叙利亚社会矛盾不断堆叠，阿萨德政府与叙利亚社会之间的张力格外凸显，这是阿萨德执政中前期最为严峻的政治挑战。

政治伊斯兰对阿萨德威权体制的挑战是叙利亚政教关系的历史延续问题。叙利亚政治体制创始于委任统治时期，国家官僚机构未对叙利亚国内乌莱玛阶层建立有效的控制或监督制度，至叙利亚建国后，乌莱玛阶层依然相对独立于叙利亚国家政治体制。因此，叙利亚乌莱玛阶层代表国内宗教保守势力和反对世俗化的思想堡垒。20 世纪 60 年代中期，叙利亚乌莱玛群体是反对政治生活世俗化、阿拉维派、军人政治等政治

---

[1] Joshua Teitelbaum, "The Muslim Brotherhood in Syria, 1945 – 1958: Founding, Social Origins, Ideology", p. 230.

现象的坚定支持者，部分激进乌莱玛在清真寺号召抗争复兴党政权，曾引起过小范围内的群体事件。不过，由于叙利亚乌莱玛缺乏有效的组织动员体制，其政治影响力非常有限，对阿萨德体制没有构成严重威胁。[1]

20 世纪 70 年代叙利亚穆兄会的政治激进化和组织军事化，是对阿萨德体制最有威胁的挑战。如前文述及，希巴伊时期的叙利亚穆兄会是一支来源中低阶层支持的宗教组织，其意识形态有民族主义、社会主义等左翼现代性思想，其政治参与方式是议会民主的非暴力形式。然而，60 年代叙利亚穆兄会激进派领导人马尔万·哈迪德（Marwan Hadid）改变了该组织的政治参与方式，暴动和恐袭成为其惯用的手段，以恐怖方式试图震慑复兴党政府。至 70 年代，阿德南·萨阿德丁（Adnan Saad Din）、赛义德·哈瓦（Said Hawwa）等叙利亚穆兄会领导人重建了穆兄会领导体制，形成了集体领导制度；同时，穆兄会在阿勒颇、哈马等叙利亚大中城市构建了坚实的组织基础和动员形式，其正式成员至少达到 3 万多人。由此，政治激进化和组织军事化的穆兄会已不再是叙利亚温和伊斯兰主义的代表，而是谋求推翻阿萨德体制的伊斯兰激进主义准军事组织。

激进化的叙利亚穆兄会提出了试图颠覆叙利亚复兴党政权的政治目标。穆兄会宣称其"伊斯兰革命"的任务是结束复兴党的教派、军事的独裁政权，驱逐"异端"阿拉维派统治者。原教旨化（fundamentalization）的穆兄会还提出建立叙利亚"伊斯兰国"，由舒拉原则为指导建立选举制的议会，设置由伊斯兰教法原则为立法源泉的司法体系。穆兄会声称将保护言论自由、政党政治和少数教派的权益，净化叙利亚社会，革除西方化的糟粕文化。

叙利亚穆兄会的宗教激进主义意识形态更新得到了部分对复兴党统治不满阶层或群体的支持，加大了国家与社会的冲突张力。至 20 世纪 70 年代末，这种冲突张力逐渐累积为暴力化冲突，被边缘化的逊尼派中产、商人、手工业者、乌莱玛等来自不同阶层或群体的不同政见者试图颠覆现有政权。从地区分布来看，哈马、阿勒颇两大叙利亚中北部城市是反抗阿萨德威权政府的主要聚集区。

对于穆兄会激进主义的威胁，阿萨德政府起初试图以有限的政治自

---

[1] Raymond Hinnebusch, *Syria: Revolution from Above*, pp. 89 – 90.

由化和政治革新予以缓解,通过政治调适等手段避免国内冲突和暴力化。复兴党内部就解决穆兄会问题分裂为两派,阿萨德的弟弟里法特·阿萨德(Rifat al-Asad)是强硬派代表,主张以坚决的武力镇压解决穆兄会问题;总理马赫穆德·阿尤比(Mahmoud al-Ayubi)为温和派代表,他力主以柔性方式解决,发动反腐运动进行政治革新,以有限政治自由化包容反对派力量。阿尤比通过提升公共事业单位和官僚机构的工资,遏制通货膨胀等手段稳定城市居民对复兴党政府的支持,许诺给予左翼或民族主义政治组织更多的自由空间,将其容纳进统战性质的全国进步阵线。同时,叙利亚政府在全国发动反腐运动,限制对国家安全法庭等机构的使用率。然而,阿萨德政府的柔性措施未能取得预期效果,激进左翼、民族主义和政治伊斯兰等反对派势力,依然试图颠覆现有的世俗主义政权,柔性举措归于失败。

1980年叙利亚国内局势开始失控,主要大中城市爆发骚乱,政府对部分城区失去控制,国内冲突暴力化,有出现内战的危险。哈马、霍姆斯、阿勒颇、伊德利卜、拉塔基亚、代尔祖尔均发生城市暴动现象,部分地区还爆发了城市巷战。间断性的城市暴动一直持续到1982年,[①]哈马事件成了穆兄会运动在阿萨德时代的历史终点。叙利亚军队对哈马实施了一场不亚于战争的大规模军事行动,穆兄会在叙利亚国内的准军事力量被彻底根除,也造成哈马城严重的人道主义灾难和大量人员伤亡。

1982年哈马事件后,阿萨德采取了强化威权统治的高压策略。复兴党政府持续性加强对叙利亚社会的政治控制,进一步压缩了非政府组织的生存空间;仅存的党内政治生活自由也被终止,复兴党政府还强化了集权功能,国家军队、军事安全部门取得了更重要的政治地位和职能权限。八九十年代阿萨德采取的高压式强威权政治手段维系了叙利亚政治稳定,为叙利亚国内经济增长和社会发展取得了良好的稳定环境。但是,强威权的表面稳定之下叙利亚社会内部潜藏着国家与社会、教派、民族等多重隐患。

---

① 王新刚:《中东国家通史·叙利亚和黎巴嫩卷》,第257页。

第三节 巴沙尔时代的弱威权统治：转型与挑战

哈菲兹·阿萨德总统统治晚期的叙利亚，实际上已表现出经济、社会和政治等方面的危机信号，巴沙尔作为阿萨德威权政治的继承人，即将面临叙利亚国家改革的时代挑战和应对。其一，至20世纪90年代中期，由于种种因素，叙利亚的经济增长逐渐陷入停滞。叙利亚政府推行的经济改革措施，包括经济自由化、银行业和金融业改革、教育改革和房地产市场改革等举措未能取得预期效果。其二，由于经济增长缓慢和财政匮乏，叙利亚政府的公共服务和基础设施投入不足，自来水、电力、道路、交通等基本公共设施无法满足叙利亚国民的生活需要，失业率居高不下更是引起了社会不满情绪的不断积累。其三，虽然叙利亚国家的威权政治保证了政治稳定，但由于阿萨德威权体制存在的内生积弊和威权政治权力继承问题的现实挑战，叙利亚社会表面的稳定潜伏着不断积累的政治危险，叙利亚政治反对派的存在和发展将成为巴沙尔威权政治的主要威胁之一。

一 阿萨德政治遗产与巴沙尔的政治继承

哈菲兹·阿萨德总统晚年身体健康的迅速恶化成为阿萨德威权体制加速政治继承与权力交接的主要动因。由于叙利亚威权政治体制固有的家族性特征，其威权权力的转移与继承仅局限于阿萨德家族，因而阿萨德总统晚年的身体健康状况是影响叙利亚威权政治稳定的重要因素之一。阿萨德总统自20世纪80年代后期已经抱恙，迫使他必须就政治继承问题做出安排，以避免阿萨德家族丧失政治权力。阿萨德的初始安排是将长子巴西勒·阿萨德作为权力继承人，延续阿萨德家族对叙利亚国家的统治权力，由于巴西勒因意外车祸罹难，阿萨德只得改变计划，由其次子巴沙尔·阿萨德作为叙利亚国家未来的总统。巴沙尔从英国学习归国后，阿萨德逐步给予巴沙尔在政治、军事、行政、科技等国家机构部门锻炼的机会，培养其作为未来国家领导人的基本素质和能力。[1]

---

[1] Eyal Zisser, *Commanding Syria: Bashar al-Asad and the First Years in Power*, London and New York: I. B. TAURIS, 2007, pp. 30 – 31.

第六章 转型与动荡:叙利亚政治民主化与威权化的并行

至 20 世纪 90 年代末期,阿萨德总统加快了威权政治权力交接安排的步伐,以确保巴沙尔安全和稳定地实现权力继承,其中军方将领领导层的更替和全新的人事安排是阿萨德政治权力交接安排的重点。1998 年 7 月,阿萨德总统发布总统令,宣布叙利亚国家军队总参谋长希克马特·希哈比退休,阿里·阿斯兰少将接替其担任总参谋长职位。[1] 之后,叙利亚情报总局(General Intelligence Administration,)局长巴希尔·纳吉尔将军被强令退休。同时,阿萨德提拔了一批将军担任军队要职,如阿卜杜·拉赫曼·赛义德和哈桑·图尔克马尼将军被任命为军队副参谋长,阿里·哈比布将军被任命为叙利亚特种部队领导人。

阿萨德实现政治权力交接安排的另一个布局,是叙利亚国家安全部门领导层的更替和人事安排调整。1999 年 4 月,阿萨德总统任命穆罕默德·纳斯夫(Muhammad Nasif)将军担任情报总局内部安全部部长;9 月,任命阿里·霍里亚(Ali Houriah)将军担任情报总局内部安全部副部长;穆罕默德·胡利(Muhammad al-Khuli)将军被任命为军事安全部部长。

阿萨德总统为了确保政治权力转移与继承的安全性和稳定性,推行了积极外交政策,保证叙利亚外交关系的安全化,为巴沙尔政治继承创造安全和稳定的外部国际环境。第一,阿萨德总统临时决定参加约旦国王侯赛因的葬礼,向约旦抛出缓和两国关系的橄榄枝,约旦国王阿卜杜拉二世也回访大马士革,阿萨德总统趁此机会向约旦国王强调两国关系已进入新的历史阶段。

阿萨德总统重点改善与北方邻国土耳其不稳定的双边关系,缓和 1998 年叙土危机造成的关系裂痕。1999 年,叙利亚与土耳其签署了发展双边经贸关系的相关协定,这是阿萨德主动尝试修复叙土关系的政治策略,避免土耳其再次对叙利亚形成军事安全威胁。

阿萨德总统巩固与伊朗的战略合作关系,夯实双方的政治伙伴共识。1999 年 5 月,时任伊朗总统哈塔米访问大马士革,哈塔米对叙利亚谋求未来改善与美国或以色列的外交关系表示理解,叙伊关系延续了战略、政治、安全等层面的深度合作。

---

[1] Radwan Ziadeh, *Power and Policy in Syria: Intelligence Services, Foreign Relations and Democracy in the Modern Middle East*, London and New York: I. B. TAURIS, 2011, p. 39.

阿萨德通过叙以（叙利亚和以色列）和谈进程为契机，缓和与美国的关系。克林顿执政时期，美国与叙利亚两国进入建交后外交互动最为频繁和亲密的阶段。克林顿曾经三次与阿萨德会晤，并曾亲赴大马士革对叙利亚进行国事访问，叙以和平谈判进程成为阿萨德借机巩固叙美关系的工具。

阿萨德积极参与叙以和平谈判进程，试图改善叙以关系，缔结和平条约，结束两国数十年的冲突状态。阿萨德对推进叙以和谈进程的日内瓦会议投入了极大精力和关注，希望借机与以色列缔结和平条约，收复戈兰高地，结束与以色列的冲突状态，为叙利亚创造稳定的周边外交环境。然而，由于以色列巴拉克政府对叙以和谈的结果并不满意，叙以和谈未能达成和平条约。

阿萨德总统在国内事务方面，更新了叙利亚政府行政领导层，这一举动既是振兴国内经济衰退的重要举措，也是为巴沙尔接班后加强对国家行政部门控制做出的重要人事调整。2000年3月，阿萨德总统宣布已担任总理职务13年的穆罕默德·祖比（Mahmoud al-Zubi）离职，祖比政府的各部门领导层也进行了大范围人事调整工作。阿萨德任命穆罕默德·穆斯塔法·马伊鲁（Muhammad Mustafa Mayru）为新一任叙利亚国家总理，其主要任务是重振叙利亚国民经济，推行法律体系改革，有限度地开放政治自由。

2000年6月10日，哈菲兹·阿萨德总统因病去世后，其子巴沙尔迅速以唯一总统候选人身份当选为叙利亚总统，[①] 实现了阿萨德生前多年规划安排的政治继承和权力交接。巴沙尔当选叙利亚总统后，他还担任了叙利亚武装力量总指挥、复兴党总书记、全国进步阵线主席的职位，由此实现了政治、军事、政党权力的集中，巴沙尔威权政治体制在阿萨德总统政治遗产之上初步地构筑成功。

二　巴沙尔政府改革与社会运动的政治化

2000年执政后，巴沙尔时期的叙利亚政治结构是阿萨德威权政治发展的延续，阿萨德威权政治体制结构和政治精英是巴沙尔威权政治体制建立的起点。对巴沙尔的政治生命和阿萨德家族而言，叙利亚国家与

---

① 王新刚等：《现代叙利亚国家与政治》，第393页。

社会的全面改革已经非常紧迫，旧体制和旧精英的政治保守主义倾向和盘根错节的经济腐败，是巴沙尔推行国家改革与发展的主要障碍。

首先，复兴党社会主义理念与实践是巴沙尔推行国家改革的意识形态障碍。1963年叙利亚复兴党执政后，对叙利亚国家与社会曾实施了大刀阔斧的政治、经济、社会、文化等改造，复兴党改造叙利亚国家与社会的实践源于复兴党社会主义的思想理念，例如对叙利亚国民经济的国有化和土地改革等经济措施，是体现复兴党社会主义的重要改革计划。1991年冷战结束后，全球化、市场化等现象已成为中东地区国家发展的大势，叙利亚未能紧随世界发展潮流，而是延续了复兴党20世纪六七十年代创造的国有经济体制，市场经济和私有企业的弱小性无法发挥有效的经济功能。巴沙尔执政后，需要对复兴党传统的国家治理理念实施改造，使之适应当代社会发展的需要。

其次，旧有体制和传统精英群体已成为叙利亚国家的既得利益阶层，巴沙尔任何形式触动其政治或经济利益的改革都会遭遇抵制和抗拒。由于历史和传统等多种原因，阿萨德时代传统精英群体普遍缺乏现代国家治理能力需要的技术型官僚素质，巴沙尔推行新政和改革，只能是对传统精英群体的更新和调整，提拔技术型官僚和现代国家管理人才。经济方面，自由化、市场化、法制化等改革将威胁传统经济体制中的受益群体，既得利益阶层不仅抗拒技术官僚革新，更对巴沙尔的经济改革充满敌意和疑虑。

再次，巴沙尔改革还面临政治改革与经济改革的选择困境及风险。巴沙尔执政后，叙利亚国家发展战略既包括了经济改革，也应当包含政治体制改革举措，如果仅推行经济层面的改革，没有政治体制改革为叙利亚社会创造良性的经济增长环境，叙利亚国民经济振兴将缺乏基本的增长环境和法制基础，也难以吸引有效的外国投资，不利于盘活国内私营经济。但是，由于叙利亚威权政治体制的家族性特征和教派色彩，其政治体制改革的限度是巴沙尔启动国家改革的基本红线，如何把握和控制政治改革和经济改良的速率和限度是巴沙尔改革的重要挑战。

最后，复兴党的工具化和功能弱化是巴沙尔威权政治存在的先天性制度缺陷。叙利亚复兴党执政以来，特别是阿萨德逐步构建其威权政治体制后，叙利亚国家政治表面上形成了所谓的党政合一、一党执政的威权体制，然而，从叙利亚威权体制或政治发展进程考察，叙利亚国家政治的稳定性和安全性源自军事、安全、行政系统的制度建设和运行，所谓的"党政合一、一党执政"实质上是以家族政治为统治核心，教派、地域和跨派别联盟等精英群体为统治阶层，国家军队、安全部门构筑的军事安全体系为统治支柱，依靠国家行政系统、司法系统等国家机构体系为统治工具的威权政治体制。事实上，1963年复兴党通过三月革命的军事手段获取国家统治权力，是军人政治在叙利亚政治发展进程中的延续性表现，而复兴党执政的核心群体并不是传统意义上的叙利亚复兴党元老派或议会民主制时代的政治精英，而是任职于叙利亚军队的复兴党少壮派军官为主体的军人政治家。相比于政党工具或其他形式政治手段，军人政治对阿萨德威权政治体制的产生和形成具有关键的支撑作用。相比于叙利亚军人政治传统的政治文化，复兴党是被弱化和形式化的现代政党工具，巴沙尔威权政治的生存基础依然来自阿萨德家族、阿拉维教派、跨派别联盟等不同层次的核心精英群体为其提供的支持。因此，被工具化和功能弱化的复兴党，无法提供政党参与国家治理的有效性，这是巴沙尔威权政治推行叙利亚国家发展与改革重要的制度缺陷。

巴沙尔执政初期，由于叙利亚国内长期累积的政治、经济、社会、宗教等矛盾已相当严重，叙利亚政府决定有限度地开放政治自由化，以非政府组织为核心力量的叙利亚社会运动迅速产生，有限的政治自由化产生了对巴沙尔威权政治体制的挑战，巴沙尔威权政治与叙利亚政治反对派之间的矛盾运动成为21世纪初叙利亚政治发展的主要影响因素。

阿萨德执政晚期，叙利亚威权政治并没有完全扼杀政治自由表达的空间，叙利亚政府通过建构官方渠道的公共论坛，使叙利亚社会保留了一定程度的公共言论渠道和讨论空间。例如"叙利亚经济科学协会"（Syrian Society of Economic Science）每周二会召开公开研讨会，召集叙利亚国内知名经济学家讨论叙利亚政府的经济政策及其成效。[①] 同时，叙利亚国内还存在一些非官方渠道但受到官方认可的公共论坛，如"阿布·扎拉姆现代研究论坛"（Abu Zlam Forum for Modern Studies）和"杜

---

① Radwan Ziadeh, *Power and Policy in Syria: Intelligence Services, Foreign Relations and Democracy in the Modern Middle East*, p. 61.

马尔文化论坛"(Dumar Cultural Forum)等。

1999—2000年,叙利亚国内热议国家政治的氛围日益浓厚,威权政治压抑了数十年的社会焦虑和紧张得到了一定缓解,而公共讨论的叙利亚国家政治主题也悄然产生了变化。1999年,叙利亚国家与社会最为关心的议题是叙以和谈进程,是否应与以色列达成和平协定,进而建立两国正常关系一度成为公共讨论的热点。叙以和平谈判进程结束后,叙利亚公共讨论将社会热点转向了"腐败"和"改革"两个主题,其政治意涵已将讨论对象延伸至叙利亚政府。腐败问题是叙利亚威权政治体制难以克服的制度性缺陷,不受制约和限制的威权政治自上而下控制着叙利亚社会和经济生活,腐败问题不仅导致了叙利亚国家治理能力的低效和缺陷,也引发了社会舆论的强烈抨击。对此,阿萨德总统在叙利亚人民议会立法委员会召开期间,主动对叙利亚政府面临的腐败和官僚化问题提出了猛烈批评,阿萨德对腐败问题的发言成为叙利亚社会热议腐败与改革议题的政治前提。随着叙利亚总理祖比倒台和被捕,要求政府推行全方位改革的公共舆论已经形成;同时,叙利亚政府也适时地提出了"发展"与"现代化"的国家改革目标。

有限度的政治自由化为叙利亚社会运动的产生创造了社会环境,各种形式的非政府组织开始在叙利亚活跃起来。一些叙利亚左翼思想的知识分子不定期召开讨论社会或政治热点问题的会议,这种不定期的非制度性、非正式会议成为其组织活动的初始形式。2000年后,叙利亚民营企业家和知识分子群体提出了在叙利亚建设各种社会组织,以此推动叙利亚国家的民主化进程。企业家利亚德·赛义夫(Riyad Sayf)提出在叙利亚建设"市民社会之友协会"(Association of Civil Society Friends),主张将叙利亚发展为发达的现代民主国家。2000年9月27日,部分叙利亚知识分子联合发表了《九十九名知识分子公报》(Communique of the 99 Intellectuals),该公报主张叙利亚政府应当结束1963年以来实施的国家紧急状态,对政治犯实施大赦,推进叙利亚国家法制建设,给予国民言论自由,承认叙利亚政治和知识的多元性,以及其他涉及政治权力自由化的诉求。[1] 该公报象征着叙利亚知识分子群体政治

---

[1] Radwan Ziadeh, *Power and Policy in Syria: Intelligence Services, Foreign Relations and Democracy in the Modern Middle East*, p. 61.

意识的觉醒，对于巴沙尔执政初期叙利亚国家威权政治的解冻具有开创性作用。叙利亚政府对《九十九名知识分子公报》的回应远远超乎阿拉伯世界和国际社会的预料，巴沙尔政府对该公报做出了积极回应，签署公报的知识分子未受到叙利亚安全部门的压力或逮捕，相反，巴沙尔政府迅速以实际行动回应了该公报提出的部分政治诉求。2000 年 10 月，巴沙尔签署总统令，600 名被关押或监禁的叙利亚政治犯被释放，[1] 叙利亚政府第一次公开承认了关押政治犯的事实。

2001 年后，政治化的叙利亚社会运动迅猛发展，各种名义和领域的非政府组织建立起来。不断向叙利亚政府提出政治改革诉求，要求政府出台法律法规保障非政府组织的政治自由。2001 年，叙利亚国内建立了"人权文化论坛"（Cultural Forum for Human Rights）、"民主对话论坛"（Democratic Dialogue Forum）等政治色彩浓厚的非政府组织，知识分子群体还撰写了《千人宣言》（Manifesto of the Thousand）批评叙利亚政府的威权政治、腐败问题等积弊。[2] 对此，叙利亚国防部部长穆罕默德·塔拉斯（Muhammad Talas）等高级政府官员做出了积极回应。

巴沙尔执政之初推行的有限政治自由化，迅速引发了更大范围和规模的政治化社会运动。知识分子群体以公开宣言、公共论坛等形式向公共舆论和国家机构传达政治自由与多元化的理念，其中利亚德·赛义夫提出建立"国家对话论坛"（National Dialogue Forum）机制，以此加强叙利亚国家与社会的对话和沟通。

叙利亚社会运动的政治化不可避免地对巴沙尔威权政治体制造成了冲击和挑战。2001 年 1 月 31 日，利亚德·赛义夫宣布建立"社会和平运动"（Movement for Social Peace），"社会和平运动"是以建立合法化政党为目标的政治组织，其性质和目标已超越了非政府组织的范畴，引起叙利亚政府的高度警觉。因此，"社会和平运动"建立后，叙利亚副总统阿卜杜·哈里姆·哈达姆（Abd al-Halim Khaddam）公开宣布该组织的建立是分裂叙利亚国家，叙利亚政府由此开始压制社会运动发展的扩大化趋势，关闭知识分子建立的公共论坛，所谓的"大马士革之春"很快走向了沉寂。

---

[1] 王新刚等：《现代叙利亚国家与政治》，第 395 页。
[2] Eyal Zisser, *Commanding Syria: Bashar al-Asad and the First Years in Power*, pp. 84 – 85.

第六章 转型与动荡：叙利亚政治民主化与威权化的并行　285

从政治动机角度分析，巴沙尔威权政治体制并没有推行政治改革的真实意图，经济改革是叙利亚维持政治稳定与合法性的优先选项。因此，为何巴沙尔执政之初一定程度上推行了有限的政治革新，其真实的政治动机存在多个方面的政治考量。其一，借有限度的政治改革举措增强巴沙尔政治继承的合法性，回避可能存在的国内反对力量的产生。其二，修复叙利亚国家形象，树立改革与发展的图景，增强国际社会和阿拉伯世界对巴沙尔威权政治的信任感和认同度。其三，巴沙尔青年时代的西化教育和知识背景，使其有一定意愿尝试推行政治改革。但是，政治自由化的有限开放燃起的社会政治运动，对叙利亚威权政治造成了不可预期的威胁，巴沙尔政府担心社会政治运动的不断扩大趋势和不可控很可能颠覆现有的威权政治体制。由此，当社会政治运动产生了建立政党和政治参与的意图后，叙利亚国家部门做出了瞬时回应，将几乎所有与社会政治运动有关的非政府组织关闭，并且公开宣布这些组织对国家稳定与统一造成了威胁。2001年8—9月，大马士革之春运动的主要知名社会政治活动家纷纷被捕，国家对话论坛、民主对话论坛等组织被强制关闭，仍处于萌生阶段的叙利亚社会政治运动戛然而止。

短暂的大马士革之春运动期间，叙利亚社会一直存在的、被复兴党政府宣布为非法的叙利亚穆斯林兄弟会和叙利亚共产党等政党组织改变了传统意识形态，其政党理念转型为追求民主、自由、人权等现代社会思潮。2001年5月，叙利亚穆兄会公布了《全国政治工作荣誉公约》，[1]该公约宣布叙利亚穆兄会将致力于推动政治对话和民主政治框架，放弃过去的暴力斗争方式，其宗旨将立足于捍卫人权，促进叙利亚向现代国家转型。[2] 叙利亚共产党也适时地调整了意识形态路线，将党名更新为"人民民主党"（Popular Democratic Party），更名后的人民民主党宣布将为叙利亚全国民主秩序而斗争，其政治理念是自由、平等和社会正义等。

总体而论，大马士革之春运动属于后冷战时代叙利亚社会原生性的社会政治运动，虽然它可以被归类于叙利亚政治反对派阵营，其本质属

---

[1] Eyal Zisser, *Commanding Syria: Bashar al-Asad and the First Years in Power*, p. 85.
[2] Radwan Ziadeh, *Power and Policy in Syria: Intelligence Services, Foreign Relations and Democracy in the Modern Middle East*, p. 69.

性不同于阿萨德时代叙利亚的反对派运动。其一，大马士革之春运动的参与主体是叙利亚的知识分子和社会活动家，而非传统意义上的政党反对派。其二，大马士革之春运动的政治诉求不再是意识形态层次的内容，而是寻求现代社会思潮改革。其三，大马士革之春运动既不是通过暴力表达诉求，也没有借助传统的阶级动员或罢工等破坏性方式，非暴力化是其表达诉求的主要形式。

三 巴沙尔威权政治的挑战：社会和宗教的双重威胁

巴沙尔执政初期的叙利亚政治发展表面上维持了政治稳定局面，实际上各种形式的不稳定因素正在汇集，弱威权政治对叙利亚社会的政治控制不断衰减，国家与社会的关系出现对立化和冲突化。巴沙尔执政初期力图缓解社会矛盾的压力，延续阿萨德家族的政治生命，巩固阿拉维派作为少数派统治的根基。为此，巴沙尔在政治方面曾一度做出了有限度的政治自由化尝试，社会经济层面也根据新自由主义思想推行了改革。然而，如同政治自由化改革导致的大马士革之春运动对政权合法性的冲击，新自由主义经济改良政策的实施对巴沙尔威权政治构成了更为严重的消极影响，削弱了复兴党政府的统治根基。

巴沙尔推行新自由主义经济改革前后，叙利亚国民经济形势已相当严峻。叙利亚的经济增长率从20世纪90年代中期持续下滑，1997—2003年平均增长率跌至2.37%，通胀率在2006年达到10%，失业率于2008年达到20%。[①] 由基本经济数据可知，新自由主义经济改革未能挽回叙利亚日益恶化的国民经济，显然，经济增长放缓和失业率暴涨已不仅是社会经济发展问题，而是关系到叙利亚政治稳定的国家治理困境。

（一）巴沙尔执政初期新自由主义经济改革及其影响

2005年，叙利亚复兴党召开第十次地区代表大会，巴沙尔决定在叙利亚推行社会市场经济体制，启动叙利亚经济自由化进程，并谋求世界银行和国际货币基金组织的支持。[②] 新自由主义经济理念主张以私营

---

① 王新刚等：《现代叙利亚国家与政治》，第399页。
② Abboud, Samer, "Locating the 'Social' in the Social Market Economy", in Hinnebusch R. (ed.), *Syria: From Authoritarian Upgrading to Revolution?* Syracuse University Press, Syracuse, 2015, pp. 45 – 65.

经济部门主导叙利亚经济发展，为叙利亚社会提供充裕的就业机会，而国营经济部门的经济地位将不可避免地相对下降。叙利亚经济市场化改革的产业部门投资重点是服务业的现代化，2002—2010 年，叙利亚服务业的外国直接投资总额从 1.2 亿增长至 35 亿美元，[①] 其中投资重点领域是贸易、房地产、金融、建筑、旅游等第三产业。经济自由化使叙利亚经济结构在五年内产生了剧烈变化，私营经济部门至 2010 年已占全国经济体量的 65%，私营部门就业劳动力占全国劳动力的 75%，私营经济在叙利亚危机爆发前已成为叙利亚国民经济的支柱。

叙利亚的新自由主义经济改革和市场化经济体制转型，取得了较多的经济成就和经济增长，增加了国家财政税收。但是，经济改革的受益群体局限于社会上层和海外投资群体，叙利亚社会中下阶层群体的经济获益并不明显。相反，通货膨胀和生活成本上涨损害了中下阶层民众的经济利益，动摇了社会稳定的基石。

首先，巴沙尔政府的经济自由化改革对叙利亚国民生活产生了以下几个方面的影响。第一，国家对基本生活必需品补贴的削减，其结果是基本民生支出的增加，给低收入人群带来很大的经济压力。第二，政府减少了对公共部门就业的需要，缩减了叙利亚就业市场的需求。第三，减少了民生方面的养老体系、医疗卫生、公共教育等方面的支出，并对医疗教育实施了部分私营化。[②] 公共服务体系的缺失及私营化，以及物价上涨等，极大地增加了中低收入人群的生活压力。叙利亚国内的宗教社团则发挥了较大的社会服务功能，他们赈济贫苦的下层民众，填补了国家的社会救济功能。

其次，巴沙尔的经济自由化对农业和农民阶层造成了巨大的影响。农业方面，巴沙尔政府实施了国有农业土地私有化政策。国营农场的私有化使国有土地成为私人土地，数十万农民被迫从东北地区移民至西部的城市中心。2007—2009 年，叙利亚遭遇了极为罕见的异常干旱天气，

[①] Joseph Daher, "Syria: The Social Origins of the Uprising", *Rosa Luxemburg Stifung*, July 2018, https://www.rosalux.de/en/publication/id/39116/syria-the-social-origins-of-the-uprising/.

[②] Eyal Zisser, *Commanding Syria: Bashar al-Asad and the First Years in Power*, pp. 115 – 116.

一百万农民受灾,农民的经济损失严重。①

再次,巴沙尔的经济自由化改革加剧了叙利亚国内的贫富差距,贫困的底层群体日益增多,劳动力就业率不断下滑,失业群体总量呈不断增加的趋势。2001 年叙利亚全国劳动力就业率为 47%,2010 年下滑至39%,每年新增就业岗位只有 40 万个,远远低于劳动力就业需求。就业率下滑和就业岗位匮乏使失业群体大幅度增加,贫困家庭越来越多。

(二) 巴沙尔执政初期叙利亚国内伊斯兰极端主义的发展

巴沙尔执政初期,叙利亚国内的政治伊斯兰运动暗流涌动,伊斯兰极端主义组织在叙利亚许多地区有了一定发展,这是对巴沙尔威权政治稳定潜在的政治挑战和安全威胁。2011 年叙利亚危机爆发后,叙境内的伊斯兰极端主义组织迅速成为战乱的重要参与者,加剧了叙利亚动乱程度,时至今日仍盘踞在叙利亚境内多个地区,成为扰乱叙利亚和平进程、地区安全的因素。

2003 年伊拉克战争后,政治伊斯兰运动对叙利亚国内安全的威胁不断升级。2004 年 4 月,一伙叙利亚圣战萨拉菲极端武装人员炸弹袭击了大马士革马扎区的联合国大楼。② 2005 年 6 月,叙利亚安全部门破获了一起试图对大马士革发动恐袭的预谋,其人员来自一支极端主义组织"沙姆军"。2006 年 6 月,叙利亚安全部队消灭了一伙企图袭击大马士革政府大楼的武装人员,这支极端主义组织名叫"沙姆外国人"(Harakat al-Sham)③。不久之后,叙利亚安全部门又破获了一起试图袭击美国驻大马士革大使馆的恐怖袭击。2008 年 9 月,叙利亚遭受了巴沙尔执政后最严重的一次恐怖袭击,汽车炸弹袭击造成 17 人死亡,数十人受伤。这次恐袭的罪魁祸首是黎巴嫩圣战萨拉菲组织"伊斯兰法塔赫"(Fatah Islam)。至 2009 年前后,叙利亚已成为中东新月地带极端主义组织盘踞的大本营之一,叙利亚、黎巴嫩、伊拉克等国家之间广泛地存在许多相互联系、不断发展的极端主义组织。

---

① Ababsa, Myriam, "The End of a World Drought and Agrarian Transformation in Northeast Syria (2007 – 2010)", in Hinnebusch R. (ed.), *Syria: From Authoritarian Upgrading to Revolution?*, Syracuse University Press, Syracuse, 2015, pp. 199 – 223.

② "Syrian Police Clash with Bombers", *BBC News*, April 28, 2004.

③ Sami Moubayed, "The Islamic Revival in Syria", *Middle East Monitor*, Vol. 1, No. 3, 2006.

第六章 转型与动荡：叙利亚政治民主化与威权化的并行

叙利亚国内政治伊斯兰运动的扩大化趋势与阿萨德威权统治时期确立的地区政策存在密切关系。哈菲兹·阿萨德执政后，适时地调整了叙利亚对外的激进外交政策，转为以务实和国家利益为核心的对外政策；同时，叙利亚为了加强国内政治稳定，改善周边地缘政治环境，抛弃了意识形态化的外交路线，与中东地区有利于增进叙利亚地区利益的行为体建立准同盟或同盟关系。阿萨德时期，叙利亚与伊朗伊斯兰共和国、黎巴嫩阿迈勒运动（Amal Movement）、哈马斯等伊斯兰意识形态化的国家或政治组织建立了密切关系，伊斯兰主义政治组织对叙利亚的内部渗透不断蔓延和扩大。巴沙尔执政后，叙利亚与基地组织存在一定程度的地下合作关系，部分基地组织成员在叙利亚接受训练，后被派往黎巴嫩、伊拉克等国家执行任务。[1]

2003年伊拉克战争和叙黎特殊关系的解绑，成为叙利亚强化与政治伊斯兰运动关系的助推因素，巴沙尔为了维持叙利亚地区安全利益和巩固复兴党统治，与部分政治伊斯兰组织建立了直接联系。[2] 这一时期，许多极端组织武装分子从叙利亚过境潜入伊拉克，投入所谓的反美"圣战"，为打击美国在伊拉克的军事存在而服务。巴沙尔对这些极端组织的政治利用，是想借极端主义组织之手削弱美国在中东地区的政治影响和军事存在，抗击美国政府的大中东民主计划。2005年哈里里遇刺事件、叙利亚从黎巴嫩撤军等，很大程度上削弱了叙利亚对周边地区形势的控制能力，地缘环境持续性恶化迫使巴沙尔借助伊斯兰政治势力维持地区政治平衡。但是，对于这些极端主义政治组织的操控存在巨大的安全隐患，这是叙利亚危机爆发后宗教极端主义肆虐叙利亚地区的重要根源。

巴沙尔政府相信通过政治控制和工具化运动可以有效地操控这些极端主义武装组织，但是，叙利亚政府与这些逊尼派极端主义势力存在先天的结构化矛盾。首先，巴沙尔政权的阿拉维派背景是其与逊尼派极端主义组织合作的结构性矛盾。逊尼派极端主义组织大多以"圣战萨拉菲"意识形态为引导，而阿拉维派的教派属性及身份自古代以来一直是

---

[1] Line Khatib, "The Pre-2011 Roots of Syria's Islamist Militants", *The Middle East Journal*, Vol. 72, No. 2, 2018.

[2] Eyal Zisser, "Syria and the War in Iraq", *Middle East Review of International Affairs*, Vol. 7, No. 2, 2003.

宗教激进主义批判和打击的直接对象，并赋予其"异端"的宗教判定。因此，巴沙尔政府的教派身份很可能成为逊尼派极端主义组织的进攻目标。其次，巴沙尔政府的世俗化原则是逊尼派极端主义组织意识形态中的批判对象。在逊尼派极端主义组织看来，世俗政府已经偏离和违背了先知时代确立的国家政治组织原则，而这些极端主义组织的政治终极目标是要建立政教合一的、真正意义上的"伊斯兰国家"，确立伊斯兰教法的地位，推行"真主法度"的统治。

因此，巴沙尔政府与逊尼派极端主义组织的关系是一种双向的工具化利用关系。对于逊尼派极端主义组织而言，借助巴沙尔政府提供的政治庇护和经济支持，有利于强化自身组织建设，将进攻目标指向以色列和美国，打击伊斯兰世界的"敌人"。但是，叙利亚政府与逊尼派极端主义组织在意识形态、政治思想甚至历史关系上都存在诸多的结构性矛盾。2011年叙利亚危机爆发后，各种派别的极端主义组织在叙利亚建立领土化组织基地，恐怖主义的变形极大地影响了叙利亚危机的演变。

叙利亚危机不是宗教极端主义组织在该地区肆虐的原因，而是数年以来叙利亚国内潜伏的宗教安全隐患集中爆发的结果，虽然巴沙尔政府的地区政策不是极端主义组织产生和蔓延的唯一原因，但是却产生了相当程度的直接影响，至少是叙利亚国内宗教极端主义发展过程中不可忽视的主要根源。历史上，叙利亚地区是伊斯兰中间主义和伊斯兰中正思想重要的代表，其宗教思想深受伊斯兰苏非主义影响，非暴力、温和、宽容是叙利亚地区宗教、教派间关系的主流形式。然而，叙利亚政府对宗教极端主义组织的工具化利用产生了极大的负面影响，不仅破坏了国内政治稳定和安全环境，也动摇了复兴党统治的根基。

四 叙利亚危机与巴沙尔威权政治：挑战与重建

叙利亚复兴党威权统治模式进入巴沙尔时代后已经表现出弱化趋势，弱威权统治促使巴沙尔政府曾一度尝试性地做出了民主改革和社会经济政策调整的革新，但巴沙尔的改革实践并不尽如人意，叙利亚民众和境内外反对派对国家面临的政治专制、政府腐败和高失业率等结构性问题都表示不满。而表面上政治稳定的复兴党威权体制还潜藏着教派主义冲突、国际环境恶化等内忧外患，这些日渐积累的多重弊病不断聚集，在2010年"阿拉伯之春"的浪潮中迸发，成为现代叙利亚历史上最为猛烈和残酷的全国性动乱，从而动摇了巴沙尔政权的统治根基。

（一）叙利亚危机对巴沙尔威权政治体制的挑战

2010年底，阿拉伯世界突如其来的政治变局迅速波及叙利亚境内，叙利亚民众发起了罕见的全国示威运动，从而引发了持续至今的叙利亚危机。2011年3月，叙利亚南部地区德拉民众示威运动遭到巴沙尔政府的强硬回击，叙利亚政府缺乏弹性的强势姿态引起了国内更为广泛的民众抗议活动，叙利亚国内大中城市阿勒颇、霍姆斯、哈马等地区纷纷爆发反政府示威运动，并迅速上升为暴力反政府活动，叙利亚政治危机逐步被拖入全国性动乱状态。在此期间，阿拉伯世界和西方国家的外部压力加剧了叙利亚国内的不稳定态势，如沙特、土耳其等中东地区大国纷纷插手叙利亚事务，谋求推翻巴沙尔政权，这是自复兴党威权统治模式建立以来面临的最危险的全方位挑战。

叙利亚反对派是由不同政治倾向、族群主体和政治目标等组成的数量众多的各类组织。首先，从政治倾向角度而论，叙利亚反对派包括了温和世俗反对派、少数族群反对派和伊斯兰主义反对派。其次，叙利亚反对派主要以阿拉伯族反对派为中心，库尔德族反对派在叙利亚危机进程中处于相对独立的政治立场。最后，叙利亚不同派别的反对派有不同的政治目标。叙利亚全国委员会、叙利亚自由军等谋求推翻巴沙尔政权，建立所谓民主和自由的阿拉伯叙利亚共和国；叙利亚穆兄会、极端组织"伊斯兰国"等力图在叙利亚按照现代伊斯兰主义模式建立伊斯兰化的叙利亚国家，后者所坚持的"圣战萨拉菲"思想更是谋求在叙利亚和伊拉克地区重建所谓的"哈里发国家"。此外，叙利亚库尔德民族政治势力与境内外其他反对派不同，其政治诉求是民族自治，对于巴沙尔政府和阿拉伯反对派都采取了相对疏远的不介入政策，成为叙利亚危机中相对独特的第三方。

从叙利亚危机演变进程来看，可以将其划分为三个阶段。2011年叙利亚危机爆发至2015年9月俄罗斯军事介入叙利亚为第一阶段，其特征为叙利亚危机的全面爆发和多方地缘博弈态势，其中叙利亚政府军处于战略防御态势。叙利亚危机爆发后，由于国内局势的复杂性，叙利亚政府短短一年内丧失了对全国大部分地区的实际控制权，政府军退守首都大马士革地区以及拉塔基亚等地，有效控制面积仅为全国领土的20%。全国其他地区被各方反对派势力分割占据，巴沙尔政府一度被认为将自行瓦解，而叙利亚作为一个统一国家更是被许多学者专家认为将不复存在。在此期间，受土耳其、沙特支持的境内外反对派势力占领了叙利亚北部、南部和东部大部分区域；叙利亚政府军的军事援助主要来自伊朗伊斯兰政权和黎巴嫩真主党。

叙利亚危机的第二阶段大致从2015年9月俄罗斯军事介入至2017年11月极端组织"伊斯兰国"在叙境内基本瓦解，这一阶段叙利亚政府军转入战略反攻，凭借俄罗斯强大的空天军支援，巴沙尔政权转危为安，大马士革解除了军事威胁，经过两年鏖战，叙利亚政府军和叙利亚库族武装联手将"伊斯兰国"在叙势力基本消灭，为后续收复其他地区领土创造了条件。

叙利亚危机的第三阶段为2018年1月索契会议召开至今，这一阶段叙利亚政府着手开启国内经济和政治重建工作，在军事方面兵锋直指反对派武装最后的盘踞地区伊德利卜，叙利亚危机的战争阶段已进入尾声，全国统一形势转好。索契会议实际上制定了由俄、土、伊共同确认的叙利亚危机政治解决路线，叙利亚全国对话大会也为未来叙利亚的政治重建开启了大幕。战场方面，叙利亚境内盘踞的反对派武装退缩至伊德利卜地区，叙利亚政府从2020年初继续对武装反对派势力实施军事打击，但却引发了土耳其的军事介入，使伊德利卜局势变得更加复杂。在社会经济层面，巴沙尔政府力图根据现有的资源和能力恢复国内工农业生产，重建基础设施和道路交通网，但西方国家对叙利亚的经济制裁，以及重建资金不足使叙利亚经济重建面临重重困难。

巴沙尔政府避免了政权更迭的命运，部分原因在于叙利亚外交中的联盟政策发挥了至关重要的作用。俄罗斯、伊朗和黎巴嫩真主党是援助叙利亚政府的主要支持力量，有力制衡了土耳其和沙特的反叙利亚活动。首先，叙利亚政府和俄罗斯达成了全方位的军事合作关系，为叙利亚政府军转守为攻的战略变化奠定了基础。叙利亚政府不仅同意俄罗斯空天军和特种部队进入叙境内作战，还准许俄罗斯空军和海军自由使用塔尔图斯军港和赫梅米姆空军基地。在叙利亚伊德利卜问题上，俄罗斯政府通过外交斡旋、军事援助等方式有力支援了叙利亚政府军，极大地遏制了土耳其政府对叙利亚的颠覆活动。其次，伊朗伊斯兰政府是叙利亚危机期间为巴沙尔政府提供军事援助的另一根支柱。事实上，伊叙两国的军事合作由来已久，叙利亚危机爆发后，叙利亚政府在阿拉伯世界可谓空前孤立，不仅被阿拉伯联盟开除，而且遭到以沙特为首的海湾阿拉伯国家的外部军事干预，试图颠覆巴沙尔政权。对此，伊朗派出了伊斯兰革命卫队等军事力量驰援叙利亚，很大程度上挽救了当时岌岌可危的巴沙尔政权。最后，位于叙利亚西南方向的黎巴嫩也对叙利亚危机产生了不可忽视的影响。黎巴嫩真主党的民兵组织虽然军事实力和规模有限，但在叙利亚危机爆发后有力弥补了叙利亚政府军兵力不足的困境，并保证了叙利亚政府军南方战线的稳定。因此，俄罗斯、伊朗和黎巴嫩真主党实际上是挽救叙利亚巴沙尔政权的三大军事力量，并因此重构了中东地区地缘政治格局。

（二）威权政治的回归：叙利亚战后政治重建的现状和前景

2010年以来，"阿拉伯之春"引发的中东大变局先后促使众多阿拉伯国家出现了政权更迭现象，执政数十年的阿拉伯世界威权主义领导人接连落马，政治变局和社会动荡成了近十年来共和制阿拉伯国家的政治特征。然而，复兴党执政的叙利亚并未因民众动乱和大规模国内军事冲突而倒台，在经历了一系列域内外大国博弈后，叙利亚复兴党政府在军事和政治两条战线上实现了从战略收缩、战略防御到战略反攻的逆转，并借由俄罗斯的军事和外交支持，发动了旨在恢复叙利亚全国政治统一的收复失地运动。收复失地运动和叙利亚战后重建问题紧密相连，其本质是叙利亚复兴党政府重建其威权统治模式的重构进程。

叙利亚复兴党政府的收复失地运动始于2015年9月俄罗斯军事介入叙利亚战乱之后。俄罗斯普京政府对于叙利亚战乱的军事介入，一举扭转了叙利亚战场形势和军事格局，叙利亚政府军改变了战略防御态势，逐渐转入军事战略反攻阶段。2017年底，极端组织"伊斯兰国"在叙利亚境内的主要领土控制区域已相继被叙利亚政府军收复。在国内战场方面，叙利亚国内主要城市和地区如阿勒颇、霍姆斯和哈马等城市重新由政府控制。因此，巴沙尔政府发动的收复失地运动使复兴党政府重新控制了国内的主要城市、经济命脉、交通运输线和大部分人口，因而使政治和经济层面的战后重建成为可能。

叙利亚战后政治重建的制度性基础来自叙利亚宪法委员会的成立和运行。2018年1月，在俄罗斯索契召开的叙利亚全国对话大会正式确认了叙利亚宪法委员会的建立,① 叙利亚政府、反对派和民间代表等各方势力开始就叙利亚战后重建进行磋商和谈判,索契机制为叙利亚问题的政治解决搭建了重要的和解平台。2019 年 10 月 30 日,叙利亚宪法委员会正式启动。

在叙利亚宪法委员会的组织权限和程序规则方面,由联合国负责制定其相关权限和代表构成比例。宪法委员会由 150 名成员组成,50 名由叙利亚政府提名,50 名由叙反对派提名,外加 50 名民间代表。在此基础上,从政府、反对派和民间代表中分别遴选 15 名成员,组成宪法委员会小组,负责宪法起草和修改工作。根据规则,不论是宪法委员会小组还是全体会议,在成员不能达成一致的情况下,将采取投票表决机制,任何决定均需至少 3/4 成员同意方可通过。宪法委员会设两名共同主席,分别由叙政府和反对派提名,负责主持宪法委员会小组和全体会议。②

目前,叙利亚战后政治重建进程仍面临重重阻碍和困难,宪法委员会工作举步维艰。2019 年 11 月 29 日,叙利亚宪法委员会小组第二次会议结束,叙利亚复兴党政府与反对派代表未能就谈判议程达成一致,会议未能取得实质性进展。另一方面,叙利亚政府致力于持续推动其收复失地运动,试图通过军事手段实现其政治谈判不能达到的目标。伊德利卜问题和库尔德问题是叙政府实现其收复失地运动战略目标的两大障碍,这两个问题的解决方式和前景不仅关系着叙利亚国家统一和战后重建进程,也牵动着叙利亚危机地缘博弈的各个参与方之间的相互角力。

伊德利卜问题已成为叙利亚危机地缘政治博弈的主战场,以及叙利亚政府军与反对派武装之间的主要冲突地区,其未来走向和局势发展将直接决定叙利亚国家统一问题和今后场外政治和谈的走向。近两年来,随着叙利亚政府军在收复失地运动方面的节节胜利,叙利亚境内的主要阿拉伯反对派武装已经被压缩至伊德利卜地区,截至 2020 年 3 月,伊德利卜地区盘踞的反对派武装主要以温和派的叙利亚自由军和极端组织

---

① 《叙利亚全国对话大会达成成立宪法委员会协议》,新华网,2018 年 1 月 31 日,http://www.xinhuanet.com/world/2018 - 01/31/c_ 1122346649.htm,登录时间:2020 年 2 月 12 日。

② 《叙利亚宪法委员会获起草新宪法权限》,新华网,2019 年 9 月 29 日,http://www.xinhuanet.com/2019 - 09/29/c_ 1125054887.htm,登录时间:2020 年 2 月 21 日。

"征服阵线"为主。2020年1月以来,叙利亚政府军发动了对伊德利卜地区反对派武装的军事行动,使阿勒颇、霍姆斯和大马士革等叙利亚大中城市连成一片,基本形成对国内主要交通线的控制。但是,伊德利卜地区反对派武装得到了土耳其政府的军事支持和政治庇护,致使叙利亚政府军的收复失地运动严重受阻,土耳其军队发起的"春天之盾"军事行动导致伊德利卜地区局势国际化和复杂化,其地区博弈已经上升为俄土两国的地缘博弈。目前,虽然俄土两国就伊德利卜问题达成了停火协议,① 但中长期来看,伊德利卜问题显然会影响日内瓦叙利亚宪法委员会的和谈进程,而且政治和谈的基础来自双方或多方之间的力量对比。可以预见的是,受伊德利卜地区问题影响的叙利亚政治重建进程仍将处于艰难的起步状态。

与此同时,库尔德问题是困扰叙利亚政府实现国内统一和政治稳定的另一个隐患。相较于旨在推翻巴沙尔政权或实现现有政治体制变更的阿拉伯反对派,叙利亚库尔德民族政党"库尔德民主联盟党"(以下简称为"库民联党")并不谋求与巴沙尔政府产生直接冲突或威胁复兴党政权的统治权,其主要政治诉求是在叙利亚东北部库尔德人聚居区实现其民族自治。自叙利亚危机爆发以来,叙利亚库民联党借助国内混乱局势和东北部地区权力真空建立了库尔德民族自治政府,以及库族武装力量"叙利亚民主军"。但是,叙利亚库民联党并未与复兴党政府产生直接冲突,双方较为默契地形成了和平状态。库民联党一方面在库尔德人聚居区构建起所谓的"民主邦联主义"的政治理想;另一方面,库族武装成为抗击极端组织"伊斯兰国"的主要军事力量之一,为叙利亚反极端主义势力战争做出了巨大贡献。近年来,"伊斯兰国"等极端势力消退后,叙利亚库民联党政治势力和军事力量的增长引起了土耳其政府的安全焦虑,土耳其政府先后三次发起跨境军事行动打击叙利亚库族武装,迫使后者的实际控制范围不断收缩,并将部分控制地区让渡给叙利亚政府军。

目前叙利亚国内与巴沙尔政府可以分庭抗礼的政治势力或军事集团已经不复存在,叙利亚国家的再统一和全国秩序的恢复是大势所趋,短期内则受到地缘政治和战场进度等因素影响。虽然土耳其有意扶持伊德

---

① 《俄土领导人达成协议 伊德利卜冲突难画句号》,新华网,2020年3月6日,http://www.xinhuanet.com/mil/2020-03/06/c_1210503410.htm,登录时间:2020年3月7日。

利卜地区反对派武装，但俄罗斯对于土耳其的政治掣肘和军事威慑，将使土耳其运用军事手段的效果大打折扣。另一方面，收复失地运动的后果是叙利亚国内不再有威胁巴沙尔政权的敌对势力，这将大大加强巴沙尔政府在场外政治和谈的筹码和底气。而叙利亚国内外的政治反对派或军事反对派，对于巴沙尔政府而言，只是在外交上和国际和谈机制下的某种威胁，并不会对其政权构成实质性威胁。

无论叙利亚战后政治重建进程以什么样的形式和内容实现突破，叙利亚将复归巴沙尔威权政治模式，这与叙利亚政治体系的本质特征有关。正如前文所述，现代叙利亚在军人政治演变轨迹上不断强化其威权主义特征，并结合家族政治和教派政治因素，由此构筑了以阿萨德家族为核心、以阿拉维教派为基础的复兴党一党制政治体系，其党政军一体化有力地支撑了巴沙尔政权的政治基础，帮助其安然度过了20世纪80年代的穆兄会叛乱时代，并在"阿拉伯之春"的中东政治变局中得以幸存。国家政治体系重构势必意味着对叙利亚国家既有的威权体制实施变革，这将不可避免地威胁巴沙尔家族的核心利益以及复兴党政权的统治根基。因此，巴沙尔政府可能会选择容纳一部分温和反对派，将其吸纳进未来的叙利亚新政府，并在新的政治框架内维持其既有的威权政治内核，但仍将是在巴沙尔政府的完全控制下进行的有限性政治变革，以适应叙利亚民众对于政治变革的渴望和诉求。

第七章　统一与分裂：也门政治发展之殇

也门自独立后，统一与分裂始终是其国家政治发展的主线。也门统一进程自20世纪50年代开启以来，两个也门的民众都认为统一会在不久的将来实现。[①] 在也门国内外，支持统一与反对统一的力量不断博弈，尤其是南北也门独立后，统一与分裂问题始终是也门国家政治改革与发展中的重大问题。中国驻也门前大使时延春认为，也门的历史"是一部由统一到分裂再到统一的历史"[②]。也门的统一与分裂与阿拉伯世界的分裂紧密地联系在一起，也门近代政治的改革与发展过程正是阿拉伯世界统一与分裂两大主题的缩影。二战后，阿拉伯世界和伊斯兰世界出现了基于世俗的民族认同和以宗教认同为基础的阿拉伯统一思潮，以埃及纳赛尔的阿拉伯民族主义和沙特的泛伊斯兰主义为代表。两者都取得了一定的成果，但是都没能弥合阿拉伯国家之间的分歧，实现阿拉伯世界的统一。与此同时，也门政治发展受地区和世界大国的影响十分深刻。也门内战中，埃及等国积极发挥作用，甚至直接派驻军事人员参与也门内战。苏联和美国等世界大国基于地缘政治的考量，分别支持南也门和北也门。总体来看，也门独立后，始终处于统一与分裂的挣扎之中。如今，胡塞武装、哈迪政府和东部极端组织的发展，使也门政局呈现出三足鼎立的局面。2014年的也门全国对话会议虽然确定了联邦制的国家政治体制，但未来也门何去何从，仍将充满变数。

[①] Fred Halliday, *Revolution and Foreign Policy: The Case of South Yemen (1967–1987)*, Cambridge University Press, 1990, p.99.

[②] 时延春：《中国驻中东大使对话中东——也门》，世界知识出版社2012年版，第32页。

第一节　奥斯曼帝国解体与南北也门的分立

历史上，阿拉伯世界多次经历统一和分裂。奥斯曼帝国的解体对阿拉伯世界影响深远，在精神和现实上对阿拉伯世界造成了巨大冲击，阿拉伯世界的统一经过一百多年的尝试，都以失败告终，甚至今天分裂的程度比奥斯曼帝国解体之时更甚。近代以来也门的统一与分裂则是阿拉伯世界统一与分裂的缩影。

一　奥斯曼帝国的解体

奥斯曼帝国是阿拉伯世界继统一的阿拉伯哈里发帝国、阿巴斯王朝后又一个统一的大帝国。奥斯曼帝国作为第一次世界大战的战败国，在战后被战胜国英国、法国等国肢解，阿拉伯世界的大分裂就此开始。奥斯曼帝国的解体不仅造成了西方国家对阿拉伯世界的肢解与政治版图的重新划分，而且直接导致了土耳其现代化和世俗化改革，这场改革的重要成果是废除了延续千年的哈里发制度，将阿拉伯世界的大多数国家推上了现代化和世俗化的进程。阿拉伯世界在精神和现实层面上的大分裂导致了阿拉伯世界以统一与分裂为主题进行了近百年的争论，并延续至今天。

哈里发制度在伊斯兰世界有着重要的地位，土耳其凯末尔革命后，哈里发的称号被新生的共和国废除，标志着延续一千三百多年的哈里发制度寿终正寝。哈里发制度的终结直接造成了阿拉伯世界精神上的分裂。在一千多年的存续期间，哈里发制度更多地被作为伊斯兰精神世界的象征，被认为是穆斯林精神信仰在人世间的代表，代表安拉统治伊斯兰世界。哈里发制度被终结后，伊斯兰世界共同的宗教领袖消失了，作为伊斯兰世界主体的阿拉伯世界在现实中四分五裂，在精神上也遭受西方文明的巨大压力，再难用统一的旗帜号召民众实现阿拉伯世界和伊斯兰世界的统一。当然，从世界历史发展的角度来看，全球化时代世俗化、现代化是历史大势，哈里发制度作为一千多年前的旧制度，在许多方面已经与威斯特伐利亚体系以来的世俗的、以政教分离的民族国家为主体的国际关系体系形成了诸多矛盾，哈里发制度在许多方面已经呈现出落后性，可以说哈里发制度的终结有其历史的必然性。

与此同时，奥斯曼帝国解体后，中东政治版图发生重大改变，原本统一的阿拉伯世界分崩离析。英法等西方国家基于本国的利益，利用阿拉伯世界内部的分裂，对阿拉伯世界进行"分而治之"，对阿拉伯世界的上层统治者进行拉拢，以委任统治等方式将中东大部分国家纳入其殖民体系中。这造成了阿拉伯世界的分裂趋势几乎不可逆转，并一直延续到现在，而且分裂的程度还在不断加深。阿拉伯国家中的一些家族和国家为阿拉伯世界和伊斯兰世界的统一做出过诸多努力，但是基本上夭折或者无功而返。作为奥斯曼帝国主要继承国的土耳其在独立后，受西方近代民族主义思想的影响，在维护本国民族与国家独立的同时，不仅强化其作为突厥人后裔的民族认同和建立土耳其人国家的认同，"还支持原奥斯曼帝国领土范围内各民族争取自决权和独立的斗争，实际上放弃了大伊斯兰主义、大都兰主义"[1]。土耳其的做法是基于其当时面临严峻的国内外形势下做出的选择。土耳其承认原奥斯曼帝国领土内各民族的自决权具有十分重大的、进步的历史意义，虽然这种做法加速了阿拉伯世界的分裂，但近代阿拉伯世界分裂的主要原因是西方对阿拉伯世界的肢解。

此外，阿拉伯世界和伊斯兰世界寻求统一的多元化努力反而加剧了阿拉伯世界的分裂。奥斯曼帝国的解体导致了阿拉伯世界和伊斯兰世界的大分裂，而后世的努力非但没能实现阿拉伯世界和伊斯兰世界的统一，反而使这种统一变得更加不切实际。埃及、沙特等国曾以不同的旗帜、手段谋求阿拉伯世界和伊斯兰世界的统一，却客观上造成了阿拉伯世界和伊斯兰世界新的分裂。各国竞相对外输出本国的主导意识形态、外部力量的干涉、阿拉伯国家内部的不团结等原因，导致了阿拉伯世界内部的不统一，这突出表现在第二次中东战争、第三次中东战争和第四次中东战争中：阿拉伯国家不能拧成一股绳，把对以色列的人口优势转为战争优势，在这几次中东战争中屡战屡败，战后也不能总结经验教训，反而在分裂的道路上越走越远。在冷战时期，阿拉伯国家的联合时常遭到域外超级大国的影响而分化。在海湾战争中，针对伊拉克侵略科威特的行为，阿拉伯世界分为支持和反对阵营，也有一些国家保持中

---

[1] 权新宇：《20 世纪中东两大民族主义思潮之比较——以凯末尔主义和纳赛尔主义为个案》，《齐齐哈尔师范高等专科学校学报》2008 年第 1 期。

立，这是阿拉伯世界进一步分裂的表现，这种分化使得阿拉伯国家以亲美（西方）和反美（西方）为标准形成了不同的阵营。

二　北也门：阿拉伯也门共和国的建立

在被奥斯曼帝国征服期间，也门保留了一定的独立性，但没有经历现代意义上的民族国家建构的过程。奥斯曼帝国在也门当地的官员认为，也门当地人是落后的、不文明的（uncivilized），因此不能将奥斯曼帝国在其他省份的做法应用到也门，也门并没有被完全看作帝国的一部分。[1] 现代也门在建立之前，北部的大部分领土属于奥斯曼帝国，南部地区处于一种原始部落状态的半自治状态。1904年，英国与奥斯曼帝国签订《英土条约》，使南也门成为英国的殖民地；虽然直到1934年，当时的也门伊玛目才承认这个条约，[2] 但实际上条约已经将也门分成南北两个部分，拉开了现代也门分裂的序幕。自此之后，南北也门开始了独立发展的进程，并先后摆脱了奥斯曼帝国和英国的统治，分别获得独立。南北也门独立后，选择了不同的社会制度，加大了也门统一的整合难度。

1918年，北也门摆脱奥斯曼帝国的统治，建立了独立的穆塔瓦基利亚王国。1962年的"9·26"革命使北也门从君主专制制度走向了共和制度。在1962—1979年，北也门建立一大批国家机构，但是宪法却先后颁布了六次，反映出北也门政局的不稳定。

北也门独立后，内部仍然存在共和派与保皇党之间的矛盾。北也门独立后不久内战爆发，战争双方主要是穆塔瓦基利亚王国的保皇党人和阿拉伯也门共和国的支持者。这场战争不仅仅是北也门国内两大势力的直接较量，也是外部力量的博弈：前者得到了阿拉伯国家中同为君主国的约旦和沙特阿拉伯以及英国、法国、伊朗甚至是以色列的支持，后者则得到了埃及和苏联等国的支持。1962年9月25日晚上9点，经过一周的精心准备，也门自由军官组织联合革命力量，夺取了萨那的多处战略要地，即位不久的巴德尔国王逃亡沙特，标志着也门王室政权被推

---

[1] Kuehn, Thomas, "Empire, Islam, and Politics of Difference: Ottoman Rule in Yemen (1849–1919)," *International Journal of Turkish Studies*, Brill, 2011, pp. 247–248.

[2] Noel Brehony, *Yemen Divided the Story of a Failed State in South Arabia*, London; New York: I. B. Tauris & Co., 2011, p. 4.

翻。此后,自由军官组织向也门全国进军,先后控制了北也门的荷台达、塔伊兹、哈贾等战略要地。共和派势力最终获得胜利,建立了阿拉伯也门共和国。

外部力量的干涉对这场战争影响较深。为了重振在"阿拉伯联合共和国"建立过程中埃及受损的国际形象,埃及在1962年向也门派出了7万多人的军队,直接参与了这场革命。埃及对也门的出兵也得到了一些也门人的认可,也门前总理兼外长阿卜杜拉·卡西姆·伊利亚尼(Abdul Karim al-Iryani)博士认为,埃及的干涉促进了也门民众对国内局势的认识:"埃及对也门内战的干涉并不是一场巨大的灾难,埃及人到来之前,我们并不知道也门国内还有秘密警察。"[1] 在这场战争中,埃及牺牲了20000名士兵,即使这样,战争也一度陷入僵局。1967年6月,埃及在与以色列的第二次中东战争中失利,为了保卫本土,埃及从北也门撤军,埃及总统纳赛尔甚至称也门是他"自己的越南"(my Vietnam)[2]。

在这段时期,北也门的共和制度受到埃及的泛阿拉伯主义共和派的影响,北也门的许多政治制度和机构设置基本上是照搬埃及的。但由于内战等原因,北也门的共和制度大多流于形式,尤其是中央政府的权威不足,地方势力影响巨大。内战后,共和制逐渐在北也门确立并完善。1970—1974年是阿卜杜尔·拉赫曼·埃里亚尼(Abdul Rahman al-Iryani)执政时期,他采取了多种措施强化中央政府的权威,主要目标是重建因战争而破碎的北也门,主要途径是通过实现北也门不同政治力量之间的政治和解来实现国家的稳定。首先,在宗教领域内,他试图弥合也门北部栽德派和南部逊尼派在精神领域内的矛盾,这个政策取得了一定的效果。来自北也门南部高原地区的逊尼派加入了他领导的"共和委员会五人小组"(Fiveman Republican Council)。其次,对部落采取软硬兼施的办法,一方面,埃里亚尼加强与部落地区的和解,比如强化与北也门最为强大的哈希德部落首领谢赫·阿卜杜拉·艾哈迈尔(Sheikh Abdullah al-Ahmar)之间的个人关系;另一方面,取消了国家发给部落首

---

[1] Victoria Clark, *Yemen: Dancing on the Heads of Snakes*, Yale University Press, 2010, p. 97.

[2] Victoria Clark, *Yemen: Dancing on the Heads of Snakes*, p. 95.

领的薪俸，减轻财政负担。最后，大胆启用了许多技术型专家，制定了也门历史上第一部较为完善的宪法。埃里亚尼在也门建立了西式的民主共和制度，虽然在很多方面还只是形式上的，比如宪法、总统制等，但与同时期的伊朗、沙特等保留君主制的伊斯兰世界诸国相比已经具有巨大的进步意义。1974年后，北也门政坛各派势力陷入内斗，议会被取消，政治改革受阻。

三　南也门：也门民主人民共和国的建立

在北方独立的影响下，南方在1963年也爆发了反英武装斗争。1967年，英国被迫同意南也门独立，成立也门人民共和国。1967年11月30日，英国政府与南也门的民族解放阵线（National Liberation Front，简称"民阵"）经过长期而又艰苦的谈判，终于达成停火协议，英国政府不仅承认南也门的独立，还给予了一些经济援助。[①] 1970年，也门人民共和国改称也门民主人民共和国，并宣布走社会主义道路。

南也门独立之后，建立了共和国制度。独立后的南也门，面临着诸多的问题，其中最大的问题是南也门领导人如何领导民众从争取民族独立转向建立独立的民族国家，并建立相应的制度。因此，建立完善的政治制度成了独立后南也门的首要政治任务。民阵是南也门独立后的执政党，其建立民主共和制度也经历了一个过程。

第一阶段是关于南也门政治制度选择的斗争阶段。南也门独立后，民阵成为执政党，其领袖盖哈坦·沙比（Kahtan al-Shaabi）担任总统。民阵内部不同派别在政治改革与国家未来发展等问题上的争论，导致南也门政治发展一波三折。

民阵成为执政党后，党内对南也门未来的政治制度选择与经济发展实际上分为左派和右派。左派主张建立民主共和制度，右派主张改造旧的国家机器，反对激进的政治和社会改革。以阿布·法特赫·伊斯梅尔（Abd al-Fattah Ismail）和鲁巴伊为首的左派，在政治和经济改革等方面与以盖哈坦·沙比为首的右派产生了矛盾，两派之间的矛盾不断激化。沙比执政期间，主要依靠殖民主义遗留下来的旧军政国家机器，没有对

---

① Fred Halliday, *Revolution and Foreign Policy: The Case of South Yemen (1967–1987)*, Cambridge University Press, 1990, pp. 8–17.

南也门政治和经济制度尤其是在土地制度上进行较大的改革,甚至还反对进行激进的土地改革。而以伊斯梅尔为首的左派,在政治上主张在南也门国内进行一场民主革命,让农民、工人、士兵和革命的知识分子代表充分参与政治,并建立最高人民委员会(Supreme People's Council),伊斯梅尔认为只有这样才能够使南也门避免像其他第三世界国家那样在独立后"从殖民主义走向新殖民主义"(from colonialism to neo-colonialism)[1]。

1968年3月3—8日,在津吉巴尔召开的民阵第四次代表大会上,沙比及其盟友拉蒂夫一派占据了上风,大会最终决定南也门选择科学社会主义道路。这次大会同时认为,"阿拉伯国家在第三次中东战争中的失败在于缺乏革命性的领导工具,没有出现一个清晰的、具有进步意义的社会意识,以及缺乏大众的广泛参与"[2]。因此,会后伊斯梅尔一派的主张得到了更多南也门人的支持。

第二阶段是从纠偏运动到"1·13革命"的激进改革时期。和其他在二战后独立的国家相似的是,南也门的民主制度并未深入人心,不同政治派系之间解决矛盾与分歧的方式,不是和平的投票、议会等方式,而是你死我活的政治运动或者流血政变。1969年6月22日,伊斯梅尔和鲁巴伊发动了"纠偏运动",推翻了沙比政权,将其囚禁,并成立总统委员会作为国家最高权力机构,鲁巴伊担任该委员会主席,伊斯梅尔担任民阵总书记。纠偏运动后,民阵内部的温和派和强硬派就国家未来发展问题、土地改革等问题发生矛盾,最终伊斯梅尔和总理阿里·纳赛尔联合发动政变,战胜了鲁巴伊为首的温和派,并在1978年将民阵和其他一些党派联合起来成立了也门社会党,开始了一段较为激进的政治改革。

也门社会党成立后宣布实行"科学社会主义",对内取消了总统委员会,成立最高国家权力机构和立法机构——最高人民委员会。对外奉行较为激进的改革路线与外交政策,与保守的阿拉伯国家之间矛盾不断,甚至在1979年还与北也门爆发了边界冲突。此后,经过一段时间

---

[1] Fred Halliday, *Revolution and Foreign Policy:The Case of South Yemen (1967 – 1987)*, pp. 21 – 22.

[2] Fred Halliday, *Revolution and Foreign Policy:The Case of South Yemen (1967 – 1987)*, p. 22.

的国内斗争，在比德为总书记的也门社会党的领导下，经过三个五年计划的发展，南也门国内局势得到稳定，经济也获得了一定的发展。

第二节 也门的统一及其政治整合

1934年，领导北也门反对奥斯曼帝国统治的栽德派伊玛目叶海亚·穆罕默德·穆塔瓦基勒（Yahya Muhammad Hamidaddin al-Mutawakil）被迫与英国签订了不平等条约，实际上承认了英国对南也门的占领，造成了近代也门事实上的分裂。但也门的统一有其思想基础和社会基础，南北也门独立后，双方为也门统一做出了诸多努力，统一过程虽然一波三折，但最终实现了统一。

一 阿拉伯世界统一思潮的流行及实践

二战后，埃及、沙特等国尝试用不同的方式谋求阿拉伯世界的统一，或者是部分的统一。在1956年的第二次中东战争中，埃及与以色列、英国、法国等进行了顽强的斗争，最终收回了苏伊士运河，这为埃及赢得了世界声誉。埃及总统纳赛尔以泛阿拉伯主义、阿拉伯民族主义等意识形态为主导的"纳赛尔主义"为旗帜，试图统一阿拉伯世界，并在1958年2月1日与叙利亚实现了联合，建立了"阿拉伯联合共和国"。1958年3月8日，也门穆塔瓦基利亚王国（即"阿拉伯也门共和国"）也加入其中，整个联盟因此更名为"阿拉伯合众国"（United Arab States）。

这个联盟没有存在太久，由于埃及的霸权主义政策，以及各方对联邦中权力分配、各国领土不相连等问题，造成协调与沟通十分困难，合众国很快分崩离析，战后阿拉伯国家间的第一次联合和统一尝试失败。1961年9月28日，叙利亚宣布退出，12月北也门也退出。而埃及仍然把这个国名保留到1972年。虽然原计划加入"阿联"的伊拉克、南也门等国最终没有或仅曾短暂加入。但"阿联"的影响是明显的，阿拉伯埃及共和国、阿拉伯叙利亚共和国、伊拉克、阿拉伯也门共和国、南也门等5国的国旗与国徽都是从阿拉伯联合共和国的国旗及国徽演变出来的（5国的国旗都是自上而下分布的红白黑条状）。这次埃及主导的阿拉伯国家之间的联合虽然失败了，但是纳赛尔的阿拉伯民族主义思想对也门产生了重要影响。"在理论上，原来只在北也门栽德派中存在的也门统一和独立的梦想，在纳赛尔阿拉伯民族主义思想影响下成为全体也门人共同的追求，并变得可行。"①

二 南北也门的统一

从20世纪50年代起，南北也门的民族主义者们就把也门的统一看作是在不远的将来就能实现的事情，②并为此奔走呼号。阿拉伯世界的统一思潮和实践对也门统一产生了一定的影响，甚至北也门还尝试与其他阿拉伯国家联合，试图实现阿拉伯国家的统一，这为也门的统一提供了思想基础。

独立后，北也门选择走资本主义道路，在对外关系上依靠美国等西方国家；南也门选择社会主义道路，同苏联等社会主义国家结盟，南也门成了阿拉伯半岛地区苏联唯一的盟友。南北也门之间的关系并没有因为双方选择不同的发展道路而恶化，相反却逐渐变得密切，甚至还相互帮助。南北也门国内长期洋溢着民族统一的气氛，似乎给两国国内各派之间残酷的政治斗争披上了温情的面纱。

（一）也门统一的提出与早期实践

南也门的民阵较早提出也门统一的构想。1965年6月，民阵在其党章中把自己看作南也门人寻求解放的阵线，并且认为南北也门是一个统一国家；1965年11月8日，其领导人萨伊夫·达里里（Sayf al-Dalii）在谢赫·奥斯曼（Sheikh Othman）的一次演讲中讲到："我们都很清楚，所有的这些区域——也门阿拉伯共和国和英国人曾经控制下的也门土地——都是也门，也门的统一应当延续下去。"1963—1967年南也门寻求独立期间，北也门也对南也门进行支持。南也门也在1967年成立了具有泛阿拉伯主义色彩的组织——阿拉伯民族运动（Movement of Arab Nationalists），该运动对黎巴嫩和巴勒斯坦的建立者在意识形态上也有影响。南也门的阿拉伯民族运动极力主张用激进和武力的手段取得南也门的独立。1968年，民阵在第四次代表大会上还针对也门统一发

---

① Victoria Clark, *Yemen: Dancing on the Heads of Snakes*, p. 89.
② Fred Halliday, *Revolution and Foreign Policy: The Case of South Yemen, 1967 – 1987*, Cambridge University Press, 1990, p. 99.

表了宣言，称"只有北也门革命的胜利和南也门的革命胜利才能实现也门的统一"，这次会后还发表了六项外交政策，第一条就是推动北也门的革命以实现也门的统一[1]。此后，统一的议题被搁置，基本上停留在宣言层面，没有采取实质性的手段去推动。主要原因在于这个时期南北也门之间的关系时好时坏，导致双方难以形成合力共同推动也门的统一。

（二）也门统一实质谈判阶段

1967年11月5日，北也门埃里亚尼通过政变上台执政。执政后，埃里亚尼希望南北也门尽快实现统一，甚至可以让南也门在统一后掌握也门的领导权。南也门对此表示赞同，但是没有采取实质性行动。也门统一与分裂势力之间的较量导致也门统一过程一波三折。

20世纪70年代后，南北也门就也门统一开始了实质性行动。1972年，南北也门达成实现统一的《开罗协议》，正式开启了统一进程。同年11月26日，北也门主席埃里亚尼和南也门主席鲁巴伊在利比亚领导人卡扎菲的斡旋下，就也门南北问题进行谈判，并达成了协议。11月28日，双方签署了《的黎波里协议》[2]，并做出了十项重要的决定。这十项决定成为此后南北双方就统一问题进行谈判的基本依据[3]：

（1）在也门建立一个国家，国名为也门共和国；

（2）也门共和国只有一面国旗，国旗为红、白、黑三色；红色标志着革命；白色标志着革命原则及其纯洁性；黑色标志着反动统治时期的黑暗，被压在最下部；

（3）萨那作为也门共和国首都；

（4）伊斯兰教为国教，也门共和国强调精神价值，把伊斯兰教法规作为立法主要依据；

（5）阿拉伯语为也门共和国官方语言；

（6）国家根据人道主义和也门社会状况，旨在实现阿拉伯伊斯兰式社会主义，贯彻社会公正原则，禁止一切形式的剥削。国家在社会中

---

[1] Fred Halliday, *Revolution and Foreign Policy: The Case of South Yemen (1967–1987)*, Cambridge University Press, 1990, pp. 18–22.

[2] "Yemen, Southern Yemen Sign Unification Accord", *New York Times*, November 29, 1972, p. 3.

[3] 时延春：《中国驻中东大使对话中东——也门》，第23页。

建立社会主义关系，实现生产自足，分配公正。以和平方式消除阶级差别；

（7）全民所有制是社会发展和生产自足的基础，非剥削性质的私有财产受到保护，根据法律给予公平赔偿后才可占用私有财产；

（8）也门共和国建立民族民主政权；

（9）成立统一政治组织，该组织包括人民劳动阶层及革命利益的主人，致力消除落后，以及伊玛目、殖民主义等时代余孽，反对新老殖民地主义及犹太复国主义。成立联合委员会，负责为该政治组织制定基本规章条例；

（10）根据也门共和国宪法确定国界。

从上述决定来看，在政治上，统一后的也门将实行阿拉伯主义、伊斯兰与社会主义混合的制度，但没有规定南北也门两党在统一后的权力分配等问题；在经济方面，实行伊斯兰式社会主义，禁止一切形式的剥削等做法既不符合也门当时的社会与经济发展现状，也缺乏可操作性。当然，上述十项决定作为南北也门双方促成统一、较为正式的基本意向性声明，具有一定的理想主义和乐观主义色彩，确定了双方最终实现统一的目标，这也是巨大的进步。

该决定发布后，其推进过程一波三折。也门统一的主要阻力不是源自同为阿拉伯世界的其他国家，也不是美苏等与南北也门关系密切的世界大国，而主要是源自南北也门内部。南北也门在诸多问题上存在矛盾，如在也门统一的领导权问题上。南北也门虽然对也门统一有共识，但是在实现统一的过程中，北也门对统一的热情不如南也门。

1978年6月24日和26日，北方和南方的领导人加什米和鲁巴伊先后被害，翌年爆发边界冲突，两国关系紧张，统一进程中断。1981年11月，两国领导人萨利赫和阿里·纳赛尔组成"也门委员会"，负责监督、执行统一的计划和步骤；同年12月两国制定了统一宪法草案。由于政治、经济制度不同，加之外部势力和历史遗留问题的干扰与影响，两国关系一度紧张，曾两次发生边境武装冲突。后双方在阿拉伯兄弟国家的调解下和解，签订了《科威特协议》和《萨那协议》，并成立了联合宪法起草委员会，为统一的也门制定一部宪法。1981年底，两国元首在亚丁会晤，成立了由两国元首组成的也门最高委员会和两国政府参加的统一部长委员会。1982年1月，双方通过了《统一宪法（草案）》。

1983 年和 1984 年，先后召开两次最高委员会会议。1986 年，亚丁发生流血政变，南也门前国家领导人逃亡萨那，双方关系再度变冷，统一进程搁浅。

1986 年后，南北也门的关系有所改善。1987 年两国又恢复了高级别的会谈。此后，石油资源的发现使南北也门双方关系得到改善，双方在边境地区的马里卜—萨巴（Marib-Shabwa）地区发现了石油，成立了联合工作组，在该地区的绿洲地区进行石油开采。南也门石油部长称，这是"豚鼠的联合"（the guinea-pig for unification）①。

（三）也门统一的实现

经过几十年的波折，南北也门官方和民间对也门统一逐渐达成共识，国际社会对也门的统一十分支持。1988 年起，南、北也门加快了统一步伐。1988 年 5 月，北也门总统萨利赫与南也门社会党总书记比德，在萨那签署了南北居民自由过境和共同开发边界地区石油、矿业资源的协议。从此，两国官方、民间往来频繁。1989 年 11 月，萨利赫访问亚丁，参加南也门庆祝独立的活动，南北也门还就南北统一问题签署了《亚丁协议》，批准了双方于 1982 年起草的《统一宪法（草案）》，这为统一打下了坚实基础。

1989 年 11 月，南北也门公布了统一声明，并在 1990 年 5 月 22 日宣布了一个过渡时期的权力共享安排，这个安排主要是为了平衡也门全国大会和也门社会党两党的力量。1990 年 3 月，双方召开有关统一问题的内阁联席会议，通过了统一的 1990 年预算草案、45 项法案和 153 条有关规定，以及统一后的组织机构，并授权两国政府就两国货币汇率做出决定。4 月 22 日，两国元首在塔伊兹签署《统一协定（草案）》，首次正式宣布统一条款。5 月 21 日，南、北也门议会就统一问题进行最后安排：定国名也门共和国，首都萨那，并确定 5 月 22 日为共和国诞生日；选举萨利赫为首任总统，定阿拉伯语为国语，伊斯兰教为国教。

南北也门分别独立后，虽然最终走向了不同的发展道路，分别实行

---

① Clark, Victoria, *Yemen: Dancing on the Heads of Snakes*, Yale University Press, 2010, p. 131. 豚鼠（学名：Cavia Porcellus）又名天竺鼠，现在多被用来做科学实验，此处"豚鼠的联合"是一语双关，既表明南北也门都是小国，也暗含着这次联合工作组的成立是也门统一的实验。

第七章　统一与分裂：也门政治发展之殇　309

社会主义制度和资本主义制度，但是在对外关系上却同时保持了与阿拉伯国家及其他世界主要国家的友好关系，这为南北也门在1990年实现统一提供了良好的外部环境。

1975年后，南也门与邻国阿曼和沙特之间的关系十分紧张，北也门当时的主席哈迪姆经过斡旋，最终促成了南也门与阿曼关系的改善，与沙特阿拉伯在1976年3月建立了外交关系。① 沙特与南北也门关系的平衡发展，使得沙特促成了南北双方的边境停战和谈，并就也门国家统一进程提供了相关建议和框架，为南北也门共同主导的一体化统一进程提供了外部保障。此外，阿盟也在统一中发挥了独特作用。南北也门都是阿盟的成员国，且都属于伊斯兰国家，阿盟作为南北也门都认可的国际组织，"阿盟成功调解了南北也门的两次边境战争，并促成南北方签署了《开罗协议》和《的黎波里协议》，为南北双方和平统一框架的达成构建了良好的地区性规范"②。

域外大国对也门统一也是支持的。冷战期间，南北也门分属于以苏联为首的社会主义阵营和以美国为首的资本主义阵营。美苏通过对曼德海峡和红海两岸国家进行政治控制、经济渗透、建立军事基地等手段，在这一地区展开了激烈的争夺。也门统一的时候，恰逢冷战即将结束，美苏两个超级大国在许多问题上实现了和解，尤其是苏联在许多重大问题上做出了重大让步，为也门统一营造了良好的外部环境。

也门的地缘地位十分重要，主要体现在其扼守重要的国际水道——曼德海峡。苏联曾通过对南也门和埃塞俄比亚的影响来控制这条重要的国际水上通道，对南也门的支持是苏联南下印度洋战略的一部分，而美国为了阻止苏联的这一战略，支持北也门。也门成为美苏竞技的战场，这对也门长期的分裂局面客观上起了推动作用。在也门统一问题上，苏联和美国都支持也门的统一，所以也门的统一可以看作冷战结束的产物③。

美苏两个大国对也门统一采取支持和默认的态度，是也门统一的重

---

① 郭宝华：《中东国家通史·也门卷》，商务印书馆2004年版，第258页。
② 夏路：《分裂国家统一模式的比较研究——复合权力结构的视角》，《国际政治研究》2009年第1期。
③ Sheila Carapico, *Civil Society in Yemen*, Cambridge University Press, 1998, p. 1.

要外部因素。1990年，当时北也门总统萨利赫访问美国后，美国明确支持也门的统一。但是，美国对也门统一的困难程度估计较高，甚至在也门统一前的几个月，美国驻亚丁的大使馆还认为"也门的统一至少还需要50年"①。苏联对南也门的影响比较深。根据南北也门双方协议，统一后的也门极大可能实行资本主义制度，对于苏联来说，这将使其在中东地区的盟友减少一个，而且更为重要的是南也门濒临印度洋，苏联在南也门东南方向的索科特拉岛上还有军事力量存在。在也门统一进程加快之时，戈尔巴乔夫上台后在外交战略上采取了收缩的战略，对也门的影响逐渐衰微，后来就干脆支持也门统一。

统一进程中，也门在外交上获得了世界和中东主要大国的支持，外交环境得到改善，这对也门引进外资、寻求对外援助、促进本国经济发展都是有利的。第一，统一后的也门获得了更多的经济资源，这些资源包括自然资源、人力资源和其他无形资源。第二，也门获得了更大的消费市场。由于统一前后双方签订了一系列促进统一的协议，双方之间的经济和贸易壁垒得到消除，在很大程度上促进了南北地区的贸易活动，双方的商品都能找到更大的市场。第三，也门统一后与国外的经济交流更加灵活。统一前的南北也门分属不同的阵营，双方在经济、社会等各个方面存在诸多的差异。也门在统一过程中得到了包括美苏等大国的外交和道义支持，也迫使周边国家尤其是沙特阿拉伯等国重新考虑改善与统一后也门的关系，也门也因此获得了一个重新与各国改善关系的良机。

为了适应国家统一后政治、经济发展的需要，也门执政两党将推行政治民主化改革作为巩固、维护国家统一、促进国家复兴的重要发展战略。② 这个方向是正确的，但是在实施过程中却出现了偏差，这也是1994年"夏季内战"爆发的主要原因之一。

（四）也门统一后的政治整合

南北也门独立后不同的国家发展道路，对也门统一后的政治整合与分裂具有重大的影响。在政治上，也门政府宣布了《1989年统一宣

---

① Clark, Victoria, *Yemen: Dancing on the Heads of Snakes*, Yale University Press, 2010, p.130.

② 郭宝华：《中东国家通史·也门卷》，第295页。

言》、1991 年《宪法》、1990 年《出版法》、1991 年《政党法》、1992 年《选举法》等一系列法律条文,并且宣布以前的国家安全部队将被解散。

也门统一进程的迅速推进,在当时实际上超出了各方的估计。① 但这也留下了一些遗患,最重要的是,也门两大政党也门全国人大(General People's Congress,GPC)和也门社会党(Yemeni Socialist Party,YSP)之间的许多深层次矛盾并没有完全解决。两党设计了多层次的基于权力均衡的政治体系,试图将分裂已久的也门在政治上整合为一个整体。两党在统一后成立了由 5 人组成的总统委员会;这个委员会最初成立的目的是要在两党之间建立一种力量上的平衡,但是该委员会的成立并没有完全消解两党的矛盾,而且由于没有第三方参与,双方之间的矛盾也缺乏调解人。北也门人口是南也门人口的三倍,但是在总统委员会中南北代表的比例为 3∶2,没能反映双方在人口数量上的差异。在也门统一后的 40 个政府机构中,南北也门平分;在统一的过渡议会中北方有 159 人,南方则是 111 人,还有 31 人是中间派,用以平衡双方力量。在政治安排上,为了体现南北平衡的原则,总统由来自北方的萨利赫出任,而议长和总理都来自南方。原来北也门的首都萨那作为统一后的也门共和国的首都,而南也门的首都亚丁则作为统一后也门共和国的经济首都,经济主管部门也设在亚丁。

为加速政治整合进程,1992 年也门成立了最高选举委员会。该委员会广泛吸纳了也门各派力量,除了南北也门两个主要的执政党也门全国人民大会党和也门社会党之外(两党在最高委员会中的代表数量是一样的),还吸收了革新派、纳赛尔主义者、民众力量联盟等 17 个政党,甚至还有一名妇女代表。② 在外国技术专家的帮助下,1992 年秋天,该委员会制定了一个具有宪法意义的协议,用以指导也门未来的选举。当年 12 月,总统萨利赫和副总统阿里·萨利姆·比德(Ali Salim al-Bidh)签署了该项协议。这是也门历史上第一次通过多党协商和协议的方式解决政治分歧。此后,根据此项协议进行了议会选举,北方人士在北方获

---

① Clark, Victoria, *Yemen: Dancing on the Heads of Snakes*, Yale University Press, 2010, p. 130.

② Sheila Carapico, *Civil Society in Yemen*, Cambridge University Press, 1998, pp. 172 – 173.

得胜利，南方人士在南方获得胜利，表明也门南北双方距离真正的政治整合还存在巨大的差距。

三 政治整合的失败与南北矛盾的激化

也门统一后面临着巨大的政治整合任务，不仅执政的两党之间实际上存在矛盾，而且也门民众和社会与执政党之间也存在诸多矛盾需要解决。一百多年的分裂历史和近代以来双方采取不同的政治经济发展道路，使得双方的差异十分明显，遗留了很多的问题，这些问题本应该在统一之前得到解决。

从整合的效果来看，统一后也门的政治整合在政府层面只是简单的机构合并、政党和解等方面，许多深层次问题如南北双方权力的合理分配、经济收益的分配、军队等核心问题都没有得到解决，这些问题反而成了双方矛盾的焦点，并激化为武装对立，最终导致了内战的爆发。

首先，作为国家统一法理基础的《亚丁协议》和《萨那协议》，只规定了统一后国家政治生活的一些基本原则，而双方的行政机构、财政、军队、安全部门实际上仍然处于相互独立的状态，许多统一的细节问题也在国家统一的大背景下被忽略，甚至没有涉及。统一后的政府机构改革大多只是机构的简单合并，冗员情况十分显著，这也增加了政府的财政负担。

其次，也门两大执政党的矛盾也未从根本上得到解决，统一后又实行了无限制的多党制，造成了各个集团争权夺利的局面，由此形成了统一和分裂的潜在矛盾，这一矛盾在也门统一后双方的争论中迅速激化，并最终导致了1994年的"夏季内战"。根据南北也门统一协议组成的也门过渡政权实际上是由原北方的执政党全国人大与原南方执政党也门社会党组成的两党联合政权。两党的共识虽然代表了绝大部分也门人的意见，但是两党的矛盾逐渐激化。

从政党类型上和领导人在党组织中的作用来看，全国人大和也门社会党都属于"精英型政党"[1]，党内权力都集中于党的领导层甚至是少数人手中。在很多时候，两党之间关系尤其是党魁之间的关系，直接影

---

[1] 李路曲：《政党政治与政治发展》，中央编译出版社2016年版，第1—9页。

响两党的合作和也门的统一进程，以及统一后的政治整合。在统一过程中，由于萨利赫和比德的名字全称中都有阿里（Ali），双方的领导人都以阿里相称对方，营造了良好的统一的政治氛围。也门南北两党是也门统一的主要推动力，根据两党签订的《萨那协议》，统一后的也门在政党方面要保持两者的平衡，但是这种平衡没有维持太久就被打破，萨利赫领导的人民大会党逐渐占据了优势，两个阿里从好朋友变成了政治对手，甚至在战场上兵戎相见。

最后，南北也门对也门统一所表现出的热情使双方之间在许多方面都充满了理想主义色彩。在也门统一过程中和也门统一后，也门政治气氛空前包容，十分有利于各种政治力量充分表达诉求，可谓也门历史上政治气氛最好的时代。统一后，双方公共服务部门没有完全融合，因为在统一谈判的时候只是就该问题达成了一个模糊的方向性协议。统一后政府部门官员的名单也在统一前的一周才全部拟定，可见统一的"仓促"程度。宪法委员会也尚未完成制定宪法的工作。[①]

也门统一后仍然面临着严峻的国内外形势，稍有不慎，就会导致也门政治发展陷入危机，也门政府一些决策导致原本支持也门统一的因素逐渐消解，可谓"屋漏偏逢连夜雨"。也门统一中的一些遗留问题导致1994年"夏季内战"的爆发，标志着也门统一后政治整合失败。也门政治整合失败的表现主要有：

第一，党际关系恶化导致南北矛盾激化。

也门两党之间的关系对也门统一后的政治整合有着至关重要的作用。也门两党之间的关系实际上是南北也门之间关系的体现，两党之前的矛盾也是也门统一过程中两党尚未解决矛盾的延续。按照《亚丁协议》和《萨那协议》，原来北也门和南也门的国家安全机构都要废止，然后建立新的安全机构。南北双方对此也做出了制度性的安排，其基本思想是要共同分享国家安全方面的权力，主要途径是议会选举。1992年11月，南也门的政治骚乱导致副总统比德从亚丁回到了萨那，双方计划在1993年4月继续举行议会选举。比德来到萨那后，南北双方在政治与安全方面的矛盾更为激化，双方控制的媒体都指责

---

① Clark, Victoria, *Yemen: Dancing on the Heads of Snakes*, Yale University Press, 2010, p. 135.

对方的行为违背了统一时签订的协议。也门主要政党之间的矛盾逐渐激化。

也门全国人民代表大会和也门社会党，在也门统一过程中和统一后起着主导作用，甚至可以说在某种程度上，两党之间的关系是推动也门统一和政治整合的关键。也门两党领导人之间的矛盾在国家统一之后并未得到彻底解决，两党在政治、经济、社会等一系列关乎国家前途的重大问题上产生了严重分歧，原来基于南北双方平衡的权力设计被打破。1990年统一后，根据双方的安排，也门全国代表大会总书记萨利赫占据总统职位，也门社会党总书记比德担任统一后也门的总理。除此之外，两党人员在也门外交部、石油部、国防部等重要部门也占据主要优势，且基本上相当（见表7-1）。从表7-1中可以看出，在1990年也门政府的组成人员上，除了两名独立人士之外，两党的力量占据了基本上所有的总理、副总理以及其他政府组成部门。1993年又增加了几名革新党的部长。1994年内战爆发时，由于也门社会党退出了政府，政府总理和各个部门全部由也门全国代表大会和革新党占据，而到了1997年大选后，基本上所有的政府部门都由也门全国代表大会控制了。

也门两大主要政党在也门政府中的任职状况，实际上反映出也门政治发展状况。其一，两党是也门最为重要的政党，也门统一和统一后的政治整合依赖于两党之间的关系，其他政治力量如革新党和独立人士对也门政坛的影响十分有限；其二，两党之间的关系直接影响到也门未来的政治发展与政治进步；其三，也门社会党在与也门全国代表大会的力量对比中仍然处于弱势，即使联合其他党派，也不能与全国代表大会的力量相匹敌，反映出北方仍然在也门统一后占据着绝对的优势。1994年的"夏季内战"中，北方能够迅速地通过武力攻占原南方的首都亚丁，显示出北方对南方的绝对优势。也门全国代表大会一家独大的状况实际上一直保持到萨利赫2012年下台时，其他党派不能对其形成挑战，这也为南方的独立倾向以及南部地区出现分离主义势力埋下隐患。

第七章 统一与分裂：也门政治发展之殇

表7-1 1991年至1997年也门政府各部门组成人员的党际分布变化①

部门	1990年	1993年	1994年	1997年
总理	YSP	YSP	GPC	独立人士
副总理	GPC	GPC	Islah	
副总理	GPC	Ba'th		
副总理	YSP	YSP		
内阁事务部	GPC			GPC
外交部	GPC	GPC	GPC	GPC
国务部长（负责外交事务）	YSP			
石油部	YSP	YSP	GPC	GPC
计划部	独立人士	GPC	GPC	GPC
政府改革部	YSP	Islah		GPC
农业部	GPC	GPC	GPC	GPC
宗教（Awqaf）捐赠部	GPC	Islah	Islah	al-Haqq
建设部	GPC	GPC	GPC	GPC
交通部	GPC	GPC	GPC	GPC
文化部	GPC	YSP	GPC	GPC
国防部	YSP	YSP	GPC	GPC
教育部	GPC	GPC	Islah	GPC
电力和水资源部	GPC			GPC
金融部	GPC	GPC	GPC	GPC
渔业部	YSP	YSP	Islah	GPC
健康部	GPC	Islah	Islah	独立人士
高等教育部	独立人士			
住房部	YSP	YSP	GPC	
工业部	GPC	GPC	GPC	GPC
情报部	YSP	GPC	GPC	GPC
内政部	GPC	GPC	GPC	GPC
司法（justice）部	YSP	GPC	Islah	GPC
法律事务（Legal）部	GPC		GPC	GPC
地方（Local）事务部	YSP	Islah	Islah	GPC

① Sheila Carapico, *Civil Society in Yemen*, Cambridge University Press, 1998, p.190.

续表

部门	1990 年	1993 年	1994 年	1997 年
劳工部	YSP			
移民事务部	YSP			独立人士
议会事务部	GPC			Islah
社会事务部	GPC	GPC	GPC	GPC
供应（supply）部	YSP	Islah	Islah	GPC
旅游部	GPC			
运输部	YSP	YSP	GPC	GPC
青年人部	GPC	GPC	GPC	GPC
相当于部的部门（without portfolio）	GPC	Islah		

注："YSP"代表"也门社会党"，"GPC"代表"也门全国代表大会"，"Islah"代表"伊斯兰改革集团"（Yemeni Reform Gathering），"Ba'th"代表"也门阿拉伯复兴社会党"（Yemeni Arab Renaissance Socialist Party），"al-Haqq"代表"真理党"（The Truth Party），空白表示无人任职。

两大政党之间的关系恶化是也门统一后南北矛盾导致国家整合步履维艰的表现。从更深层次来讲，经过统一后短暂的蜜月，也门统一进程中隐藏的各种政治与经济社会矛盾集中爆发，统一时签订的协议成了一纸空文。在也门统一前，比德的一些同僚就反对"跑步完成统一"（rush into a union），甚至提议实行联邦制作为实现统一的第一步。[①] 统一后，南北也门之间矛盾的不断积累导致了严重的政治危机，这次危机从1991年底到1993年4月也门统一后的第一次议会选举结束，前后持续了一年半时间。两党之间为了取得优势，不断加强控制各自管理下的公务员、媒体、民众尤其是军队，导致也门社会的分裂，实际上这又回到了统一之前。

在1993年的选举中，南北双方两大政党之间的关系进一步恶化。选举后，南方要求在保持南方自治的情况下实行联邦制，导致双方军队上街对峙。在这种情况下，约旦国王侯赛因、阿曼国王兼首相卡布斯

---

① Clark, Victoria, *Yemen: Dancing on the Heads of Snakes*, Yale University Press, 2010, p. 134.

(Qabus)积极进行外交斡旋,美国和法国大使还提供办公室让南北双方继续和谈,撤回军队。在约旦国王侯赛因的斡旋下,南北双方签订了《安曼协定》(Amman Pact),暂时缓和了双方的对峙与冲突。1994年5月初,美国国务院中东事务代表罗伯特·佩尔特罗(Robert Pelletreau)访问也门,为也门南北的和解做最后的努力。

在经济上,南也门经济相对于北也门更为落后。在统一后,也门政府对南部地区进行了大规模的基础设施建设和开发,主要涉及舍卜沃省和较为偏远的哈德拉毛省。这两个省有一些石油资源,开发过程中,南北矛盾也逐渐显现。从经济发展角度来看,南也门的资源要好于北也门,不仅主要的油气等资源分布在南方,而且也门最大的港口亚丁港从第二次世界大战的时候就迅速发展,得到了大量的援助,港内的基础设施建设也较为完善,甚至一度被称为世界第二大港口①。也门统一后,对南方地区进行大规模开发,但是占据主导地位的是北方。南方认为北方在两省开发的收益中占比过重,而北方则认为自己在两省开发中提供了足够多的资金支持。②

第二,政府机构及民主化改革的失败。

统一后的也门由于政府机构臃肿、人员冗杂导致政府开支增加。为了适应统一后的发展,也门政府在统一时和统一后设立了大量新机构,这些机构有的和原来南北也门的机构存在重合,有的在统一后没有及时取消,这些机构的增加大大提高了政府的预算,给经济造成了沉重的负担。1991年开始的政治危机导致政府难以正常运行。国家的政治前景扑朔迷离,已经相当困难的经济更加恶化,里亚尔与美元的比价下跌了43%,通货膨胀率达100%,物价飙升,人心混乱。③ 到了1994年,也门里亚尔的价值仅仅相当于1990年统一时的1/10。④

也门民众对民主化改革的呼声不断高涨,对两党形成了压力。尤其是城市中产阶级对政治民主化的要求日益增加。也门统一后,逐渐形成了一个越来越独立的中产阶级,规模不大,但是主要集中在大城市、受

---

① Noel Brehony, *Yemen Divided the Story of a Failed State in South Arabia*, London; New York: I. B. Tauris & Co., 2011, p.5.
② Sheila Carapico, *Civil Society in Yemen*, Cambridge University Press, 1998, p.171.
③ 郭宝华:《中东国家通史·也门卷》,商务印书馆2004年版。
④ Sheila Carapico, *Civil Society in Yemen*, Cambridge University Press, 1998, p.171.

过良好的教育。同时，也有一些劳动者面临着事业破产的窘境。但是，他们都希望通过也门统一带来的相对宽松的政治氛围，试图使用正式的和合法的途径来保护自身权益。

在民主和自由制度下的无限多党制实际上分裂了也门。从1990年也门统一到2011年海合会协议签订后，是也门无限多党制最为活跃的时期，这个时期也门新成立的政党如雨后春笋，各政党还开办有自己的报纸。这虽然体现出一定的民主和自由，但客观上造成了也门各个利益集团以政党的方式参与也门政治，加速了也门的分裂。这些新成立的政党代表以前南北也门、各种政治运动和政治力量，甚至连反对萨利赫的政治力量也被允许成立合法的政党，这凸显了也门统一后民主和开放的政治气氛，但同时也显示出也门国内政治力量纷繁复杂，各派政治力量政治分歧严重。竞选的最终结果往往不是各派之间弥合分歧，而是借选举宣扬本派的主张，甚至是貌合神离地参与谈判，加紧谋划如何扩大本派的权力。

第三，也门统一后对外政策的失误。

由于也门国内市场狭小，制造业不发达，对劳动力的吸纳能力十分有限，在国内就业比较困难的情况下，许多也门人选择了出国谋生。也门长期以来是世界上最贫穷的国家之一，存在国内自然资源匮乏、大量的文盲、人口增长率高等严重问题，一些观察家认为也门有成为"失败国家"的危险，也门的发展严重依赖于海湾国家、西方和国际机构的援助。[①] 除此之外，侨汇收入和国际环境尤其是中东地区环境对也门经济发展有着重要影响，也门统一后在对外政策方面的失误也是导致也门经济发展陷入困境的重要原因。

也门在海湾战争中支持伊拉克的政策导致也门侨汇收入锐减。也门本国没有发达的制造业，人口增长率又较高，许多年轻人都外出打工，主要目的国是中东地区的沙特、卡塔尔和阿联酋等。在行业方面，也门对外劳务输出主要集中在石油等资源性的部门。海湾战争的爆发使这些人不得不返回国内，也门在损失了大量的侨汇收入后，又加剧了国内的就业压力。1989年，也门的海外侨民曾达到140多万，后来虽有所下

[①] Gabriel A. Dumont, *Yemen Background*, *Issues and Al Qaeda Role*, Nova Science Publishers, 2010, p. Ⅶ.

第七章　统一与分裂：也门政治发展之殇　　319

降，但仍然保持在 100 万左右。

　　1990 年 8 月 2 日，伊拉克入侵科威特，海湾战争开始。之后，阿拉伯世界出现了分裂，针对伊拉克的行动出现了两大阵营，以埃及和沙特为首的海湾国家反对伊拉克入侵科威特，而利比亚、巴勒斯坦、约旦、也门等国则支持伊拉克。也门同情伊拉克的政策招致了沙特、美国、科威特等主要经济援助国家的不满，他们停止了对也门的援助，将在本国工作的也门人驱逐出境。约有 80 万人返回国内，造成了 1991 年也门的侨汇突降至 9.98 亿美元，而在 1989 年和 1990 年这个数字分别为 12.59 亿美元和 14.98 亿美元，也门国内失业率也达到了 36%。也门所面临的国际环境严重恶化，政府预算赤字大增、国内就业压力的增加、物资奇缺等问题更加严重，这些问题迅速导致了严重的国内矛盾。

　　1994 年的"夏季内战"是也门统一后政治整合失败的标志性事件，这对也门的政治发展、国家统一与分裂等方面产生了重大影响。战争爆发后，也门货币大幅贬值，官方汇率为 12 里亚尔兑换 1 美元，在黑市上需 65 里亚尔换取 1 美元。市场上商品短缺，物价大幅上涨。在这次战争中，亚丁的供电供水设备遭到破坏，机场、港口和南方唯一的亚丁炼油厂被炸，修复至少需要 40 亿美元。作为经济发展重要支柱之一的外援减少，人民生活水平进一步下降，这种困难状况短期内难以扭转。① 战争结束后亚丁城内又出现持续数天的抢劫活动。在这场新的浩劫中，几乎所有的政府大楼、企业和私人住宅以及专为外交人员和外国游客服务的外汇商店被抢劫一空，甚至驻亚丁的外交机构和外国公司也遭洗劫。这座 50 万人口的城市仅被抢的汽车就达 2000 辆。虽然也门政府采取种种措施恢复经济，但是战后通货膨胀率仍居高不下，物价继续呈奔腾式上涨，里亚尔的黑市价格跌至 8 月份的 80 里亚尔换 1 美元。商品价格尤其是食品价格迅速上涨，60 公斤的袋装大米在战前价格为 800 里亚尔，7 月底是 1500 里亚尔，9 月中旬达 2000 里亚尔。②

　　这场战争南方虽然战败了，但是仍存在相当数量的分离主义者，他们希望通过对话会议表达独立诉求。南方分离主义各派内部也存在分歧，其面临着三条道路：一是获得完全独立，主要代表人物是统一前的

---

① 才林：《南北也门战争初析》，《西亚非洲》1994 年第 6 期。
② 才林：《南北也门战争初析》，《西亚非洲》1994 年第 6 期。

南也门总统比德；二是以"南方独立运动"的首领阿里·纳赛尔·穆罕默德（Ali Nasir Muhammad）和海达尔·阿布·巴克尔·阿塔斯（Haidar Abu Bakr al-Attas）为代表，主张与北方建立联邦制，与原北也门在政治上平起平坐；三是继续保持与北方的政治统一，但是要表达对北方的不满，在统一的前提下寻求更多的自治权。[①] 南方的诉求实际上是将也门单一制的国家体制转变为联邦制，甚至有与中央政府分庭抗礼的打算。

内战极大地消耗了物质财富，也门经济发展更加步履维艰。短短65天的内战使也门几十年的经济发展成果瞬间化为灰烬。由于战争主要在前南也门地区进行，对也门南部地区的影响更大。但是无论是南方还是北方，内战都消耗了大量资源，严重影响了也门经济的发展。由于南北双方对统一后国家经济社会发展政策的长期争论，使国家的政策难以在全国尤其是在南方地区得到有效执行。其部分原因在于也门统一过程本身就带有很大的不彻底性，深层次原因是双方经过长时间的独立发展，在政治、经济、社会等方面存在诸多的差异。

第三节　统一与分裂力量的持续较量

1994年也门"夏季内战"后，北方再次统一了南方。统一后，北方实际上完全主导了也门的政治发展。萨利赫政府先后实施了发展经济的三个五年计划，并在美国、欧盟、世界银行、阿拉伯国家和联合国等外部力量的帮助下，基本上维持了也门作为统一国家的现状，除了与胡塞武装在北部萨达省等地的武装冲突，以及极端组织在也门制造的恐怖袭击之外，也门保持了一定程度上的稳定，经济与社会都有所发展。但是也门在政治上的发展却停止了，萨利赫家族腐败和专制作风受到广泛批评，这种情况一直持续到2011年的"阿拉伯之春"。

一　"阿拉伯之春"与萨利赫和平交权

萨利赫集团是1992年以来维护也门统一的中坚力量。对于萨利赫

---

① Ibrahim Sharqieh, "A Lasting Peace? Yemen's Long Journey to National Reconciliation," *Brookings Doha Center Analysis Paker*, Number 7, February 2013, p. 11.

集团来说，维持也门的统一不仅是其政治合法性的主要来源，也是其在也门执政20多年最大的政治功绩。自1990年也门统一后，萨利赫政府在发展也门经济方面建树不多，但维持了也门的统一。2010年5月22日，萨利赫在庆祝也门统一20周年的活动上表示，将努力建设一个由各个政治力量组成的新政府，同时释放所有北部什叶派胡塞武装和南部分裂势力的囚犯。萨利赫执政的政治合法性在也门统一后一度遭到质疑和挑战，但由于在也门统一过程中得到了国内外的支持，国内也没能形成对其构成真正威胁的力量。

2011年以来，"阿拉伯之春"对也门产生深远影响。也门是"阿拉伯之春"影响下各国中唯一以和平手段实现权力过渡的国家。在也门执政34年的萨利赫经过多次反悔，最终签署了和平交权协议。也门的政治过渡十分艰难，其原因在于萨利赫政府倒台后，也门国内缺乏能够弥合各派、促成各派共商国是的中坚力量。经过民众投票选举，哈迪政府上台，但这是一个弱势政府，难以承担萨利赫政府以前承担的角色。

哈迪政府的政治合法性，来源于对萨利赫政府遗产的继承和基于海合会方案的国际共识。哈迪政府上台后治国无方，经济不断下滑，又在与胡塞武装的军事斗争中一败涂地，其治理能力受到很大削弱。2017年4月，南方分离主义势力建立"南方过渡委员会"，该委员会的领导人是被哈迪解职的亚丁省省长埃达鲁斯·祖贝迪。他在被解职后联合了一批南方政治、军事和部落领导人组成"南方过渡委员会"，对抗哈迪政府并推动也门南方独立。2018年1月28日，阿联酋支持下的南部分离主义武装与哈迪政府在亚丁爆发大规模冲突，意图推翻哈迪政府。

二 也门政治力量的多元性

萨利赫虽然因"阿拉伯之春"下台了，但其集团仍然保有相当的实力。萨利赫下台后，他的两个儿子仍然掌握着也门实力最强的两个军区，其他的一些亲信仍然支持萨利赫，对哈迪政府的军令并不服从。执政党全国人民大会党的继任总书记祖卡、副书记阿瓦迪等主要领导人仍然是萨利赫的追随者。该党是全国最大的政党，在全国对话会议上至少有112个席位。萨利赫与各派甚至与其长期的政治对手——胡塞武装保持联系，最大限度维护本集团的利益。

2014年9月，哈迪政府在与胡塞武装的内战中节节败退，萨利赫则与胡塞武装结盟。胡塞武装为了取代哈迪政府采取了多种措施：第一，和老对手萨利赫形成了松散的联盟。对萨利赫来说，与胡塞武装的结盟可以更好地弥补在 2011 年下台后的损失；对胡塞武装来说，与萨利赫的结盟，一方面减少了政治对手，另一方面还可以借助萨利赫的执政经验染指中央政权。第二，建立新的政府机构。2015 年 1 月 22 日，在胡塞武装占领总统府和重要军事设施后，哈迪总统及其内阁被迫辞职，也门合法政府被解散，哈迪本人则流亡沙特。2 月 6 日，胡塞武装成立了 5 人组成的"总统委员会"和 551 人组成的"过渡委员会"，分别取代也门总统和议会。第三，新政府颁布了一系列法令。2015 年 2 月 6 日，胡塞武装颁布了《宪法声明》（The Constitutional Declaretion），声称将维护也门统一、保障公民自由和通过和平手段实现政治过渡等原则，试图建立全国性政权。[①] 第四，操纵也门议会，彻底否定哈迪政府的合法性。2016 年 7 月 28 日，胡塞武装和萨利赫在萨那宣布建立"总统委员会"，后改称"最高政治委员会"。2016 年 8 月 13 日，在内战中休会两年之久的也门议会举行特别会议，143 名议员一致投票通过建立"最高政治委员会"，并认可其对也门全境的统治。哈迪流亡沙特后不久返回南部城市亚丁，胡塞武装认为彻底消灭哈迪政府的时机已经到来，一度围困亚丁。后来，以沙特为首的多国联军介入也门内战，支持哈迪政府，才维持了与胡塞武装在军事上的均势。在也门社会结构中，部落仍然占据着重要地位。以艾哈迈尔家族为例，该家族控制着也门最大的部族——哈希德部落，其酋长艾哈迈尔在萨利赫执政时期长期任议长一职，并控制着第二大政党伊斯兰改革集团（Islamic Gathering for Reform）。但该家族在也门政治重建中强化宗教色彩、支持伊斯兰改革集团等宗教政治势力的做法，与社会政治进步的现代主义方向背道而驰，国内、国际社会都对艾哈迈尔家族的这种政治态度非常排斥。

此外，南部的分离主义势力也趁机崛起。南部的力量主要包括政府中的南方代表、南部的分离主义势力以及南部的一些部落势力。南部分离主义势力的兴起是也门南北的矛盾没有随着也门的统一被完全弥合的重要表现。"南也门运动"在 2007 年就已经成立，但是其寻求南部独立

---

① 戴新平：《也门政治危机的演变及其前景》，《中东问题研究》2016 年第 2 期。

的政治主张没有得到更多政治力量的响应,尤其是国际社会普遍希望也门统一,其影响十分有限。而且"南也门运动"没有稳定的军事力量做后盾,常常遭到也门政府的镇压而无法采取实质性反击。但2011年的"阿拉伯之春"发生后,也门局势动荡,"南也门运动"看到了浑水摸鱼的良机,借助一系列政治事件谋求独立。2011年,"南也门运动"参加了反对萨利赫的示威活动,接着又在2012年举行抵制补选哈迪为总统的大选,当胡塞力量2014年控制了首都后,"南也门运动"更加积极地谋求南部独立,如2014年10月中旬起在亚丁进行游行集会,11月30日以庆祝南部也门独立日的方式凸显其独立的诉求。

也门极端组织的发展由来已久,对也门统一提出挑战。在萨利赫时期,在阿富汗参加抗苏战争的一些极端分子在战争结束后来到也门,将也门看作良好的栖息地。萨利赫时期,也门政府甚至还利用这些极端分子对付国内的其他势力。在1994年的内战中,萨利赫政府又用他们对付南部地区的"反叛"力量,近些年来,这些极端分子甚至被也门政府收编,用来对付南部的分离主义势力。① 也门极端主义势力的发展对也门政治发展的影响越发明显。"基地"组织和"伊斯兰国"等极端组织的存在及渗透使也门反恐形势十分严峻,严重威胁到也门的国家安全和统一。也门境内的"基地"组织阿拉伯半岛分支(Al-Qaeda in the Arabian Peninsula, AQAP),利用也门政府面临的经济困难发展自身力量。"基地"组织通过经济诱惑等手段吸引当地一些年轻人,使"基地"组织力量得以在也门迅速渗透。2011年5月28日,"基地"组织阿拉伯半岛分支发表声明,宣称该组织已占领也门南部阿比扬省省会津吉巴尔市,并宣布该市为"基地"组织在也门南部建立的"伊斯兰酋长国"的首都。此后,也门政府在美国的帮助下,先后两次收复了津吉巴尔市,但是仍然不能彻底铲除极端组织在当地的影响。

继"基地"组织在也门南部"建国"后,2014年以来"伊斯兰国"也开始在也门安营扎寨。"基地"组织和"伊斯兰国"在也门虽然有竞争,但都在也门东部的哈德拉毛省等地加紧了其本土化措施,主要方式是通过向当地部落首领提供安全保障,向当地提供兴修水利、开垦

---

① Christopher Boucek, Marina Ottaway, *Yemen on the Brink*, Brookings Institution Press, 2010, p. 13.

农田等公共服务。① 极端组织的活动一方面增强了其组织的生存能力，另一方面增强了部落地区的"割据性"，也增加了和也门中央政府分庭抗礼的资本。2014年也门内战后，"基地"组织和"伊斯兰国"甚至还招募了那些在也门监狱里遭受虐待的服刑人员。②

三 "阿拉伯之春"以来也门统一与分裂势力的博弈

"阿拉伯之春"后，各派力量围绕也门未来发展进行了对话。"全国对话会议"创造的气氛，使各种力量都找到宣扬各自主张的机会，同时也是统一与分裂力量之间博弈的体现。也门各派在国家体制与政治统一问题上的争论，反映出也门自统一以来，南北方在政治权力分配、经济与社会发展等方面的整合存在许多问题，这也是造成也门分离主义尤其是南部地区的分离主义长期存在的重要原因。在2013年以来的"全国对话会议"期间，围绕也门统一与政治发展等政治议题，也门各派政治力量进行了对话。2014年9月，胡塞武装与哈迪政府的矛盾激化，演变为持续至今的内战，极端组织也在也门东部地区招兵买马，造成了也门新的分裂，政治发展也陷入停顿。

维持也门的统一是也门各派的共识，但在以何种力量统一、以何种方式统一等问题上，各派之间存在差异。各派都试图以本派为主导、以本派的方式统一也门或者维持也门的统一。在"阿拉伯之春"后，力促也门统一的力量主要是萨利赫集团、哈迪政府以及以沙特、美国和联合国为代表的国际社会，甚至连被也门政府称为反叛组织的胡塞武装也是推进也门统一的力量。2014年9月21日，胡塞武装攻下了首都萨那后，仍然与被其围困的哈迪过渡政府签订了《和平与联合协议》（Peace and Partnership）③，共十七条，具体内容如下。

第一条：由总统会商各方在一个月内组成一个高效政府。
第二条：3天内，由总统在胡塞武装和"南也门运动"中各任命一名政治顾问，后者为总统遴选新政府提供人选建议，并在30

---

① 刘中民、任华:《也门极端组织的演变、成因及其影响》，《阿拉伯世界》2017年第2期。
② Hafsa Bashir, "The Yemen War", Southasia, Vol. 22, Sep 2018, pp. 44-45.
③ 参见戴新平《也门政治危机的演变及其前景》，《中东问题研究》2016年第2期。

天内组成新政府。起草和解工作计划，并将计划提交议会以获取信任。协议签署15天内，总统颁令依照《全国对话会议决议》扩大协商会议，以确保实现全国参与。

第三条：新政府组阁一周内，设立经济委员会制订全面的计划，进行经济和预算改革。遏制腐败，降低燃料价格：每20升汽油为3000也门里亚尔。

第四条：将社会保障基金支付标准提高50%，增加地方和军警薪酬，增加教育与卫生部门预算。

第五条：全面执行全国对话会议的反腐决议。

第六条：总统应依据宪法行使职权，确保所有党派在中央、各省享有平等的代表权。

第七条：依照新的选民登记办法。所有党派参与大选和进行新宪法公投，并按照《全国对话会议决议》参与和监督大选。

第八条：总统应与各党派密切合作，通过制宪委员会和全国管理委员会，使各党派对新宪法协调一致。

第九条：15天内审查全国委员会成员资格，确保所有党派具有合理的代表性。

第十条：全国委员会应监督制宪委员会遵循《全国对话会议决议》，处理包括国家政治体制在内的重大问题。

第十一条：政府与胡塞武装组成联合委员会，尽快执行全国对话会议萨达工作组决议。政府再组成包括南方和平运动在内的南方所有派别参加的委员会。加快执行全国对话会议南方问题工作组的决议。

第十二条：在协商一致的基础上，由全国委员会监督、执行全国对话会议有关军队和治安部队工作组的决议。

第十三条：解决本协议附件中所述阿姆兰、焦夫、马里卜和萨那以及其他省份的军事、治安状况和相关问题。

第十四条：防止群众政治运动的升级，消除滥用暴力的现象。

第十五条：《和平与联合协议》签署和燃料价格确定后，立即任命政府新总理。

第十六条：各方应依据《全国对话会议决议》，通过直接对话或联合国支持的联合委员会，进行谈判，解决有关本协议的分歧。

第十七条：各方要求联合国继续为执行本协议提供支持和监督。

虽然该协定的签订是为了化解也门政府与胡塞武装之间的冲突，但协议规定："也门各党派应依照《全国对话会议决议》构建新的也门民主联邦国家，同时维护也门的主权与领土统一与完整，推进经济、政治改革以实现繁荣。"① 可见，也门国内的主要政治力量在维护也门统一上是存在共识的。

2014年的也门全国对话会议，最终目的是为也门未来制定一部新的宪法，弥合各派分歧，以便巩固也门的统一。在为期六个月的全国对话会议期间，也门各派围绕国家统一与政治体制问题、社会公平与发展、权力分配、南部问题等诸多议题进行了激烈的斗争，并为此设立了九个工作组，就每一项议题进行认真和细致的讨论。在"全国对话会议"上，几乎对每一个问题，各派都发生了激烈的争论，其中以南部问题的讨论最甚。一些南方代表坚持要保持南部地区的独立，反对联合国和海合会倡议的保持也门统一，认为南部地区的民众有全民公决的权利决定自己的命运。对此，包括哈迪政府在内的其他派别共同提出了"20点一揽子建议"，对南部代表做出了重大妥协。到了全国对话会议将要结束的时候，为了避免南部问题拖累整个大会的进程，由39个国家组成的"也门之友"对南部代表施加压力，南部代表的态度才有所缓和，但是仍然有一些南部地区的分离主义者提出了折中方案，坚持未来的联邦制国家应当只包括两个联邦主体——北方和南方。这种做法实际上是要恢复到1990年以前南北也门分裂的局面。

也门统一后，国家统一与整合问题一直存在，其中包括一直存在的南北发展不均衡问题和南北权力分配问题。在全国对话会议中，除了一些南部的分离主义者之外，绝大部分的南部代表和北方代表都坚持要维护也门的统一。所不同的是南方代表希望获得更多的权力。一些南方代表认为，也门自1990年统一后，北方始终都在压迫南方，因此，他们在支持也门统一的前提下，提出了联邦制的建议。

在政治体制方面，全国对话会议中的争论反映的是南方与北方之间的矛盾。对于也门的统一，也门国内外实际上达成了共识，不同的是在

---

① 戴新平：《也门政治危机的演变及其前景》，《中东问题研究》2016年第2期。

统一制度下是否要实行联邦制的问题。大部分的南方代表不希望国家分裂，但是希望增加南方在国家中的权力和话语权。为此，北方为了继续维护也门的统一，同意了南方代表改变国家体制的要求，实行联邦制，并以法律的形式确定联邦制作为也门未来的国家体制。经过第二轮"全国对话会议"的讨论，2012年1月26日，也门各方签订了《新宪法草案》，规定将也门分为六个联邦区，其中北方4个，南方2个①。这六个联邦区的划分打破了原来也门的一些行政区划，在原来也门中央政府和各个省份之间增加了一级政府，而且将"省"改为"州"，增强了地方政府的实力。虽然萨那和亚丁两个城市分别继续作为也门政治和经济中心，但是实际上削弱了也门中央政府的权威，有可能加剧也门的分裂。全国对话会议召开的基本准则是也门各派政治力量都有平等的机会参与关于也门未来的对话。关于未来也门权力分配的讨论主要包括中央政府层面的权力分配，以及中央政府与地方政治之间的权力分配两部分。

在中央政府的权力分配方面，全国对话会议通过吸收也门各个政治派别的方式，初步实现了各派共商国是的良好局面。2012年10月16日，也门各派代表和社会代表在萨那召开了"城镇会议"，这是也门历史上第一次有普通的公民参与相关议题的讨论。筹备这次会议的主席——也门资深政治家阿卜杜拉·卡里姆·伊拉尼博士在会上讨论了包括北爱尔兰及其他国家地方治理的经验，并使各方的意见都得到了充分表达。② 为此，也门需要制定新的宪法草案，以重新划分中央政府和地方政府的权力界限。

2012年11月27日，全国对话会议公布了全部565名代表的分布情况，其中萨利赫所在的全国大会党获得了112个席位，南部地区的分离

---

① 《新宪法草案》第391条将新的联邦共和国划分为六个区域，其中北方有四个，南方两个。六个区域如下：（1）哈德拉毛地区有迈赫拉州、哈德拉毛州、舍卜沃州和索科特拉州。（2）萨巴地区包括焦夫州、马里卜州和贝达州。（3）亚丁地区包括亚丁州、阿比扬州、拉赫季州和达利州。（4）俊德地区包括塔伊兹州和伊卜州。（5）艾扎勒地区包括萨达州、阿姆兰州、萨那州（拟中中的也门联邦将原有的省改为州，即萨那省变为萨那州。而萨那城具有特殊地位，为联邦直辖市，不归属任何地区，具有独立和中立性，拥有立法和执法机构。亚丁城在亚丁地区内享有经济和行政的特殊地位，拥有独立的立法和执法机构）。（6）帖哈麦地区包括荷台达州、赖耶迈州、迈赫维特州和哈杰州。见戴新平《也门政治危机的演变及其前景》，《中东问题研究》2016年第2期。

② Lackner Helen, "Yemen's National Dialogue: Will It Succeed?" *London*: *Open Democracy*, 18 Oct 2012.

主义运动获得了85个席位，伊斯兰保守集团获得了50个席位，哈迪的支持者获得了60个席位，独立的年轻人团体获得了40个席位，妇女团体获得了40个席位，也门社会主义党获得了37个席位，胡塞武装获得了35个席位，纳赛尔主义党获得了30个席位，正义与发展党也获得了7个席位，其他40个席位被分配给了普通公民。① 这种分配方式实际上体现了当时也门各派政治力量的对比，从中可以看出，代表北方利益的萨利赫集团、伊斯兰保守集团都获得了较多的席位，哈迪政府虽然是一个弱势政府，但是也获得了大约10%的席位，青年人、妇女以及胡塞武装等也门各派力量都获得了一定的席位，实际上体现了全国对话会议的包容性，在一定程度上有利于也门统一的巩固。

全国对话会议为"阿拉伯之春"后各派力量重新分化组合提供了平台，其所讨论的问题也关乎未来也门的发展，这次会上的分歧和共识共存。2014年1月25日，也门全国对话会议闭幕，各方最终同意建立一个更加民主和包容的联邦制的也门，但是对联邦中"国家"的数量仍然存有不同，有些南方代表认为要4—6个，有些南方代表认为北方和南方两个即可。②

第四节　也门政治发展的重要因素

自1918年现代也门建立的一百年以来，也门的统一与分裂就如同中国明代小说《三国演义》的开篇词一样："天下大势，合久必分，分久必合。"也门的统一与分裂之殇在于也门北部的主要政治力量萨利赫集团、胡塞武装和哈迪政府的最终目标都不是要分裂也门，但它们之间的矛盾却造成了事实上的分裂。当前，胡塞武装和哈迪政府之间的关系是也门未来发展的最重要的一组关系。从长远来看，双方都不能消灭对方。哈迪政府即使被推翻，仍然会有新的也门政府被沙特等国扶植起来，而胡塞武装在北部萨达省盘踞多年，根据地十分稳固，在内战中即使失败，最差的结果也只是打道回府，重新将力量聚集回萨达省。因

---

① Ibrahim Sharqieh, "A Lasiting Peace? Yemen's Long Journey to National Reconciliation", *Brookings Doha Center Analysis Paker*, Number 7, February 2013, p. 18.

② Nabeel A. Khoury, "Yemen: In Search of a Coherent U. S. Policy", *Middle East Policy*, Vol. XXI, No. 2, Summer 2014, p. 1.

此，胡塞武装和哈迪政府双方是继续以军事手段对抗，还是通过和平谈判的手段，抑或通过第三条路径实现政治和解，这不仅取决于双方在战场上的表现，更取决于双方的意愿。未来，也门何去何从，是继续维持现有的、实际上的分裂状况，还是在各种势力互动的情况下，逐渐走向统一，这取决于以下重要因素。

一　西方文明与伊斯兰文明的融合

现代民主制度尤其是西方的民主制度在许多第三世界国家的实施都对各国的传统文化提出了挑战，在也门也同样存在类似的问题。也门传统文化中伊斯兰教的影响最为明显。但是在战后阿拉伯各国建立现代民主制度的实践不可谓不丰富，以埃及为代表的国家实行了西式的民主制度，以利比亚为代表的国家实行了阿拉伯和社会主义结合的制度等。无论是埃及和利比亚这样的世俗国家，还是沙特和阿联酋等政教合一的国家，民主制度与阿拉伯国家的传统之间的融合一直都是一个重要问题。一些伊斯兰思想家试图以真主主权论、伊斯兰共同体（乌玛）等伊斯兰传统思想为基础，以议会政治、政党政治为主要形式，以分权为主要理念，融合伊斯兰思想和西方民主制度观念，建立伊斯兰民主制度，希冀在传统和现代之间寻求平衡。这些尝试不能说完全失败，但是在也门的实践却造成了也门政治上的分裂，撕裂了也门社会。

也门统一后，试图仿照西方的民主模式进行民主制度建设。在形式上，也门统一后建立了民主选举的模式，建立了多党制的政党制度，但是，这种选举模式带有很大的缺陷：

其一，也门缺乏实际的权力监督部门，既无法对强势领导人形成有效的监督，又无法保护弱势领导人依据宪法获得实质性的权力。这点在也门统一后的两任总统萨利赫和哈迪身上表现得最为明显。也门的民主选举因为存在萨利赫式权威人物，许多民主制度形同虚设。萨利赫的巨大权威对促进也门统一和维护国家稳定具有巨大作用，但是缺乏权力制约的萨利赫利用自己在也门国内的巨大威望、广泛的人脉关系和高超的政治手腕，为自己、家族和亲信攫取了大量的财富、政治地位和资源。而在海合会协议规定下，经过民主选举和国际社会广泛承认的哈迪总统，则由于缺乏萨利赫的威望只能作为一个虚位总统，甚至其对萨利赫亲信的罢免令都不能贯彻。

其二，伊斯兰与现代西方民主在也门的对立与融合。伊斯兰教虽是也门的国教，但也门是阿拉伯国家中世俗程度较高的国家之一。伊斯兰因素对也门社会生活影响较大，但对政治发展的影响与其他国家相比相对较小。因此，在也门统一后，仿照西方的民主政治模式，建立了以民主选举、议会制等内容的现代民主制度。但是，这些制度实际上都没有落到实处，反而成为也门地方主义势力、部落势力等各种政治力量攫取政治资源、打击政敌和分裂也门的工具。也门社会虽然对西方文化具有一定的包容性，但伊斯兰的许多传统仍然支配着也门社会。也门社会的政治认同更多的是伊斯兰认同、部落认同等，而对现代政治制度、公民身份和法律制度的认同十分微弱。

其三，在许多发达国家中，政治矛盾与纠纷的解决办法一般是对话和协商等和平方式，这也是一个社会在政治上成熟的重要标志。而在也门，和平方式被政治精英们当作迷惑竞争对手、拉拢政治盟友和进行政治宣传的工具，各种形式、各种程度的冲突与战争在也门独立后，甚至在统一后仍屡见不鲜。从萨利赫时代的"夏季内战"，到2005年萨利赫政府与胡塞武装的冲突，再到2014年以来的也门内战，每当也门的政治与社会发展取得一定成就的时候，战争总是与"周期性的和平协议"[1] 如约而至。在也门执政33年之久的萨利赫也只能将自己在也门执政的状况形容为"在蛇头上跳舞"[2]，萨利赫执政时期，他总是在努力维护和平衡各派政治势力之间的脆弱均衡，包括部落、各政党、军队领导人甚至是伊斯兰极端主义者。[3] 每次战争和冲突后，也门的政治权力格局被重新划分，然后继续准备下一场战争。这就如同霍布斯在《利维坦》中所讲述的"自然状态"那样："内战至今还没有充分地使人们认识到，在什么时候臣民对征服者负有义务，也没有使人认识到征服是什么，或征服怎样使人有义务服从征服的法律。"[4] 在这种情况下，也

---

[1] Wedeen, Lisa, *Peripheral Visions: Publics, Power, and Performance in Yemen*, University of Chicago Press, 2008, p. 149.

[2] Clark, Victoria, *Yemen: Dancing on the Heads of Snakes*, Yale University Press, 2010.

[3] Gabriel A. Dumont, *Yemen: Background, Issues and Al Qaeda Role*, Nova Science Publishers, 2010, p. 3.

[4] ［英］霍布斯：《利维坦》，黎思复、黎廷弼译，商务印书馆1986年版，第596—597页。

门统一后的萨利赫政府很难将其主要精力放在对国家统一的整合、发展经济等事务上来。

二 经济发展与政治发展的互动

也门是世界上最穷的国家之一,其国家发展最核心的问题仍然是经济发展。对也门来说,它没有海湾富国那样拥有丰富的石油资源,其财政主要依赖于日益枯竭的石油资源。也门中央政府难以维持对全国的公共服务,其原因在于财政收入所依赖的石油收益日益下降,也门石油开采量在 2003 年达到了每天 450000 桶的最高值,到 2009 年就锐减为 280000 桶,世界银行甚至指出,2017 年也门可能就已经没有原油可供开采了。[①] 2008 年金融危机以来国际油价下降,使原本就捉襟见肘的也门财政再次陷入危机。除此之外,也门石油资源的地域分布也不均衡,主要分布在南也门地区。也门统一后,北也门在中央政府中占据着优势地位,南也门被边缘化。石油收益中的绝大部分被中央政府收走,南部地区认为这是不公平的,一些南部地区的独立运动重现。

也门经济区域性强,南北经济差距与对立成为影响也门政治统一的重要因素,也是南部分离运动的社会基础。南北各个阶层间的经济分配问题在根本上撕裂着也门社会。巨大的经济差距导致严峻的社会对立,成为社会动荡的巨大隐患,给各种极端组织的渗透和外部势力的干涉提供了机会,同时也吸引大量国外圣战分子前往也门[②]。

也门中央政府在政治上既缺乏对全国的政治控制能力,在经济上又经常陷入财政危机,甚至严重依赖于外部援助,因此更难向全国提供公共服务。在也门,由于基础设施极度缺乏,很多地区连公路、铁路等基础设施都没有,因此在国内难以形成统一的市场。各地区的经济发展被山脉、高原和部落等分割,形成经济上的独立王国,加上部落地区对也门社会结构的强力控制,导致很多地区与外界缺乏沟通,非常容易形成割据势力,更不要说形成对也门统一的政治认同了。也门政府很难为民众提供基本的公共服务,限制了中央政府维持国家统一的能力,在政治上也就难以让民众

---

① 李元书:《政治发展导论》,商务印书馆 2001 年版,第 12 页。
② Alistair Harris, "Exploiting Grievances: Al-Qaeda in the Arabian Peninsula", in Christopher Boucek, Marina Ottaway, eds., *Yemen on the Brink*, Brookings Institution Press, 2010, p. 31.

形成对政府的信任，转而寻求部落甚至是极端组织的庇护。

三 也门政治发展中的部落因素

也门独立后陷入统一与分裂之困的根本原因在于传统社会结构与现代政治发展之间存在根本的矛盾。主要表现是部落制度中具有严格血统和等级观念，政党、政权都与部族关系深度交织，影响也门政治、社会的现代化、统一与分裂。

也门社会中部落"五位一体"的基本社会结构所表现出来的社会张力严重阻碍了也门的统一。部族力量在也门的影响非常广泛，部族是基本的社会单位、部族（忠诚）关系是也门基本的社会关系，[1] 民众对部族的依赖性很强，有75%的也门人都属于某一个部落。也门的部族不仅拥有对所辖民众的社会、司法等影响力，还拥有忠诚度非常高的部族武装。

部落社会导致的地方主义与国家政治统一的张力是影响也门统一与分裂的另一对关系。也门的地方主义实际上具有双重含义。第一层是南北也门的地方主义。20世纪40—80年代，地方政府也在道路修建、教育等方面进行过较为有效的合作，有利于也门统一国家的形成。也门统一以来，萨利赫为首的全国人民大会及其所属的哈希德部落一直掌握着也门中央政府，萨利赫采取了与哈希德部落的大酋长艾哈迈尔家族联盟的办法，保证了西北精英集团在也门政局的中心地位。2011年政局动荡以来，各个地区对政治权力和经济资源特别是石油资源的争夺加剧，以萨那为中心的西北高原传统权贵对政治和经济权力的垄断最终导致国家濒临崩溃的边缘。[2]

第二层是部落主义。部落在一些落后国家往往和传统主义联系在一起，这实际上只看到了部落在国家政治和社会发展中的作用。在也门，从中世纪开始，大部分人生活在部落里，部落塑造了普通也门人的一切，从世界观到行为习惯，部落既保护了部落民众，同时也使部落民众与外界隔绝。也门地形复杂，不同地区的部落相互之间交往较少，民风

---

[1] Robert D. Burrowes, *Historical Dictionary of Yemen*, Rowman & Littlefield Publishing Group Inc., 2010, p. 387.
[2] 苏瑛、黄民兴：《国家治理视阈下的也门地方主义探究》，《西亚非洲》2017年第2期。

彪悍，部落之间以血亲复仇为基本特征的暴力冲突不断，使也门难以从部落层面捏合成一个统一的国家。许多政治领导人也出身于部落，不得不在许多政策上考虑到部落因素的影响。

也门政治利益的地区化，其核心就是部落与政治的高度关联，部族是地方政治中的实力派，与地方主义的结合成为也门政治碎片化的一个顽疾，严重影响也门政治稳定。部落往往要求政府无条件给予强力援助，一旦国家失去这种能力也就意味着部落分离和国家分裂。有研究认为，哈迪政府已无力再向部落提供 2005 年之前那样的国家福利，从而导致部落和政府间的联盟随之破裂。[①] 南也门的部落在规模上比北也门更小，分布更为分散，在也门政局中的作用不如北也门的部落那么大，如南也门最大的两个部落雅法部落和奥拉基部落。[②] 由于分布较为分散或者历史上曾经发生过分裂等原因，南部也门地区没有形成像哈希德部落那么严密的部落结构，但部落仍然是政府极力争取的对象。

部落政治的发展限制了国家权力的统一，在某些方面阻碍了也门民众对政治的参与，进而阻碍也门政治发展。自 1918 年北也门独立以来，在一百年的发展过程中，每一届政府都需要面对难以驯化的部落势力，即使是萨利赫也要小心翼翼地维持与部落之间的联盟关系，否则，中央政府的政令就难以在部落地区推行。在也门的部落地区，部落为部落成员提供安全保障和社会生活保障，许多部落地区的政府机构腐败，效率低下，提供公共服务的能力有限；民众解决纠纷首选的不是官方的法庭，而是当地的部落领袖，甚至连"基地"组织等极端组织在部落地区也设立法庭，他们办事效率高，处事公正，许多民众遇到问题也会寻求他们的帮助。

也门部落在动荡中发挥其政治影响力，有维护社会稳定的积极作用，但在政治现代化中也表现出负面影响。部落社会与现代社会之间的互动，导致民众对部落的忠诚度远远高于对国家的忠诚度，部落民对部落的认同强于对国家的认同。部落习惯法流行于部落地区，民众认为它

---

① Sarah Phillips, "What Comes next in Yemen? Al-Qaeda, The Tribes, and State-Building," *Middle East Program*, No. 107, 2010. p. 6.

② Brehony Noel, *Yemen Divided: The Story of a Failed State in South Arabia*, I. B. Tauris & Company, Limited, 2011, pp. 215 – 216.

更灵活、有效和便捷，因而不喜欢求助政府法律系统。①

此外，部落作为也门基本的社会结构与也门经济长期落后不无关系。大部分民众不仅能在部落中找到归属，许多政府工作人员也来自部落地区。在政治上，以哈希德部落为代表的部落不仅是五位一体的政治集团，更通过组建或控制政党的方式，以现代民主代议制的形式参与也门政治。也门西部地区的哈希德部落等较大的部落对也门政治参与较多，东部的部落地区由于更加落后，有的甚至与"基地"组织和"伊斯兰国"联合，成为这些极端组织本土化的依托。

也门的部落文化根深蒂固，不仅形成了牢固的社会结构，而且对外来影响十分排斥。也门部落的社会结构和地理上的分散，导致其"即使是在奥斯曼帝国和英国殖民时期，也很难将也门整合成统一的国家或者进行统一的社会管理"②。在英国殖民期间，南也门的部落地区就将英国人修建的公路阻断，部落酋长们认为这是掠夺他们的资源，侵占他们的利益，同时也为了防止国家主义、资本主义等现代观念给部落文化带来的冲击。

浓厚的部落色彩和不断激化的教派矛盾加剧了社会分裂，部落认同、教派冲突成为地方主义得以产生的重要因素，历史上也门部落常常对政府统治构成威胁。③ 部族主义、地方主义为外部干涉、恐怖势力的渗透提供了机会。20世纪80年代，沙特积极向也门输出逊尼派的萨拉菲运动，"基地"组织在20世纪90年代在也门建立分支。

2011年，也门动荡发生后，部族力量非常活跃，不仅参与和支持游行示威，甚至与极端势力乃至恐怖势力勾连。当前，也门的内战中各地的部族力量都卷入其中。在召开的全国对话会议上，参会代表中部落首领的代表依然处于显赫位置，也门人口数量第二多，但势力最强的哈希德部落的首领艾哈迈尔家族坐在全国对话会议的前排。也门部族在动荡中的基本诉求是保护、扩大部族利益，主要包括：一是维护部族社会的基本现状，保障部族制度中平民、部族首领的权利，避免部族受到各

---

① Nadwa Al-Dawsari, "Tribal Governance and Stability in Yemen", *Middle East*, April 2012. p. 8.
② Gabriel A. Dumont, *Yemen: Background, Issues and Al Qaeda Role*, Nova Science Publishers, 2010, pp. 2-3.
③ 苏瑛、黄民兴：《国家治理视阈下的也门地方主义探究》，《西亚非洲》2017年第2期。

种重大冲击，包括政治重建中对部族所控制的地域、资源的冲击；二是扩大部族的社会经济与政治利益，通过参与动荡中的各种博弈来获取利益，特别是试图影响国家政治重建的各个环节。

部落势力与国际恐怖势力、极端势力相互勾连，为其向也门渗透、提供机会与便利，恶化了也门的安全与政治环境。"基地"组织在也门建立分支就是看中了也门在阿拉伯半岛的重要性，[①] 也看中了也门给其活动提供的条件，比如暴力文化和枪支文化。也门长期战乱，政治不稳定，再加上尚武传统和复仇文化，枪支在也门泛滥。据估计，在也门有超过6000万支各种枪械，人均近3支，居世界之最——"自动步枪、炸药、甚至火箭筒在街角公开售卖"。甚至有社会学家称也门政府从来没有实现对全国的统治，其表现就是不能治理部落暴力问题，不能"垄断对暴力的使用"[②]。极端组织在也门的发展与壮大，不仅逐渐形成割据之势，而且通过发动恐怖袭击的方式搅动也门局势，使也门陷入更加碎片化的境地，加剧了也门的分裂。

四 分离主义与极端组织的挑战

总体来看，也门国内维护统一的力量远远大于支持分裂的力量。然而，就维持何种形式的统一，也门全国对话会议也没有完全解决这一问题。联邦制的实施背后是南北双方——尤其是南方对在统一中的经济利益和权力分配不满的表现。除此之外，南部地区的分离主义虽然暂时难以形成气候，但其分离主义的诉求得到了一些响应，甚至具有直接动用武力攻击哈迪政府在亚丁地区政府机构的能力。南部分离主义者的诉求在也门对话会议期间产生了影响。从哈迪政府角度来说，哈迪本人来自也门南部地区，维护也门的统一仍然是其政府合法性的保障。也门其他政治力量如萨利赫集团等，以及以海合会为代表的国际社会，都不希望也门分裂，因此，全国对话会议中将也门的国家体制改为联邦制，将全国化为六个地区的做法，实际上是在南方的诉求和也门政治统一之间的一种平衡，以便最大限度地化解南部分离主义者的诉求可能导致的国家

[①] Sarah Phillips and Rodger Shanahan, "Al-Qa'ida, Tribes and Instability in Yemen", *Analysis*, November, 2009, p. 14.

[②] Sheila Carapico, *Civil Society in Yemen*, Cambridge University Press, 1998, pp. 172–173.

分裂。

极端组织在也门的发展已经对也门的政治发展产生了影响。2012年5月，"基地"组织的一个分支首先在也门南部的阿比扬省宣布建国，比"伊斯兰国"还要早两年。极端组织对也门统一的影响主要是两方面的，一方面，极端组织在也门的发展加剧了教派冲突。由澳大利亚非政府组织研究机构经济与和平研究所发表的《2017年度全球恐怖主义指数报告》(*Global Terrorism Index 2017*)中，也门恐怖主义指数排名全球第六，属于受到恐怖主义威胁十分严重的国家。在也门的"伊斯兰国"发起的针对胡塞武装和哈迪政府的恐怖袭击中，掺杂了更多的宗教成分，试图挑起也门的教派冲突，他们甚至认为"基地"组织在也门发动的恐怖袭击并没有"尽力地去杀戮什叶派"。也门北部的栽德派和南部的沙斐仪派①在伊斯兰世界的教派冲突中一直具有某种程度的超然性，基本上不参与伊斯兰世界的教派纷争，国内冲突中的教派因素也不明显；而具有伊斯兰背景的极端组织试图将也门拉入教派冲突的"陷阱"，这不仅不利于也门当前的政治和解进程，也加大了也门国内各派之间的分歧，对达成各派的和解十分不利。

另一方面，极端组织在也门实行的本土化措施，通过招募年轻人入伙、与地方实力派结合、笼络部落首领的方式进行，在也门东部哈德拉毛省等地已经建立较为稳固的势力范围，形成分疆裂土之势。

五 外部势力的介入

虽然也门国内各派力量大都不赞同也门的分裂，但它们之间错综复杂的关系及其相互之间的矛盾却构成了也门长期分裂的外部的原因。由于各派力量之间的复杂关系，及其难以调和的分歧与矛盾，历史上也门统一的时间远远短于也门分裂的时间。也门各派的目标虽然不是分裂，但也不一定是真心要维护统一。他们之间打打谈谈，却难以真正地放弃分歧，面对分歧往往动辄以武力手段解决，而不是以和平手段。也门国内派系林立，加上本身存在严重国际恐怖主义、暴力极端主义、宗教与部落冲突分离主义以及跨国走私等问题，而且上述这些问题之前也存在

---

① 也门北部的栽德派属于什叶派，南部的沙斐仪派属于逊尼派。

复杂的相互关系，使也门时常"处在崩溃的边缘"①。

也门在地缘政治中的重要地位，使也门成为古往今来各大势力竞相角逐的地方。在古代，来自非洲东部的埃塞俄比亚曾经侵略过也门。阿拉伯人南下跨越曼德海峡，进入非洲地区。后来，奥斯曼帝国从北部南下，占领北也门，与英国殖民下的南也门对立。北也门独立后，埃及与沙特在北也门内战中大打代理人战争，而南也门借苏联等国的援助推翻了英国殖民统治，并在独立后投入了苏联的怀抱。外部势力对也门政治发展起到唯一促进作用的，可能就是在20世纪七八十年代对也门统一问题上的默许。2014年以来，伊朗与沙特领导的联军借助胡塞武装与哈迪政府的"内战"进行博弈，抢夺中东乃至伊斯兰世界的话语权，导致也门实际上又分裂了。

从沙特自身角度来看，其拥有统一阿拉伯世界和伊斯兰世界的多重优势。首先，沙特自认为其作为伊斯兰教麦加和麦地那两大圣地的守护者，是伊斯兰世界当仁不让的盟主；其次，石油美元的发展，使沙特认为自己拥有统一阿拉伯世界和伊斯兰世界的实力；最后，沙特以伊斯兰会议组织、海湾合作委员会等组织为媒介，以泛伊斯兰主义为主要旗帜，努力寻求统一伊斯兰世界和阿拉伯世界。但是，沙特的努力缺乏现实基础，泛伊斯兰主义的旗帜过于宽泛，也与当代国际关系的世俗体系相违背，其政教合一的国家体制，已经被包括诸多伊斯兰国家在内的世界绝大部分国家抛弃。泛伊斯兰主义在中东地区也面临埃及、土耳其和伊朗等伊斯兰国家的挑战，因此沙特在战后统一伊斯兰世界和阿拉伯世界的成果还不如埃及等国。

2014年9月以来，也门内战中教派冲突的倾向越来越明显，沙特对内战中节节败退的哈迪政府的支持，是其统一阿拉伯世界和伊斯兰世界实践的一部分。沙特干涉也门内战已经数年有余，依然没能消灭胡塞武装，甚至连萨那都没能收复。2017年以来，胡塞武装甚至多次对沙特首都利雅得、麦加等重要城市发射导弹，虽然大部分被沙特拦截，但也使沙特为首的海合会国家在也门面临骑虎难下的窘况。

今天，也门形式上虽然没有分裂，胡塞武装和萨利赫联盟、哈迪政

---

① Christopher Boucek, Marina Ottaway, *Yemen on the Brink*, Brookings Institution Press, 2010, p. 4.

府与南部分离主义的联盟都破裂了，也门各派力量重新分化组合，导致也门局势也已经到了重新分裂的"悬崖边上"。胡塞武装通过向沙特的重要目标发射导弹等方式展现其实力，而沙特支持下的哈迪政府也无力发动对胡塞武装的反击，只能依靠沙特和海合会对胡塞武装的轰炸保持均势。在也门东部地区的极端组织，虽然也发起了一些恐怖袭击，但是更加注重在也门长期潜伏。在三方势力三足鼎立的情况下，也门经济和社会继续走向崩溃，成为世界上人道主义危机最为严重的国家。截至2018年11月30日，胡塞武装和哈迪政府就也门未来发展进行了多轮谈判，但都无果而终。如果双方不能就也门未来达成一致的协议，萨利赫死后所留下的巨大的政治真空，为各派争夺权力提供了更大的想象空间，会进一步促进各派力量的分化组合，也门政治的分裂和碎片化趋势也许会更加明显，甚至最终导致也门的重新分裂也是可能的。

第八章　宗教与政治之间：伊朗政治发展的困惑

自萨法维王朝以来，伊斯兰教什叶派成为伊朗的官方宗教，它在随后的伊朗历史上扮演了重要角色。伊斯兰教强大的社会动员能力，使其在伊朗的政治发展中经历了参与、退出，再到主导的过程。19世纪，伊朗在被纳入世界殖民主义体系后，西方制度文明不断渗入伊朗的政治传统，本土文明与外来文明之间的冲撞，使伊朗在寻求适合自身政治发展的道路中不断出现危机。立宪革命是西方政治制度与伊朗传统封建君主制的狭路相逢，革命虽然失败，但一种新的政治制度成为20世纪以来伊朗政治发展的框架之一。这种政治制度一方面吸收了西方三权分立的政治理念，另一方面宪法对宗教权威在伊朗政治中至高地位的规定，使得伊朗政治发展始终在宗教与政治之间摇摆不定。1925年，巴列维王朝建立了一个西方化、世俗化的政权，看上去勃勃生机的现代化改革却隐藏着深深的危机，资本主义现代化的经济基础正在颠覆巴列维王朝落后的上层建筑。1979年席卷全国的伊斯兰革命爆发，将这个国家的政治发展拧向了另一个方向，全面伊斯兰化的政策将伊朗变成了一个宗教色彩浓厚的反美国家。尤其是美国与伊朗断交后，美国在世界范围内孤立伊朗。然而，在全球化时代，伊朗与外来文明间的交往是不可阻挡的，伊斯兰政治框架下改革的呼声不断，宗教与政治的交锋使伊朗社会潜伏着新的因素，这些新因素在推动伊朗政治进一步发展的同时，也酝酿着新的危机。

第一节　立宪革命：宗教与伊朗现代政治的启蒙

立宪革命是伊朗现代政治发展的一个重要节点，西方制度文明的引进为伊朗带来了历史上的第一部宪法,从而确立了行政、立法、司法三权分立的政治制度。与此同时,这些制度与伊朗宗教传统之间产生冲突,这种冲突最终得到和解,宗教获得对法律的传统解释权,从而使伊朗政治从一开始进入现代社会时就打上了宗教的烙印,政治二元性成为伊朗政治发展的特色,也是其屡屡出现危机的重要原因。

一 恺加王朝的统治危机与西方文明的引进

19世纪后半期,恺加王朝日益腐朽,内忧外患导致王朝统治危机重重。随着伊朗被纳入世界殖民体系,其对西方世界的依附性表现得越来越明显,国内经济状况日益恶化。19世纪末,伊朗国内手工艺制品的出口锐减,而罂粟、稻米、棉花、烟草、坚果、羊毛和干果等原材料的出口明显上升。1857年,伊朗27%的出口为棉、毛和丝织品,而1911年同类产品出口仅为1%。当波斯被卷入世界市场后,对外贸易的发展及商品经济的推行在很大程度上加强了恺加王朝对国内农民的剥削。一方面,大小地主用尽一切可能的手段来剥夺农民及村社集体所有的土地;另一方面,对资金日益增长的需求驱使新兴地主们对农民增加更多的赋税。[1] 因此,在19世纪后半期,伊朗农民的生活艰苦,不满情绪四处蔓延。

恺加王朝后期,伊朗国王大举外债,出卖国家主权来换取财政收入,其中包括出售伊朗建造铁路、公路、铺设电话线、管理航运、开发矿产和国有森林以及承包关税和开办工厂等权利。1890年,伊朗国王以每年1500万英镑的价格,把伊朗国内的烟草专卖权特许给英国人杰拉尔德·塔尔博特的波斯帝国烟草公司,为期50年。1890年,俄国资本家波连考夫在德黑兰开办波斯信贷银行。1899年,俄国政府接管了银行信贷业务,将其作为俄国国家银行设在伊朗的分行。俄国通过这个银行借给伊朗3250万卢布,伊朗将除波斯湾诸多港口之外的全部海关税收和北部公路的税收抵押给俄国。[2] 西方商业的进入以及工业制成品的输入,使伊朗民族工业不断受到冲击,商人们缺少足够的资本扩张国

---

[1] Janet Afary, *The Iranian Constitutional Revolution, 1906–1911*, New York: Columbia University Press, 1996, p.21.

[2] 王新中、冀开运:《中东国家通史·伊朗卷》,商务印书馆2002年版,第253页。

第八章 宗教与政治之间：伊朗政治发展的困惑

际贸易，无法与外国制造业竞争，尤其是国内小手工业者生存状态越来越差。因此，本国商人开始关注政治，参与政治。

与此同时，知识分子在伊朗的历史上一直比较活跃，他们在学习西方的过程中不断觉醒。一批对新事物极具观察力和敏感性的知识分子，很快就将这些新事物与伊朗的国内现状相结合，探寻伊朗振兴的新思路，其代表人物是马尔库姆汗。马尔库姆汗深受伊斯兰改革主义者阿富汗尼的影响，他曾担任过伊朗驻伦敦公使，对英国的君主立宪制度十分熟悉。1890 年，马尔库姆汗在伦敦创办了一份波斯语报纸《法言报》，该报以"团结、正义和进步"为口号，反对伊朗国王的专制，宣扬民族主义和宪政主义思想，主张在伊朗建立西式的国家政治制度，还提出了一套社会经济改革计划，主张发展民族工业和建立国家银行等。

正当伊朗国内形势日益恶化，社会矛盾处于激化边缘时，1905 年初，伊朗发生灾荒，物价上涨，民众开始走向街头抗议政府的无能。请愿者提出："政府必须改变现行的政策，不再帮助俄国人而牺牲伊朗人的利益。政府必须保护我们的利益，尽管我们的产品或许不如外国货，现行的政策如果继续下去，将给我们的整个经济带来毁灭性的后果。"[①] 12 月，政府试图强行压低德黑兰市场的糖价，毒打涨价糖商事件成为革命的导火索，德黑兰市民进入清真寺避难以示抗议。1906 年 4 月，更大规模的游行示威在德黑兰爆发，政府派出军警进行镇压，死伤无数，此时手工业者和商人也停业罢市。1906 年 6 月，国王任命前德黑兰市长阿拉·道莱为法尔斯省总督，引起民众骚乱。乌莱玛塔巴塔巴伊给国王写信，指责官员的腐败与社会不公正。

在立宪革命初期，乌莱玛贝赫巴哈尼写信给英国驻伊朗领事馆，希望英国能给伊朗的立宪运动提供支持，遭到婉拒。但 7 月 19 日，当 50 名商人和神学院的学生来到领事馆避难时，英国人并没有驱赶他们，紧接着避难的人蜂拥而来。英国领事馆的庇护让很多学者怀疑伊朗立宪革命受到英国的背后支持。但并没有证据显示，英国外交部或领事馆将宪政体制灌输到伊朗避难者的心中。事实上，早在 19 世纪末，以马尔库姆汗、米尔扎·科尔曼尼等为代表的伊朗知识分子就提出过建立立宪政

---

① Ervand Abrahamian, *Iran Between Two Revolutions*, New Jersey: Princeton University Press, 1982, p. 81.

府的主张。后来成为伊朗立宪革命领导人的哈桑·塔吉扎德对英国领事馆避难事件评论说："在英国领事馆避难时，曾成立了一个委员会，其成员包括一些受过良好教育甚至西化的伊朗人……当伊朗国王许诺会解除首相艾茵·道莱的职务时，一些头脑简单的避难者希望离开避难所，但委员会诱导他们留下，并指出只有彻底地改革政府治理方式才能保证他们不再受到像艾茵·道莱那种官员们的暴政，因此建立公正之家的要求就逐步发展成要求建立议会。"①

1906年8月5日，国王纳赛尔丁颁布敕令，下令筹建议会和起草宪法。9月9日，伊朗选举法颁布。10月7日，第一届议会召开。1906年12月《基本法》颁布。《基本法》共51条，主要对国民议会的性质、选举程序和规章制度做出了规定。如第7条规定，议会辩论的时候，至少要有2/3的议员出席，质询的时候，需要3/4的议员出席，投票需要超过半数才有效。第13条规定了议会工作公开的原则，公众和媒体有权利去旁听，但不能发言。媒体可以将议会所有的辩论公开出版，以便让民众知道议会讨论的问题，但如果有不实报道会面临惩罚。第15—31条，对议会的权利和义务做了规定。第16条规定，所有的法律都是为了加强政府和王国的统治，规范国家事务。第19条规定了议会有权质询政府的法律执行情况。第25条规定，所有的国家贷款，不管什么性质，不管是国内还是国外的，都要知会议会，并需获得议会通过。第30条规定，当议会觉得有必要时，它有权力直接向国王请愿。第31条规定，内阁大臣有权在专门席位上旁听议会辩论，在主席允许的情况下发言。第32—38条对议会议员提案的程序作了规定。第43—47条规定，有可能的话将会成立上院，在上院没有成立之前，国民议会将是最高立法机构。②

二　宗教乌莱玛与立宪革命

伊朗立宪革命的爆发虽然源于19世纪末20世纪初国内外政治经济现状，但其爆发经历了一段时间的酝酿，并带有浓厚的宗教因素。1905年，伊朗海关事务顾问比利时人诺斯身穿毛拉服饰出现在化装舞会上的

---

① Browne, *Persian Revolution*, p. 122, n. 1.
② Amos J. Peaslee, *Constitutions of Nations*, The Rumford Press, 1950, pp. 200 – 205.

照片，深深触动了伊斯兰教徒的宗教神经，使革命情绪不断发酵。温和派乌莱玛贝赫巴哈尼发表讲话指出，伊朗的穆斯林对诺斯应群起而诛之。1905 年 3 月，在一次游行示威活动中，贝赫巴哈尼再次展示了身穿毛拉服饰的诺斯照片，使得民众群情激奋，1905 年 4 月，巴扎商人们开始关闭巴扎以示抗议。

随着立宪革命的爆发，伊朗立宪革命最初以宗教避难的方式推进。1906 年 8 月 2 日，伊朗民众在乌莱玛的领导下，进入英国领事馆避难。英国人斯玛特曾描绘道："设想一下院子里的每一个角落都塞满了帐篷，包括商人、乌莱玛及行会成员在内的各色人等 1000 多人挤在一起的场景吧！……这种场景在夜晚时最为奇特，几乎每一顶帐篷都有一名专业讲授卡尔巴拉惨案的叙述者。那是一幅生动的画面，每当帐篷中的听众坐成一圈时，他们便开始叙述起古老的哈桑与侯赛因的故事……每当讲述至悲惨的情节时，听众们便以独特的波斯方式哭泣并用手击打他们的头部以示悲伤。"① 公元七世纪卡尔巴拉惨案是什叶派成长为世界性宗教的重要阶段，对什叶派神学思想的发展有着重要意义。在这次革命中，传统的宗教思想和宗教仪式又被重新注入了新的政治含义，卡尔巴拉惨案被重新解释为邪恶与正义之间的斗争，民众也因宗教义务支持并保护领导立宪革命的乌莱玛，并追随他们的脚步。

然而，以法兹鲁拉·努里为代表的保守乌莱玛意识到，西方制度文明对其传统权力产生威胁，希望宗教阶层在宪法中能够获得更多的权力。1907 年 5 月，努里提出议会的所有法律必须有五位穆智台希德②组成的委员会同意才能通过，认为这是伊朗作为一个什叶派国家宪法必不可少的内容。这一提议在立宪革命阵营中引起争议。主张世俗化的立宪主义者则提出宪法条款应加入人人平等、言论自由、出版自由等内容。为了表达对民主党派在补充法中增加民主因素的不满，保守的乌莱玛多次组织在德黑兰郊外避难，努里的追随者最多一次超过 1000 人，其中有 18 个乌莱玛，30 个中级宗教人士，50 个毛拉，300 名神学院学生，200 名店主，100 个仆人和超过 200 个是因为免费食物而加入的成员。

---

① Denis Wright, *The Persians Amongst the English: Episodes in Anglo-Persian History*, London: I. B. Tauris, 1985, p. 201.

② 穆智台希德是伊斯兰教对创制教法能力和资格的权威学者的称谓，其学识和地位要高于一般的乌莱玛。

努里指责立宪主义者的非穆斯林性质,他提出要结束避难需要满足他三个条件:第一,所有议会代表都是虔诚的穆斯林,不能选举宗教异见人士或非穆斯林进入议会。第二,宪法不能在任何地方与沙里亚法有冲突。自由在伊斯兰教中是异端,出版自由的规定必须从宪法和补充法中去除。第三,波斯神教和其他"异教徒"教士应当被禁止在讲坛宣讲。①

最终民主党派与保守乌莱玛达成了妥协。1907年10月7日,国王批准了《基本法》补充条款②。补充条款的起草主要由大不里士的议会代表塔吉扎德、莫斯塔沙尔·道莱、纳斯鲁拉·塔卡维领导,他们参考了比利时、法国、保加利亚和奥斯曼帝国等国的宪法。《补充法》第一部分中的第1条明确规定,伊斯兰教什叶派十二伊玛目派是伊朗的国教,伊朗国王必须信仰该宗教,并有责任弘扬宗教。第2条规定,议会通过的法案需要由五名高级宗教人士组成的委员会批准通过,以确保议会通过的法律不违背伊斯兰教法。而且规定这一条在隐遁的十二伊玛目③明示前不能修改和删除,这也就意味着这一条永远不能修改。第二部分为波斯民族的权利。第8条规定,王国境内的人民在法律面前人人平等。第9条规定,所有个人的财产、生命和荣誉都受到法律保护。第20、21条规定,出版自由受到宪法的保护,但同时规定,损害伊斯兰教信仰、持有异端观点的人不在此列。在不危害宗教的情况下,集会结社自由,但要符合法律规定。第26条规定,国家权力来自人民。第27、28条规定了国家行政、立法、司法三权分立、各司其职的原则。第30—34条规定了议会议员的权利,第35—57条对国王的权力做了规定,如国王仍是三军统帅,有宣战和签署协议的权力,同时对王位继承进行了详细的规定。第58—70条对内阁大臣的权利和义务做出了规定。在与议会的关系上,第67条规定,议会有权力对内阁或某位大臣表示不满,有权力让内阁或某位大臣辞职。第71—89条对司法机构的权力进行了规定,建立民事法庭,涉及政治问题、民事问题都由司法部和民

---

① Janet Afary, *The Iranian Constitutional Revolution*, *1906–1911*, pp. 109–112.
② Helen Miller Davis, *Constitutions*, *Electoral Laws*, *Treaties of States in the Near and Middle East*, New York: AMS Press, 1970, pp. 117–128.
③ 十二伊玛目派是伊斯兰教什叶派的支派之一,穆罕默德·本·哈桑被认为是第十二任也是最后的伊玛目。该派教义除了遵循什叶派的基本教义外,强调穆罕默德·本·哈桑为最后的、也是隐遁的伊玛目,他将于世间充满黑暗时,以马赫迪的身份率领正义之师福临大地,铲除暴虐和邪恶,使大地充满公正与光明。

事法庭来解决，宗教领域交给有教法资格的穆智台希德来审理。第90—93条对省级地方委员会（即恩楚明）的地位和作用进行了界定，恩楚明的代表由人民选举产生，有权监督该地区的改革。第94—103条对财政税收做了规定。第104—107条对军队的权利和义务做了规定。第106条规定，外国军队不能被雇用来为王国服务，按照规定外国军队也不能过境或停留在王国境内。①

立宪革命后期，民主党派成为革命的领导阶层，他们与宗教势力之间的关系越来越紧张。虽然乌莱玛阶层在革命初期起到了强大的动员和引领作用，但他们对民主、自由和宪法等现代民主政治的概念并不感兴趣，他们只是关心自身的传统权力。随着革命继续向前推进，乌莱玛阶层越来越发现革命并不是沿着他们预期的方向发展，而是朝着相反的方向前进。随着革命的继续发展和伊朗民主党的成立，民主党更激进的政策开始针对整个乌莱玛阶层，这也引起温和派乌莱玛的不满。如乌莱玛塔巴塔巴伊在写给他家人的私人信件中抱怨，"议会没做别的事，只是让人民更痛苦"，"你不知道这个国家的国民议会如何毁灭人们的生活和信仰……毫不怀疑巴布教和自然派不仅出现在议会成员中，还是它领导层的一部分，议会不能做得比这更好了。愿真主诅咒赛义德·贾马尔丁·维兹，他是误导人民的异教徒，在讲经坛上他不断地号召人民阅读报纸，取代阅读《古兰经》和念他们的祷文。所以人民现在相信阅读报纸是他们宗教义务的一部分！他们停止阅读《古兰经》和祈祷，代之以阅读报纸，报纸上满是亵渎神灵和侮辱神圣的宗教的言辞"。1910年，温和派的乌莱玛贝赫巴哈尼在家中被四个圣战组织成员枪杀，这在当时的伊朗引起了巨大反响。贝赫巴哈尼曾是立宪革命初期主要的领导人之一，对立宪革命的发展起到了重要作用。贝赫巴哈尼被暗杀，彻底结束了宗教温和势力与民主派的联盟，使得整个宗教阶层倒向了保皇派。在民主党派与乌莱玛的斗争中，国王扮演了离间者的角色，最终使得整个宗教阶层倒向了保皇势力。因此，有学者认为，对现代革命的研究表明，传统宗教领导人与自由激进的知识分子联合起来进攻一个君王

---

① Helen Miller Davis, *Constitutions, Electoral Laws, Treaties of States in the Near and Middle East*, New York: AMS Press, 1970, pp. 117 – 128.

的专制统治，这种联盟必然是短命的。①

三 伊朗政治发展的二元性

伊朗立宪革命是世界近现代史上的一场重要革命。对于这场革命，我国著名中东史学家彭树智先生在《中东史》一书中指出，"立宪革命使伊朗有了第一部资产阶级性质的宪法，成立了第一个资产阶级性质的议会，沉重打击了恺加王朝的君主政体和专制制度"，"从根本上摇撼了王朝统治的基础"②。苏联学者伊凡诺夫在《伊朗现代史概要》中指出，"伊朗革命是二十世纪初期紧跟在1905年俄国革命之后，席卷东方各国的革命浪潮的一部分，而这一革命浪潮所标志着的是东方各国已进入了一个崭新的时代——资产阶级民主革命和民族解放革命的时代"，"伊朗革命虽然失败了"，但"对为民族的独立和自主的斗争准备了条件"③。事实上，在伊朗立宪革命中，宗教与政治之间的关系一直比较紧张，并贯穿了革命的整个时期，两种因素的角力导致了伊朗政治发展的二元性。

在这种二元性特征的形成中，一个非常重要的原因在于伊朗国内深厚的宗教传统。在伊朗历史上，自萨法维王朝以来什叶派成为伊朗国教，伊斯兰教什叶派的理论得到进一步发展，形成了独特的教阶制度和效仿制度，使得宗教乌莱玛的政治声望和社会地位不断提升。根据什叶派教义，每一位穆斯林都应当选择一位博学、虔诚、在世的穆智台希德作为效仿榜样，在教法事务上有义务服从其指导。到了恺加王朝后期，乌莱玛阶层逐步获得了独立于国王的权力和地位，开始干预政治。1825年，伊朗与俄国发生边境冲突，乌莱玛要求国王对俄宣战，并宣称他们将发布教令宣布圣战，不遵照教令将被视为对信仰的背叛。在1891—1892年的烟草运动中，乌莱玛再次通过发布法特瓦的形式干预烟草抵制运动。

在立宪革命中，对于宪法，保守派乌莱玛努里称，《基本法》并不

---

① Samuel P. Huntington, *Political Order in Changing Society*, New Haven: Yale University Press, 1968, pp. 159 – 160.
② 彭树智主编：《中东史》，人民出版社2010年版，第257页。
③ [苏]伊凡诺夫：《伊朗现代史概要》，文津、孙伟、张芹等译，生活·读书·新知三联书店1959年版，第21页。

第八章　宗教与政治之间：伊朗政治发展的困惑　347

是源于波斯，它是源于欧洲的法律。他指出，立宪革命是为了"保护伊斯兰城堡，防止被宗教异端和叛教者歪曲"，"我们不能容忍弱化伊斯兰教和歪曲神圣律法"，"立宪主义者想把伊朗的议会变成巴黎的议会……我们看见他们引入了欧洲议会的法律文本……而我们的伊斯兰人民已经有了永恒的神圣律法"①。保守的宗教人士甚至质疑宪法与《古兰经》的关系，他们认为，伊朗不需要宪法，《古兰经》就是宪法。他们还指出，伊朗不需要建立议会，议会也没有最终立法权，因为一切权力源于真主，最高立法权属于真主。因而议会通过的法案必须得到高级宗教人士的认可才具有合法性。因此，在立宪革命中，《补充法》第2款，再次确认了宗教可以干预政治的原则，珍妮特·阿法里认为，该条款"赋予了宗教阶层史无前例的权力来干预立法，从而摧毁着议会和司法的权威"②。在司法上，当时议长萨尔塔纳指出，"除司法部的法庭外，不应有其他法庭，称职的穆智台希德可以担任司法官员，并领取薪水"。但保守的乌莱玛对此提出异议，最终补充条款不得不在认可世俗法庭外，也承认宗教人士对与神圣律法有关的法律事务具有权威，因而导致伊朗存在两个司法系统，即宗教法庭和世俗法庭，世俗法庭可以上诉，因而可以被推翻，宗教法庭裁决高于世俗法庭的裁决，因而具有绝对的权威。

立宪革命是伊朗进入20世纪以来的重要历史事件，它为伊朗带来了历史上的第一部宪法。《基本法》的颁布是伊朗在中东民族国家独立体系建立初期学习西方制度文明的成果。他们试图通过制定法律，建立议会来限制专制王权。《补充法》的通过，确立了三权分立的政治框架，进一步限制了国王的权力。"立宪本身不可避免地会使政治权力的性质变得世俗化，并且最终会改变权力结构，尤其是会加剧社会关键机制的世俗化。"然而，伊朗国内有着深厚的宗教传统，在历史上形成了完善的教义理论并确立了一定的地位。主张世俗化的民主党派与乌莱玛阶层的妥协，使得立宪革命没有完全吸收西方的制度文明，从而伊朗在20世纪初期重塑政治体制之时再次确立了伊斯兰教什叶派在伊朗政治

---

① Janet Afary, *The Iranian Constitutional Revolution, 1906 – 1911*, pp. 179 – 180.
② Janet Afary, "Civil Liberties and the Making of Iran's First Constitution", *Comparative Studies of South Asia, Africa and the Middle East*, Vol. 25, No. 2, 2005.

中不可或缺的重要地位，使得伊朗政治带上了鲜明的二元性特征，政治与宗教之间的关系成为其历史演变的重要线索。

第二节 巴列维王朝：世俗化的政治改革

立宪革命后，俄国军队进入伊朗，占领北部省份，英国势力也加强了对南方各省的控制。1921 年，在英国人的支持下，恺加王朝哥萨克旅的将领礼萨汗率军进入德黑兰。1925 年底，立宪会议宣布礼萨汗为国王，巴列维王朝从此开始。在整个巴列维王朝时期，伊朗的政治制度在保留立宪革命时期三权分立政治构架的同时，加强君主专制，并采取亲西方的立场，朝着政治世俗化的方向发展。尽管如此，伊朗宗教势力仍在不断地积聚力量，发展教义学说，在巴列维王朝冒进的现代化改革引起民众不满时起到了动员作用，最终在国内再次形成反国王联盟，爆发伊斯兰革命，推翻巴列维王朝，建立伊朗伊斯兰共和国。

一 君主专制的巩固及其挑战

第一次世界大战时期，伊朗是大国争夺的重要区域。巴列维王朝初期，国内政治权力分散、经济落后，百废待兴。礼萨汗上台后延续了立宪革命时期的政治框架，宪法仍然是国家的根本大法，议会选举定期举行，但议会选举前都会征求国王的意见，议会也只是围绕一些无关紧要的问题进行讨论。军人出身的礼萨汗在保留伊朗政治民主外衣的同时，采取了一系列措施，扩大君主权力。

第一，统一部族，加强中央集权。新政权实行强制性的定居政策，强行将游牧部落迁入"示范村庄"，将部落武装纳入国家军队体系，目的在于摧毁部落政治的经济、社会和军事基础。巴列维王朝建立初期，部落人口约占伊朗总人口的 25%，到 1932 年，比例下降到 8%。为加强中央集权，将中央权力延伸到边远地区。建国后，礼萨汗开始建造穿越伊朗的铁路。1929 年，自里海港口城市沙阿港到马赞达兰中部城市萨里以及自海湾港口城市沙赫普尔港至胡齐斯坦北部城市迪兹富勒两条铁路完工。1931 年，自沙阿港经德黑兰向南至沙赫普尔港的第一列火车正式通行，成为连接里海与波斯湾的交通纽带。1941 年，自德黑兰经塞姆南到马什哈德的东线铁路和自德黑兰经赞詹至大不里士的西线铁路投入运营。1925年，伊朗全国的公路不足2000英里，而且大多年久失修。到1941年，伊朗拥有状况良好的公路约14000英里。1920—1933年，国内货运费用减低至原来的1/3，货运时间降低至原来的1/10。与此同时，政府加强社会控制，警方甚至监督个人通信，公民需要获得特别许可证才能在国内旅行。1933年，英国使馆的一位高级官员曾指出：伊朗的"历史是长期受到霸权控制的历史，伊朗社会几乎遍布着厌恶和憎恨的情绪……很难相信，礼萨汗和他的王朝能继续存在"[1]。

第二，弘扬民族文化，加强民族主义和爱国主义宣传。1934年，礼萨汗将国名由波斯改为伊朗，延伸了伊朗文明史。政府还大力推广波斯语，弘扬民族文化，加强民族认同。同时伊朗宣布废除与西方签订的不平等条约，成立伊朗国家银行，接管原来由外国人控制的电报公司和海关等，禁止外国人在伊朗办学。"对于有国家分裂主义倾向的个别少数民族如阿拉伯人、库尔德人和土库曼人进行严格的管制和大力的镇压，并对其他非伊朗部落和民族采用波斯化政策。"[2]礼萨汗还督促成立专门委员会对伊朗文字进行创新，用古波斯语代替现有语言中的土耳其、阿拉伯和欧洲词汇。设立与波斯帝国有关的历史博物馆和纪念馆，展示公元前的历史文化，弘扬波斯帝国文化及其带来的民族自豪感，抵制阿拉伯文化及其带来的伊斯兰教。

第三，进行世俗化改革，消减宗教势力在教育、司法、行政领域的影响等。在教育方面，伊朗每年资助100名青年留学欧洲，学习西方的先进技术和制度文明。在司法体系上，礼萨汗上台后，引进法国的民法和意大利的刑法，颁布新的商业法和婚姻法，建立了以司法部为最高司法机构的司法体系。在议会中，1926年，宗教界的议员占总议员的40%，1936年宗教议员已所剩无几，1940年，宗教势力已淡出议会。1928年和1935年两次立法进行服装改革，强制男性戴"巴列维帽"和西式礼帽以取代传统头巾。1935年，政府立法禁止妇女佩戴面纱，还颁布法官资格法令，规定法官必须具有如德黑兰大学或者外国大学三年或三年制以上的学历，没有此类学历的法官需要通过相关法律专业的考

---

[1] Fakhreddin Azimi, The Quest for Democracy in Iran: a Century of Struggle against Authoritarian Rule, 2008, pp. 85 – 87.

[2] 冀开运：《伊朗民族关系格局的形成》，《世界民族》2008年第1期。

试才能继续留任。政府对清真寺地产进行监督，削弱宗教阶层的经济基础。

第四，进行工业和农业现代化改革。礼萨汗时期在经济上的改革主要集中在工业和农业方面。伊朗政府加强投资，建立现代工业企业，建立各类技术性职业学校，为工业化提供了大量的人才。随着工业化进程的开始，城市化进程也在加速，伊朗社会越来越呈现现代社会的特征。在农业方面的措施包括：第一，对全国土地进行勘测并颁布土地法，出售国有土地。第二，颁布各类农业法律，鼓励种植经济作物。政府还聘请外国专家主持改良作物和牲畜品种的实验站，1929年在卡拉季开办了第一所农校。他还在自己的马赞达兰庄园试用许多新式农耕方法。第三，通过世俗化剥夺了宗教界的部分司法和教育大权，并加强控制宗教地产。1934年，政府颁布《宗教地产法》。1935年的《行政法条例》规定，教育部所属的宗教地产局有权接管那些无管理者或者管理者名气不大的宗教地产的事务；有权批准地产的经营预算，有权批准宗教地产转为私产。

总体来看，礼萨汗时期的世俗化改革是一场中央集权国家领导的自上而下的资产阶级现代化运动，改革的目的仍是维护民族独立与实现国家富强，因而民族主义的特征很明显，世俗与宗教势力的合作与斗争是该时期改革的重要内容。这些特点也为后来者继承并发扬光大，在一定程度上奠定了巴列维王朝时期伊朗现代化的发展模式。这种模式的形成与伊朗的历史和现实条件紧密相关，伊朗在大国夹缝中求生存的历史，促使民族主义和亲西方政策同时成为伊朗现代化运动的两大基调。鉴于伊斯兰教在伊朗历史上的传统地位，宗教与世俗之争也始终是伊朗现代化运动中最难协调的因素。

当然巩固封建君主专制的措施并不是一帆风顺的，尤其是人口登记、征兵制、新服装法以及定居政策等。礼萨汗时期希望伊朗能够建立一支强大的国家军队，但是征兵制度触犯了部落和乌莱玛的利益。征兵制度使得原来属于部落武装的人现在被国家招募，削弱了部落首领的军事力量。由于征兵制度不仅招募穆斯林，还招募非穆斯林，这在某种程度上体现了立宪革命时期人人平等的思想，因而招致乌莱玛的不满。抛弃穆斯林传统服饰、佩戴西式礼帽、妇女不戴面纱等都对宗教界提出挑战。乌莱玛们希望能够利用宪法补充法第2条来反对礼萨汗。他们提出，宪法应当受到尊重，尤其是他们想执行由五名穆智台希德组成的最高委员会审查所有提交议会议案的规定，以确保没有违背沙里亚法的事情发生。

1928年底，大不里士的军队开始在乌鲁米耶湖西南区域的库尔德人中强制废除部落服装以支持新式礼帽。随后，毛拉哈里尔发表声明，呼吁部落反抗军队强制推行的改革，并立刻得到了大不里士地区库尔德部落的响应，动乱甚至开始呈现出泛库尔德主义和地方民族主义的色彩。随后，曼古尔部、马米莎和其他几个部落在各自首领的领导下，集结了15000人的部队，在毛拉哈里尔的指挥下，把政府军驱逐出萨尔达斯特。他们甚至将请愿书送交到伊朗南部城市设拉子的英国领事馆。在请愿书上，他们强调对伊朗政府的忠诚，提出军事长官的压迫和贪婪是他们不满的原因，他们甚至提出请英国领事将他们的请愿书转交给国联。

英国人的介入引起礼萨汗的警觉，开始对其内部进行清洗。1929年5月，南方油田工人罢工，英国军舰靠近伊朗水域。1929年的工人罢工不但唤起了礼萨汗对英国帝国主义野心的恐惧，而且还加剧了他对王朝安全的担忧。6月，菲鲁兹亲王被捕入狱，他是礼萨汗政府中第一个被捕入狱的贵族高官，他的倒台开启了政府官员或被处死或入狱或被流放的过程，这些官员包括南方军队的前指挥官马哈茂德·汗·艾鲁姆、最高法院院长泰穆尔塔斯、战争部长萨德尔·阿萨德。1934年4月，萨德尔·阿萨德在狱中被杀。礼萨汗曾指出，大臣的能力让人深感担心，他会毫不犹豫地消除任何可能挑战或危及他儿子世袭王位的存在。① 伊朗国王甚至怀疑部落叛乱是推翻他的王朝以及复辟恺加王朝的前奏，或许还得到英国人的帮助。

二 现代化改革与亲西方政策

1941年，礼萨汗以"健康不佳"为由被迫逊位给年仅21岁的儿子穆罕默德·礼萨·巴列维，伊朗的现代化改革也从此开始走上新的征程。1949年，巴列维要求对1906年宪法条款进行修改，主张限制新闻、出版和言论自由，任何对国王和王室的不利言论被视为叛国罪，而

---

① George Lenczowski, *Iran under the Pahlavis*, Hoover Institution Press, 1978, p.101.

且国王有权解散议会。巴列维的专制政策得到了西方国家的支持，因为在英美支持者的眼中，一个亲西方的伊朗最符合英美的利益。

第一，加强君主专制的统治。巴列维国王为避免地方权力过于膨胀，威胁到中央权威，对伊朗国内的行政区域进行了重新规划，省区由10个增至23个。随之，国内的官僚结构也开始膨胀。1963—1977年，伊朗中央政府由12个部和15万雇员增加到19个部和30万雇员。而且政府官员大多是阿谀奉承之徒，在宣誓效忠巴列维的同时，也成为改革的蛀虫。除此之外，1964年，为改善国内的政治气候，巴列维宣布废除两党制，国民党和民族党合并成新伊朗党，1975年，复兴党取代新伊朗党，成为伊朗国内唯一合法的政党，其任务是铲除背离官方的思想倾向，实现伊朗人民的思想统一，确保白色革命的顺利进行。复兴党在伊朗全国各地都设有分支机构，加入该党的先决条件是拥护宪法、忠于国王和支持白色革命。

巴列维加强君主专制的另一重要举措，是加强伊朗的军队和秘密警察建设。1957年，在美国中央情报局、英国和以色列情报机构的帮助下，巴列维国王建立了伊朗的国家安全情报组织萨瓦克，成为"国王的耳目和铁拳"，其主要任务是打击以任何形式反对国王的人，监视政治和宗教高层。此外，1959年，巴列维组建了皇家调查团，可以调查任何国家机构和企业，包括萨瓦克，该调查团直接向国王负责。萨瓦克成员遍布伊朗国内，其社会惩戒功能的滥用一度在伊朗社会引起恐慌。1963—1977年，伊朗军队人数从20万增至41万，其中陆军从18万人增至20万人，海军从2000人增至2.5万人，空军从7500人增至10万人，宪兵从2.5万人增至6万人，特种部队从2000人增至1.7万人，国王卫队从2000人增至8000人。1963—1973年，军费预算从不足3亿美元增至18亿美元，1977年高达73亿美元。[①] 1977年时的伊朗拥有海湾最强大的海军和中东最先进的空军，号称世界第五军事强国。

第二，以土地改革推进农业现代化。1963年1月，在全国第一次农业合作社大会上，巴列维宣布了"白色革命"的六点计划，其中包括土地改革。他试图通过土改来消灭大地主，改变佃农的地位，建立新型的农业结构和生产关系。土地改革大致分为三个阶段，1963年1月

---

① 哈全安：《中东国家的现代化历程》，人民出版社2006年版，第307页。

至 1965 年初为土地改革的实验阶段；1965 年 2 月开始进入第二阶段；1966 年 1 月到 1971 年 9 月为第三阶段，即农业现代化阶段。为达到土地改革的第三阶段的设定目标，政府制订了一个计划，内容包括：推广水利化建设，发展和普及化肥的使用；实现适应全国各地区的自然和气候条件的农业机械化；保护农作物免遭病虫害；固定农业的经济单位，农牧结合；通过技术援助和给予有监督的贷款，鼓励私人向农牧业投资；国家的农业计划与工业计划相结合；开垦荒地；发展农村合作公司等。巴列维称："这场革命应该完全改变伊朗社会的基础，使他能同当前世界上最先进的社会媲美，并且成为具有社会正义和个人权利的最进步的原则基础上的社会。"① 其目的是避免由左翼力量领导的"红色革命"和由宗教势力领导的"黑色革命"。

为配合土地改革，巴列维政府还采取了相应的配套措施，如向农村和边远地区派出知识大军、卫生大军、开发大军和建立公正之家等，这样一方面可以提高农民的认识水平，另一方面可以得到更多的支持和认同。建立知识大军，进行扫盲运动，被巴列维视为头等重要的大事，他认为这不仅促进本民族的利益，还有益于整个人类社会的进步。根据伊朗议会通过的《卫生大军组织法》，卫生大军由下列人员组成：医生、药剂师、工程师、护士等经过专业认证的人员，以及持有相应专业学士、硕士毕业文凭者。他们经过为期四个月的训练后，在全国各地农村服兵役，并在这些地方从事防治疾病和环境卫生工作，在保健方面指导农民。他们在卫生部的帮助下，负责打井、安装手摇水泵、清扫坎儿井和水源；变池浴为淋浴，铺设村庄用水管道和其他有关农村卫生的工作。开发大军的第一批成员包括五百名大学生和高中生。他们分成三十个训练点，进驻 224 个村庄。他们为村民施行农牧业教育计划，循序渐进地提高农民及其子女的知识水平，训练如何备耕、播种和收获，介绍使用化肥的方法。公正之家，实际上是农村的公正法庭，成员由 5 名地方上有威信的人组成。他们在这个地区的司法机构监督下选出，任期三年。他们的工作是义务性的，负责建立初步档案和起草申诉书。

第三，加大投资，促进工业现代化。随着伊朗石油美元的增长，国

---

① ［法］热拉德·德·维利埃：《巴列维传》，潘庆舲译，商务印书馆 1986 年版，第 365 页。

内的工业现代化进程进一步加快，伊朗政府制订了一个又一个雄心勃勃的计划。1963年和1968年，伊朗政府分别制订了第一、第二个五年计划，预计投资金额为19亿美元和107亿美元，国内生产的年增长率目标分别为8.8%和9%。1973年，伊朗政府制定了又一个五年计划，预计投资365亿美元，后增至700亿美元，主要投资领域仍是机械、运输、电力、化工、冶金等领域，年增长率达25.9%。为实现工业的快速增长，政府在加大工业投资的同时，鼓励私人资本家的投资，并向他们提供各种优惠，如财政补贴、减免税收、提供特许权等。20世纪60年代，私人投资占工业总投资的一半左右，形成了一个庞大的工业金融资产阶级。1977年，伊朗工业企业5000多家，除政府投资的400多家外，大多是私人投资兴建。除此之外，伊朗繁荣的石油工业和宏伟的改革措施，也吸引了大量的外国投资，到1977年，外国投资累计达到52亿美元，大多投资在资金密集型企业和技术密集型企业。

随着工业现代化的发展，工人阶级的人数急剧扩大，政府开始将工人纳入企业分红的行列。一方面希望通过让工人参与管理企业，带动增产节约运动，另一方面也希望工人能在工业发展中受益，从而保持一个稳定的团队。为此，1963年，政府颁布了"工人在工厂企业分红法"，还成立了"工人福利银行"。随着石油价格大幅度提高，石油收入增多，巴列维的头脑也开始发热，对属下提出的谨慎方案不屑一顾。1974年8月，在拉姆萨尔举行的关于修订第五个发展计划[1]的会议上，巴列维提出："我们向你们许诺的'伟大文明'并不是乌托邦，我们达到'伟大文明'的时间比我们想象的要快得多。我们说过我们将在12年内跨进它的门槛，而在有些方面我们已经进入'伟大文明'的境界。"[2]

第四，注重世俗化教育，解放妇女。1963年，在白色革命初期，巴列维提出森林牧场国有化、修改选举法给予男女平等的选举权，以及成立农村扫盲队等主张。这些措施在推动伊朗政治经济发展的同时，伊朗的国家发展道路也越来越向世俗化的方向发展。尤其是在白色革命时

---

[1] 巴列维王朝时期的国家发展计划并没有固定的年限规定，且时有停顿。从1945—1962年伊朗曾规划过两个七年计划。1962年9月至1968年3月是为期五年半的第三个发展计划；1968—1972年为第四个发展计划；1973—1978年为第五个发展计划。

[2] 张振国：《未成功的现代化——关于巴列维的"白色革命"研究》，北京大学出版社1993年版，第154页。

期，土地改革规定宗教地产管理人必须与佃农签订为期99年的租佃协议，农民在土改后每年缴纳的地租大大减少，宗教界的实际收入也随之下降。政府希望通过瓦解宗教阶层的经济实力，来削弱他们在伊朗社会中的政治影响力。

在教育方面，20世纪60年代，伊朗教育得到了迅速发展，政府实施了八年免费义务教育，为学生提供免费医疗和膳食。为配合土地改革的进行，政府派出的知识大军在农村地区进行扫盲运动，伊朗国内的识字率得到了大幅度提高。与此同时，作为一场西化改革，政府每年都会派遣大量的学生到欧洲和美国留学，学习西方的技术和民主政治，这些都为后来伊朗的政治发展产生了重要影响。在维护妇女权益方面，1963年，他绕过议会，对选举法进行了修改，妇女被赋予了选举权和被选举权，并参加了1963年的全民投票。1967年，伊朗议会通过了家庭保护法，对一夫多妻制进行了限制。法律规定：男子只能娶两位妻子，在娶第二位妻子时必须征得第一位妻子的同意。离婚问题经法院审理和判决方能生效，从此取消了男子可以随意休妻的特权。1968年，政府又颁布了《妇女社会服务法》，为妇女就业提供保障。

第五，采取亲美政策。巴列维上台后，国际和地区局势发生了许多变化。中东地区局势的变化对巴列维的对外政策产生了重要影响。埃及纳赛尔主义在中东盛行，与叙利亚联合，谋求中东地区的领导地位。1958年，伊拉克自由军官组织起义，推翻了费萨尔王朝，以及阿拉伯民主主义者反伊朗的宣传等，使巴列维感到不安。二战结束后，美国和苏联进入对峙时期，继续扩大阵营，而伊朗的地缘政治优势成为美国的首选。

艾森豪威尔时期，美国为了增强对苏联扩张的遏制，加强援助苏联势力范围周边国家，与它们建立友好关系、协调行动。1954年，美国与伊朗成立了一个国际联合企业，取代了原来的英伊石油公司。1955年，伊朗加入巴格达条约组织，1958年加入中央条约组织，1959年双方签署了双边防御协定。巴列维认为，"中央条约组织是在帝国主义的侵略面前维护伊朗安全的一个有效工具"，"它的目的无非是以共同努力来维护国际安全"[1]。肯尼迪政府时期，美国成立了一个由助理国务

---

[1] ［伊朗］穆罕默德·礼萨·巴列维：《我对祖国的职责》，元文琪译，商务印书馆1977年版，第415页。

卿菲利普斯·陶伯特领导的伊朗特别工作组，加强对伊朗的经济援助。1964年约翰逊政府与伊朗达成军售协议，预计未来4年美国每年向伊朗出售5000万美元的武器，两年后每年军售额度增加到1亿美元。1968年5月，约翰逊总统正式批准对伊朗军售的六年计划，即在1968—1973年，美国向伊朗提供总额6000万美元的购买武器贷款。1953—1957年，美国对伊朗的经济援助共计36.68亿美元。1958—1960年，平均每年的援助金额为4500万美元，1961年一年的援助金额就达到10.72亿美元。从1953年开始到1968年的15年里，美国对伊朗的援助仅军费就高达5.345亿美元，美国驻伊军事人员达到1万人。到1972年，近11000名伊朗人在美国接受过军事训练。1975年，美国约2万名军事人员在伊朗工作，1976年7月达到2.4万人。[①]

三 霍梅尼对什叶派思想的发展

霍梅尼政治思想的形成经历了一个漫长的过程，它与反对巴列维专制统治的斗争进程联系在一起。1943年，霍梅尼出版了第一部涉及伊朗政治的书籍《揭露秘密》，书中首次抨击了伊朗社会世俗化和西方化的政策，但霍梅尼同时指出："我们并不是说政府一定要掌握在教法学家手中，我们说的是政府一定要按照真主的律法运行。这一点在宪法中也有规定，它与政府稳定和国家利益不冲突。"[②] 1944年4月，霍梅尼发表了第一篇政治檄文，公开号召伊斯兰学者和整个伊斯兰社会团结起来进行大规模的斗争。[③] 此时，霍梅尼表达了教士参政的强烈意向，但仅限于要求监督君权，以确保政府遵从神圣律法，没有排除与政府合作的可能性，在王权面前处于一种防御姿态，其思想在本质上是以君主立宪形式表现的什叶派传统主义。20世纪60年代初，随着白色革命的推进，霍梅尼对伊斯兰的维护不再是一种防御姿态，而是以宗教领袖的身份向巴列维政权发起进攻。此外，霍梅尼坚决反对美国势力在伊朗的存

---

① 范鸿达：《巴列维国王时期美国对伊朗的军售》，《首都师范大学学报》（社会科学版）2007年第6期。

② Imam Khomeini, *Islam and Revolution: Writings and Declarations*, translated and annotated by Hamid Algar, London, Melbourne and Henley, 1981, p.170.

③ ［伊朗］哈米德·安萨里：《伊玛姆霍梅尼生平》，伊玛姆霍梅尼著作整理出版社2000年版，第43—44页。

第八章 宗教与政治之间：伊朗政治发展的困惑 357

在，主张反对帝国主义和殖民主义，维护伊朗的民族独立和文化传统。然而，此时霍梅尼的反政府立场，仍然只是针对政府的政策，并没有指向伊朗的政治体制和整个上层建筑。到了 60 年代末 70 年代初，霍梅尼的思想发生了明显的变化，由原先主张在君主立宪体制内的乌莱玛参政，转而号召推翻君主制，建立伊斯兰神权政体。霍梅尼思想的这一变化集中体现于《伊斯兰政府》一书，该书指出，要确保人类的幸福，仅仅有真主的法律是不够的，还需要法律的实施权和实施者，主张建立伊斯兰政府。①

此外，这一思想的形成，不仅仅来自霍梅尼与巴列维王朝斗争经验的总结，霍梅尼对伊斯兰教什叶派教义的创新，为其政治思想的体系化以及后来的政治实践起到了至关重要的作用。20 世纪 60 年代初，伊朗什叶派的效法源泉布鲁杰迪去世，伊朗宗教界出现了分裂，以霍梅尼为首主张宗教干预政治的政治行动主义势力，开始出现在伊朗政治舞台的中心。与西斯塔尼的什叶派静默主义主张不同，霍梅尼主张积极行动，鼓励教士参政。其一，他发展了什叶派教义中"非伊玛目的统治不合法"的信条。他指出君主制的不合法性，主张以一个教法学家统治的政府取而代之，并首次在什叶派历史上论证了在伊玛目复临之前，乌莱玛可以夺取世俗政权，建立一个伊斯兰政权。其二，他对教法学家所具有的权威作了重新解释，将其扩展到国家治理。他说："治理国家是安拉的先知的绝对权威的一部分，它源于伊斯兰的基本制度，与礼拜、朝觐、斋戒相比，它具有优先权。"其三，在关于领导者资格的论述中，他提出伊斯兰政府的领导者应当具备两大条件：教法知识和公正。其四，霍梅尼泛化了什叶派思想，使之成为一切被压迫者的革命意识形态，为输出革命做准备。② 霍梅尼的思想不仅导致了国内反君主专制联盟的最终形成，为迎接 1979 年伊斯兰革命做好了最后的动员，也为未来教法学家权威统治的政治体制提供了合法性和奠定了理论基础。

尽管宗教阶层受到了巴列维政府的压制，但宗教势力在农村地区仍然有着很深的根基。据 1966 年末伊朗第二次人口普查显示，伊朗有各种神职人员 1.25 万名，1973 年上升为 1.5 万名。另据《1974 年伊朗年

---

① Imam Khomeini, *Islam and Revolution: Writings and Declarations*, p. 40.
② 王宇洁：《伊朗伊斯兰教史》，宁夏人民出版社 2006 年版，第 127—129 页。

鉴》的数字显示，全国城市有清真寺 5400 座，其中德黑兰有 1000 座，库姆有 155 座，卡善有 97 座，中央省各城镇有 1500 座。[①] 此外，农村地区的清真寺既是神职人员讲经布道的场所，在一定条件下也是对什叶派穆斯林进行政治动员的场所。巴列维的改革尽管导致了少数上层和新兴中产阶级的不断西化，但以农民和城市巴扎商人为主的广大民众继续追随宗教领袖，按伊斯兰方式生活。这一状况为宗教团体与世俗王权的斗争创造了机会，也为霍梅尼政治思想的最终形成提供了民意基础。

四 巴列维王朝统治的二律背反

巴列维时期的现代化改革试图通过土地改革和工业的现代化，推动伊朗的快速转变。但随着石油收益的快速增长，巴列维的经济发展规划逐步失去了合理性。在农业方面，政府既想消灭第二阶段未曾有效解决的租佃关系，将所有佃农迅速变为自耕农；又想加速耕作机械化和提高农业生产力，从而采取建立国营农场企业的行动，强迫自耕农加入。这种矛盾的做法，使相当一部分农民成为牺牲品。农民刚刚获得的土地使用权又被迫转移给了企业，以换取同他们的土地及其他农业资产等值的股份。这种做法实际上是对土地再分配计划的否定。农民不再是土地的所有者，而是退回到原先的农业劳动者。这就打击了他们的积极性，使他们产生了怨恨情绪。在工业方面，工人入股分红以及提高社会福利的做法，很明显是 20 世纪五六十年代西方流行的资产阶级政治思潮及其实践，如人民资本主义、建立福利国家等对接受过西方教育的巴列维产生的影响。其目的是借助资产阶级改良主义的一些手段，来调整和缓解封建贵族、大资产阶级与工人阶级之间的矛盾，消弭阶级对立，以维持和巩固其统治。但这种做法并没有达到预期的目标，一方面，有关工人分红的法令本身存在漏洞，另一方面，参加分红的企业和税务机关勾结，虚报企业利润总额。同时物价上涨速度过快，经常使工人分得的钱在年终到手时已经大大贬值。

从理论上来看，巴列维发起白色革命以及后来的西化改革，目的是要改变旧有的生产关系，建立资本主义新经济。尽管这些改革措施在一定程度上改变了伊朗的经济面貌，但经济改革的目的仍是维护巴列维的

[①] 蒋真：《后霍梅尼时代伊朗政治发展研究》，人民出版社 2014 年版，第 31 页。

专制统治，他在政治领域拒绝任何实质性的民主改革，相反还强化王权在各个领域的控制，导致滞后的政治改革与急速先行的经济改革之间必然产生矛盾。经济改革释放出的新因素最终不能为政治权力所控制，反而推动着专制王权的崩塌。

从历史的角度来看，巴列维的改革是在封建专制的体制构架下开展的资本主义经济改革，改革的冒进和思想意识形态的空缺，最终让伊朗民众不知所向。宗教团体对西方文明有着本能的抵抗，巴扎商人和小手工业者随着大工业生产被边缘化，农民们仍然不能从白色革命中受益，接受过西方教育的知识分子们只看到了民主政治的虚体，在君主专制的统治下呼吸不到自由的空气。所有因素的结合预示着一场风暴即将来临，而领导者则是宗教界的乌莱玛。这是因为伊斯兰教的独特属性使信仰伊斯兰教的中东国家在着手现代化时，不能不首先理顺宗教与世俗、传统与现代、古老东方文明与现代西方文明之间的关系，从而获得宗教上的"合法性"。也因此，在没有一个足以让大多数人接受的思想领导下，宗教走上了前台，在表象上是为反对世俗化改革，实际上是在政治手段缺失的情况下对失败的改革的本能反应。正如哈全安先生在《中东国家的现代化历程》中所说，世俗形式的政治斗争缺乏必要的存在条件和发展空间，世俗反对派政党已无立足之地，宗教几乎成为民众反抗的仅存空间，宗教反对派应运而生，政治斗争随之由世俗领域的议会政治逐渐转化为神权形式的宗教运动，宗教情感成为政治情感的扭曲反映，宗教的狂热成为民众发泄不满和寄托希望的首要形式，清真寺则取代议会成为反抗巴列维王朝独裁专制的主要据点。[①]

第三节 伊斯兰革命：法基赫体制的确立与实践

1979年，伊朗爆发伊斯兰革命，在宗教领袖霍梅尼的领导下，伊朗建立了一个伊斯兰教法学家主政的政权。新政权通过颁布宪法，在理论上确立了教法学家统治的建国理念；通过建立一系列伊斯兰权力机构，在实践上确保了教法学家的权威性；通过伊斯兰宣传教育的制度化，巩固着这种权威统治的民意基础，从而在伊朗形成了一种独特的伊

---

① 哈全安：《中东国家的现代化历程》，第316页。

斯兰权力体系，即法基赫体制。它是当前伊朗伊斯兰政权的根本政治制度，是20世纪伊朗寻求国家独立发展道路的积极尝试，也是研究中东地区政治制度的一个典型个案。但这种体制的最终形成并非仅仅来自一场革命，巴列维王朝时期激进的政治、经济和宗教政策起到了一定的催化作用，霍梅尼全面伊斯兰化的改革政策起到了重要的推动作用。这种体制的形成还源于伊斯兰教什叶派隐遁伊玛目的政治学说，得益于历代教法学家的理论传承与创新，以及近现代以来伊朗政治与宗教关系的磨合与博弈。

一 伊斯兰革命与伊朗政治的转轨

1979年2月1日，霍梅尼从巴黎回到德黑兰，2月5日，巴扎尔甘临时政府成立。2月9日，总理巴扎尔甘公布了临时政府六点纲领：巴赫蒂亚尔政府向临时政府交权、举行公民投票、重建国家经济、举行议会选举、起草宪法、建立伊斯兰政府。12日，巴列维的王宫和帝国卫队的军营被攻占，巴扎尔甘正式进入首相府。

事实上，霍梅尼一开始对于建立一个什么样的政府并没有明确的观点，他只是提出："伊斯兰政府不像任何一个现存政府，它既不是专制也不是集权，而是宪制，而且宪法也不同于西方版的宪法。在伊斯兰政府的宪法中，统治者遵从并必须执行真主和先知的话，而不是人民。不像君主立宪或是共和主义，在伊斯兰政府中立法权属于真主……除了沙里亚法，任何人都没有权利立法……主权属于真主，法律是它的命令。"[①] 霍梅尼认为，伊斯兰社区的神圣监督权直接属于真主，然后是伊玛目，在伊玛目隐遁时期由教法学家担当监督的责任，因此接受乌莱玛的宗教监督和统治是每个穆斯林的宗教责任。在霍梅尼看来，教法学家是唯一有资格成为伊斯兰宗教政治秩序的仲裁者和统治者，是一个真正的权力实践者。"教法学家有权支配国家机构、传播公正、保障安全和调整社会关系"，"只有教法学家负有治理国家的使命"，因为"他们是理解先知意图的人和按照安拉的旨意管理社会的人"，"具有确保人民自由、独立和进步的知识"[②]。因而，宗教学者的权威被霍梅尼扩展

---

① Imam Khomeini, *Islam and Revolution: Writings and Declarations*, pp. 55 – 56.
② 哈全安：《中东国家的现代化历程》，第319—320页。

第八章 宗教与政治之间：伊朗政治发展的困惑

到一个过去从未涉及的领域，即对国家的治理。霍梅尼指出，"从先知去世以后到伊玛目开始隐遁，什叶派的政府观和人自身发展在本质上离不开统治。事实证明，统治者应该谙熟伊斯兰教法和教义，公平执政"①。

1979 年 5 月，由 600 人组成的宪法制定委员会被任命，负责起草新宪法。同时，霍梅尼发表公开演讲，表示反对忽略教士在政治上的作用和地位。到了 1979 年夏天，没有人提到教法学家治国的概念。第一个含蓄提出的人是侯赛因·阿里·蒙塔泽里，他在宪法起草前夕称："如果人们赞成伊斯兰政府，教法学家就必须成为最高领袖以保证政权是伊斯兰性质的。"紧随其后，哈梅内伊表示："教法学家权威统治必须成为新宪法的重要组成部分。"霍梅尼在向制宪委员会发表的演讲中称："在这个共和国中，宪法和所有法律必须 100% 是伊斯兰的，如果其中有一章是与伊斯兰法相违背，就等于是反对大多数人民的意愿。因此，委员会成员的任何与伊斯兰教相反的意见和提案都是不完美的，是与人民道路相违背的……而且是否与伊斯兰教法一致或相违背只有德高望重的教法学家才能判定。"②

1979 年底，伊朗通过了《宪法》，并将教法学家权威统治的治国原则写入《宪法》。在第 2 条中，《宪法》指出"只有一个真主（安拉是唯一的真主）、只承认他的统治并归顺他的意向"。与此同时，《宪法》还规定"教士依据《古兰经》和安拉的传统发挥永恒的领导作用"。教法学家的领导作用在第 110 条关于领袖的职务和权限中表述得非常详细，领袖拥有的权力包括：1. 任命监护委员会中的毛拉成员；2. 任命最高法院院长；3. 以下述方式统率武装部队：任免总参谋长；任免伊斯兰革命卫队总司令；组织最高国防委员会，其成员包括共和国总统、总理、国防部长、总参谋长、伊斯兰革命卫队总司令、领袖指定的两名顾问；4. 批准由最高国防委员会推荐的三军高级指挥官的任命；5. 根据最高国防委员会的建议宣战，宣布停战和军队的动员；6. 人民选出总统以后，签署总统任职书，总统候选人资格即符合本宪法规定的条件

---

① Imam Khomeini, *Islam and Revolution*: *Writings and Declarations*, p. 61.
② Mehdi Moslem, *Factional Politics in Post-Khomeini Iran*, New York: Syracuse University Press, 2002, p. 26.

必须在选举前经监护委员会批准，第一届总统选举的候选人经领袖批准；7. 考虑到国家利益，在最高法院院长宣判总统有渎职行为、国民议会认为他政治上无能之后，罢免总统；8. 根据最高法院院长的建议，在不违背伊斯兰教义的情况下，宣布对犯人的赦免或减刑。①

在立法领域，为保证议会立法的伊斯兰性，伊斯兰政府在建立国民议会的同时，还建立了宪法监护委员会，并赋予了该委员会极大的权力。根据《宪法》第91条规定，为保证国民议会的决定不违背伊斯兰教的精神和宪法的原则，由领袖或领袖委员会推举六名公正的、对时代要求和当前问题有了解的毛拉，以及由议会通过投票从最高司法委员会向议会推荐的人员中选出六名法学家，组成监护委员会。监护委员会成员每六年选举一次，第一届监护委员会在三年之后，两部分成员中各有一半通过抽签的方式被裁掉，另选新成员接替他们。《宪法》第93条规定，没有宪法监护委员会，议会没有合法性。伊斯兰政府希望通过成立宪法监护委员会，来保证立法的伊斯兰性。随着宪法的颁布，伊朗教法学家治国的理念得以实施，伊朗对外提出"不要东方、不要西方"的口号，对内进行全面伊斯兰化，与巴列维王朝时期亲西方、世俗化的改革完全不同，将伊朗政治发展引向一个新的方向。

二 全面伊斯兰化政策的实施

伊斯兰革命后，为了巩固新生的政权，伊朗改变了过去巴列维王朝亲西方的世俗化政策，而是采取"不要东方、不要西方"的政策，寻求独立的发展道路，实行全面伊斯兰化政策，领域包括政治、经济、文化、外交等各个方面。

（一）政治方面

在政治上，霍梅尼的首要任务是稳定革命后的政局，同时加强组建效忠革命的伊斯兰势力。为继续赢得知识分子和改革主义者的支持，霍梅尼任命巴扎尔甘组建临时政府。1980年，萨德尔当选为总统。这两位接受过西方教育，主张民主政治，正当他们欲借革命契机施展改革抱负之时，霍梅尼对原有国家机器的改造和双重权力机构的设置，限制了伊朗革命中改革任务的延续。革命开始沿着新的道路前进。为维护伊斯

---

① 蒋真：《后霍梅尼时代伊朗政治发展研究》，第111—112页。

兰革命成果和政权的伊斯兰特性，政府官员需要参加伊斯兰考试，测试他们是否效忠革命和致力于国家的伊斯兰建设。

在司法领域，霍梅尼提出"八点法令"，被称为"司法的伊斯兰化"。第一点，立法必须建立在沙里亚法基础之上，关于法案的讨论和表决必须带有必要的准确性和时效性，关于司法事务的法律必须给予优先权。第二点是关于法官、检察官的资质问题。第三点，号召司法部和革命法庭的伊斯兰法官们行事要独立、坚定，不徇私舞弊，任何人都不允许用非伊斯兰的方式对待人民。第四点，在没有法官的命令下，任何人都不允许逮捕和传唤他人，以武力的方式逮捕和传唤他人是违法的。第五点，在没有沙里亚法官的命令下，不能剥夺任何人的财产和权力。第六点，任何人在没有主人同意的情况下都不允许进入他人的房间、商店和私人的地方，或以任何借口逮捕、搜索他人，或侮辱他人，或实施一些非伊斯兰和非人性的行为，或监听别人的电话对话，所有做这些事情者均被认为是违法的。第七点提出了一个例外——上述限制不适用于间谍和反伊斯兰共和国的小团体的案例。第八点，最高法庭的主席和总理通过建立一个可靠的委员会来实施这些法令，这个委员会必须向最高法庭的主席和总理汇报他们的调查发现，后者必须根据沙里亚法来惩罚违法者。[①] 八点法令明确规定将沙里亚法作为司法评判的唯一依据，这在一定程度上强化了司法领域的伊斯兰化。除了继承巴列维时期的司法体系外，伊朗还建立了伊斯兰革命法庭。1982年8月，最高司法委员会宣布废除1907年以来"非伊斯兰的"法律和法规，伊斯兰法和教法学家成为法庭审判的唯一法律准绳。

在军队，为了保证革命的稳固性和建立自己的军事力量，伊斯兰革命卫队成立，从而在伊朗的军队系统中出现了两支并列的军事机构，革命卫队的建制与正规军一样有海陆空三军。1980年3月，伊斯兰革命卫队指出，革命卫队的主要任务是追查和逮捕反革命武装；解除未经授权的个人武装；调查和收集情报；在示威游行和集会时维护公共秩序，以防止破坏法律和秩序；在政府授权和革命委员会的监督下，支持被压迫人民追求自由和公平的运动。1981年7月，革命通讯社再次明确革

---

① Dilip Hiro, *Iran under the Ayatollahs*, London, Melbourne and Henley: Routledge &Kegan Paul, 1985, pp. 222 - 223.

命卫队的两个最主要任务为：保卫以教法学家权威统治为核心的政权和保卫圣战的权利，并强调"不能剥夺革命卫队的政治和思想信仰"。1982年9月，伊朗议会通过《伊斯兰革命卫队法》，该法令要求革命卫队在最高领袖的指导下，加强意识形态上的神权统治，要求革命卫队与其他武装和经过军事训练的人民力量加强合作，以此增强伊斯兰共和国的防御力量。[①]

而且为了加强对军队的控制，伊朗还专门设立了宗教意识形态教育机构，向士兵灌输伊斯兰革命思想。1979年11月美国使馆被占领后，霍梅尼认为美国入侵伊朗的可能性增大，因此号召建立一个"2000万人的军队"。1980年初，伊斯兰革命卫队正式建立了半军事组织巴斯基。该组织吸纳了很多年轻志愿者，当地的清真寺经常被用作招募和训练中心。1982年3月，巴斯基志愿者首次被允许上前线打仗，年轻的成员们成为两伊战场上伊朗人海战术的主力。

（二）经济方面

在经济上，霍梅尼认为，伊斯兰经济既不同于社会主义经济，也不同于资本主义经济，而是优于二者的"健康经济"，要求人们承认并尊重在伊斯兰制度之内的合法私有制和私人资本。他认为真主是万物的所有者，拥有绝对的所有权，所以财富和财产的所有权都是相对的，所有权、出售权、转让权都受到伊斯兰教规的限制。霍梅尼认为，伊斯兰经济体系中劳动和资本的关系是建立在合作的基础上，伊斯兰政府有权干预私有经济。

在霍梅尼经济理念的指导下，《宪法》第43条规定了伊朗伊斯兰共和国经济发展的原则。第一，保障人们的基本需求，其中包括住房、食品、卫生、医疗、教育和家庭的各种必需品。第二，保障人们的就业条件，消灭失业，通过互助、无息贷款防止财富集中在个人或特殊集团手里，为那些能参加工作而无法得到工作的人提供职业。但这些步骤必须考虑到国家在每个发展阶段中总的经济计划的需要。第三，制订国家的经济计划要考虑到合理安排劳动的形式、内容和时间，使每个人在努力工作之外，能有充分的机会和余力来提高自己精神的、政治和社会的素质，以及积极参与国家的事务、提高技术和创造精神。第四，尊重选择

[①] 王飞：《革命卫队在伊朗政权中的作用及其影响》，《亚非纵横》2009年第2期。

第八章 宗教与政治之间：伊朗政治发展的困惑

职业的自由，不强迫别人从事某一项工作，禁止剥削别人的劳动。第五，禁止垄断、投机、放高利贷和非法交易。第六，禁止消费、投资、生产、分配和社会服务等经济领域里的浪费。第七，充分利用科学技术并培养熟练的工作人员，以满足国家经济发展的需要。第八，防止外国经济对伊朗经济的控制。第九，促进农业、畜牧业和工业的增产，保障人民的需要，使国家能自给自足，摆脱依赖。《宪法》第44条规定了伊朗的经济形式。该条款规定，伊朗伊斯兰共和国的经济制度是有计划地建立在国营、合作经营和私营三种成分的基础上。国营成分包括所有大工业、重工业、外贸、大矿业、银行、保险、劳动力、水坝、大型水利灌溉网、电台、电视台、邮电、航空、航运、公路、铁路等，这些都是公共财产，属国家所有。合作经营包括全国按伊斯兰原则建立的生产和分配的公司和合作企业。私营成分包括一部分农业、畜牧业、轻工业、商业和服务行业，这一成分是辅助国营和合作经营的经济成分。三种经济成分只要不违背伊斯兰法律，有利于国家经济的发展，不损害社会，都是受伊斯兰共和国法律保护的。[①]

1979年6月7日，伊斯兰革命委员会把27家私人银行收归国有，其中13家是与外国合资的银行。6月25日，政府把15家私人保险公司收归国有。到1979年夏末，36家国有银行和国有化后的银行重新组成10大银行。[②] 为实现伊朗经济独立，减少对西方经济的依赖，1983年，政府开始实施"第一个发展计划"，计划主要目标包括：1. 发展教育和文化，最终实现免费的中小学教育；2. 确保经济独立，优先提供本国的资本、商品与技术，在商业和制造业上优先考虑本国生产的商品；3. 提供社会保障、健康及医疗保护，提供衣食和住房；4. 消灭失业，保证被剥削者的利益。[③]

革命后，为管理前王朝的财产，政府成立了伊斯兰基金会，负责管理国王、流亡国外的大地主、大企业家的财产等，并将这些财产进行公平分配。其中建立于1979年3月的弱者基金会（Mustazafin Foundation）

[①] 萧榕主编：《世界著名法典选编·宪法卷》，中国民主法制出版社1997年版，第275页。

[②] Ali Rahnema and Farhad Normani, *The Secular Miracle*, London and New Jersey, 1990, p. 241.

[③] 冀开运：《论伊朗伊斯兰化和现代化》，《西北大学学报》（哲学社会科学版）2000年第1期。

是伊斯兰革命后建立的一个庞大的经济实体。1980年末，该基金会已经控制了259家公司，在接下来的两年半又接收了约236家公司。在这些公司中，200家是制造业公司，250家是贸易公司，45家是农用工业公司，有超过85000人为该基金会工作，雇员总数超过了伊朗国有石油公司的人员。该基金会由赛义德·迈哈迪·塔巴塔拜领导，由总理监督，后来转为由霍梅尼直接领导。[1]

1979年6月，政府还成立了"重建运动"组织，政府希望通过该组织的活动弥补城乡之间的差距，提高识字率，向伊朗农村地区宣扬伊斯兰文化和革命，增加农村人和城市受教育者之间的对话和交流。"重建运动"附属于伊斯兰革命委员会，有一批专业化的干部，并受到了医生和工程师等专业志愿者的帮助。"重建运动"在全国各地修筑桥梁和灌溉工程，修建学校和健康中心，重新分配土地，向农民发放贷款。在组织建立的前两年里，他们宣称已经建设了8000英里的公路、1700所学校、1600座公共澡堂、110个健康中心。为救助农村的贫困人口，1979年初，当局还建立了伊玛目霍梅尼救助委员会（Imam Khomeini's Relief Committee），在五年中，委员会建立了530个分支，覆盖4万个村庄，为110万个家庭提供医药、教育和福利。[2]

（三）文化方面

在文化上，霍梅尼尤其强调社会伊斯兰意识形态的教化。1979年7月23日，霍梅尼提出："毒害我们青年的东西之一就是音乐，只需片刻，音乐就会让听者懒散迟钝……音乐和鸦片之间没有区别……如果我们希望有一个独立的国家，我们的电台电视台就应具有教育性，音乐就必须被排除……演奏音乐就是对国家和青年的背叛行为。"[3] 1979年7月24日，伊斯兰共和国广播电台主任宣布，根据伊玛目的教导，禁止播放音乐，只允许播放伊斯兰音乐和革命军乐。1979年，政府关闭了全国256家电影院中的180家，而且这一时期，伊朗电影多为揭露巴列维王朝时期的道德败坏、经济依附、从属西方和政治压迫，宣传自我牺牲、殉道和对革命的忠心。

---

[1] Dilip Hiro, *Iran under the Ayatollahs*, London, Melbourne and Henley: Routledge & Kegan Paul, 1985, p. 253.

[2] Dilip Hiro, *Iran under the Ayatollahs*, pp. 254-255.

[3] 冀开运：《试论伊朗现代化过程的特点》，《西南师范大学学报》2002年第1期。

第八章 宗教与政治之间：伊朗政治发展的困惑

在教育领域，霍梅尼要求大学伊斯兰化。1980年3月21日，霍梅尼指出："伊朗所有大学应服从高尚的革命，所有与西方有联系的教授都应被肃清，大学应成为学习伊斯兰科学的中心。"4月26日，霍梅尼再次发表讲话："当我们谈起改革大学时，我们的意思是我们的大学目前处于依赖他人的从属地位。它们是帝国主义的大学，它们所教育和训练的人迷恋西方。"[①] 1980年5月，霍梅尼下令成立"文化革命委员会"，该委员会在高校大规模清洗"非伊斯兰分子"。真主党、伊斯兰革命卫队也开展"清校"活动，关闭大学，查封研究所。1980年6月，在霍梅尼倡导文化革命初期，伊朗还成立了大学运动组织（University Crusade），很多大学生成为该组织的重要成员。当局根据大学运动组织提供的信息，辞退了被认为受到诸如马克思主义、资本主义、民族主义、自由主义和民主等东西方意识形态影响的老师。文化革命委员会还重新设置课程，编写新的教材，用伊斯兰教的知识去替代西方的观点。伊斯兰政府还试图在大学和神学院之间建立联系，霍梅尼曾明确指出，应在德黑兰大学和库姆菲兹亚神学院之间建立特殊关系。1982年12月中旬，部分大学重新开学，学校老师和学生的人数与以前相比减少了很多。根据官方的数字，1979—1980学年，在校学生人数约为175675，其中35559名为毕业生。1979—1980学年，伊朗教师总数为16222人，1982—1983学年减少到9042人。1987—1988学年，667000名申请者中仅有65000人获准接受高等教育，1989—1990学年，752343名申请者之中也只有61000人进入大学。而且忠于伊斯兰是进入大学的标准，自愿参加对伊拉克作战者、通晓伊斯兰教规者优先入学。[②]

在小学教育中，政府也很注重伊斯兰教化。伊朗的小学课程包括波斯语阅读和语法、《古兰经》、宗教和伦理学、社会学、自然科学、卫生学、算术和几何、美术、书法和体育。在巴列维王朝时期，小学二到五年级的波斯语阅读理解和语法课内容中，表现波斯神话和传统的占39%，赞美国王的占18%，宣传政府现代化努力的占14%，弘扬爱国主义的占14%，颂扬慈祥宽厚的统治者的占9%，宣传极端爱国主义的

[①] Ali Rahnema and Farhad Normani, *the Secular Miracle*, London and New Jersey, 1990, pp. 226 – 227.

[②] 王新中、冀开运：《中东国家通史·伊朗卷》，第374页。

占 6%。而在伊斯兰共和国时代，从小学二至五年级同样课本的内容来看，表现伊斯兰信仰的占 40%，赞美安拉的占 24%，否定国王权威的占 24%，提倡殉道的占 10%，歌颂霍梅尼个人的占 2%。①

在妇女问题上，革命后妇女被要求重新戴上头巾，不戴头巾被认为是堕落行为。1980 年 7 月 5 日，政府下令所有在政府和公共机构工作的妇女必须戴上头巾。时任总统哈梅内伊称："头巾是伊斯兰教的责任，化妆、佩戴装饰品、露出刘海都是非伊斯兰的。"一年后，议会通过《伊斯兰着装法》，它适用于伊朗境内所有妇女，不管她是不是穆斯林，违反法律者将受到最高一年监禁的惩罚。

（四）外交方面

在外交上，霍梅尼提出"不要东方、不要西方，只要伊斯兰"的政治主张，在强调伊朗政治独立性的同时，主张输出革命。伊斯兰革命后，西方尤其是被称为"大撒旦"的美国，被视为伊斯兰民族的压迫者和敌人，以苏联为首的东方集团则被视为异己力量。霍梅尼这一外交主张，一方面是他对伊朗国家独立的极端反映，另一方面也表现出他对伊斯兰意识形态的自信。这种自信还表现在 1989 年 1 月 1 日霍梅尼给苏联领导人戈尔巴乔夫的一封信，他在信中指出，不管东方和西方，它们在意识形态上都已崩溃，因为它们缺乏精神价值，他提出，伊斯兰价值观是所有民族解放和幸福的途径，应当用伊斯兰价值观来填补这个"意识形态真空"。他指出，马克思主义"不能回答人类需求的任何问题，是一个唯物主义的意识形态，在面临信仰危机的时候，它不可能通过唯物主义来拯救人类，而信仰危机在东方和西方的社会中是一个深层次的疾病"。"你的国家最主要的问题不是所有权、经济或自由等问题，你们的困难在于没有信仰真主，同样的问题使西方走向倒退，最后终结，你们主要的问题是长期与真主作无用的斗争，而真主则是一切存在和创始的来源。"②

输出革命作为伊朗外交政策的重要内容，尽管在伊朗高层中关于实现的方式有不同看法，但在目标上有着一定的共识。时任伊朗外长维拉

---

① 王新中、冀开运：《中东国家通史·伊朗卷》，第 374 页。
② R. K. Ramazani, "Iran's Export of the Revolution: its Politics, Ends and Means", *Journal of South Asian and Middle Eastern Studies*, Vol. XIII, No. 1&2, 1989, p. 80.

第八章　宗教与政治之间：伊朗政治发展的困惑　369

亚提指出："我们将继续以文化的方式输出革命，西方国家也在做着这样的事情，他们利用大众传媒和外国留学生输出他们的文化、他们的思维方式和价值观。"拉夫桑贾尼曾经表示，"从革命成功的初期开始，我们就认识到这场革命不是仅限于我们边界内的一种现象"，"在目前条件下，如果我们能设法创立一个可以接受的社会典范，建立一种合适的、进步的、逐步演变的模式和适合世界的伊斯兰准则，那么我们就将达到令世界恐惧的目标，而那就是输出伊斯兰革命"。蒙塔泽里主张充分利用朝觐的机会来输出革命，他指出，"在朝觐期间，伊朗朝觐者应将伊朗伊斯兰革命胜利的秘密告知被压迫民族。正如我们所看到的，沙特官方经常阻止伊朗朝觐者与其他国家的兄弟姐妹接触，因为他们害怕我们的革命经验和成果被世界上受压迫和剥削的人民所接受……伊斯兰国家的领导人应该认识到，不管他们乐意与否，各民族正在觉醒……如果他们希望保持权力并统治国家，他们应依靠伊斯兰教和他们自己的人民，而不是美国和苏联"。

在一次有来自40个国家的宗教人士参加的会议上，时任总统哈梅内伊公开号召将清真寺变为"祈祷、文化和军事基地……为在所有国家建立伊斯兰政府打下基础"[①]。两伊战争也被认为是输出革命的一部分，如1989年2月霍梅尼说："每一天我们都在为战争祈祷，为这场战争我们动用了所有的资源。通过战争我们向世界输出了我们的革命；通过战争我们证明了我们受压迫的现状和侵略者的专制；通过战争我们揭露了世界贪婪者的欺骗嘴脸；通过战争我们分清了我们的敌人和朋友；通过战争我们踩断了东西方的脊梁，巩固了伊斯兰革命的根基"，在战争中我们认识到我们必须自立。[②]

为了有效地输出革命，伊朗当局成立了"全球革命部"，联络和支持世界各地的伊斯兰激进主义运动组织，其中包括"伊拉克最高伊斯兰革命协会"，其领导人是巴克尔·哈基姆，该协会与伊拉克达瓦党和"伊拉克伊斯兰阿迈勒"密切合作，在伊拉克开展反萨达姆的斗争。此外还有"黎巴嫩伊斯兰革命协会""阿拉伯半岛伊斯兰革命协会""非

[①] 陈安全：《伊朗伊斯兰革命及其世界影响》，复旦大学出版社2007年版，第343—378页。

[②] R. K. Ramazani, "Iran's Export of the Revolution: its Politics, Ends and Means", p. 84.

洲和阿拉伯马格里布最高伊斯兰革命协会""亚洲最高伊斯兰革命协会"等。1983年4月18日,"黎巴嫩伊斯兰阿迈勒运动"炸毁了贝鲁特的美国大使馆,声称这次袭击是"伊朗在全世界反对帝国主义战役的一部分"。据报道,伊朗在黎巴嫩的花费1985年为3000万美元,1987年超过6400万美元。"阿拉伯半岛伊斯兰革命协会"则由毛达内西领导,协调沙特、科威特、巴林三国亲伊朗的伊斯兰组织活动。①

1981年,伊朗成立了伊斯兰宣传组织（the Organization for the Propagation of Islam）,其主要任务是"输出革命文化",该组织提出:"输出革命是社团领导人和伊斯兰共和国的目标之一,这一神圣的活动不能用剑也不能用武器来完成,而是使用笔、语言、宣传和艺术的手段。"②该组织还使用阿拉伯语、英语、土耳其语、库尔德语等多种语言出版书籍,介绍伊斯兰教的基本信条,强调维护穆斯林团结,并在伊斯兰革命周年纪念日期间,就伊斯兰世界的重大问题召开国际会议。

在霍梅尼输出革命的过程中,以美国为首的西方大国和海湾君主制国家成为攻击的重要目标。伊朗号召海湾各国人民效仿伊朗革命推翻统治当局,实现人民权力,尤其是对沙特的家族政治提出不满。伊朗采纳了蒙塔泽里的主张,将朝觐作为宣传伊朗革命的有利时机,从而导致伊朗朝觐者与沙特政府军之间冲突不断。1979年11月,400名全副武装的伊斯兰主义者占领了麦加清真寺,与沙特政府军发生冲突,并在沙特什叶派地区引发了亲霍梅尼的游行示威。1981年9月,7万名伊朗朝觐者决定利用朝觐之际宣扬霍梅尼的伊斯兰政治行动主义主张。25日,伊朗朝觐者与沙特的安全部队发生冲突,22名朝觐者和6名沙特士兵受伤。此外,伊朗指责部分海湾国家是美国的代理人,是压迫人民的专制政府,如在巴林和美国关系上。1971年,在英国撤出中东时,巴林统治者与美国签订了秘密条约,允许美国在巴林建立军事基地,巴林也因此成为美国中东部队的重要据点。1977年6月,条约到期后,又秘密续约,为美国海空军提供方便。1980年4月,美国飞机在前往土耳其的途中降落在巴林空军基地加油。此次事件的曝光,在巴林和科威特

---

① 王新中、冀开运:《中东国家通史·伊朗卷》,第380—381页。
② Farhang Rajaee, "Iranian Ideology and Worldview: the Cultural Export of Revolution", John L. Esposito (ed.), *the Iranian Revolution: its Global Impact*, Florida International University, 1990, p. 74.

第八章　宗教与政治之间：伊朗政治发展的困惑

引起了大规模的游行示威。伊朗对此深为不满，号召海湾国家团结起来反对本国的亲美政府。1982 年，霍梅尼号召海湾国家的人民不要再对美国和其他剥削者卑躬屈膝，因为"这些大国想攫取你们的黑色黄金——石油，伊朗政府和人民希望将你们从超级大国的奴役中解放出来"。在接受本部设在伊朗的海湾广播之声的采访中，霍梅尼指出："伊斯兰的伊朗已经做好了准备，将该地区各国从傲慢的统治势力中解放出来……我们相信美国领导的那些超级大国正试图阻止我们伊斯兰国家的统一，尤其是在世界上的一些敏感地区。"[1]

为抵御伊朗输出革命的威胁和伊拉克的挑战，海湾合作委员会（Gulf Cooperation Council，GCC）成立。面对伊朗输出革命的挑衅态势，1981 年 12 月，在巴林召开的 GCC 内政部长会议上，沙特内政部长纳伊夫·伊本·阿卜杜勒·阿齐兹说："伊朗人曾经说过，革命后他们不想成为海湾警察，但他们现在已经成为海湾的恐怖主义者。"之前，巴林政府曾逮捕了 60 名试图发动政变的人。对此，纳伊夫在拜访巴林内政部长时称，"这一阴谋受到了伊朗的支持，目标是针对沙特的"。两位部长随后签订了安全协定，巴林总理哈里发称："对海湾国家来说，外部危险是伊朗和德黑兰的当局，伊朗政府正在挑唆巴林和海湾各国的什叶派们，让他们汇聚到伊斯兰革命的口号下……伊朗帮助训练他们使用武器，策划叛乱，然后将他们送回母国煽动暴乱，破坏国家安全。"科威特的一位高官说："革命的伊朗人看上去并不能接受我们政府体系的合法性，他们在泛伊斯兰主义的掩饰下输出他们的什叶主义。"[2]

然而在伊斯兰革命后的 10 年里，世界和中东地区发生了许多变化，对伊朗产生最直接影响的是长达 8 年的两伊战争。这些事件的发生，在一定程度上阻碍了霍梅尼实践其输出革命的外交理念。尤其是在两伊战争中，伊朗强烈反美反以的外交主张并没有妨碍它们与美国和以色列的军火交易。据称，在两伊战争中美国直接向伊朗运送了价值约 1 亿美元的武器，通过以色列向伊朗提供了 2.5 亿美元的武器。[3]

---

[1] Dilip Hiro, *Iran under the Ayatollahs*, p. 340.
[2] Dilip Hiro, *Iran under the Ayatollahs*, pp. 337 – 341.
[3] 唐宝才：《冷战后大国与海湾》，当代世界出版社 2002 年版，第 81 页。

三 法基赫体制的挑战

自 1979 年伊斯兰革命后,伊朗建立教法学家治国的法基赫体制运转了四十多年,历经霍梅尼和哈梅内伊两代领袖,伊朗政治时而保守,时而开放,传统与现代并存,改革与守旧同步。法基赫体制在维护 1979 年伊斯兰革命成果、保持伊朗自由独立发展道路的同时,也面临着许多挑战。

第一,法基赫体制面临合法性危机。

法基赫体制作为伊朗政治体制的核心,自其产生之日起就面临着挑战,潜伏着合法性危机,这种合法性危机是伊朗国内政治中最深层次矛盾的体现,其中包括人民主权和领袖权威、民众参与和权力集中的矛盾,还包括伊朗人民对伊斯兰政权性质的争论和对宗教领袖绝对权威的质疑。这一矛盾的发展与演变,对伊朗的政治发展将产生重要的作用。

从理论上来看,这种合法性危机的理论源头有三,首先,伊朗革命的政治理念是一种多元化思想的产物,其中有来自宗教阶层的呼声,也有世俗和具有民主愿望的知识分子的参与,它融合了马克思主义、功能主义和西方自由民主主义等各种观点,因而也最终为革命在整个国家的蔓延奠定了良好的思想基础。但革命胜利后,霍梅尼对革命目的和建国理念的取舍成为伊朗政治体制争论的源头。民主和共和因素被弱化,原来为自由民主奋斗的政治家和知识分子们很快与霍梅尼分道扬镳,走上了反对法基赫体制的道路。其次,作为伊朗宪法的纲领性条款——教法学家权威统治,在伊斯兰政权建立之初就没有达成协议,来自宗教和世俗阶层的反对呼声甚高。尽管当时这一条款得以通过,但它为后来的争论埋下了隐患,许多围绕民主政治的争论都把教法学家权威统治作为批判的对象。最后,伊朗伊斯兰共和国中具有争议的共和因素始终是造成伊朗政局复杂的重要原因。在霍梅尼的革命理念和建国理念分离后,一些激进分子甚至提出要将"共和"从伊朗国名中剔除。事实上,在革命后的十年里,效忠革命的激进左派成为伊朗政治的重要支柱,他们对法基赫体制的忠诚实践和对伊斯兰教化的强调,在一定程度上加剧了伊斯兰和共和两大因素的对比,并且使两种政治理念的不平衡明显化。因而,原来为纯粹的革命理想而投入社会变革的民主派人士或是改革派人士大失所望,最终使他们成为现政府强有力的政治反对派。

霍梅尼本人也意识到在其百年之后，法基赫的权威会受到挑战，而一旦法基赫体制受到威胁，教法学家权威统治的根基就会动摇，从而伊斯兰革命的意义就将不复存在。因此，修改宪法、建立一系列效忠领袖的伊斯兰权力机构成为巩固伊朗政治体制的重要一步。尽管如此，宗教资质不够的哈梅内伊接任领袖仍然在伊朗国内引起争论，这种争论带来了伊朗国内知识分子运动的蓬勃开展。

第二，派系斗争。

伊朗国内派系林立，他们随着伊朗国内政治斗争的发展不断地进行分化组合，尤其是在议会选举和总统选举时，这种分化组合变得非常明显，而且这种新阵营的形成往往会成为伊朗政治变更的重要步骤，从而成为伊朗国内政治环境变化的风向标。

1979 年伊斯兰革命后，教法学家权威统治在争论中被写入了宪法，尽管霍梅尼建立伊斯兰政府的政治主张规定了国家发展的大方向，但在革命胜利后初期，他对政治、经济、文化、外交等领域政策的细节上并没有明确的规定。霍梅尼的追随者对此产生的不同看法，导致了伊斯兰政权建立后伊朗派系之争的开始。1988 年 12 月，伊朗颁布政党法，宣布准许政党活动，但要遵守 3 项基本原则，即伊斯兰宪法、宗教最高权威和伊斯兰共和制度。除了有一定政治主张和组织活动的政治党派，还有一些派别只是与领袖关系密切的小团体，还有的是有一定政治影响的影子机构。有些派别甚至没有固定的主张和党派，他们可以通过报纸和宣言来提出自己的主张，并在政治斗争中不断地修改自己的政治主张。

需要注意的是，伊朗的这种派系林立和不断地分化组合，在一定程度上来自宗教领袖为保证自身权威而进行的权力分配。尤其是哈梅内伊在接任领袖时在宗教领域的弱势，需要在各派势力之间进行平衡。当保守派的力量过大、国内宗教限制过度引起民愤时，领袖就会偏向务实的改革阵营。而当改革阵营给国内带来生机的同时也带来了对教法学家统治的根本制度进行质疑时，无论如何，改革派都不能再当政，保守派的上台和连续执政也成为必然。伊朗国内政局之所以可以形成这种风气，除了维护领袖权威的必要性外，还在于宪法赋予宗教领袖的诸多权力，以及霍梅尼时期遗留下来了诸多效忠领袖的权力机构，使领袖具备这种政治驾驭能力。

第三，知识分子运动。

知识分子在伊朗政治史中始终比较活跃，为推动伊朗的政治进程做出了巨大贡献，从立宪革命到霍梅尼革命，乃至在当代伊朗政治经济改革的争论中，他们都扮演了重要角色。正如马克·道恩斯所说，伊朗知识分子们在毫无远见的情况下参与了霍梅尼革命，并为其提供了来自知识阶层和多元主义的论证。然而革命后建立的伊斯兰政权，并没有实现知识分子最初的理想，宗教与民主、伊斯兰与共和的争论，仍然是后霍梅尼时代知识分子对伊朗政治批判的焦点。他们一方面继承了原有知识分子的精神内核，另一方面又因时代变化产生了新的政治需求，成为当代伊朗政治改革进程中的新因素。尤其是流亡国外的知识分子，有些成为伊朗反政府组织的重要成员，并与国外反伊朗势力联合，对伊斯兰政权的合法性提出挑战。

从社会学的角度来看，学生作为一个群体在一定程度上可以被看作知识分子在社会层面的一个分支，尤其是当他们与一些诸如民主、自由、政治参与等术语相联系并将其与社会活动相结合时。他们对社会政治活动的参与不仅对自身的政治观点产生影响，而且对国家未来的政治进程产生重要影响，毕竟他们是未来国家精英的主力。哈塔米执政后期，随着政治经济改革的举步维艰，学生势力开始对哈塔米失去耐心，他们开始既不支持改革派也不支持保守派，宣称自己是伊朗的第三种势力，主张和平、民主和自由的市场经济，提出要用伊朗主义代替伊斯兰主义。

总的来说，在后霍梅尼时代，伊朗的知识分子在经历了极其压抑的伊斯兰化后，在哈梅内伊时代开始活跃起来。尤其是在哈塔米和鲁哈尼担任总统期间，伊朗国内知识分子的热情已被充分激起，知识分子作为一个阶层开始活跃在伊朗的历史舞台。尽管有人认为，伊朗知识分子组织性不强，独立于政治之外，缺乏与民众的接触，还有西化倾向，不可能担当起西方社会中知识分子应有的责任。但20世纪90年代以来，伊朗知识分子已经开始从寻求本阶层的自由发展到对整个社会的责任，他们通过出版书籍刊物和举办各种研讨会，探讨伊朗当前面临的诸多问题。他们对公共领域的关注和与伊朗民众的逐步贴近，在一定程度上为伊朗改革的延续打下坚实的群众基础。尤其是知识分子与改革当局的合作，为呼吁和扩大民众参与产生了积极作用。鉴于伊朗知识分子运动的连续性、在民众理解政教关系上的导向作用，他们不仅是伊朗社会多元化发

第八章　宗教与政治之间：伊朗政治发展的困惑　375

展的重要组成部分，也是伊朗未来政治酝酿新因素的重要源头。

第四，利益集团。

利益集团的提法本身是一个中性词，它指"因兴趣或利益而联系在一起，并意识到这些共同利益的人的组合"①。在西方政治理论中，利益集团作为利益表达的载体，可以为政府决策提供大量的参考信息，在一定程度上是构建民主政治的重要因素。而当诺斯等经济学者将制度变迁中的利益集团作为研究对象时，其所说的利益集团被称为"压力集团"或"垄断利益集团"。他提出："如果说制度是游戏规则，那么利益集团是玩家。"②压力集团本身是利益集团的一种，但它是社会中的强势集团，能对政府形成压力，以各种手段获得政府支持，维护自身利益。在伊朗，只向领袖负责的伊斯兰基金会和伊斯兰革命卫队，不仅没有被纳入国家正常的政治经济体系，而且凭借与宗教领袖的密切关系干预伊朗政治，对政府的政治经济改革产生压力。

伊斯兰基金会在建立之初是为了管理没收的巴列维王朝财产，并进行再分配。但他们在成立伊始就宣称，伊斯兰基金会本质上是独立的，只接受来自法基赫和革命委员会的命令。基金会的第二任主席塔巴塔拜说："革命机构是属于人民的，应当由人民自己来管理，而不是接受政府规定和官僚制度。因此如果基金会出现滥用职权或是非常规问题，那也是人民的。我们反对把基金会交给政府管理，因为这样做会使其失去革命精神。而且这一革命机构与其他相似机构的不同在于，它是建立在伊玛目的统治基础之上，其财产属于人民，受到法基赫的监督，因此不同于其他公共财产。"③随着领袖和政府的大力支持，伊斯兰基金会变得越来越富有，也随之带来更多的权力。这些基金会成立初期在帮助新政权管理前王朝财产上起到了积极作用。但独立于政府体系之外的基金会在革命后势力急剧膨胀，控制着伊朗经济的大部分产业，可以阻碍政府的任何经济改革。而且他们还利用与领袖的密切关系对国家政治经济决策施加压力。另外，这些基金会的产生基于革命目的，其政策倾向具

---

① ［美］加布里埃尔·阿尔蒙德、宾厄姆·鲍威尔：《比较政治学：体系、过程和政策》，上海译文出版社1987年版，第200页。
② ［美］道格拉斯·C.诺思：《经济史中的结构与变迁》，陈郁、罗华平译，生活·读书·新知三联书店1994年版，第216页。
③ Mehdi Moslem, *Factional Politics in Post-Khomeini Iran*, 1984.

有浓厚的革命色彩，在对外政策上的主张相对较为保守，尤其是基金会凭借强大的财力对伊斯兰世界激进势力的支持，破坏了伊朗的国际声誉，影响到务实政府在外交上的努力。

伊斯兰革命卫队产生于伊斯兰革命，兴起于两伊战争，它的诞生最初只是为了保障革命领袖的人身安全和维护新政权的公共秩序，最终却演变成维护国家新政治秩序的强大力量。革命胜利后，伊斯兰革命卫队不仅在伊朗军界独树一帜，而且还涉足经济领域，被西方观察家认为是一种集军事经济于一体的重要势力。伊斯兰革命卫队进军经济领域，始于两伊战争时期响应霍梅尼军需品自给自足的号召，在拉夫桑贾尼政府进行经济重建时期迅速膨胀。革命卫队的第一家公司是由时任革命卫队情报局局长多伊少将建立的，该公司成立后修复了数千辆被毁坏的军用汽车和一些军用设施。目前名气最大的革命卫队公司戈尔博集团成立于1990年，其前身是伊朗革命卫队的工程部队，该部队在两伊战争中主要负责挖战壕、修碉堡。两伊战争后，它一跃成为一家涉足工业与民用建筑、矿业、金融、农业、设计和咨询等领域的大公司。有报道称，革命卫队产业涉及国防、石油和天然气开采、农业、建筑、交通等领域。沙特阿拉伯《中东报》称，革命卫队控制着伊朗南部60个边界通道，控制着除石油以外57%的进口和30%的出口，在境外还有560多家贸易公司。美国《华盛顿邮报》也认为，伊朗革命卫队是世界上最有"经济头脑"的军队之一。[①] 据称，革命卫队还涉足黑市交易。哈塔米时期的议长迈哈迪·卡鲁比曾指责革命卫队在没有政府监督下非法修建了60个码头。议员阿里·甘巴里也批评说："很不幸，1/3的进口商品都是通过黑市、地下经济、非法码头传输的。最高领袖任命的一些机构不遵守政府法律，控制着一些暴力权力机构。那些机构主要是军事性的，他们应当为这些非法行为负责。"[②] 因此，美国兰德公司提交的报告指出，"尽管卫队官员称他们广泛涉足经济领域只是战后重建努力的延伸，但他们事实上已经代替了传统的商人阶级和其他金融精英"。"伊斯兰革命卫队在本质上是一个多领域的机构，有能力在伊朗人口的

---

① 王飞:《革命卫队在伊朗政权中的作用》,《亚非纵横》2009年第2期,第53—58页。
② Frederic Wehrey, Jerrold D. Green, Brian Nichiporuk, Alireza Nader, Lydia Hansell, Rasool Nafisi, S. R. Bohandy, *The Rising of the Pasdaran: Assessing the Domestic Roles of Iran's Islamic Revolutionary Guards Corps*, Rand, 2009, pp. 60 – 64.

各种阶层中迅速培植合法性和分歧。"①

总的来看,伊斯兰革命卫队在保卫伊斯兰革命成果上起到了至关重要的作用。由于它对宗教领袖负责,因此在一定程度上也加强了伊朗政权的伊斯兰性。而且伊斯兰革命卫队与伊斯兰基金会关系密切,两者的结合在伊朗形成了巨大的力量,对政府政治经济改革带来压力。革命卫队的附属公司被称为"军事化的伊斯兰基金会","被压迫者基金会"和"殉道者基金会"也间接地受到革命卫队的控制,前者在1979年时是在前国防和武装后勤部部长穆罕默德·弗罗赞德的领导下建立,弗罗赞德以前是革命卫队的军官。殉道者基金会的主席也是革命卫队前空军司令侯赛因·德赫甘。

综上所述,后霍梅尼时代的伊朗政治发展受到多种因素的影响。改革和争论则是贯穿整个发展过程的主线,且相辅相成。改革的过程会释放出许多问题,必然会引起争论,而争论反过来又会对改革产生正面或负面的影响。不管是合法性危机、利益集团和新兴势力的崛起,还是美伊关系,都是1979年伊斯兰革命后遗留下来的问题,也大多是就在什么程度上需要坚持或可以偏离伊斯兰革命原则展开,其中包括教法学家治国的核心理念。但随着拉夫桑贾尼和哈塔米的改革进程,这些问题讨论的氛围越来越开放,也越来越对改革产生压力,因而内贾德的上台成为可能。而国内激进又保守的政治氛围并不能满足国内民众希望改革、融入国际社会的意愿,因而主张与西方缓和关系、温和的鲁哈尼上台。由此可见,伊朗政治发展总是在保守与开放、宗教与世俗政治间摇摆。而无论是最高领袖还是政府首脑,作为伊朗的统治精英,他们都被束缚在伊斯兰体制框架内,因为改革的稳步进行和维护伊斯兰政权的根基同样重要。这也是伊朗的政治改革与发展步履缓慢、执政集团在主张保守和改革的政治精英中交替选择的原因。说到底,是因为谁都不愿意担负起丧失伊斯兰革命精神的责任,因为一旦放弃了这一精神,伊斯兰政治体制将全面崩溃,抑郁中的民众、愤世嫉俗的知识分子、寻求政权变更的外部势力,将让伊朗变得面目全非。而对此,谁都不愿承担责任。

---

① Frederic Wehrey, Jerrold D. Green, Brian Nichiporuk, Alireza Nader, Lydia Hansell, Rasool Nafisi, S. R. Bohandy, *The Rising of the Pasdaran*: *Assessing the Domestic Roles of Iran's Islamic Revolutionary Guards Corps*, pp. 93 – 94.

第四节　对伊朗政治发展的几点思考

一　伊朗国内宗教与政治因素的平衡危机

伊斯兰革命之后，霍梅尼教法学家治国的理念成为伊朗政治体制的核心内容，伊斯兰体制框架仍是伊朗政治发展不可逾越的底线。但随着霍梅尼去世，伊朗政治走向务实的原因更多的在于政治环境的变化和国家现实利益的驱动。尤其是，20 世纪 80 年代旷日持久的两伊战争对霍梅尼的思想产生了巨大冲击，穆斯林兄弟相残、与美国的军火交易，没有一样是与霍梅尼主义相符的，但国家利益逼迫着他必须面对现实。然而，不管是改革派还是保守派执政，平衡好政治与宗教的关系始终是后霍梅尼时代伊朗政治进程的首要任务，也是伊朗历任领导精英们试图努力实现的目标。但要实现这一目标并非易事，其原因在于从国家制度建构到政治实践，伊朗的政治与宗教关系始终没有实现真正的和谐，国内争论不断。其具体表现在：

第一，国家权力机构的二元性特征决定了伊朗在政治与宗教关系上的结构性矛盾。

1989 年的宪法修订是伊朗政治与宗教关系发展上一个至关重要的环节。宪法作为一个民族对其自身政治形式和存在形式的决断，它规范着国家的权力结构模式和国家治理方式，同时也是维护国家秩序的重要依据。从形式上来看，得益于 1906—1911 年的立宪革命，伊朗的政体也是建立在权力分立的基础上，形似现代宪政的体系结构在三权上进行了明确表述。然而，在这种权力分立的结构中还夹杂了许多可以主导权力关系的其他因素。比如在立法领域，除了伊斯兰议会外，还有宪法监护委员会。根据《宪法》第 91 条规定，为了维护伊斯兰法规和宪法，以使伊斯兰议会通过的决议不与其相背，组成宪法监护委员会，该机构由最高领袖推选的六名伊斯兰法学家和六名各法律专业的穆斯林法律学家组成，后六名成员由司法院院长向伊斯兰议会推选，并由议会投票选出。在宪法监护委员会和议会的关系上，第 93 条规定，没有宪法监护委员会的存在，伊斯兰议会就没有法律效用。此外，宪法监护委员会还负责监督选举领袖的专家委员会、总统、伊斯兰议会的大选工作以及负责举行全民公决和民意测验工作。

第八章 宗教与政治之间：伊朗政治发展的困惑

事实上，不管是在行政、立法、司法领域，都与宗教领袖的作用关系密切。在行政领域，总统只是二号人物，他不仅需要向人民负责，还需要向领袖负责。在立法领域，宗教领袖通过宪法监护委员会来干预议会活动。在司法领域，领袖也可以通过人事任免来参与司法事务。

第二，保守派与改革派之间的权力斗争，加剧了伊朗政治与宗教之间的紧张关系。

在伊朗历史上，宗教阶层和世俗力量的斗争始终没有停止过。即便是在 1979 年霍梅尼革命后，宗教势力与倾向于务实改革势力之间的权力斗争一直存在，这种斗争在后霍梅尼时期随着国家领袖在宗教和政治领域的矛盾进一步加剧。相比于霍梅尼，新任领袖哈梅内伊不具有宗教权威，作为宗教弱势的最高领袖为了获得更多的宗教认可，不得不向传统保守派靠拢。与此同时，哈梅内伊还担负着国家发展的大任，在向保守派寻求宗教认可的同时，对于改革派的改革措施采取时而支持时而抑制的双重态度。这一态度本身反映了伊朗在政治宗教关系上的困惑。作为伊朗的最高领袖，集政治宗教权力于一身，却只能通过保持党派平衡来维护国家秩序的正常运行，既不能完全支持改革派，从而避免因仓促的改革断送伊斯兰革命的基础，也不至于让保守派的大获全胜使伊朗历史回到原点。这种景况在一定程度上既显示了宗教领袖在处理宗教和政治两大因素时的困境，也进一步推动了伊朗国内保守与改革阵营的权力斗争，加剧了政治与宗教关系的紧张程度。

第三，政治改革中的妥协及其带来的争论，加深了人们对伊朗政治与宗教关系的困惑。

在后霍梅尼时代，不管是拉夫桑贾尼的经济重建、哈塔米的现代化改革，还是内贾德的平民政治、鲁哈尼的温和外交政策，他们与宗教势力的关系一直处于竞争与妥协的状态。尤其是拉夫桑贾尼，他在政治资历上与哈梅内伊不相上下，而且同时受霍梅尼重建伊朗的重托，具有合作的可能性，但在拉夫桑贾尼后期，其妥协和让步让权力天平开始向宗教领袖倾斜，因此有学者认为拉夫桑贾尼在任时期没有把握好"切断伊朗历史联系"的机会，引导伊朗走向新的征程。他在与哈梅内伊权力斗争中的失利，为哈塔米的改革设立了体制框架，从而使哈塔米的改革完全从属于宗教领袖为核心的法基赫体制之下，总统的弱势地位注定了伊朗改革的不顺和在新的政治形势下被保守派取而代之的命运。而且拉夫桑贾尼时期相对开放、温和的政治经济主张在伊朗国内引起的争议在哈塔米时期得到进一步释放，其安抚民怨和偶尔取悦保守派以维持改革进程的做法不仅没有让保守派满意，也使改革政府在民众心中的地位大打折扣，也使伊朗人民对国家发展的未来方向充满了困惑。尤其是以学生团体为主体的激进力量，他们起初追随改革政府，反对保守势力，后来对改革政府也产生不满。这些年轻人没有伊斯兰革命的狂热经历，也不知道两伊战争的残酷，他们只关心身边的自由、民主与繁荣，既是超脱的一代，也是社会转型时期充满迷茫的一代。他们既反对保守派"毁灭和倒退的政策"，也反对改革派"毫无结果的渐进变革"，认为温和与渐进是伊朗改革的真正障碍。①

二　伊斯兰民主政治实践的限制因素

自近代以来，伊朗一直在寻求本土文化与外来文化的融合，在政治上曾受到过东西方制度文明的影响。伊朗政治受到本土文化的深刻影响，带有伊斯兰色彩，尤其是伊斯兰革命将伊朗政治中的宗教色彩进一步扩大。另外，自近现代以来伊朗政治又受到外来文化的影响，不管是立宪革命还是巴列维王朝的世俗化改革，都可以看到西方民主政治的身影。因此现在伊朗政治构架中既强调教法学家至高无上的地位，也有三权分立和选举的政治传统。尤其是哈塔米上台后，他提出伊斯兰民主政治的主张，希望从中东伊斯兰文化背景中寻找到符合自身国情的政治发展模式。哈塔米作为伊斯兰民主政治的倡导者和实践者，作为出身传统又受过高等教育的知识分子，他对民主的解析也离不开伊斯兰教的背景。他认为，宗教民主就是让人民根据宗教思想参与国家的建设，决定国家的未来命运，在这一思想体系中，人民是国家的主人，主宰国家的命运，与此同时也维护宗教的价值观。哈塔米说："现存的民主模式并不一定遵循一种模式或一个方面。民主可能带来一个自由的体系，民主也可以带来一个社会主义体系，或许民主还可以将宗教原则带入政府治理，而我们则选择接受第三种方案。"② 伊斯兰民主政治在某种程度上

---

① Ray Takeyh, "Iran at a Crossroads", *Middle East Journal*, Winter 2003, p. 48.
② John L. Esposito and John O. Voll, "Islam and Democracy", *Humanities*, November/December 2001, Volume 22, No. 6, http://www.neh.gov/news/humanities/2011 - 11/islam.html.

是宗教与政治因素在伊朗政治发展进程中的一种和解,希望以此来确保伊朗政治的宗教性,又可以为民众意愿的表达提供一个途径,并与世界民主化和全球化保持同步。

在伊朗,支持宗教民主的人大多认为,民主与宗教是没有关系的,民主是政府的一种形式而不是意识形态,民主与宗教是不相矛盾的。而且他们对西方民主和伊斯兰民主有着截然不同的看法。他们认为,西方民主制中所有法律和规章制度都是由人制定的,由于人有私心杂念且会犯错误,所以人制定出的法律也可能是不正确的,而且西方民主是建立在世俗主义和享乐主义基础之上。由于他们经历了中世纪的基督教会的统治给社会带来的悲剧,因此,只有把宗教赶出政治舞台,才能建立以人民意志为核心的民主政体。而伊斯兰教与基督教不同,伊斯兰教不但不限制人们思想,不反对科学发展,而且还鼓励人们学习知识,发展科学,发挥自己的潜能。伊斯兰的宗教民主制还重视个人和社会的作用,在伊斯兰体制中,一方面强调个人在自身发展和社会建设中所起的重要作用,另一方面,重视社会环境对意识形态、人的道德观念不可避免地产生的影响。因此,他们认为,宗教民主制是平衡的、中庸的、不偏不倚的体制。[①]

在伊朗,尽管哈塔米大胆地提出了伊斯兰民主政治的理念并付诸实施,但伊斯兰民主要想在当前的伊朗生根发芽远远不具备条件。原因有以下几点:

第一,从伊朗伊斯兰政权本质来看,宗教因素过于强大,不利于伊斯兰民主政体的真正建立。

1979年伊斯兰革命后,伊朗建立了政治与宗教高度结合的伊斯兰政权,这一政权的性质不仅仅通过宪法条款将其确立为教法学家权威统治的国家,而且在霍梅尼统治的十年中通过建立一系列效忠宗教领袖的机构来实现对伊朗政教合一体制的有效保障。得益于1906—1911年立宪革命,伊朗颁布了宪法,建立了立法机构,在形式上实现了与国王分权的机构设置,后来的巴列维王朝引进了许多西方律法,使伊朗在民主政体的形式上比中东其他国家更接近于现代民主政体。如伊朗《宪法》第57条规定,"统管伊朗伊斯兰共和国的最主要权力机构是:立法、行

[①] 蒋真:《后霍梅尼时代伊朗政治发展研究》,第215页。

政和司法三权机构……这三个机构相互间是独立的",而且伊朗的总统选举、国民议会选举和地方议会选举都是按照宪法规定如期举行,民众具有选举权和被选举权。因此,西方学者指出:"伊朗议会是中东仅次于以色列议会的最活跃的议会,在海湾,沙特阿拉伯作为美国最亲密的盟友,是最不民主的国家,而伊朗作为美国最大的对手,却是最民主的国家。"[1]

然而,伊朗政治体制在形似现代民主政体的同时仍有强大的宗教因素的干预。如伊朗在拥有伊斯兰国民议会的同时还存在宪法监护委员会,而且宪法规定"没有宪法监护委员会,议会不具有合法性",在政治实践中,宪法监护会员会通常以违背伊斯兰教原则或违背宪法原则否决议会通过的各项政治经济改革方案。在总统选举中,宪法监护委员会可以通过对总统候选人的人事筛选来挑选领袖满意的对象参选总统,不符合领袖意向的候选人通常被认为对伊斯兰不够虔诚等理由被取消参选资格。在司法领域,作为司法领域最高领导人的司法院长是由领袖任命的。由此可见,在伊朗的政治体制中,尽管存在相互独立的三权,但宗教领袖通过只向领袖负责的宪法监护委员会来干预行政和立法,通过任命来干预司法,因此,伊斯兰政权体制中宗教因素的过于强大,在一定程度上阻碍了伊朗民主政治的真正建立。

第二,内忧外患中的伊朗过分强调宗教的号召和团结作用,使民主治理的程序不能正常运转。

伊朗伊斯兰政权自建立后,一直面临着合法性危机。在外,美国一直不承认其政权合法性,试图通过"政权变更政策"推翻现有政权;在内,关于伊朗未来的改革方向存在争论,国内游行示威不断,暴力斗争时有发生,伊朗政治的发展处于不稳定状态。而对于信仰伊斯兰教的国家,宗教的信仰立场通常可以被当局用来抵御民族矛盾,弱化国内矛盾,这也是为什么伊朗多年的政治经济改革不可能真正放开和最终取得胜利的原因。尤其是在哈塔米统治时期,随着政治经济改革的推进,国内民众要求自由民主的呼声渐高,希望与中央分权的声音越来越多,伊朗民众向当局提出了许多制度性的挑战,如质疑宗教领袖的绝对权威、

---

[1] Samuel P. Huntington, "After Twenty Years: The Future of the Third Wave", *Journal of Democracy*, No. 4, October 1997, pp. 3–12.

质问伊斯兰政权性质等。面对国内外挑战，宗教领袖和具有宗教背景的保守势力通过宪法监护委员会的人事筛选作用重组了伊朗政坛。如在 2003 年的地方议会选举和 2004 年的国民议会选举中，宪法监护委员会取消了大批具有改革倾向候选人的参选资格，保证了具有宗教背景的保守派在这两次选举中大获全胜，从而为 2005 年的总统选举定下了保守基调。作为集政治宗教权力于一身的宗教领袖干预伊朗民主政治运转的深层次原因在于，他坚信伊朗的任何政治经济改革不能逾越 1979 年伊斯兰革命定下的体制框架，这也是领袖存在的必要性保证。面对国内改革方向的激烈争论和国际的制裁与孤立，伊斯兰政权首先想到的是稳定政局，而这种稳定的手段即通过领袖的绝对权威来干预伊朗民主政体的正常运转，让伊朗政治能够在领袖可控的范围内向前推进。

第三，伊朗的社会经济基础过于薄弱，不利于民主政体的发展。

恩格斯指出，一个民族或一个时代的一定的经济发展阶段，便构成基础，人们的国家设施、法的观点、艺术以至宗教观念，就是从这个基础上发展起来的，因而，也必须由这个基础来解释。[1] 马克思在谈论经济与自由、平等和民主的关系时指出，"平等和自由不仅在以交换为基础的交换中受到尊重，而且交换价值的交换是一切平等和自由的生产的、现实基础。"[2] 商品交换过程中发生的意志关系或法的关系，反映到观念上是自由、平等和民主的观念，表现在制度上就是民主政治制度。[3] 而目前伊朗不仅没有强大的经济基础来支持民主政治观念的发展与普及，从体制上来说，伊朗经济对伊斯兰政权的依附性极强，从而不自觉地带上了浓厚的宗教色彩。

尽管伊朗《宪法》第 44 条规定，"伊朗伊斯兰共和国的经济体制，通过制订正确的计划而建立在国有、互助和私有这三个基础之上"。事实上，从 1979 年伊斯兰革命胜利后，伊朗在继承巴列维王朝旧有经济基础的同时也对其进行了改造，大量的实体经济并没有被纳入正常的经济体系，而是被纳入了伊斯兰基金会。这些基金会只向宗教领袖负责，

---

[1] 恩格斯：《在马克思墓前的讲话》，《马克思恩格斯选集》第 3 卷，人民出版社 1995 年版，第 776 页。
[2] 中共中央马克思恩格斯列宁斯大林著作编译局编译：《马克思恩格斯全集》，人民出版社 1995 年版，第 199 页。
[3] 李铁映：《论民主》，中国人民大学出版社 2007 年版，第 39—40 页。

国家行政、立法和司法机构没有权力干预其发展，伊斯兰基金会不仅不向政府负责，而且享有一系列的特权，可以免税进口从香烟到汽车等各项商品，然后再以低价投放到市场，严重干扰到市场的正常秩序。除了伊斯兰基金会，伊斯兰革命卫队在伊朗经济领域的分量越来越重。美国外交关系委员会的中东问题专家塔克伊曾说，伊斯兰革命卫队是一个庞大的商业垄断组织，深深卷入了伊朗的经济生活。英国《星期日电讯报》也称，革命卫队在一定程度上"掌握了伊朗的经济命脉，聚集了大量秘密财富，而至今伊朗还未设置机构来监督这些经济行为"[1]。而伊斯兰革命卫队与伊斯兰基金会一样，只效忠于宗教领袖，他们的领导人通常与宗教领袖和宪法监护委员会关系密切，他们利用与领袖的关系阻挠不利于自己的各种政治经济改革，使伊朗政府的各项改革措施不能正常进行。这也是多年来伊朗经济改革不能成功的重要原因之一。对此，伊朗前总统哈塔米曾指出，伊朗经济要发展，必须要将限制经济发展的政治障碍清除，经济需要多样化、权力分散和有效的私有化。长期以来，尽管伊朗石油收益颇丰，但始终面临着高通胀、高失业率的弊病，人民的生活水平不能得到有效提高，相比于民主政治的理念，人民更关心的是基本的温饱问题和必要的经济条件。也因此，在哈塔米当政的8年中，尽管伊斯兰民主政治深入民心，但在2005年的总统选举中，改革派仍然败给了提出将"石油收益摆在百姓餐桌上"的平民总统内贾德。

三　美国制裁与伊朗政治发展的困境

1979年伊斯兰革命后，伊朗从一个世俗的亲美国家变成了一个政治与宗教关系高度结合的反美国家。伊朗大学生攻占美国大使馆以及随后的人质危机，使得美国对伊朗进行了四十多年的制裁，制裁涉及政治、经济、军事等方面，制裁的焦点包括核不扩散问题、恐怖主义问题、弹道导弹问题、人权问题等。由于美国对伊朗制裁时间长，且具有连续性，因而形成了一套完整的制裁体系，有着深厚的法理基础。美国制裁对伊朗经济带来的负面影响在国内引起民生问题，民众的不满对其政治发展提出挑战。

---

[1] 王飞：《革命卫队在伊朗政权中的作用》，《亚非纵横》2009年第2期，第53—58页。

第八章　宗教与政治之间：伊朗政治发展的困惑　385

1979 年底，伊朗大学生攻占美国大使馆，在国际社会引起轩然大波，也引起美国的震怒。1979 年 11 月 14 日，美国人质危机后十天，美国总统吉米·卡特很快颁布了第 12710 号行政令：《冻结伊朗政府资产》。该行政令认为，"伊朗的形势对美国的经济、外交和国家安全构成了不同寻常的威胁"，因此总统宣布国家进入紧急状态，下令冻结伊朗政府在美国辖区内的所有资产及其权益。1980 年 4 月 7 日，美国宣布与伊朗断绝外交关系。1983 年 4 月 18 日，一辆载有 400 公斤炸药的货车在贝鲁特美国大使馆附近爆炸，导致 63 人死亡，120 人受伤。1983 年 10 月 23 日，一辆货车在贝鲁特机场附近的美国海军基地爆炸，导致 241 人死亡，80 人受伤。美国海军指挥官克里将军称："这是美国历史上最大的一次恐怖主义袭击……它甚至超越了越南战争和朝鲜战争时期的血腥日子。"[1] 这两起事件被美国认定是真主党在伊朗支持下针对美国的恐怖袭击。1984 年 1 月 19 日，美国国务院将伊朗认定为"支持恐怖主义国家"（State Sponsor of Terrorism），随后针对这项指控对伊朗进行制裁。

两伊战争后，伊朗在俄罗斯的帮助下开始重新恢复其核计划，引起美国的不满。1992 年，美国通过了《1992 年伊朗—伊拉克不扩散武器法》，该法案将对那些帮助伊朗和伊拉克获取大规模杀伤性武器（包括高级常规武器）的个人和实体进行制裁；暂停对受制裁国家的财政援助、银行支持计划；暂停向受制裁国家提供军事出口。[2] 2000 年，《伊朗不扩散法》颁布，再次强调多类武器不能出口给伊朗。伊斯兰革命后，美国指责伊朗谋求大规模杀伤性武器，其中包括生物武器和化学武器、核武器以及能载核弹头的弹道导弹。"9·11"事件后，防止恐怖主义与大规模杀伤性武器的结合成为美国反恐战略的重要内容。2001 年 9 月 25 日，"9·11"事件后不久，美国发布第 13224 号行政令，对支持恐怖主义、威胁美国国家安全的个人和实体进行制裁。此外，《对伊朗制裁法》和《2010 年全面制裁伊朗、问责及撤资法》对伊朗进行金融制裁，一方面防止其资助恐怖主义，另一方面防止伊朗发展大规模杀伤性武器，包括核武器，并且对向伊朗转

---

[1] Shaul Shay, *The Axis of Evil: Iran, Hezbollah, and the Palestinian Terror*, New Brunswick and London: Transaction Publishers, 2005, p. 92.

[2] "Iran-Iraq Arms Non-Proliferation Act of 1992", https://www.aipac.org/-/media/publications/policy-and-politics/source-materials/congressional-action/1992/iran-ir aq _ arms _ non-proliferation_ act_ of_ 1992.pdf, 访问日期：2017 年 6 月 2 日。

运相关受制裁的物品和技术的国家进行制裁。2012 年，美国颁布了《2012年减少伊朗威胁和叙利亚人权法》，禁止伊朗政府违反人权的官员参与核研发、参与伊朗支持恐怖主义的官员入境等。在《2012 财年国防授权法》中，美国及其欧洲盟友为防止伊朗将石油收益用于资助恐怖主义组织，不再从伊朗进口石油，并对伊朗中央银行进行制裁。

尤其是伊朗核问题出现后，在美国的推动下，伊朗核问题被提交到联合国安理会，随后安理会通过了一系列针对伊朗的制裁，从而使美国实现了单边制裁与多边制裁的联合。2015 年 7 月 14 日，伊朗与国际谈判小组达成了核协议，伊朗以暂时收缩核活动换取部分解除制裁，但解除的制裁只是与核有关、针对第三国的二级制裁，不仅美国对伊朗的制裁没有解除，美国在弹道导弹研发问题上仍然不断向伊朗发难。2017 年 2 月，特朗普政府宣布将对 25 个与伊朗弹道导弹项目相关的实体和个人进行制裁，并称美国此举完全符合解决伊朗核问题的《联合全面行动计划》（Joint Comprehensive Plan of Action，JCPOA）。2018 年 5 月 1 日，以色列宣称该国情报机构获取了伊朗进行核研发的大量文件，指责伊朗仍在秘密发展核武器。2018 年 5 月 8 日，美国宣布退出伊朗核协议，进一步加强对伊朗的制裁。

美国对伊朗的制裁虽然没有实现对伊朗现政权的变更，但对伊朗经济产生较大影响。尤其是《2012 财年国防授权法》颁布后，美国联合其欧洲盟友对伊朗石油行业进行制裁，冻结伊朗央行资金，对伊朗的经济发展产生重要影响。2011 年 6 月至 2012 年 7 月伊朗石油出口下降 75%。当时，石油行业一直创造着伊朗国内生产总值的 20%，外汇收入的 80%，以及政府收入的 50%。制裁将伊朗石油出口从 2011 年的 1147.5 亿美元削减至 2013 年的 619.2 亿美元。[①] 为应对美国制裁带来的经济困境，伊朗对外积极发展与世界大国关系，力求获得俄罗斯、中国和欧盟等传统贸易伙伴的支持。与此同时，伊朗加强与中东伊斯兰激进组织的关系，如真主党、哈马斯，以及伊拉克的什叶派等，提高对美报复能力，增加与美谈判筹码。并努力改善与周边国家的关系，寻求新

---

① Amir Toumaj, *Iran's Economy of Resistance: Implications for Future Sanctions*, the American Enterprise Institute, November 2014, p. 10, https：//www. criticalthreats. org/wp-content/uploads/2016/07/imce-imagesToumajA_ Irans-Resistance-Economy-Implications_ november2014 - 1. pdf.

结算方式与结算通道，稳定贸易客户。对内，面对制裁伊朗采取抵制性经济政策，哈梅内伊提出，伊朗拥有丰富的自然资源、大量的基础设施和高素质的劳动力人口以及求发展的决心，如果奉行一种源于伊斯兰和革命文化的本土的新经济模式，不仅能够战胜所有的经济困难，而且能够打败敌人强加于伊朗的经济战。哈梅内伊称，这是一种在严重压力、制裁和敌对等各种不利条件下仍能确保国家繁荣和发展的经济模式。①

伊朗石油天然气资源虽然丰富，但由于长期受到美国及西方国家制裁，伊朗国内通货膨胀率和失业率居高不下，物价上涨引起的民众骚乱对政治稳定提出挑战。如 2017 年 12 月 28 日，伊朗国内生活物品涨价引起大规模的游行示威，2018 年年初，在社交媒体的发酵和各股势力的煽动下，骚乱从马什哈德蔓延到首都德黑兰等多个城市，目标从最初的反对涨价变成攻击当前的政治制度。尽管当局对这次始料不及的街头运动定性为"代理人"破坏，但这场运动在一定程度上仍带有鲜明的自发性、草根性和本源性特征，是伊朗底层民众对当局经济治理、政治治理和外交战略的不满表达，堪称一次社会矛盾总爆发，凸显了伊朗当局面临的巨大社会危机。②

从本质上看，伊朗国内的政治争论反映的是政治与宗教关系问题，在政治实践上体现为集政治宗教权力于一身的领袖和以总统为代表的世俗权力之间的矛盾，以及领袖权威与人民主权之间的矛盾，这种矛盾和争论将随着伊朗伊斯兰政权的存在与发展而不断演变。从概念本身来看，政治与宗教关系是指世俗权力集团与宗教权力集团基于相互间的利益和力量对比状况所形成的、能够支配国家政权及其统治方式的一种客观态势，并由此决定一个政权所采取的统治模式。但在伊朗，从霍梅尼掌权开始，伊朗的世俗权力集团和宗教权力集团的分界并不明显，世俗权力和宗教权力的区别也非常模糊，宗教权力集团在宗教信仰的外衣下行使着世俗权力，而真正的世俗权力集团在伊斯兰革命胜利不久就已被霍梅尼清除出伊朗的主流政治圈。因此，伊朗国内的宗教与世俗权力之争更多的是体制内的争斗，目前伊斯兰政权对国内政治的掌控能力依然

---

① 陆瑾：《试析鲁哈尼"重振经济"的路径和制约——兼议哈梅内伊的"抵抗型经济政策"》，《西亚非洲》2014 年第 6 期。
② 马晓霖：《年关骚乱：伊朗民众用行动冲击"霍梅尼主义"》，《华夏时报》2018 年 1 月 8 日。

很强，一方面，伊朗改革与保守势力的此消彼长可以为伊朗民众的政治偏好留有余地；另一方面，强大的伊斯兰权力机构在国内的动员能力和控制能力不可小视。尽管如此，随着伊朗政治经济现代化的推进，不稳定因素不断出现，对伊斯兰政权的合法性提出挑战。因此，要对伊朗国内政治的发展有一个前瞻性认识，需要对可能引起伊朗国内政治变动的许多关键因素加以关注。

参考文献

一 中文著作

北京大学亚非研究所西亚研究室编：《石油王国沙特阿拉伯》，北京大学出版社1985年版。

毕健康：《埃及现代化与政治稳定》，社会科学文献出版社2005年版。

陈安全：《伊朗伊斯兰革命及其世界影响》，复旦大学出版社2007年版。

陈德成：《中东政治现代化——理论与历史经验的探索》，社会科学文献出版社2000年版。

陈建民编：《当代中东》，北京大学出版社2002年版。

郭宝华：《中东国家通史·也门卷》，商务印书馆2004年版。

哈全安：《中东国家的现代化历程》，人民出版社2006年版。

哈全安、周术情：《土耳其共和国政治民主化进程研究》，上海三联书店2010年版。

哈全安：《埃及史》，天津人民出版社2016年版。

韩志斌：《利比亚伊斯兰社会主义研究》，浙江人民出版社2014年版。

季国兴：《第二次世界大战后中东战争史》，中国社会科学出版社1987年版。

蒋真：《后霍梅尼时代伊朗政治发展研究》，人民出版社2014年版。

雷钰、苏瑞林：《中东国家通史·埃及卷》，商务印书馆2003年版。

李路曲：《政党政治与政治发展》，中央编译出版社2016年版。

李铁映：《论民主》，中国人民大学出版社2007年版。

李艳枝：《伊斯兰主义与现代化的博弈——基于土耳其伊斯兰复兴运动

的个案研究》，中国社会科学出版社 2018 年版。

李艳枝：《中东政党政治的演变》，中国社会科学出版社 2015 年版。

李意：《当代中东国家政治合法性中的宗教因素》，世界知识出版社 2017 年版。

李元书：《政治发展导论》，商务出版社 2001 年版。

刘中民：《中东政治专题研究》，时事出版社 2011 年版。

马晓霖主编：《阿拉伯剧变——西亚北非大动荡深层观察》，新华出版社 2012 年版。

潘蓓英：《列国志·利比亚》，社会科学文献出版社 2007 年版。

彭树智：《二十世纪中东史》，高等教育出版社 2001 年版。

彭树智：《现代民族主义运动史》，西北大学出版社 1987 年版。

钱学文：《当代沙特阿拉伯王国社会与文化》，上海外语教育出版社 2003 年版。

时延春：《中国驻中东大使对话中东——也门》，世界知识出版社 2012 年版。

唐宝才：《冷战后大国与海湾》，当代世界出版社 2002 年版。

唐大盾：《非洲社会主义：历史理论实践》，世界知识出版社 1988 年版。

王长江：《政党政治原理》，中共中央党校出版社 2009 年版。

王金岩：《利比亚部落问题的历史考察》，社会科学文献出版社 2018 年版。

王京烈：《当代中东政治思潮》，当代世界出版社 2003 年版。

王京烈：《面向二十一世纪的中东》，社会科学文献出版社 1999 年版。

王泰：《埃及的政治发展与民主化进程研究（1952—2014）》，人民出版社 2014 年版。

王铁铮：《全球化与当代中东社会思潮》，人民出版社 2013 年版。

王铁铮主编：《世界现代化历程·中东卷》，江苏人民出版社 2010 年版。

王彤主编：《当代中东政治制度》，中国社会科学出版社 2005 年版。

王新刚：《中东国家通史·叙利亚和黎巴嫩卷》，商务印书馆 2007 年版。

王新刚等：《现代叙利亚国家与政治》，人民出版社 2016 年版。

王新中、冀开运：《中东国家通史·伊朗卷》，商务印书馆 2002 年版。

王宇洁：《伊朗伊斯兰教史》，宁夏人民出版社 2006 年版。

吴云贵、周燮藩：《近现代伊斯兰思潮和运动》，社会科学文献出版社 2007 年版。

萧榕主编：《世界著名法典选编（宪法卷）》，中国民主法制出版社 1997 年版。

杨鲁萍、林庆春编：《列国志·突尼斯》，社会科学文献出版社 2003 年版。

杨兆钧：《土耳其现代史》，云南大学出版社 1990 年版。

张振国：《未成功的现代化——关于巴列维的"白色革命"研究》，北京大学出版社 1993 年版。

郑达庸、李中：《中国驻中东大使话中东——沙特》，世界知识出版社 2014 年版。

［法］热拉德·德·维利埃：《巴列维传》，张许苹、潘庆舲译，商务印书馆 1986 年版。

［美］伯纳德·刘易斯：《现代土耳其的兴起》，范中廉译，商务印书馆 1982 年版。

［美］道格拉斯·C. 诺思：《经济史上的结构与变迁》，陈郁、罗华平译，生活·读书·新知三联书店 1994 年版。

［美］霍华德·威亚尔达：《非西方发展理论——地区模式与全球趋势》，董正华等译，北京大学出版社 2006 年版。

［美］塞缪尔·亨廷顿：《变动社会中的政治秩序》，张岱云等译，上海译文出版社 1989 年版。

［美］詹姆斯·温布兰特：《沙特阿拉伯史》，韩志斌等译，东方出版中心 2009 年版。

［日］田村秀治：《伊斯兰盟主：沙特阿拉伯》，陈生保等译，上海译文出版社 1981 年版。

［日］田上四郎：《中东战争全史》，军事科学院外国军事研究部译，解放军出版社 1985 年版。

［苏］伊凡诺夫：《伊朗现代史概要》，文津、孙伟、张芹等译，生活·读书·新知三联书店 1959 年版。

［叙利亚］莫尼尔·阿吉列尼：《费萨尔传》，何义译，商务印书馆 1977

年版。
［伊朗］哈米德·安萨里：《伊玛姆霍梅尼生平》，伊玛姆霍梅尼著作整理出版社 2000 年版。
［伊朗］穆罕默德·礼萨·巴列维：《我对祖国的职责》，元文琪译，商务印书馆 1977 年版。
［英］霍布斯：《利维坦》，黎思复、黎廷弼译，商务出版社 1986 年版。
［英］休·希顿·沃森：《民族与国家——对民族起源与民族主义政治的探讨》，吴洪英、黄群译，中央民族大学出版社 2009 年版。

二 外文著作

Mordechai Abir, *Saudi Arabia in the Oil Era: Regime and Elites, Conflicts and Collaboration*, London: Routledge, 1988.

Peter W. Wilson & Douglas F. Graham, *Saudi Arabia: The Comming Storm*, New York: M. E. Sharpe Inc., 1994.

Ray Takeyh, *Iran at a Crossroad*, New York: Palgrave Macmillan, 2003.

Soliman Solaim, Constitutional and Judicial Organization in Saudi Arabia, Ph. D. Dissertation, Baltimore: The Johns Hopkins University, 1970.

Steffen Erdle, *Ben Ali's New Tunisia (1987 – 2009): A Case Study of Authoritarian Modernization in the Arab World*, Berlin: Klaus Schwarz Verlag, 2010.

Stig Stenslie, *Regime Stability in Saudi Arabia: The Challenge of Succession*, London & New York: Routledge, 2012.

Tarek Osman, *Egypt on the Brink*, London: Yale University Press, 2010.

Thompson Jason, *A History of Egypt: From Earliest Times to the Present*, Cairo: The American University in Cairo Press, 2008.

Tim Niblock, *Saudi Arabia: Power, Legitimacy and Survival*, London & New York: Routledge, 2006.

Tim Nilock & Monica Malik, *The Political Economy of Saudi Arabia*, London & New York: Routledge, 2007.

Abd a-Rahman S. al-Ruwaishid, *The Genealogiacal Charts of the Royal Saudi Family*, Riladh: al-Shibil Press, 2001.

Alexander Bligh, *From Prince to King: Royal Succession in the House of Saud in the Twentieth Century*, New York & London: New York University Press, 1984.

Alexei Vassiliev, *The History of Saudi Arabia*, New York: New York University Press, 2000.

Ali Abdullatif Ahmida, *Forgotten Voice: Power and Agency in Colonial and Postcolonial Libya*, London and New York: Kegan Paul International, 2000.

Ali Rahnema and Farhad Normani, *The Secular Miracle: Religion, Politics and Economic Policy in Iran*, London: Zed Books, 1990.

Alison Pargeter, *Libya: The Rise and Fall of Qaddafi*, New Haven and London: Yale University Press, 2012.

Al-Ahram and Alaa Al-Din Arafat, *The Mubarak Leadership and Future of Democracy in Egypt*, New York: Palgrave Macmillan, 2009.

Amal Obeidi, *Political Culture in Libya*, Surrey: Curzon, 2001.

Amos J. Peaslee, *Constitutions of Nations*, Boston: The Rumford Press, 1950.

Andrea Teti, Pamela Abbott and Francesco Cavatorta, *The Arab Uprisings in Egypt Jordan and Tunisia: Social, Political and Economic Transformations*, New York: Palgrave Macmillan, 2018.

Anne Wolf, *Political Islam in Tunisia: the History of Ennahda*, Oxford& New York: Oxford University Press, 2017.

Anouar Abdel-Malekh, *Egypt: Military Society*, New York: Random House, 1968.

Anthony H. Cordesman, *Sadui Arabia Enters the Twenty-First Century: The Political, Foreign, Economic and Energy Dimensions*, London: Praeger, 2003.

Anthony H. Cordesman, *Saudi Arabia Enters the Twenty-First Century: The Political, Foreign Policy, Economic, and Energy Dimensions*, London: Praeger, 2003.

Anthony Nutting, *Nasser*, New York: E. P. Dutton, 1972.

A. L. Tibawi, *A Modern History of Syria Including Lebanon and Palestine*, London: Macmillan St. Martin's Press, 1969.

Baker, R. W., *Egypt's Uncertain Revolution Under Nasser and Sadat*, Cambridge: Harvard University Press, 1978.

Beattie, K. J., *Egypt During the Sadat Years*, Leiden: E. J. Brill, 1981.

Binnaz Toprak, *Islam and Political Development in Turkey*, Leiden: E. J. Brill, 1981.

Brehony Noel, *Yemen Divided: The Story of a Failed State in South Arabia*, I. B. Tauris & Company, Limited, 2011.

Christopher Alexander, *Tunisia: Stability and Reform in the Modern Maghreb*, London & New York: Rortledge, 2010.

Christopher Boucek, Marina Ottaway, *Yemen on the Brink*, Washington: Brookings Institution Press, 2010.

Clark, Victoria, *Yemen: Dancing on the Heads of Snakes*, London: Yale University Press, 2010.

Claudio G. Segre, *Fourth Shore: The Italian Colonization of Libya*, Chicago: University of Chicago Press, 1942.

Clement Henry Moore, *Tunisia since Independence: The Dynamics of One-Party Government*, Berkeley & Los Angeles: University of California Press, 1965.

Colonel B. Wayne Quist & David F. Drake, *Winning the War on Terror: A Triumph of American Values*, Bloomington, Indiana, U. S: iUniverse, 2005.

Daryl Champion, *The Paradoxical Kingdom: Saudi Arabia and the Momentum of Reform*, London: Hurst & Co. Ltd. , 2003.

David E. Long, *The Kingdom of Saudi Arabia*, Gainesville: University Press of Florida, 1997.

David Holden & Richard Johns, *The House of Saud: The Rise and Rule of the Most Powerful Dynasty in the Arab World*, New York: Holt, Rinehart & Winston, 1982.

David Shankland, *Islam and Society in Turkey*, England: The Eothen Press, 1999.

Denis Wright, *The Persians Amongst the English: Episodes in Anglo-Persian History*, London: I. B. Tauris, 1985.

Dilip Hiro, *Iran under the Ayatollahs*, London, Melbourne and Henley: Routledge & Kegan Paul, 1985.

Douglas A. Howard, *The History of Turkey*, London: Greenwood Press, 2001.

Engine D. Akarli and G. Ben-Dor eds. , *Political Participation in Turkey: Historical Background and Present Problems*, Istanbul: Bogazici University Publixations, 1975.

Ergun Özbudun, *The Constitutional System of Turkey: 1876 to the Present*, New York: Palgrave Macmillan, 2011.

ErikJ. Zürcher, *Turkey: A Modern History*, London: I. B. Tauris & Co. Ltd., 2017.

Ervand Abrahamian, *Iran Between Two Revolutions*, New Jersey: Princeton University Press, 1982.

Ewan W. Anderson, *The Middle East: Geography and Geopolitics*, London: Psychology Press, 2000.

Eyal Zisser, *Commanding Syria: Bashar al-Asad and the First Years in Power*, London: I. B. Tauris& Co. Ltd., 2007.

E. J. Zurcher, *Turkey: A Modern History*, London: I. B. Tauris, 1993.

Fahmy, N. S., *The Politics of Egypt: State-Society Relation*, London: Routledge, 2002.

Fakhreddin Azimi, *The Quest for Democracy in Iran: a Century of Struggle against Authoritarian Rule*, Cambridge: Harvard University Press, 2008.

Farhad Kazemi and John Waterbury (eds.), *Peasants and Politics in the Modern Middle East*, Miami: Florida International University Press, 1991.

Feroz Ahmad, *Turkey: The Quest for Identity*, New Jersey: Princeton University, 2003.

Feroz. Ahmad, *The Turkish Experiment in Democracy 1950 – 1975*, London: C. Hurst for the Royal Institute of International Affairs, 1977.

Fouad Al-Farsy, *Saudi Arabia: A Case Study in Development*, London: Kegan Paul International, 1982.

Frank Tachau, *Political Elites and Political Development in the Middle East*, Cambridge: Schenkman Publishing Company Inc., 1975.

Fred Halliday, *Revolution and Foreign Policy: The Case of South Yemen, 1967 – 1987*, Cambridge: Cambridge University Press, 1990.

F. Gregory Gause III, *Oil Monarchies*, New York: Council on Foreign Relations Press, 1994.

Gabriel A. Dumont, *Yemen Background, Issues and Al Qaeda Role*, New York: Nova Science Publishers, 2010.

G. Lenczowski, *Iran under the Pahlavis*, Stanford: Hoover Institution Press, 1978.

Harry St. John Philby, *Sa'udi Arabia*, London: Eenest Benn, 1955.

Hassan Hassan, *In the House of Muhammad Ali: A Family Album, 1805 – 1952*, Cairo: The American University in Cairo Press, 2000.

Helen Miller Davis, *Constitutions, Electoral Laws, Treaties of States in the Near and Middle East*, New York: AMS Press, 1970.

Huri Türsan, *Democratisation in Turkey: The Role of Political Parties*, Bruxelles: PIE-Peter Lang. S. A., 2004.

Imam Khomeini, *Islam and Revolution: Writings and Declarations*, London: Melbourne and Henley, 1981.

Iris Glosemeyer, *Saudi Arabia: Dynamism Uncovered*, Boulder, CO: Lynne Rienner, 2004.

I. William Zartman, *Tunisia: the Political Economy of Reform*, Boulder & London: Lynne Rieenner Publishers, 1991.

Jacob M. Landau, *Exploring Ottoman and Turkish History*, Amazon's Book Store, 2003.

Janet Afary, *The Iranian Constitutional Revolution, 1906 – 1911*, New York: Columbia University Press, 1996.

Joel Gordon, *Nasser's Blessed Movement: Egypt's Free Officers and the July Revolution*, New York: Oxford University Press, 1992.

John F. Devlin, *Syria: Modern State in an Ancient Land*, Boulder: Westview Press, 1983.

John L. Esposito (ed.), *The Iranian Revolution: its Global Impact*, Florida: Florida International University, 1990.

John L. Esposito, *Islam and Politics*, New York: Syracuse University Press, 1998.

John Wright, *A History of Libya*, New York: Columbia University Press, 2010.

John Wright, *Libya*, New York: Praeger Publishers, 1969.

Joseph A. Kechichian, *Succession in Saudi Arabia*, New York: Palgrave Macmillan, 2001.

Joseph Kostiner, *The Making of Saudi Arabia (1916 – 1936): From Chieftaincy to Monarchical State*, New York: Oxford University Press, 1993.

Joseph Kostiner (ed.), *The Middle East Monarchies: The Challenge of Mo dernity*, Boulder, CO. & London: Lynne Rienner Publishers, 2000.

Kassem, M., *Egypt Politics: The Dynamics of Authoritarian Rule*, Boulder, CO: Lynne Rienner Publishers; New ed., 2004.

Kemal H. Karpat, ed., *Social Change and Politics in Turkey: Selected Articles and Essays*, Leiden: E. J. Brill, 2004.

Kemal H. Karpat, *Political and Social Thought in the Contemporary Middle East*, New York: Praeger Publishers, 1982.

Kemal H. Karpat: *Turkey's Politics: The Transition to a Multi-party System*, Princeton: Princeton University Press, 1959.

Kenneth J. Perkins, *Historical Dictionary of Tunisia*, Lanham, Md., & London: The Scarecrow Press, Inc., 1997.

Kenneth Perkins, *A History of Modern Tunisia*, Cambridge, 2014.

Kuehn, Thomas, "Empire, Islam, and Politics of Difference: Ottoman Rule in Yemen (1849–1919)", *International Journal of Turkish Studies*, Leiden: E. J. Brill, 2011.

Lars Rudebeck, *Party and People: A Study of Political Change in Tunisia*, C. Hurst & Company, 1969.

Leslie McLoughlin, *Ibn Saudi: Founder of a Kingdom*, New York: St. Martin's Press, 1935.

Madawi Al-Rasheed, *A History of Saudi Arabia*, New York: Cambridge University Press, 2010.

Madawi al-Rasheed, *Contesting the Saudi State: Islamic Voices from a New Generation*, New York: Cambridge University Press, 2007.

Majid Khadduri, *Modern Libya: A Study in Political Development*, Baltimore: The Johns Hopkins Press, 1963.

Maye Kassem, *Egyptian Politics: The Dynamics of Authoritarian Rule*, Boulder, Colo.: Lynne Rienner Publishers, 2004.

Mehdi Moslem, *Factional Politics in Post-Khomeini Iran*, New York: Syracuse University Press, 2002.

Mehmet Yaşar Sarıbay, *Political Parties in Turkey: the Role of Islam*, New York: Praeger, 1984.

Metin Heper & Raphael Israeli (eds.), *Islam and Politics in the Modern*

Middle East, Hoboken: Taylor & Francis, 2014.

Metin Heper & Jacob M. Landau, ed., *Political Parties and Democracy in Turkey*, London: I. B. Tauris & Co Ltd, 1991.

Michael Herb, *All in the Family: Absolutism, Revolution, and Democracy in the Middle Eastern Monarchies*, Albany: State University of New York Press, 1999.

Milan W. Svolik, *The Politics of Authoritarian Rule*, Cambridge: Cambridge University Press, 2012.

Moheb Zaki, *Civil Society and Democratization in Egypt, 1981 – 1994*, London & New York: Ibn Khaldoun Center, 1995.

Mohmed Elhachmi Hamdi, *The Politicisation of Islam: A Case Study of Tunisia*, Boulder: Westview Press, 1998.

Monqi Boughzala, *Youth Employment and Economic Transition in Tunisia, Global Economy and Development Program*, Washington: Brookings Institution Press, 2011.

M. Hakan Yavuz ed., *The Emergence of a New Turkey: Democracy and the Ak Parti*, Salt Lake City: The University of Utah Press, 2006.

M. Wagstaff ed., *Aspects of Religion in Secular Turkey*, Durham: University of Durham, 1990.

Nazih N. Ayubi, *Over-stating the Arab State: Politics and Society in the Middle East*, London & New York, I. B. Tauris Publishers, 1995.

Niyazi Berkes, *The Development of Secularism in Turkey*, Montreal: McGill-Queen's University Press, 1964.

Noel Brehony, *Yemen Divided the Story of a Failed State in South Arabia*, London; New York: I. B. Tauris & Co., 2011.

P. M. Holt, Ann K. S. Lambton and Bernard Lewis (eds.), *The Cambridge History of Islam*, Cambridge: Cambridge University Press, 1970.

Radwan Ziadeh, *Power and Policy in Syria: Intelligence Services, Foreign Relations and Democracy in the Modern Middle East*, London and New York: I. B. TAURIS, 2011.

Raymond Hinnebusch, *Syria: Revolution from Above*, London & New York: Routledge, 2001.

Robert D. Burrowes, *Historical Dictionary of Yemen*, Rowman & Littlefield Publishing Group Inc., 2010.

Robert E. Ward and D. A. Rustow eds., *Political Modernization in Japan and Turkey*, Princeton: Princeton University Press, 1964.

Robert Mabro and Samir Radwan, *The Industrialization of Egypt 1939 – 1973: Policy and Performance*, New York: Oxford University Press, 1976.

Ronald Bruce St. John, *Libya: From Colony to Independence*, Oxford: One World, 2009.

Ronald Cohen & Elman Service (eds.), *Origins of the State: The Anthropology of Political Evolution*, Philadelphia: Institute for the Study of Human Issues, Inc., 1978.

Sadok Chaabane, *Ben Ali: on the Road to Pluralism in Tunisia*, Washington: American Educational Trust, 1997.

Shaul Shay, *The Axis of Evil: Iran, Hezbollah, and the Palestinian Terror*, New Brunswick and London: Transaction Publishers, 2005.

Sheila Carapico, *Civil Society in Yemen*, Cambridg: Cambridge University Press, 1998.

Steffen Hertog, *Prince, Brokers, and Bureaucrats: Oil and the State in Saudi Arabia*, New York: Cornell University Press, 2010.

Summer Scott Huyette, *Political Adaptation in Saudi Arabia: a Study of the Council of Ministers*, Boulder: Westview Press, 1985.

S. Hall and P. du Gay eds., *Questions of Cultural Identity*, London: Sage, 1996.

Walter F. Weiker, *The Turkish Revolution 1960 – 1961: Aspects of Military Politics*, Washington: Brookings Institution, 1963.

Wedeen, Lisa, *Peripheral Visions: Publics, Power, and Performance in Yemen*, Chicago: University of Chicago Press, 2008.

Willard A. Beling, *King Faisal and the Modernization of Saudi Arabia*, London: Croom Helm, 1980.

William I. Zartman (ed.), *Beyond Coercion: The Durability of the Arab State*, London: Croom Helm, 1988.

Yehudit Ronen, *Qaddaf's Libya in World Politics*, Boulder: Lynne Rienner

Publishers, 2008.

Ümit Cizre ed., *Secular and Islamic Politics in Turkey: the Making of the Justice and Development Party*, New York: Routledge, 2008.

后　　记

本书是国家"万人计划"青年拔尖人才的研究成果，也是陕西省哲学社会科学重点研究基地项目中东地区政治与宗教关系（12JZ056）的研究成果，受到西北大学"211工程"支持，也是集体智慧的结晶。本人对提供帮助的同事和朋友表示感谢。参与者多是学术界的青年才俊，在此一并表示感谢。由于著者水平有限，文中仍有许多纰漏，恳请广大读者批评指正。

具体分工如下：

绪论、第八章、后记：蒋真（西北大学中东研究所教授）

第一章：李艳枝（辽宁大学历史文化学院教授）、赵凯（辽宁大学历史文化学院硕士研究生）

第二章：王然（四川外国语大学国际关系学院讲师）

第三章：李竞强（洛阳师范学院历史文化学院讲师）

第四章：李彩玲（西北大学中东研究所博士研究生）

第五章：李小娟（西北大学中东研究所博士研究生）

第六章：杨玉龙（西北农林科技大学马克思主义学院讲师）

第七章：任华（云南大学周边外交研究中心、国际关系研究院助理研究员）

蒋真

2020.8